KB180510

중국 길림성 이주 한인의 언어와 구전 설화

도문시·훈춘시의 육진방언

중국 길림성 이주 한인의 언어와 구전 설화

도문시・훈춘시의 육진방언

곽충구・소신애

역락

머리말

　이 책은 중국 조선족자치주 도문시 월청진과 훈춘시 경신진에 거주하는 한인 교포들의 언어를 통해 그들의 생활 문화와 구전 설화를 담았다. 교포들이 구술한 내용을 한글자모로 전사한 다음 표준어 대역과 주석을 붙였다.

　두만강 연안의 조사 지역 한인들이 말하는 한국어는 흔히 육진방언(또는 '륙진방언', '육읍방언')이라 불린다. 육진 지역은 한반도의 중앙으로부터 가장 먼 곳에 위치하고 있다. 때문에 오랜 동안 개신의 물결이 미치지 못하여 아직도 국어의 옛 모습을 많이 간직하고 있다. 그러나 중국의 개혁 개방 후 육진방언은 빠른 속도로 사라지고 있다. 그리고 함북 지방의 전통적인 언어와 생활양식은 남북 분단으로 인해 알려진 것이 그리 많지 않다. 이러한 이유로 육진방언과 함북 북부의 생활 문화를 기록으로 남기고자 하는 욕심으로 이 책자를 간행하게 되었다.

　여기에 녹취한 구술 자료는 이미 14년 전에 조사한 것이다. 이 가운데 중국 길림성 훈춘시의 조사 자료는 2008년에 『국립국어원 해외 지역어 구술 자료 총서 1-1』로 엮어 세상에 내놓은 바 있다. 그때 미처 수록하지 못한 박남성 할아버지와 김경자 할머니의 구술 자료를 이번에 전사하여 수록하였다. 또 도문시 월청진에서 조사한 구전 설화는 저자가 2006년에 사전 편찬을 위해 구축한 구어말뭉치의 일부이다. 제보자가 전형적인 육진방언 화자이기도 하지만 구술 내용이 구전 설화여서 여기에 함께 싣기로 하였다. 고저 악센트를 전사에 반영하여 생생한 육진방언이 되도록 하였다. 아마도 북한, 중국, 중앙아시아를 통틀어 전통적인 육진방언은 이 전사 기록이 마지막이 될 것이다. 집필을 마친 뒤 출판을 미루고 있다가 과분하게도 저자가 <學凡 朴勝彬 국어학상>을 받게 되매, 이를 계기로 學凡 선생의 국어 연구와 국어 사랑을 기리고자 하는 작은 뜻을 담아 3권의 구술 자료집을 출판하게 되었다.

중국 길림성 훈춘시 경신진의 회룡봉촌과 벌등촌은 1882년 두만강 대안의 함경북도 경흥군 주민들이 이주하여 개척한 마을이다. 진(鎮) 소재지인 금당(金塘) 마을은 이성계의 4대조인 목조(穆祖) 이안사(李安社)가 살았던 곳으로『龍飛御天歌』에서 '오동(斡東)'이라 한 곳이다. 이 마을의 주민들은 대부분 함북 경흥군 출신이거나 그들의 후손이다. 제보자 박남성 할아버지는 조부가 함북 경흥군 아오지면에서 이주하였다. 제보자는 전형적인 육진방언 화자로서 조사 지역의 역사와 문화 전반을 잘 알고 있으며 또한 자신이 일상적으로 말하는 방언 특징에 대해서도 해박한 지식을 가지고 있다. 한 동네에 사는 김경자 할머니 역시 아오지면에서 살다 일제 강점기에 이 마을로 시집을 와 정착하였다. 해방 전후 이곳 교포들이 두만강을 넘어 본국과 왕래하며 살아가던 이야기를 비롯하여 농사, 육아, 사회 제도, 생활 문화 등에 관한 다양한 이야기를 들려주었다.

도문시 월청진 마패촌도 19세기에 두만강 대안의 함북 사람들이 이주하여 세운 마을이다. 함북 종성, 온성 출신인과 그 후손들이 주로 모여 산다. 도시에 가까워 전통적인 육진방언은 듣기 어렵다. 제보자 문오복 할머니는 조부 때 함북 종성군에서 만주로 이주한 가정에서 태어난 분이다. 3편의 구전 설화를 들려주었다.

세 분의 제보자는 언어태도가 조금씩 다르다. 박남성 할아버지는 자신이 일상적으로 말하는 방언에 대해 자긍심을 가지고 있다. 그러나 문오복 할머니는 자신의 방언에 대해 비판적이며 표준어 지향성이 강하다. 때문에 이중방언화자라 할 만큼 변이가 심한 편이다. 김경자 할머니는 중학교를 졸업하였지만 자신의 방언에 대해 별다른 견해를 보이지는 않았다.

저자들은 위 세 분의 제보자들과 오랜 동안 인연을 맺어 왔다. 이미 타계하신 분도 있다. 조사할 때마다 조사 연구를 성공적으로 마칠 수 있도록 조사에 적극적으로 응해 주시고 또 각종 편의를 제공해 주신 제보자들께 진심으로 감사를 드린다.

2020. 11.

저자

차례

1. 조사 경위

1.1. 조사 지점

1.1.1. 중국 길림성 도문시 월청진 마패촌
(中國 吉林省 圖們市 月晴鎭 馬牌村)

월청진 마패촌은 도문 시내에서 두만강을 따라 서남 방향으로 약 10km 떨어져 있다. 월청진의 진 정부가 들어서 있다. 마을은 19세기 후기에 형성된 것으로 알려져 있다. 도로를 중심으로 북동쪽은 험한 산지이고 남쪽은 두만강이 흐른다. 마을 입구부터 두만강을 따라 꽤 넓은 들이 펼쳐져 있어 분지 형태를 띠고 있다. 논이 대부분이어서 마을 주민은 주로 벼농사를 짓는다. 두만강 맞은편은 함경북도 온성군으로, 깎아지른 듯한 험준한 산이 두만강을 따라 남서쪽으로 길게 뻗어 있다. 그 산 기슭을 따라 함경선 철도가 지나고 두만강이 흐른다. 주민은 대부분 함북 온성군과 종성군 출신이거나 그 후손이다. 마을에는 소수의 한족이 살고 있는데 점차 증가하는 추세에 있다. 버스 정류장, 잡화점, 음식점 등이 있고 소학교, 중학교가 있다. 전형적인 농촌 마을이다.

1.1.2. 중국 길림성 훈춘시 경신진 회룡봉촌·벌등촌
(中國 吉林省 琿春市 敬信鎭 回龍峯村·玻璃洞村)

이 마을은 1882년 이후 두만강 대안의 함경북도 경흥군 주민에 의하여 개척되었다. 주민은 대체로 경흥군에서 이주한 사람이거나 또는 그 후손이다. 이 마을의 노년층이 구사하는 육진방언은 매우 보수적이어서 아직도 고어를 많이 간직하고 있다.

회룡봉촌은 두만강을 사이에 두고 함북 경흥군과 마주하고 있으며 조선족자치주 내에서도 오지에 속하는 곳이다. 훈춘시 경신진에서 두만강 강안을 따라 서남 방향으로 약 9km 거리에 위치한다. 약 80호의 주민이 주로 농업(벼농사와 밭농사)에 종사한다. 두만강을 따라 비옥하고 드넓은 평야가 펼쳐져 있는데 1960년 이전에는 피가 주요 주식 작물로서 재배되었고 그 후에는 수리 관개 시설을 대폭 개선하여 벼농사를 짓게 되었다. 마을은 주로 산 밑에 형성되어 있다.

교육 기관으로는 해방 이후 소학교(초등학교)와 초급중학(중학교)이 마을의 외곽에 세워진 바 있으나 오래 전에 폐교가 되어 현재 이 마을의 학생들은 경신진 진 소재지인 금당(金塘)의 소학교와 초급중학에 다닌다. 경제 활동은 대체로 경신진과 훈춘시를 중심으로 이루어지지만 최근 교통이 발달하면서 훈춘시가 그 중심이 되고 있다.

회룡봉촌은 대체로 함북의 전통 문화를 온전하게 보전하고 있는 곳으로 예부터 많은 인재를 배출한 고장이기도 하다. 그러나 조선족자치주의 어느 농촌이나 그렇듯이 지금은 마을의 젊은이들이 도시로 빠져나가고 또 많은 사람들이 한국을 비롯한 외국으로 나가 인구가 감소하는 추세에 있다. 때문에 지금은 육진방언을 듣기 어렵다. 그러한 토박이말을 구사하는 노인들이 대부분 타계하기도 했거니와 교육 기회가 확대되고 산업의 발달로 외지와의 교류가 급격히 증가하고 또 텔레비전 등이 보급되어 웬만한 주민은 대부분 연변 표준어를 구사하기 때문이다.

<중국 길림성 도문시 월청진 마패촌>

<중국 길림성 훈춘시 경신진 회룡봉촌>

1.2. 조사 일시 및 확인 조사

1.2.1. 도문시 조사

- 조사 지역 : 중국 길림성 도문시 월청진 마패촌
- 조사 장소 : 마패촌 제보자 댁
- 제보자 : 문오복(文五福)
- 조사자 : 곽충구
- 조사 일시 : 2006년 1월 12일
- 자료 전사, 표준어 대역, 각주, 색인 : 곽충구
- 녹음기 : SONY stereo cassette-corder TCS-100 및 마이크

1.2.2. 훈춘시 조사

국립국어원에서는 2007년부터 해외 한국어 지역어 조사 사업에 착수하였다. 이 사업은 중앙아시아, 중국, 일본 등에 거주하는 재외 동포의 한국어를 연차적으로 조사하고, 조사한 자료와 음성 파일을 영구 보존하는 데에 그 목적을 두었다. 조사는 아래와 같이 이루어졌다.

- 조사 지역 : 중국 길림성 훈춘시 경신진 회룡봉촌·벌등촌
- 조사 장소 : 훈춘시 제보자 댁, 벌등촌 제보자 댁
- 제보자 : 박남성(朴楠星), 김경자(金京子)
- 조사자 : 소신애, 박진혁
- 조사 일시 : 2007년 8월 2일~8월 12일
- 확인 조사 : 2013년 7월 7일
- 조사 장소 : 훈춘시
- 제보자 : 박남성(朴楠星)
- 조사자 : 곽충구
- 자료 전사, 표준어 대역, 각주, 색인 : 곽충구, 소신애
- 녹음기 : MARANZ PMD660 디지털 녹음기. 마이크 : SHURE SM11

1.3. 제보자 및 제보자의 방언 특징

1.3.1. 문오복 할머니(여, 1929년생)

어릴 때 이름은 문명순(文明順). 할아버지 때 함북 종성군 평안면 우남동에서 만주로 이주하였다. 해방 후 야학으로 공부를 하였다. 모친과 남편은 모두 함북 온성군 출신이다. 2남 3녀를 두었다. 7세 때 훈춘시 양수(凉水)라는 곳에서 도문시 월청진 남석이라는 곳으로 이주하여 19세 되던 해 결혼하였다. 남편은 목단강에서 거주하다 월청진 마패촌과 가까운 북골이라는 곳에 정착하여 제보자와 결혼하였다. 결혼 후 얼마 안 되어 월청진 마패촌으로 이주하였다. 백부(伯父)와 부친은 독립 운동으로 용정에서 옥고를 치렀다. 성정이 올곧고 성실한 성품을 가진 분이어서 여러 차례 '모범상'을 받았다. 다정다감하여 조사자에게 하나라도 더 가르쳐 주려고 항상 최선을 다하였다. 응답을 하지 못하였거나 미진하게 대답한 부분이 있으면 그날 저녁에 밤잠을 설쳐가며 거듭 생각을 하고 정리하여 다음날 정확한 내용을 제공하려고 애를 썼다.

제보자는 다른 육진방언권의 화자들처럼 자신이 일상적으로 쓰는 말을 좀 특이하고 별난 것으로 생각하고 있으며, 또 자신의 방언에 대해 부정적인 태도를 가지고 있다. 이는 자녀들뿐만 아니라 주위 사람들이 제보자의 말(전통적인 육진방언)에 대해 비판적인 태도로 말하거나 심지어는 웃음거리로 삼는 데서 기인한 것으로 보인다. 때문에 제보자는 표준어 지향성이 강한 편이다. 그러나 마을 노인들 중에서는 비교적 육진방언을 많이 구사하는 편이다. 제보자 중에서 유일하게 구전 설화 5편을 들려주었다. 조사 과정에서 제보자는 모친이 쓰던 어휘(함북 온성 방언)를 말해 주기도 하였는데, 대체로 '·>ㅗ' 원순모음화형과 ㄷ구개음화와 관련된 것이었다. 모친으로부터 영향을 받았음을 알 수 있다.

제보자는 다른 제보자들처럼 변이가 많았다. 예컨대, '넣다, 넣다, 옇다', '똫다, 돟다, 좋다', '세상, 세상', '돼다[爲], 대다, 데다'가 그런 예이다. 이전에는 자신의 방언인 '돼다'를 썼지만 지금은 '데다'를 쓴다고 하였다. '대다'는 '돼다'의 활음이 탈락된 것이고 '데다'는 학습을 통하여 익힌 것이라 한다. '중세'(<듕세, 밤참), '쟈래'(자랑). '좋다'(<돟다) 등의 'ㅈ'은 경구개음이다. 이때의 'ㅈ'은 중부방언권 화자들의 'ㅈ'과는 판연히 다르다. 첫날 대면에서 경구개음 'ㅈ'와 치조음의 'ㅈ'가 명확히 구분됨을 확인하였다. 제보자 스스로 '조이[粟]'와 '죠이[紙]', '초[醋]'와 '쵸[燭]' 따위를 구분한다. 또 "즉금두 나느 채칼에 '쳐서' 먹는다 하디 '처서' 먹는다구는 아이 합니다."라고 할 정도로 조음 특징을 정확하게 인지하고 있다. 자연 발화를 관찰해 보면 경구개음이 점차 치조음으로 옮아가고 있다. 'ㄷ' 구개음화는 현재 변화가 진행 중이다. 한 발화 단락 안에서도 '듕단(中單)'과 '중단'이 출현한다. 제보자는 이 변화를 알고 있다. 예컨대, 지금은 '책장(冊張)'이라고 하지만 전에는 '책댱'이라고 했다든가 지금은 '펜지르 부쳐라' 하지만 전에는 '펜지르 부톄라'고 했다든가 'ㅈ'를 자신은 'ㄷ'로 발음한다는 등의 말을 자주 했는데 실제 자연 발화에서는 개신형과 보수형이 수의적으로 나타난다. 그리고 이따금 치조음의 'ㅈ'를 'ㄷ'로 발음하기도 하였다. 예컨대, 다다(자다), 시댱(시장, =지금), 달하다(잘하다) 등등. 그런데 특이하게도 '댜, 뎌, 됴, 듀'가 구개음화를 겪지 않고 활음이 탈락한 '다, 더, 도, 두'로 실현되는 예도 발견된다. 예: 죠잇댱>죠잇당(종잇장). 이 같은 현상은 경신의 박남성 제보자에게서도 발견된다. 제보자는 '댜, 뎌, 됴, 듀'와 같은 발음에 대해서 "세땐 하느바디에'

딱딱' 붙에' 가지구 말합디. 아:! 우뿌다' 머.(혀는 입천장에 딱딱 붙어서 말하지요. 아! 우습지 뭐.)"라 하였다. 이는 '댜, 뎌, 됴, 듀'가 경구개 위치에서 조음됨을 말하는 것이다. 이 같은 표현은 육진방언권의 전 조사 지역에서 흔히 들을 수 있는 말이다. 육진방언권이 아닌 화자들이 육진방언 화자들의 발음 특징을 말할 때도 그러한 표현을 한다. 제보자가 자신의 발음 특징을 말하면서 '우뿌다'라 한 것처럼 육진방언 화자는 대체로 자신들의 방언에 대해서 비우호적인 언어태도를 가지고 있다. 이는 육진방언을 급속히 변화시킨 강력한 동인 중의 하나이다.

1.3.2. 김경자 할머니(여, 1928년생)

함북 경흥군 아오지면 온정리 삼굴에서 출생하여 경신진 벌등으로 시집왔다. 드물게 중학교를 졸업한 분으로 언변이 유창하고 생활 문화에 대해서 잘 알고 있다. 치조음 'ㄷ, ㅌ, ㅅ, ㄴ' 뒤의 활음 /y/ 탈락이 수의적이라 한 발화 단락에서도 '듕대(中代)'와 '등대', '댱손(長孫)'과 '당손'이 함께 나타난다. 문오복 할머니처럼 'ㅈ'를 때론 'ㄷ'로 발음하기도 한다. 예: 다식(子息), 덜르(<절르, 저절로). 제보자는 연구개 자음 뒤에서 'ㅡ'와 'ㅜ'가 거의 중화된 상태이다. 'ㅡ'에 가깝게 조음되는 경우도 있지만 변이일 뿐이다. 'ㅗ'의 조음역도 넓어서 '시어마니, 시오마니[síɔmani]' 등의 변이형이 나타난다.

1.3.3. 박남성 할아버지(남, 1935년생)

선대 거주지는 함북 경흥군 아오지면 농경동이다. 할아버지 때 중국으로 이주하였다. 중국 길림성 훈춘시 경신진 회룡봉촌 벌등(中國 吉林省 琿春市 敬信鎭 回龍峯村)에서 태어나 그곳에서 농사를 지으며 살다가 수년 전 훈춘 시내로 이주하였다. 2019년 작고하였다. 제보자는 소학교를 마쳤지만 독서를 많이 하여 박학다식하다. 전형적인 육진방언 화자이다. 평생 농업에 종사하였지만 마을의 역사, 문화, 동식물 등에 대해 해박한 지식을 가지고 있다. 친인척이나 마을 주민의 요청으로 혼례, 상례, 제례 등 대소사에 참석하여 전통 의례에 대한 자문에 응하였다. 발음이 명료하다. 미세한 음성차를 인지하고 그 사실을 말해 주거나 어휘의 의미 등에 대하여 상세한 설명을 해 줄 정도로 언어학에 대한 지식도 남다르다. 육진방언은 주격조사 '-가'가 전혀 쓰이지 않지만 제보자는 이따금 '-가'를 썼는데 이는 물론 표준어의 영향이다.

2. 전사 및 표기

2.1. 전사 및 표기의 원칙

구술 발화의 전사 및 표기는 원칙적으로 한글 자모를 이용하고 그 표기는 형태음소 표기를 하되 필요한 경우 음성적 표기를 가미하였다. 따라서 현행 『한글 맞춤법』의 표기 원리를 준용(準用)한 셈이다. 여기서 '전사'라 함은 음성을 그에 대응하는 문자로 옮겨 적는 것을 말하고 '표기'란 전사된 것을 일정한 원리에 맞추어 적는 것을 뜻하는 말로 쓴다.

국립국어원의 '국내 지역어 조사'에서는 구술 발화를 모두 한글 자모로 음소 전사하였다. 이는 조사 대상 언어를 기록하고 분석 및 연구하기 위한 당연한 조치라고 생각한다. 그럼에도 불구하고 이 책자에서 일부 형태음소 표기를 채택한 것은 두 가지 이유에서이다. 그 하나는 구술 발화 자료에 대한 정보 처리를 용이하게 할 수 있도록 하기 위함이다. 다른 하나는 한글 자모를 이용하여 전사하면 일반 독자는 물론이거니와 국어학을 전공하는 이들도 전사된 내용을 분석적으로 이해하기 어렵고 또 그렇기 때문에 필요한 언어적 정보를 쉬 얻어낼 수 없을 것이라는 우려 때문이었다. 예컨대, 조사 대상 언어에 대한 충분한 사전 지식이 주어지지 않는 한 어간과 어미를 식별하기 어렵고 그들 어간과 어미의 의미, 형태 기능 정보를 파악하기가 어렵다.

그런데 형태음소 표기를 하면 독해의 능률을 높이고 분석을 좀 더 용이하게 할 수는 있겠지만 그 표기가 내포하고 있는 발음 정보는 정확하게 드러내기 어렵다. 따라서 이 책자에서는 형태음소 표기를 하면서 필요한 음성적 정보를 제공하는 방법으로 표기하기로 하였다. 그런데 표준어를 정해 놓은 원칙에 따라 표기하는 정서법과 달리 방언의 형태음소 표기는 어려운 점이 많다. 방언은 음운, 형태, 어휘 등 모든 영역에서 많은 변이를 보일 수 있기 때문이다. 또한 형태음소 표기를 하려면 체언이나 용언은 그들 교체를 통하여 일일이 기저 어간을 확인하여야 하고 또 그와 통합되는 조사나 어미도 역시 그 이형태를 일일이 확인하는 절차를 거쳐야 한다. 또한 그 과정에서 수반되는 음성 정보를 확인하고 그것을 적절히 표기에 반영해야 한다. 뿐만 아니라 파생어나 합성어의 표기를 위해서는 그 방언의 조어법에 대한 이해가 필요하다. 요컨대, 조사 대상 방언의 전체계를 낱낱이 파악하고 분석적으로 이해해야만 형태음소적 표기가 가능하다. 허나 패러다임상에서 나타나는 다양한 이형태 교체와 그와 관련된 다양한 음운 현상을 모두 파악하고 그것을 표기에 반영한다는 것은 결코 쉬운 일이 아니다. 여기에 방언에 대한 형태음소 표기의 어려움이 있다. 그런 이유로 이 책자의 표기에서는 다소 불완전한 면도 발견될 것이다. 변이형 및 교체형에 관한 정보는 이 책의 뒤에 붙인 색인을 참고할 수 있을 것이다.

2.2. 몇 가지 음성과 그 전사

① [ɨ̈]([ɨ]와 [ï]의 중간음)

'ᅴ'[ɨ̈]는 'ㅣ'와 'ㅡ'의 중간 정도에서 조음되는 전설 비원순 고모음을 전사한 것이다. 이 방언에는 이중모음 'ᅴ'[ɨy]가 존재하지 않기 때문에 [ɨ̈]를 'ᅴ'로 전사하였다. 'ᅴ'는 대체로 'ㅣ'와 가까운 소리여서 'ㅣ'로 적을 수도 있다.

② [˜]

선행모음이 비모음(鼻母音)임을 표시한다. 대체로 비음성이 거의 들리지 않는다. 발화 환경이나 속도에 따라 비음성이 수의적으로 실현되기도 한다. 예: 코˜이(콩+-이), 코˜오(←콩+-으, =콩-을)

③ [ɾ]

음절말 위치의 'ㄹ'이 [ɾ]로 실현되는 예가 있다. 이는 'ㄹ'로 전사하였다. 간혹 한글 전사 바로 뒤에 [ ]를 두고 그 발음을 보이기도 하였다.

예: 두 볼두[poɾdu] 놓구, 세 볼두[poɾdu] 놓구(두 벌도 놓고 세 벌도 놓고)

　　　닭이[taɾɡí] 쉰:개(닭이 쉰 마리)

④ 운율적 요소에 대한 전사

조사 지역의 방언은 고저 악센트가 시차적이다. 따라서 전사에 이 고조를 반영하여야 할 것이나 오직 도문시 월청진에서 조사한 자료에만 고조 표시를 하였다. 한 어절 내에서 가장 높은 음절 뒤에 [']를 부가하여 고조임을 표시하였다.

장음을 동반하는 상승조, 하강조, 저장조는 동일 모음을 반복하여 전사하였다. 음운론적으로는 2mora정도의 길이로 해석할 수 있을 것인데 어떤 예들은 중부 방언의 노년층에서 들을 수 있는 음장보다도 길어 2음절로 간주할 수 있는 예들도 있다. 예: 대애지, 쇄애지, 왜애지 등. 표현적 장음은 [:], [::]로 전사하였고 이보다 짧게 느껴질 때에는 [·]로 전사하기도 하였다.

2.3. 활용과 곡용 어간

체언과 용언은 패러다임상에서의 교체를 통하여 기저형을 확인하고자 노력하였다. 조사나 어미의 통합형에 대한 표기는 이 기저형을 어간으로 고정시키고 표기하였다. 이 방언은 고어적이기 때문에 어간말 자음 및 그 체계가 표준어와 차이가 크다. 그 표기 예는 아래와 같다.

　　곧(處) : 곧이[고디], 곧을[고들], 곧에[고데], 곧만[곰만], 곧부터[곧뿌터, 곱
　　　　뿌터], 곧개[곧까, 곡까](곳-과). cf. 덛(時), 빋(債), 몯(釘), 붇(筆) 등
　　꽂(花) : 꽂이[꼬지], 꽂의[꼬즈], 꽂에[꼬제], 꽂만[꼼만], 꽂부터[꼳뿌터, 꼽
　　　　뿌터], 꽂개[꼳까, 꼭까](꽃-과)
　　겆(表) : 겆이[거치], 겆의[거츠], 겆에[거체], 겆만[검만], 겆부터[겉뿌터, 겁

21

뿌터], 겆개[걷까, 걱까](겉-과)

숱(炭) : 숱이[수티], 숱의[수트], 숱에[수테], 숱만[숨만], 숱부터[순뿌터, 숩
뿌터], 숱개[순까, 숙까](숯-과)

그러나 아래와 같이 비자동적 교체를 보이는 어간의 경우 모음으로 시
작하는 조사 앞에서의 교체형은 소리나는 대로 표기하였다.

나무두(나무도), 낭기(나무가), 낭그(나무를), 낭글르(나무로), 낭게셔(나무에서)
…….

쟈르두(자루(袋)도), 쟐기(자루가), 쟐그(자루를), 쟐게(자루에), 쟐그느(자루는)
…….

구술자들의 발화에서, 형태소 경계에서는 구개음화가 이루어지지 않는
다. 예: 밭이[바티], 밭의[바트], 밭에셔[바테셔].
그리고 복수의 어간(개신형과 보수형)을 가지고 있는 예, 예컨대 '싣다
[載]'와 '싫다'의 경우 자음 어미 앞에서는 기저 어간 형태인 '싫-'와 '싣-'
으로 표기하였지만 모음으로 시작하는 조사 앞에서는 '실-'로 표기하였다.

싫구(싣고), 싫지(싣지), 실어서, 실으니
싣고, 싣지, 실어서, 실으니

한편, 아래와 같이 불규칙한 교체를 보이는 예는 자음 어미 앞에서의
교체형을 고려하여 표기하였다.

같애셔[가태셔], 같으니[가트니]~같아니[가타니], 같으구[가트구], 같지[갇찌](如)

음운 현상에서, 자음동화는 표기에 반영하지 않았다. 단, 자음군단순화
는 실제 발화음을 [ ]에 적어서 보였다. 예: 야듧개[야듭깨]. 그리고 어간

말 자음 'ㄴ, ㅁ, ㄹ' 뒤에서의 경음화 및 원순모음화는 표기에 반영하였다. 육진방언을 포함한 동북방언권의 노년층에서 이 경음화는 화자에 따라 실현되기도 하고 실현되지 않기도 한다. 연령이 낮을수록 그 실현이 현저하다. 예: 신으 신구[싱구] 또는 신으 신꾸[싱꾸]

한편, 말음이 'ㅎ'인 용언 어간에 장애음으로 시작하는 어미가 결합하면 유기음 또는 경음으로 실현된다. 예: 노코~노꼬(놓-고). 이는 함경도 방언의 특징인바 이를 모두 전사에 반영하지는 못하였다.

2.4. 문법 형태의 표기

표음주의 표기를 원칙으로 하였다. 예컨대, 대격 조사의 경우 '으, 우, 르, 루, 오'와 같은 이형태가 있는데 이들은 소리 나는 대로 표기하였다. 예: 긑으(끝-을), 밥우(밥-을), 죽우(죽-을), 너르(너-를), 줄우(줄-을), 코오(코[鼻]-를)

2.5. 복합어

한자어, 파생어, 합성어는 원칙적으로 아래와 같이 어원을 밝혀 적었다. 파생어의 표기는 대체로 현행 「한글 맞춤법」을 준용하였다. 다만, 그 표기와 발음이 다른 경우, 자동적으로 예측이 가능하지 않거나 표기와 발음이 현저히 다를 때에는 [ ] 속에 한글 자모로 그 발음을 적어 넣었다. 단, 한글 자모로 전사하기 어렵거나 또는 주요한 음성 특징을 보여 주고자 할 때에는 [ ] 속에 국제음성기호로 보였다.

겆모양(겉모양), 붇글씨(붓글씨), 천지꽃(진달래꽃)
핧이[허리], 많이[마이, 마ʰ이], 옭기다[욍기다], 샗기다[생기다], 곪기다[굉기

디], 찰떡의[ʧʰárt'əgi], 찰떡의[ʧʰalt'əgi]

2.6. 띄어쓰기

채록할 때 띄어쓰기는 크게 고려하지 않았다. 발화 단위 중심으로 적는 것을 원칙으로 하되 의미의 불투명이 우려되는 경우 띄어 쓰기도 하였다.

2.7. 기타

① 말을 더듬을 때 자주 쓰이는 '저' 뒤에는 '…'를 부가하였다.

② 구술자가 시늉을 하며 말한 경우 그 동작을 ( ) 속에 보였다. 예: 아아 이거. (방망이질하는 시늉을 하며)

③ 웃음, 혀 차는 소리 따위는 (웃음), (쯧쯧)과 같이 표기하였다.

④ 발화 실수는 미주나 표준어 대역에서 밝혔다.

⑤ 조사자와 구술자의 발화가 겹칠 때, 겹치기 전후 위치에서 조사자와 구술자의 발화를 따로따로 구분하여 전사하였으나, 상대의 말에 호응하기 위하여 쓰인 '아', '음' 따위와 같은 말이 의미를 파악하는 데 지장을 줄 수 있다고 판단한 경우는 삭제하였다. 그러나 그 예는 매우 적다.

⑥ 방언형을 특별히 확인한다거나 그 밖에 방언을 드러내 보일 필요가 있다고 판단한 경우는 ' '를 하였다.

조사자 : '바다'라구 함둥, '바당'이라구 함둥?(바다'라고 합니까? '바당'이
라고 합니까?)

제보자 : 바당이, 바당물이. 여기 마우재덜이 에: 새비랑 먹어보메: 기딱스레
하압꾸마. 맛으 딜에서.('바당', '바당물'. 여기 러시아 사람들이 새
우를 먹어보며 맛이 기막히다고 합니다. 맛을 들여서.)

3. 표준어 대역과 주석

3.1. 표준어 대역

① 표준어 대역은 전사한 원문을 축자적으로 옮기고자 하였다. 그러나 의미가 불투명해질 우려가 있을 때는 ( )를 두고 보충 설명을 가하였다.
② 발화에서 생략된 말을, 대역에서는 의미의 소통을 위해서 ( ) 속에 넣어 삽입하기도 하였다.
③ 전후 문맥이나 이 방언의 어휘를 고려하여, 분명한 발화 실수는 표준어 대역에서 고쳤다.

3.2. 주석

주석은 각 장마다 미주를 달았다. 독자로서는 각주가 이용하기에 편리하나, 책의 편집상 불가피하게 미주로 만족할 수밖에 없었다. 주석은 주로 어휘의 의미를 풀이해 놓았지만, 그 밖에 음운 현상과 문법 형태의 기능에 대해서도 간략하게 설명해 놓았다. 어휘는 그 양이 방대하여 대역문에서 대응 가능한 표준어를 제시하는 것으로 그친 경우가 허다하나 방언의 어휘와 대응 표준어의 의미, 용법이 동일한 것은 아니다. 풀이는 대부분, 곽충구(2019), 『두만강 유역의 조선어 방언 사전』(태학사)을 참고하였다.

3.3. 본문의 글자체와 전사에 사용된 부호

고딕체　조사자(곽충구, 소신애, 박진혁)
명조체　－ 제보자
＊　　　어떤 단어의 처음 한 두 음절만을 발음하고 그친 경우.

4. 육진방언의 특징

4.1. 육진방언 및 조사 자료

육진방언(六鎭方言)은 두만강 연안에 위치한 함경북도 북부의 회령(會寧)·종성(鐘城)·온성(穩城)·경원(慶源)·경흥(慶興)에서 쓰이는 방언을 일컫는다. 흔히 함북 사람들이 이 지역을 가리켜 '육읍(六邑)' 또는 '육진(六鎭)'(또는 '륙진')이라 하기 때문에[1] '육진방언' 또는 '육읍방언'이라 명명한 것이다. '육진'은 조선조 세종이 이곳을 개척하고 여섯 진(鎭)을 설치한 데서 유래한다. 육진 가운데 경흥의 남쪽에 위치한 부령(富寧)은 육진 방언권에서 제외된다.

육진방언은 국어 방언 중에서 가장 보수적이다. 언어의 변화와 그 전파를 물결이 동심원을 그리며 사방으로 퍼져나가는 형상에 빗대어 설명하고자 하는 학설이 있는데 이를 파동이론(wave theory)이라 부른다. 이 이론에 기대어 말한다면, 국토의 최북단 두만강 연안에 위치한 육진 지역은 지리적으로 정치, 문화의 중심지라 할 수 있는 중부 지역(서울과 경기 일원)으로부터 가장 먼 곳에 위치하고 있어 중부 지역에서 발생한 개신의 물결이 이 지역에 미치지 못하여 국어의 옛 모습을 많이 간직하고 있다고 할 수 있다. 대체로 어휘 면은 함북 방언과 큰 차이가 없으나 음운과 문

---

1) '육읍'을 그 지역의 전통적인 방언 화자들은 '뉴우비'(<뉴읍+-이)라 하고 그 지역의 사람들을 '뉴우비치'(<뉴읍+-이+-치)라 한다.

장 종결어미에서 큰 차이를 보여 동북방언의 한 하위방언권으로 분류하기도 하고 대방언권의 하나로 분류하기도 한다. 잔재지역(relic area)의 특성을 지니면서 고립방언의 성격을 지니고 있다는 점, 또 역사적으로 육진지역은 세종 때 주로 하삼도 주민을 이주시킨 곳이라는 점을 강조하여 이방언을 방언섬(dialect island)으로 보기도 한다. 이는 육진방언을 대방언권의 하나로 구획하고자 할 때 내세우는 근거 가운데 하나이다.

육진은 중앙에서 멀리 떨어진 변경 지역이라는 점 때문에 때로 세인의 주목을 받았고 그로 인해 이 지역의 언어와 생활 문화가 기록으로 남게 되었다. 조선조 영조 때 洪良浩가 쓴 『北塞記略』에는 당시 이 지역 주민들이 쓰던 방언 어휘가 실려 있는데 개중에는 만주어 기원의 어휘도 있다. 그리고 비슷한 시기에 柳義養이 쓴 『北關路程錄』에도 옛 육진방언의 어휘가 실려 있다.

19세기 중기에는 러시아가 극동 지역에 진출함으로써 두만강을 사이에 두고 우리와 이웃하게 되었는바, 이때 탐관오리의 전횡 및 자연재해로 궁핍해진 함북의 주민들이 연해주로 이주하기 시작하였다. 그 무렵 제정러시아에서는 조선 이주민에 대한 통치, 교육, 선교 및 군사적인 목적으로 러-한 사전, 회화서, 교과서를 간행하였는데 이들 문헌에는 연해주 한인들의 언어(주로 육진방언)가 키릴문자를 가공한 전사문자로 정밀하게 전사되어 있다. 이들 출판물의 한국어는 구어를 고저악센트까지 고려하여 문장 단위로 전사한 것이다.

이 방언을 학술적 관점에서 체계적으로 조사 연구한 최초의 업적은 小倉進平(1927)이다. 小倉進平은 이 지역을 답사하고 조사한 자료를 바탕으로 육진방언의 언어적 특징을 음운, 어휘, 어법으로 나누어 기술하였다. 역사주의 언어학이 풍미하던 시절이므로 함경도 방언 형성의 이면적 배경이 되는 함경도 지역의 역사를 개관하고 또 이 방언과 관련된 문헌사료를 발굴 소개하였다. 그리고 만주어, 중국어, 러시아어 차용어를 제시하였다. 그러다가 1960년에 김일성종합대학 어문학부 조선어학과 4학년 학생들이 전공 실습의 일환으로 약 40일 동안 집체적으로 이 방언을 조사하고 등사본 자료집을 낸 바 있다. 이를 황대화 교수(전 중국 해양대 교수)가 다시 정리하고 표준어 대역을 붙여 『1960년대 육진방언 연구(자료편)』(2011, 역락)라는 이름으로 출판하였다. 김일성대학의 석사논문인 한두복(1962)도 이때 조사한 자료를 바탕으로 쓰인 것이다. 1986년에는 김태균 교수가 함북 출신 실향민을 대상으로 방언 조사를 하여 『함북방언사전』을 펴냈다. 1990년대에 들어서서 중국 사회과학원이 동북삼성의 조선어를 집체적으로 조사하고 펴낸 宣德五·趙習·金淳培(1991)의 『조선어방언조사보고』에는 두만강 대안 훈춘시의 육진방언이 조사 수록되어 있고 또한 같은 시기에 간행된 『중국조선어실태조사보고』(1993)에도 중국 육진방언이 수록되어 있다. 최명옥·곽충구·배주채·전학석(2002)에는 두만강대안의 중국 육진방언권 네 곳에서 조사한 자료가 수록되어 있다. 2007년에는 '남북 지역어 조사'의 일환으로 북한 사회과학원이 육진방언권의 하나인 함북 경원군을 조사하고 보고서를 내기도 하였다. 곽충구(2019)의 『두만강 유역의 조선어 방언 사전』은 중국에서 조사한 육진방언을 수록하고 있는데 성조, 발음 및 활용 정보, 뜻풀이, 관용구, 용례 등을 폭넓게 제시하였다.

육진방언은 지역 방언의 하나이지만 이처럼 자료 조사가 많이 이루어진 것은 변경 지역에서 쓰이는 특이한 방언이라는 점과 이 방언이 갖는 보수성 때문이다. 이 육진방언의 변종은 중앙아시아에도 있는데 그동안 내외국인 학자들의 주목을 많이 받았다. Ross King 교수(UBC)와 Nelli Park 교수(카자흐스탄 외국어대)는 중앙아시아의 육진방언을 조사하여 사전을 편찬하고 있다. 한국에서는 한중 수교 이후 현지 조사가 가능해지면서 이 방언의 음운론, 성조론, 어휘론, 문종결어미를 많이 연구하였다.

지금은 전통적인 육진방언을 구사하는 화자들을 거의 찾아볼 수 없다.

따라서 사라져가는 전통적인 육진방언을 기록으로 보존할 필요가 있다. 이 자료집의 간행 의도도 거기에 있음은 이미 서문에서 밝힌 바 있다. 이제 이 책에 수록되어 있는 육진방언의 구술발화를 이해하는 데 도움이 될 수 있도록 육진방언의 특징을 음운, 문법, 어휘로 나누어 간단히 소개하고자 한다.

4.2. 육진방언의 특징[2]

4.2.1. 음운

4.2.1.1. 음운체계

1) 단모음 : /ㅣ, ㅔ, ㅐ, ㅡ, ㅓ, ㅏ, ㅜ, ㅗ/의 8모음체계. 그러나 북한 학자들이 주장하는 모음체계는 위 8모음 외에 /ㅣ/와 /ㅡ/ 사이에 고모음이 하나 더 있다(북한 학자들은 이 음을 'ㅓ' 또는 'ㅜ'로 轉寫). 20세기 초에 러시아에서 간행된 문헌자료도 역시 같다. 이는 이중모음 /ㅢ/가 /ㅣ/로 변화하는 중간 단계의 음인데 [i] 또는 음절 부음의 과도가 아주 짧은 하강 이중모음 [iy]이다. 'ㅟ'는 [wi], [uy], [ɥi], [ü]로 실현된다. 'ㅚ'는 대체로 이중모음 [wɛ]로 실현된다. 예: 왜(오이), 쇄(쇠), 왜우다(외우다), 왜클아바니(외할아버지) 등. 그러나 [we]로 실현되는 경우도 있는데 이는 한자어에서 두드러진다. [wɛ>we]의 변화이다.

2) 이중모음 : y-계 상승이중모음으로 /ㅑ, ㅕ, ㅛ, ㅠ, ㅖ, ㅒ/가 있다. 전형적인 육진방언 노년층 화자의 방언에서는 이들 이중모음과 자음의 연결이 비교적 자유롭다. 그리하여 '댜, 뎌, 됴, 듀, 디', '냐, 녀, 뇨, 뉴, 니', '샤, 셔, 쇼, 슈'와 같은 음절구조가 존재한다. 예: '댬댬하-(잠잠하

---

2) 이 글은 다음 논문을 약간 수정한 것이다. 곽충구(2000), 「육진방언의 현상(現狀)과 연구 과제」, 『한국학논집』 34, 한양대 한국학연구소, 327-362.

다), 뜨르-(짧다), 댱시(商人), 둏-(좋다), 뎌거(저것), 뎍-(적다, 記), 듕간(中間)', '니르-(謂, 讀), 니마(이마), 닐굽(일곱), 닙쌀(입쌀), 닢(잎), 념녜(염려), 념튀(염통), 념(수염), 녠치~넨치~년치(연세), 내ː기(이야기)', '셔른(서른), 셔왜(성화), 보션(버선), 쌰아재(사팔뜨기)'. 그러나 회령, 종성 지역어 등에서는 평안도 방언처럼 자음 뒤에 활음 'y'가 탈락한 '돟-(둏-, 好), 따르-(짧다), 콩당시(콩장수), 더거(저것)'와 같은 변화형이 쓰인다. 이 같은 변화는 두만강 중류에 위치한 회령으로부터 시작하여 두만강을 따라 종성, 온성, 경원, 경흥으로 점차 확장되었다. 지금은 이러한 전통적인 육진방언을 구사하는 화자들을 찾아보기 어렵다.

y-계 하강이중모음은 '-이', '-앙이', '-엉이'가 결합되어 어간의 일부로 굳어진 어사들에서 발견된다. '쉐게이(소경)', '꼬래이(꼬랑지)'. 'ㅢ'는 단모음 'ㅣ'로 변화하였으나 일부 어휘는 'ㅡ'로 변화하였다. 예: 스느비(시누이). 위에서 언급한 바와 같이 'ㅢ>i' 예도 간혹 발견된다.

w-계 이중모음으로는 /ㅟ, ㅘ, ㅝ, ㅞ, ㅙ/가 있으나 점차 /ㅣ, ㅏ, ㅓ, ㅔ, ㅐ/로 단모음화(單母音化)하고 있다. 공동격조사 '-과>-가'가 그런 예이다. 'ㅞ'는 '쉐'(소), '쉐겡이'(소경)와 같은 몇몇 소수의 단어에서만 보인다. 이 '쉐'는 'syoy-'와 같은 삼중모음에서 변화한 것이다. '쇠>쉐/sywe/[šwe]', '쇼경>쉐경>쉐게이/sywegeŋi/[šwegēy]'.

3) 자음 : 파찰음 'ㅈ', 'ㅊ', 'ㅉ'이 치조 또는 후치조음으로 발음된다. 변이음으로 경구개음이 있으나 젊은 세대는 치조음으로 발음한다.

4) 운소 : 이 방언은 대체로 저조와 고조가 시차적이다. 논자에 따라 이를 고저악센트 또는 성조로 분석한다. 이 방언의 단음절 명사의 음조를 중세국어의 성조와 비교하면 규칙적으로 대응된다. 즉, 중세국어 상성과 거성은 고조, 평성은 저조로 실현된다. 가령, 중세국어의 'ː말[言](상성)'과 'ㆍ말[斗](거성)'은 고조로, '말(<몰, 馬)'은 저조로 실현된다. 또한 활용 어간의 성조 교체 유형도 중세국어와 같아서, (1) 저조 어간(먹-), (2) 고조

어간(없-, 티-[打]), (3) 모음 어미 앞에서 저조로 실현되고 자음 어미 앞에서는 고조로 실현되는 어간(알-[知]), (4) 불규칙 어간(하-[爲], 가-[去]), (5) 어미에 따라 고조 또는 저조로 실현되는 어간(밀-[推]) 등의 유형이 존재한다. 장음이 있기는 하나 시차적 기능은 없다. 예: 개:지(강아지), 밸:이(창자), 왜:지(<오얏, 자두). 그런데 회령 지역어에서는 중세국어의 상성이 상승조로 실현되는데 대체로 발화 속도에 따라 상승조 또는 고조로 실현된다. 이 음조는 이 책의 도문시 월청진의 구술발화 편에서 볼 수 있다.

4.2.1.2. 음운의 변동과 변화

이 방언의 주요한 음운 변동 및 변화를 간략히 소개한다.

1) 모음조화 : 어간의 첫 음절 모음이 /ㅏ, ㅗ, ㅐ/인 용언 어간 또는 말 자음이 'ㅂ'인 다음절 형용사 어간에는 부사형 어미 '-아X'가 결합된다. 예: 맵-[辛]+-아→[매바], 배우-[學]+-아→[배와], 바꾸-[換]+-아→[바꽈], 따갑-[熱]+-아서→[따가바서].

2) 비모음화 : 모음 사이 또는 단어의 끝에 /ㅇ/이 놓일 때 /ㅇ/에 선행하는 모음이 콧소리로 발음되는데 이때 비음성이 약화되어 거의 들리지 않는다. 예: 배ˇ우ˇ리(<뱅우리<뱡우리, 병아리), 콩+-이→[코ˇ이ˇ], 고사ˇ:(고생-을). 모음과 /ㅣ/ 모음 사이에 /ㄴ/이 놓일 때에도 비모음화를 보여주는 화자가 간혹 있으나 생산적이지는 않다. 예: 아ˇ이ˇ(아니).

3) 활음화 : 용언의 어간말 모음 /ㅣ, ㅗ, ㅜ/에 부사형 어미 '-아/-어'가 연결되면 어간말 모음이 'y, w'로 변하는 것은 다른 방언과 같으나 이 방언에서는 체언 말 모음이 /ㅣ/일 때 처격조사 '-에'가 결합돼도 말모음 /ㅣ/가 활음화한다. 예: 단디[甕]+-에→단데~단데.

4) 경음화 : 말음이 /ㄴ/, /ㅁ/인 활용 어간에 장애음이 연결될 때 젊은 층에서는 경음화가 이루어지지만, 노년층에서는 화자에 따라 다르다. 대

31

체로 나이가 많을수록 여성 제보자일수록 경음화가 이루어지지 않는다.
예: (신을) [신다], [신구~싱구], [신지]. (산을) [넘다], [넘구], [넘지].

5) 자음군단순화 : 중부방언과 달리 어간말자음군을 그대로 보존. 이
자음군을 가진 어간에 자음으로 시작하는 조사나 어미가 연결될 때, 두
번째 자음이 변자음(/ㄱ, ㅂ/)이면 /ㄹ/이 탈락하고, 비변자음이면 비변자음
이 탈락한다. 예: 흙+-두(도)→[흑뚜], 밟+-지→[봅찌](밟-), 돐+-두→
[돌두], 넋+-두→[넉두], 없+-구(고)→[업꾸].

6) 어중 자음의 유지 : 술기(<*술귀, 수레), 굴기(<굴긔<*굴귀, 그네),
무순둘레(민들레), 하분자~호분자(<*ㅎ봊ᅀᅡ, 혼자). 그리고 '수을(<*수볼,
술)', '두을(<*두볼, 둘)'과 같이 'ㅸ'의 흔적을 남기고 있는 예도 있고,
'이레~닐웨(이레)', '깨애미(개암)'처럼 /ㄱ/이 탈락한 예도 있다.

7) 구개음화 : 노년층에서는 형태소 내부에서 'ㄷ' 구개음화가 진행 중
이다. 예: 딮(짚, 藁), 덜귀(절구), 문덜귀(돌쩌귀), 텰안(총알), 듕세(밤참),
댱화(장화, 長靴), 뎡개모디(정강이 마디), 티-(打), 단디(단지), 피나디(피,
稷). 이 방언권의 하위 지역어에서는 서북방언처럼 음절부음이 탈락하였
다. 이 변화는 회령, 종성, 온성에서 두드러지는데 점차 두만강 하류의 경
원, 경흥 지역어로 확산되고 있다. 그리고 ㅎ구개음화 예가 보인다. 예:
셰띠~세띠(혀), 쎠-~써-(點火), 쎠개~써개(<혀개, 서캐), 셰-~세-(算)
등.

8) 원순모음화 : 순자음 아래의 /ㆍ/가 /ㅜ/로 변화한 원순모음화 현상이
있다. 역시 회령, 종성, 온성에서 변화가 크고 경원, 경흥에서는 소수의
몇 단어에서 이 음운 현상을 볼 수 있다. 모수-(ᄆᆞᅀᅳ-, 부수-), 모디(마
디), 모루-(마르-[乾]), 몯아바니[伯父], 보름(바람), 볼쎠(벌써), 불(벌[件]),
불-(밟-), 폴(팔[腕]), 물[馬], 뿔-(빨-[吸着]).

9) 비원순모음화 : 형태소 내부에서 '느비(<*누븨, 누이)', '눕-(<눕-)',
'드비(<두부(豆腐)+-이)', '느부리(<누부리, 놀[霞])' 등과 같이 순자음 /

ㅂ/ 앞에서 원순모음 /ㅜ/가 /ㅡ/로 변화하였다.

4.2.2. 문법

4.2.2.1. 조사와 어미

1) 격조사 : 격 형태가 특이. 주격조사는 '-이'. '-가'는 거의 쓰이지 않는다. 대격조사는 '-으/-우, -르'이며 공동격조사는 '-가(<-과)' 하나뿐이다.

2) 보조사 : '-라메(-이며)', '-을래(-때문에)', '-텨르(-처럼)', '-만이(-만큼)', '-보구(-보다)', '-인데(-한테)', '-아부라(-조차)'와 같이 문법화한 보조사들이 쓰인다.

3) 어미

  (1) 연결어미 : '-길래', '-자구(-려고)', '-래르(<-랴르, -게)', '-라>-러', '-ㄴ두(-ㄴ지)'와 같은 어미가 쓰이는데, '-길래'는 중부방언과 의미차를 보인다.
  (2) 종결어미 : 동북방언의 청자존대법은 3등급으로 비교적 단조롭다.

    (1) 서술(존대//평대//하대) : -읍구마/-습구마, -읍꿔니/-습꿔니 // -오/-소 // -다
    (2) 의문(존대//평대//하대) : -음둥(두)/-슴둥(두) // -오/-소 // -니, -냐, -은냐
    (3) 명령(존대//평대//하대) : -읍쇼/-습쇼 // -오/-소 // -아/-어라∞-나라∞-가라∞-거라
    (4) 청유(존대//평대//하대) : -깁:소, -겝소 // -기오, -게오 // -쟈(쟈)

'-오/-소'는 중부방언에서 '하오', '하게', '반말'할 자리에서 쓰인다.

친구나 동년배 사이, 부부 사이에서 쓰이며, 부모가 장성한 아들이나 며느리에게 또는 노인이 젊은이들에게 쓴다. 억양에 따라 의문, 명령, 청유에도 쓰인다. 의문 어미 '-은냐'는 '밥우 먹은냐?(밥을 먹느냐)', '어드메르 가안냐?(어디를 가느냐?)', '뉘기르 아안냐?(누구를 아느냐?)'와 같이 현재 시제의 의문형어미로 쓰인다.

4.2.2.2. 활용과 파생

1) 정칙 활용 : 'ㅅ' 및 'ㅂ' 변칙 용언들이 정칙 활용을 한다. 예: 덥-[暑] : 덥-+-어서(셔)→[더버서(셔)], 덥-+-으나→[더부니]. 닛-[繼] : 닛-+-어서(셔)→[니서서(셔)], 닛-+-으나→[니스니].

2) 특수교체어간

	체언	용언
제1유형	나무-/낭ㄱ-[木]	시무-/싱ㄱ-[植], 싱구-
제2유형	가르-/갊-[粉]	가르-/갊-[分]
제3유형	여스-/엮-[狐]	_____
제4유형	초하르/초할리	오르-/옰-[登]
제5유형	_____	니르-/니를-[至]
기타	무숙-/무스-[何]	많-/많애-~만하-[多]
	누기-/누-[誰]	슳-/슳애-~슬하-[厭]

3) 단독형 명사에 '-이'가 결합되는 현상 : 모음이나 /이/으로 끝난 명사에 '-이'가 결합되어 어간의 일부로 녹아든 예들이 많다. '댱개~당개(<댱가+-이, 婿)', '댱시~당시(<댱수+-이, 商人)', '넘튀~넘튀(<넘통+-이, 心臟)'. 이 때문에 전통적인 육진방언 어휘 중에서 개음절 명사는 전설모음으로 끝나는 형태소구조제약을 가진다.

4) 사피동사 형성 : 접미사에 의한 사피동사 형성이 아래와 같이 매우 생산적이다.

(1) 바그테 나가 보무 알기오(집 안에서 말로 해서는 알 수 없고 밖에 나가서 보면 알 수 있소/알아지오).
(2) 그거이 생각히우지 않소(아무리 생각해도 생각나질 않소). 야! 말랑말랑하는 게 아니 생객힌다(야! 가물가물한 게 생각나지 않는다).
(3) 그 아아르 물에 빠지웠다(그 아이를 물에 빠뜨렸다).

중부방언에서는 '알다'와 같은 타동사는 피동사로 파생이 이루어지지 않지만 이 방언에서는 (1)처럼 피동사 '알기-'가 존재한다. 중부방언에서는 '-하다'로 끝난 동사나 형용사는 좀처럼 피동사 형성이 이루어지지 않지만 (2)의 '생각히우다'처럼 피동사가 형성된다. 3)은 '빠지-'에 접사 '-우-'가 결합되어 사동사 '빠지우-'가 파생되었다. '속다' 또는 '속임을 당하다', '속임수에 빠지다'라고 표현할 것을 이 방언에서는 '속히우다', '얼리우다'와 같이 피동 표현을 사용한다. 접미사에 의한 사피동사 파생이 생산적이다.

4.2.2.3. 통사적 특징

(1) 대격중출문 : '~에게 ~를 주다' 구문이 '~르/으 ~르/으 주다'와 같이 쓰인다. 예: 아이르 떡으 주오(아이에게 떡을 주오). 가르 보애르 조라(그 아이에게 팽이를 주어라).
(2) 부정 부사의 위치 : '아니', '못'의 위치가 특이하다. 예: 떠두 못 나고(떠나지도 못하고). 술기도 넘어 못 가오(수레도 못 넘어가오). 궁기 뚫어 아니 딘다(구멍이 안 뚫어진다). 먹어 아니 보았소(먹어 보지 않았소).

4.2.3. 어휘

어휘적 특징으로는 첫째, 고어가 많이 잔존해 있다는 점 둘째, 친족명칭과 그 체계, 가옥구조의 명칭 등이 중부방언과는 큰 차이를 보인다는 점 셋째, 중부방언과 형태는 같아도 의미차가 크다는 점 넷째, 여진어의 잔재가 남아 있으며 러시아어 및 중국어 차용어가 많다는 점 다섯째, 이 지역에서만 쓰이는 독특한 어휘가 많다는 점을 들 수 있다.

1) 고어의 잔존 : 중세국어 또는 근대국어 시기에 쓰이다가 지금은 이 방언권에 잔존해 있는 어휘로, "간대르사(설마), 기티다(남기다), 널:다(씹다), 드틔우다(건드리다, 옮기다), 머리까(머리카락), 무리(우박), 슷다(물기를 수건 따위로 닦다), 신다리(허벅지), 얻어보다(찾다), 우뿌다(우습다), 자개미(겨드랑), 쯤(틈), 탈다(꼬다, 捻), 허튀(종아리), 헗다(얇다)" 등이 있다.

2) 의미차 : 중부방언과는 의미차를 보이는 예들이 많다. 몇 예만 보인다. '어지럽다'는 [亂], [繁]의 의미를 가진다. [眩]의 의미일 때에는 '어립다'라 한다. '어렵다'는 '어른 앞에서 담배 피우기 어렵다' 또는 '어찌할 수 없게 되다'라는 뜻을 가지며, '문제 풀기가 어렵다'의 '어렵다'는 '바쁘다'라 한다. 또 '맞다[正, 是]'는 언제나 '옳다'라고 한다. '밭'은 '풀밭', '모래밭' 외에도 '나무밭(숲)', '베밭' 또는 '논밭(논)'에서 보듯 지시 범위가 넓다. 또한 '굴'은 산짐승뿐만 아니라 집짐승이 살 수 있도록 지은 우리나 장소를 뜻한다. 예: 도투굴(돼지우리), 닭굴(닭장), 오리굴(오리장).

3) 중부방언과 형태는 같고 뜻이 다른 말 : 닦다(볶다, 덖다), 마누래(천연두), 바쁘다(어렵다, 힘들다), 분주하다(시끄럽다), 삐치다(참견하다), 소나기(우레), 지껄이다(집적거리다), 한심하다(위태롭다).

4) 친족명칭 : 부계친과 모계친의 구별이 없다는 체계적 특징을 가진다. 가령, '맏(몯)아바니'는 '伯父' 또는 '外叔'(어머니 손위), '고모부'(아버지

누님의 남편), '이모부'(어머니 언니의 남편)을 가리키며, '아재'는 '고모' (아버지의 누이동생), '외숙모'(어머니 남동생의 아내), '이모'(어머니 여동 생), '숙모'를 가리킨다. 개별 친족 명칭도 특이하다. '祖父'는 '아바니', '큰(클)아바니'라 하며, '祖母'는 '아매', '큰(클)아매'라 한다. 父는 '아바 지', 母는 '어마, 어마니'라 한다. 그밖에 '제세'(형), '딜래비'(조카사위), '새워니'(시동생)와 같은 특이한 친족명칭도 있다. 이처럼 '조부모' 호칭어 에 접두 요소가 없다는 점이 특이하고, 평북・경북 일부 방언에서 볼 수 있는 접두 요소 '큰(혹은 '클')'이 나타난다는 점도 특징적이다.

5) 차용어 : 중국 및 러시아와 접촉이 잦아지면서 그쪽의 언어를 차용 하여 쓰게 되었다.

(1) 중국어 : 강차이(鋼鍤, 삽(農具)). 다두배채(大頭白菜, 양배추). 마우재(毛子, 러시아인). 만튀(饅頭, 찐빵). 밴세(匾食, 멥쌀가루에 더운 물을 넣어서 반죽 하고 이겨서 둥그렇게 만든 다음, 돼지고기・부추・양배추 따위로 속을 만들어 넣고 송편 모양을 빚어 쪄서 먹는 음식). 빙고(氷車, 썰매). 쌰아재 (瞎子, 사팔뜨기). 줄루재(酒漏子, 깔때기). 차아재(汉子, 포크). 촨(船, 배). 탄재(毯子, 담요). 퉁재(筒子, 물통) 따위가 있다.

(2) 러시아어 : 가름다시(karandaša, 연필). 거르마니(karman, 호주머니). 마션 (mašina, 재봉틀). 메드레(viedro, 바께쓰). 버미돌(pomidor, 토마토). 비지 깨(spičhika, 성냥). 삭개(šapka, 모자). 골로시(kološi, 고무신). 사바귀 (sapog, 가죽장화).

(3) 여진어, 만주어: '마우래, 마우래기'(방한용 모자), '야래'(두만강에 서식하 는 고기의 하나), '오로시(가죽신)', '재비[渡船]', '쿠리매'(외투), '탄'(새 올가미).

6) 여진 지명 : 함경도는 여진족이 살았던 곳이어서 여진어에서 유래한 지명이 남아 있다. '두만강'의 '두만'을 비롯하여 경원군과 종성군의 경계 에 있는 '나단산'의 '나단', 경흥군의 '아오지', 종성군에 있는 '동간산'의

'동간', '백안(수소)'이 그 예이다.

　7) 이 방언에만 분포하는 방언형 : 가매티(누룽지), 불술기(기차), 뺍재이(질경이), 쉐투리(씀바귀), 아슴태니오(고맙습니다), 아지～아채기(가지(枝)), 안깐이(아낙), 자란이(어른), 짜구배(트기)….

01 중국 길림성 도문시의 구전 설화

1.1. 왕이 된 효자

고딕체 조사자(곽충구)
—   제보자(문오복)

아매! 옛날얘:기르 오늘 한나 해주시기로 했:습디?

– 그 옛'말이 요'구데엠'둥?

많:이 해 주시면 **뒇습구마**! 요구데는 게 아니라.

– 쉬쉬껍지한 게' 잇습구마. 쉬쉬껍지한 게'. 이'제 하람두'? 기래?

예!

– 이: 말으느1) 하쟈무 이'거 생'각해 하디만 이 옛'말으느 예' 첫글으2) 떼'무 예 줄줄[tsurtsur]3) 뒷'글이 생각이 난단 말입구마. 그전에 많이 에우던4) 가지'5) 대서. 게 어떤 게'랑 순간순간 잊어딘게 잇어두' 직금 하는 거'느 헐'하게6) 생'각이 난단 말입구마. 옛'말으 하는 사'름덜이7) 예, "더8) 도'깨비이'!" 일·하'압구마(웃음).9) 즉금같이 옛'말하는 사'람덜으느.

왜 그렇기 말함둥?

– "도'깝우 강태'르 셍긴다.10)" 이'라가압구마. 옛'말하는 거'느. 옛날에 이'게, 옛날들'이 이'게 다 아니라는 게'엡디 머.

아! 예::.

– 기'라무 그냥 또 도깝소리'르 한 커리' 해보쟈. (웃음) 한 옛날에 예: 그런:11) 한 마을에'서 그런: 약혼햇단[야콘해딴] 말입구마, 예에'12). 한 마을에서'· 약혼해애두:' 내 심사르' 그 사람 심리르' 모르'구서르 남자'나 여자'나 약혼해서 잔체13) 햇:단 말입구마 예'.

예.

– 예:. 기랜데', 이' 남자집우느::' 이' 산기슭'에 잇구. 여기 말함'· 이 산비

1.1. 왕이 된 효자

할머니! 옛날이야기를 오늘 하나 해 주시기로 하셨지요?

- 그 옛날이야기가 필요합니까?

많이 해 주시면 좋습니다! 필요한 정도가 아니라.

- 시시껄렁한 것이 있습니다. 시시껄렁한 것이. 이제 할까요? 그래?

예!

- 이 말은 하자면 이거 생각을 해서 하지만, 이 옛날이야기는, 예, 처음 입을 떼면 예 줄줄 마지막까지 생각이 난단 말입니다. 그전에 많이 자주 말하던 것이 돼서. 게 어떤 것이랑 순간순간 잊힌 것이 있어도 지금 하는 것은 쉬 생각이 난단 말입니다. 옛날이야기를 하는 사람들을, 예, "저 도깨비!" 이랍니다. (웃음). 지금같이 옛날이야기를 하는 사람들은.

왜 그렇게 말합니까?

- "도깨비가 하는 쓸데없는 말을 주워섬긴다." 이럽니다. 옛날이야기를 하는 것은. 옛날에 (있었다고 하는) 이것이, 옛날에 어떠했다고 말하는 것들이 이게 다 (사실이) 아니라는 것이지요.

아!, 예.

- 그러면 그냥 또 도깨비 소리를 한 편 해 보자. (웃음). 한 옛날에 예 그 저… 한 마을에서 그 저… 약혼을 했단 말입니다, 예. 한 마을에서 약혼해도 내 심사를, 그 사람의 심리를 모르고서 남자나 여자나 약혼해서 잔치를 했단 말입니다, 예.

예.

- 예. 그런데 이 남자 집은 이 산기슭에 있고, 여기 말로 말하면 산비

탈에 잇단 말입구마. 기래구 여'자 집우느:' 이' 마을이' 큰'데 농'촌인데', 그 마을복판에' 여'자집 잇구 한데. 기래다나니' 옛'날에느 이'래 서르 훕씰러서 노'댛기[nódɛŋkʰi] 때문에' 한께[hankʼé] 모다' 놀'댛기[nóldɛŋkʰi] 때문에' 이' 여'자 거저 거충만14) 봣지' 그저 속'으느 몰'라밧단 말입구마 예'. 여'자는 거저 어징간:이' 생기구 인물'은 과안퇘닌데'·, 남'자'마 속'이 모' 여물엇단 말입구마 예:'.

아아!

― 걔 남'자'느 속'이 영' 똑똑하단 말입구마, 옛날에'두.

― 기'래 또 잔체 해놓구' 데리구' 살쟈구 보니' 이' 남'자' 그냥:' 그 여'자르 마음에' 아이' 들어 하'압구마 예:' 기래 일'년이 못' 가서' 잔체르 한 날이 일'년이 못' 가서 예: 이' 남자란 게' 옛'날에두 어벌때' 크'구15) 똑똑하니' 그렇지, 다른 여'자르 채'애 가지구 웨'국우 갓단 말입구마, 이' 남자' 예:'. 기래 이' 여'자느 오! 이' 남'자' 어드'르 일'하라 나그'내16) 간게' 오레니:' 생각한단 말입구마. 기란데 끝내' 지달궈'두17) 거저 그냥: 오대'네서 예:. 기랜데' 그 어간에' 또 일'년으 거이::' 시간이' 가게' 부부르 정해'놓구 살다보니' 예:. 이' 여'자 임'신이 댓'단 말입구마, 예:'. 본 나그내게'서.

― 기랜데' 이' 옛날 사'람덜 좀 둔초하댛'구 어떵둥? 예:'? 그래노니까데 예:' 나'느 어'때 이'게 누기가' 걸궈 본 일'두 없는데· 나그'내느 없는데', 내' 이 몸'이 이'게 만색이 돼는가::'구 그냥:' 이' 여자 궁'상한단 말입구마, 예:. 이'거 내' 애'기만 낳기만하무:' 날 이'거 남'우 봐서 낳안 아라구 몰기와18) 주개'시니, 내' 이'거 어'티기 망신스럽아' 살갯는가구. 이' 여'자는 그냥:' 궁'상만 한단 말입구마.

― 기랜데' 하룻져냑 꿈'에 예: 백'발노'인이 와서 예:' 야::! 너'느 어'때 불'쌍하게 이'렇기 웨'롭게 호'분자' 산비탈이에서 마을두' 없는데 사는가구서르 예, 그라가구' 첫날져냑 꿈'에느 훌 없'어딘단 말입구마, 그 아'바니19). 기라구 또 이튿날' 져냑 꿈'에 영' 잠' 아이' 들엇는데', 어슬풀:한데' 예: 그

탈에 있단 말입니다. 그리고 여자 집은 이 마을이 큰데, 농촌인데, 그 마을 복판에 여자 집이 있고 한데. 그러다 보니 옛날에는 이렇게 서로 휩쓸려서 놀지 않기 때문에 함께 모여서 놀지 않기 때문에 그 여자 그저 겉으로만 보았지 그저 속이 어떤지는 몰랐단 말입니다. 여자는 그저 어지간히 생기고 인물은 괜찮은데 남자보다 속이 여물지 못했단 말입니다.

아아!

– 그래 남자는 속이 영 똑똑하단 말입니다, 옛날이라도.

– 그래 또 혼사 잔치를 해 놓고 데리고 살자고 하니 이 남자 계속 그 여자를 마음에 안 들어 합니다. 그래 1년이 못 가서 잔치를 한 지 1년이 못 가서 예 이 남자라는 사람이, 옛날이라도 통이 크고 똑똑하니 그렇지, 다른 여자를 채 가지고 외국을 갔단 말입니다, 이 남자가, 예. 그래도 이 여자는, 오! 이 남자, 어디로 일하러 남편이 간 것이니 돌아오려니 하고 생각한단 말입니다. 그런데 끝내 기다려도 그저 그냥 오지 않아서 예 …. 그런데 그 사이에 또 거의 1년이란 시간을 부부로 정해 놓고 살다 보니 이 여자 임신이 됐단 말입니다, 본 남편에게서.

– 그런데 옛날 사람들이 좀 둔감하잖습니까? 예? 그러하니까 예 나는 어째 이거 누구와 내가 걸쳐(=관계해) 본 일도 없는데, 남편이 없는데, 내 이 몸이 이게 만삭이 돼 가는가 하고 계속 이 여자 깊이 생각한단 말입니다. 이거 내가 아기를 낳기만 하면 사람들이 나를 이거 남과 관계해서 난 아이라고 따돌릴 것이니 내 이거 망신스러워 살겠는가. 이 여자는 그냥 생각만 한단 말입니다.

– 그런데 하루는 저녁 꿈에 예 백발노인이 와서 예, 야! 너는 어째 불쌍하게 이렇게 외롭게 혼자 산비탈에서 마을도 없는데 혼자 사는가 하고 그렇게 말하고 꿈에서는 홀연히 없어지더란 말입니다, 그 할아버지가. 그리고 또 이튿날 저녁 꿈에 아주 잠이 안 들었는데, 어슴푸레한데, 그

아바니 또 와서 예: 이' 문벽에' 그 아바니 또 와서 발르 예:' 이 어께박
죽 툭툭 차'메서 네' 정신 처'라20). 넌:' 어'떻게 이'렇게 호분자21) 세'샤:22)
보구서 살갯냐, 남' 사는 동네'서 네' 앞우'루 사'름구실' 못'한다. 이'라구 홀'
없'어진단 말입구마. 기'래 이' 여자 생'각한게 야: 이 암'만해두' 내' 이'거
한뉘'르23) 살아'밧자 사람구실' 못'하갯다구 예' 고'민으 가'지다 나니 예' 또
심햇뼝'에24) 걸리게 대앳'단 말입구마. 기래, 사흘날 져'낙에'느 예 이' 아바
니 와서 이'라더랍구마. 꼭 네:' 내 말'으[nəmári] 꼭 들어'야 사'름구실 하'
구 살디, 내 말'으 안'들으'무 네' 사'름구실 하게' 살게…, 이 세상'에'서 네:'
사름이' 인생이' 못' 데구 만다.25) 네 인생길'로 못'가구 만다. 그란단 말입
구마.

　음:, 네.

　— 네에' 뎌 두에' 골채기'여26) 올라'가무 내' 삼칫물'으 이'렇기 정해 논
게' 잇다. 도이'르 가지'구 가서 아츰 전에' 그 물'으 길어'다가 한 도이'르 그
진'지르27) 해먹어'라 그 물'으 길어'다. 생'동하기' 이'렇게 몇'마디 아니하구'·
그저 말하구 홀: 없'어진단 말입구마. 내' 아무래두 내' 이'거 세상에 사름
구실' 할라'무 그 아바니말'쓰 들어보는 것'두 옳'갯다구 그 궁'상으 하구, 사
흘만에'느'· 그 아바니말'으 듣구서', 물동일 니'구가서, 예:' 그 골짜'기르 올
라'가니 정'말 그전엔' 그런 물'으 본적이' 없'는데'· 예:' 요'렇기 예:', 기'게 기
'라니까데 산골'에'서 네레오는 물'이니까데 삼칫물'이'갯습디 예:'. 이' 물'으
한 도이'르 질어다가서르', 진'지르 져어먹엇단 말입구마 예:'. 밥'우 져어'
먹구.

　— 이래구서'느'· 일'년이 다 가두'· 몽살28) 하는 게' 이' 여자 없단 말입
구마 예:'. 기'랴구 자연쩍'으르 신'경이 나빠'디구 그렇던 게' 예:' 마암이' 펴
우'몡29) 예:' 일'손두 하게' 데구 예:. 일'두 하게' 데구 예:', 이'래서 몸이 거
저 날'이갈쑤록 만색이 데::두 일'으 계속 한단 말입구마 예:'.

　예:.

할아버지가 또 와서, 이 문 벽에 그 할아버지가 또 와서 이 발로 이 어깻죽지를 툭툭 차면서, "너 정신 차려라.", "너는 어떻게 이렇게 혼자 세상을 보고 살겠냐?", "남이 사는 동네에서 너 앞으로 사람 구실을 못한다." 이러고 홀연 없어진단 말입니다. 그래 이 여자 생각하기를, 암만해도 내 한평생을 살아 보았자 사람 구실을 못하겠다고 고민을 하니, 고민이 되니 심화병(心火病)에 걸리게 되었단 말입니다. 그래 사흗날 저녁에는 이 할아버지가 와서 말하기를, "꼭 네가 내 말을 꼭 들어야 사람 구실을 하고 살지, 내 말을 안 들으면 네가 사람 구실을 하며 살게 (안 되고), 이 세상에서 너라는 사람은 사람다운 삶을 살지 못한다. 네 인생길로 못 가고 만다." 그런단 말입니다.

음, 네.

ㅡ 네가 저 뒤에 골짜기에 올라가면 내가 샘물을 이렇게 정해 놓은 것이 있다. 동이를 가지고 가서 아침 전에 그 물을 길어다가 한 동이로 그 진지를 해 먹어라, 그 물을 길어다가. 생동하게 이렇게 몇 마디를 아니 하고 홀연 없어진단 말입니다. 내가 아무래도 이거 세상에 사람 구실을 하려면 그 할아버지 말을 들어 보는 것도 옳겠다고 깊이 생각하고, 사흘만에는 그 할아버지 말을 듣고서 물동이를 이고 가서, 골짜기로 올라가니까 정말 그전엔 그런 물을 본 적이 없는데 예, 요렇게, 예, 그게 그러니까 산골에서 내려오는 물이니까 샘물이겠지요, 예. 이 물을 한 동이를 길어다가 진지를 지어 먹었단 말입니다 예. 밥을 지어 먹고.

ㅡ 이러고는 1년이 다 지나가도 그 할아버지가 꿈에 나타나는 일이 이 여자에게 없단 말입니다. 자연히 신경이 나빠지고 하던 것이 마음이 편안해지면서 손을 놀려 하는 일도 하게 되고 일도 하게 되고, 몸이 날이 갈수록 만삭이 되어도 일을 계속한단 말입니다, 예.

예.

─ 기'래 어저느' 이'게 기한이 다아' 데구' 하니까데 예:. 임'신됏던 게' 예 해산달이 돌아왓단 말입구마 예:'. 기'래 해산달이 돌아'오게 데니까데 ─옛'날에느 해산하는 게' 얼'매르 미개'한가 보'옵소 예:', 덮'우 펴구 부수깨' 애서 해산햇단 말입구마. 이'래 덮'우 펴구서레' 부수깨앞에서' 해산한단 말입구마. 기'래노니까데 이'롷기 해산하게' 데니까데 이' 아즈마니 덮'우 가지' 구서 부수깨'르 네레가는데 야아 거저'30) 부수깨'르 네레가기 전에' 이' 허 망이서 벋어난다' 말입구마. 들'으가 아푸지'두 않구 예:'. 기'래 나니' 또 바 르' 남자'란 말입구마.─이것두 다 옛'말이라 이'롷기 사'실이사 이런 적'이 없'습디, 예.

예:.

─ 기'랜게' 아아' 난게' 예: 영:' 신타' 곱구 애비' 임'전하다나니 예:' 남자' 난 게 영:' 거저 가즈31) 나도 아:'도도 이 욕'심나구 에'미두 가 나문' 데디' 쟈구 맘: 먹은 게'.

아! 그렇죠.

─ 호분자' 내' 아:' 난다는게' 이'게 망신스럽다구 아:' 나기만 함' 데디'쟈 구 이 여'잔 이'롷기 마암먹엇단 말입구마 예:. 갠게' 아:' 나니' 쿠디 곱디 욕'심나서 예: 못' 데디구서르 가아'르 들어올려'다가서, 제대'르 정'릴해 눕 히'구. 사흘'이 데니까데' 아아' 별 뚱뚱 자란게' 알긴단 말입구마, 예'. 덛이 없'이, 덛이없이'32) 아아' 자꾸' 자랍구마. 쑥쑥 자라는게 알긴단 말입구마. 사흘'이 나니 완으'르 크게 데구 예:'. 기'래 사흘에 엿새'르 기'나 또 사흘' 이 기'나 아흐'레 데니까데 예:' 야 말하게 댓단 말입구마 예:'.

어어!

─ 이'게 옛'말이니 이'롷디 사흘에 난33) 게' 어'띠 말하갯습둥. 기'란데' 아아' 늘어'서, "어'떼 이 집이'느 식'귀 한나밖에' 없'는가?" 한단 말입구마 예:. 기'래노나'· 이' 에'미 놀'라게 됏'디.

— 그래 이제는 임신 기한이 다 되고 하니까 임신이 되었던 것이 해산달이 돌아왔단 말입니다, 예. 그래 해산달이 돌아오게 되니까—옛날에는 해산하는 것이 얼마나 미개한가 보십시오, 예. 짚을 펴고 부엌에서 해산했단 말입니다. 이렇게 짚을 펴고서 부엌에서 해산한단 말입니다—그러니까 이렇게 해산하게 되니까, 이 아주머니가 짚을 가지고 부엌으로 내려가는데, 이 아이가 그저 부엌으로 내려가기 전에 이 한데서 벋어 나온단(밖으로 벋어서 나온단) 말입니다. 부엌에 들어가 아프지도 않고, 예. 그래 낳으니 또 바로 남자란 말입니다—이것도 다 옛날이야기니까 그렇지 사실이야 이런 경우는 없지, 예.

예.

— 그랬는데 아이 난 것이 예 아주 신체가 곱고 아비가 임전하고 보니 아들 난 것이 아주 이제 막 낳았어도 아이가 그저 욕심나고 어미도 그 아이 낳기만 하면 버리자고 마음먹은 것이.

아! 그렇지요.

— 혼자 내가 아이를 낳는다는 것이 이게 망신스럽다고 아이를 낳기만 하면 버리자고 이 여자는 이렇게 마음먹었단 말입니다, 예. 그런데 아이를 낳으니 크지, 곱지 하니 욕심이 나서 아이를 못 버리고 그 아이를 부엌에서 들어 올려서, 제대로 정리를 해서 뉘고. 사흘이 되니까 아이 별나게 뚱뚱하게 자란 것이 알아진단 말입니다, 예. 순식간에, 순식간에 아이가 자꾸 자랍니다. 쑥쑥 자라는 것을 알 수 있단 말입니다. 사흘이 지나니 완전히 크게 되고 예. 그래 사흘에 엿새를 지나 또 사흘을 지나 아흐레 되니까 이 아이가 말을 하게 되었단 말입니다, 예.

어어!

— 이게 옛날이야기이니 이렇지 사흘이 지난 아이가 어찌 말하겠습니까. 그런데 아이가 누워서, "어째 이 집은 식구가 하나밖에 없는가?" 한단 말입니다. 그러니 어미는 놀라게 됐지.

그렇습디!

- 야 사름이 데갯는가? 이게 온'천한 사름이 데는가 안 데는가 이거 생'각하디 머. 기'래 아:' 아무말두 없'이, 거저 어'뜧기 돼애서' 이'뤃기 셰'샤: 보기' 대앳다구 거저 아가 어디까지 말'으 해'얏갯습디 거저. 기애', 거저 가아'르 졎'으 멕이메' 자래우는데'.³⁴⁾ 석'달이 가니까데 예:', 제에'마³⁵⁾, 제에'마! 아부'지' 아바지'³⁶⁾ 없'이 어'뜧게 나'르 셰'샤:³⁷⁾ 보기' 대앳는가? 이'랜단 말입구마. 석'달 가니 기래. 기래 그담에 에'미 기'차서 물어붙이딤, 네' 난후' 사름이 안대갯는가 햇는데 네 제에'마 할 줄' 알구 아바지'할 줄 아'는거 보니 사름이 대갯구나! 그담에 가가 이' 말'으 제대'른 안 해두 어 아부지' 남우' 여'자르 가지'구 갓다는 말은 그때'꺼진 아니' 햇'단 말입구마, 이' 아가. 그저 아부지' 없'이 이'뤃기 네'에 배애서 세'상 보기' 대앳'다. 기래니' 아:' 예:' 두우' 보나:' 소변'보나 바같으' 아니' 나간단 말입구마. 나느 아바지' 없'이 태어난 아' 돼 하늘'으 못' 본단 게'엡구마, 야. 생'각하는 게, 예:'.

어린 게, 음.

- 어'린 게. 야아'! 너'느 어'때 이'리 큰게 띠'새르³⁸⁾ 바같에' 와 버리'잖구 집'이서 이래 내' 자심해'³⁹⁾ 어'때 그냥 검'줄하갯는가⁴⁰⁾ 하니까데', 제에'미 생'각해 보구' 내가 말하'라는 게'엡디, 야. 기'랴니까 석'달 데니 이'뤃기 말하메'.

- 어'머니! 나'르 예 분'과 필기'장 책'으 얻어다⁴¹⁾ 달'라구서'르 엄'마가⁴²⁾ 처'준단 말입구마 예, 석'달이 데니'까디 이'런 말'으 하구서' 그담에 붇'가:' 이' 책'으 얻어다가 갸'르 주니 자'꾸 호분'자 연습하더'라지, 무'슨 글'으

- 긔'래 가아 그렇'게 책'으 가지'구 열심이' 공부'르 하구' 하니까데, 제대'르 말햇'답구마 예:'. 네'에 온'천한 사름이 대갯'구나! 네' 이렇'게 덭'이 없'이 자라서 혐'이⁴³⁾ 큰 혐'우 가지구 네 나'느 내' 네가 제대'르 말하갯'다. 이'렇게 그담에 이' 야가 첫'국부터' 자기 네려온 사실'으 말한단

그렇지요!

― 이 아이가 사람이 되겠는가? 이게 온천한 사람이 되겠는지 아니 되겠는지 이거 생각하지, 뭐. 그래 아이가 아무 말도 없이 그저 (그러하니, 어미가) 어떻게 돼서 이렇게 세상을 보게 되었다고 어디까지 아이에게 말을 했겠지요. 그래, 그저 그 아이를 젖을 먹이며 키우는데 석 달이 지나니까, "엄마! 엄마! 아버지 없이 어떻게 내가 세상을 보게 되었는가?" 이런단 말입니다. 석 달이 지나니까 그래. 그래 그다음에, 어미가 기차서 몰아붙이지, "네가 태어난 후 사람이 안 되겠는가 했는데 네가 엄마라 할 줄 알고 아버지라 할 줄 아는 것을 보니 사람이 되겠구나!" 그다음에 그 아이에게 이 말을 제대로는 안 해도, 아버지가 남의 여자를 데리고 갔다는 말은 그때까지는 안 했단 말입니다, 이 아이에게. 그저 아버지 없이 그저 너를 배서 (네가) 세상을 보게 되었다. 그러니 아이가 뒤를 보나 소변을 보나 바깥을 안 나간단 말입니다. 나는 아버지 없이 태어난 아이가 되어 한평생 하늘을 못 본다는 겁니다. 이 아이가 생각하는 것이.

어린 것이, 음.

― 어린 것이. 야! 너는 어째 이리 큰 것이 똥오줌을 바깥에 나가 버리지 않고 집에서 이러나. 내가 치우기 성가시니 어째 계속 깨끗이 치우겠는가 하니까, 엄마가 생각해 보고 나에게(자기에게) 말하라는 게지, 이 아이가. 그러니까 석 달이 되니 이렇게 말하며.

― 어머니! 나에게 붓과 필기장과 책을 얻어다 달라고 엄마에게 재촉한단 말입니다, 예. 석 달이 되니까 이런 말을 하고서 그다음에 붓과 이 책을 얻어다가 그 아이에게 주니 자꾸 혼자 연습하더라지, 무슨 글을.

― 그래 그 아이가 책을 가지고 열심히 공부를 하고 하니까, 제대로 말했답니다, 예. 네가 온천한 사람이 되겠구나! 네가 이렇게 순식간에 자라서 사리 분별력, 큰 사리 분별력을 가지고 있으니 나는 너에게 제대로 말하겠다. 이렇게 그다음에 이 아이에게 처음부터 자기가 내려온 사실을 말한단

말입구마 예'.

– 이'룽기 아부지'느 네 잇어서' 댕겟는데'· 아부지'느 내가' 말이 없이'
나가 …. 들으니:' 딴 여자르 가지구' 가는 거' 본 사름이 잇단 말입구마,
마을에' 사름이. 이게 네' 내' 기래'두 어'띠갯나! 네 내몸에' 잇으'니까 나
느 어드'르 갈 궁'상 없이' 그냥:' 집에'서 혼자 너'르 이'룽기 뱃속'에서 키워
서' 셰'샤: 보기' 대'앳다. 기래'니 제에'미 내가'· 이'말으 언넝' 해'애주무'·,
내'애 띠새르 집이다' 어'때 버'리갯는가구. 엄'마 호분자' 나'르 이'룽게 셰'
샹 보기' 하니까데 내' 아부지' 없는 안게 어'띠기 하늘'으 보갯'는가구 야
이'룽기 엄'마가 말한단 말입구마. 기'래 구다암부터' 아부지' 잇구' 네' 생게
낫다구 하니' 그담'에 바같에' 가 대소'변 본다 말입구마. 야.

– 기'랴 쳐어쳐' 공불' 해:가지구' 삼년이' 데니'까데 예:' 나'느 아바지' 찾
으'라[44] 가갯'다구 야 이'란단 말입구마 예. 간 고'쟝[45] 알쾌'달라구서 기'래
니 간 고'쟝 어'뗳기 네가' 말하갯나. 네에 먹은' 나이 없이 이런게, 그래
두 키'느 삼년이' 돼니 영' 다 자'랏다지 머. 이'룽기 혐'이 드'다나니까데',
그래'두 나'느 내' 하늘'으 보구' 따아 드'다구 댕기'는 이'샹에느 부모르 찾
아바야 덴다구 아바질' 찾아바야 덴다구서, 예. 기'래 말기다:' 못'해서 가
아 간 고'쟝 아부지' 어드'메르 어느 나라'르 갓다는 거' 딴 나라'르 갓다는
거' 다 말해줫단 말입구마, 예.

– 기'래니 제에'미 나'르 야 한 일쥬일' 먹을 양식으' 준비해서 제에미가
달라간단 말입구마. 개: 양식으' 중태게'다 옇어'서 지워서 이'래 내애'놓구,
야 쳐어쳐' 어'마니 말한대'르 그 고'쟝에' 가보니까데'· 딴 데르 인셀해'가구
없'단 말입구마, 예:'.

무슨, 딴 데루?

– 딴 마을러'[46] 인셀해갓단 말이꼬'[47] 엄마, 제에'미 말해준 건' 어느 고'
쟝에 가 어느 마을에' 가 찾으라개 그 말에' 가 물어보니까데' 그런 사람이

말입니다, 예.

‒ 이렇게 네 아버지는 네가 있어서 (나에게) 다녔는데, 네 아버지는 나에게 말이 없이 집을 나가 …. 들으니 딴 여자를 취하여 가는 것을 본 사람이 있단 말입니다. 마을 사람이. 이게 네, 내 그래도 어찌하겠나! 네가 내 몸에 있으니까 나는 어디로 갈 생각이 없이 그냥 내 집에서 혼자 너를 이렇게 뱃속에서 키워서 네가 세상을 보게 되었다. 그러니까, 엄마가 나에게 이 말을 얼른 해 주었다면, 내가 똥오줌을 집에다 어째 버리겠는가 하고. 엄마 혼자서 나를 이렇게 세상을 보게 하니까 내 아버지 없는 아이인 것이 어떻게 하늘을 보겠는가 하고 이 아이가 이렇게 엄마에게 말한단 말입니다. 그래 그다음부터 아버지가 있고 네가 생겨났다고 하니 그다음에 바깥에 나가 대소변을 본단 말입니다, 이 아이가.

‒ 그래 처처 공부를 해 가지고 3년이 되니까 예, 나는 아버지를 찾으러 가겠다고 이 아이가 이런단 말입니다, 예. 간 곳을 알려 달라고 그러니 간 곳을 어떻게 너에게 말하겠나. 네가 먹은 나이가 없이 이렇게 어린 게. 그래도 키는 3년이 되니 아주 다 자랐다지, 뭐. 이렇게 사리 분별력이 들다 보니, 그래도 나는 내가 하늘을 보고 땅을 디디고 다니는 이상에는 부모를 찾아보아야 된다고 아버지를 찾아보아야 된다고, 예. 그래 말리다 못해서 그 아이에게 아버지가 간 곳, 아버지가 어디로 어느 나라로 갔다는 것을, 딴 나라로 갔다는 것을 다 말해 주었단 말입니다. 예.

‒ 그러니 엄마더러 나에게 한 일주일 먹을 양식을 준비해서 달라고 한단 말입니다. 그래 양식을 망태기에다 넣어서 지워서 이렇게 내놓고, 이 아이가 처처 어머니가 말한 대로 그 고장에 가 보니까 아버지가 딴 데로 이사를 가고 없단 말입니다, 예.

무슨, 딴 데로?

‒ 딴 마을로 이사를 해 갔단 말입니다. 엄마, 엄마가 말해준 건 어느 고장에 가 어느 마을에 가 찾으라고 해서 그 마을에 가 물어보니까 그런 사람이

딴 마을'러' 인셀해' 갓다구서 이래 알쾌'준단 말입구마. 기래니 야 그담에' 또 딴 마을러' 예 야 또 찾아갓단 말입구마. 가니'까데 정'마 예:' 구 딴 여'자르 해:'가지구 간 데'서 예:' 새아가 한내' 잇더랍구마.

아아! 새아가가.

— 새, 여자 하 아 예'. 기랜데:' 남자'느 줴르 만나 그런두' 죽엇'단 말입구마, 아버지'는. 아부지'. 그래 가서' 이래 사실으' 대이'니까더' 옳지 머. 옳아서 야 옳'다가구서르' 기래무: 어띠갯는가 우리 아부지' 묘'질 알쾌'달라구. 그래서 이 여자 같이[가티] 가서 아부지' 묘'질 알쾌'주니까데 거저::' 아부지'르 보쟈구 왓는데 못' 바놓오니 그 묘'제[48] 가 어트끼' 따아 파매 울엇'는데 예:', 열' 소톱눈'이 다 빠'데서 피퉁어리' 돼앳단 말입구마. 아버지' 모'오 자꾸' 파매서 울어서.

— 기랴 야: 이람'이 미'현입구마, 예'. 그저 여엉' 곱게 생긴 게', 글쎄 애비' 곱다나 애비'두 곱구 에'미두 곱다나니 야 정'말 인디절'삭이디,[49] 머. 기'래 그거' 파매 그냥' 우'다나니까데' 예' 무스거 그런:: 보름'달 같은 그런 눈이 뒤호박'이 됏'다구 예:' 이란단 말이, 눈'이. 샛'별 같이[가티] 요'오 눈동장이 예:' 뒤호박'이 돼앳다. 너무' 울어'서. 아부지' 모'오 파멩서르 예:'

무슨 호박이 됐다구요?

— 뒤호박' 돼앳다구 하'압구마. 바이호박'이 깊우쟤'님둥? 기'래니까데, 더 샛별같은 여문 눈동장이 너무' 아부질'래 울어'서 더 눈'동장이 뒤호박 처'름 들어갓단 말입구마. 뒤호박테'르 대앳다.

— 책'엣건 이렇단 말입구마. 기'래서 아무리 울어두:' 거저 소'요[sóyõ] 없'구 아부지:' 그저 본'색으 못' 보구 이'래니까데' 그담에 그 느비이' 배다른 느비' 갓던 게 오'쟈구 집우'루' 와서 예:' 기래 그여'자느· 거기'서 에'미가 같이[가티] 살구. 이 아들으'느:' 에'미 잇다나니' 에'민데 돌아왓단 말입구마. 이런 소문이 이'래다나니 이'게 아안 보통 안 애니'디 머. 인쟈다'며 사회상에'서느. 이'런 말이 오온 마을에' 페'디구 하니 예:' 그때 시절에'

딴 마을로 이사를 해 갔다고 이렇게 알려준단 말입니다. 그러니 이 아이 그다음에 또 딴 마을로 예 이 아이가 또 찾아갔단 말입니다. 가니까 정말 예 그 딴 여자를 얻어 가지고 간 데서 예 여자아이 하나를 두었더랍니다.

아이! 여자아이가.

− 새아가(＝여자아이), 여자 아이, 예. 그런데 남자는 죄를 만나 그런지 죽었단 말입니다, 아버지는, 아버지. 그래 가서 이렇게 사실을 대니까(＝말하니까) 옳지 뭐. 옳다고 하고서 그러면 어찌하겠는가. 우리 아버지 묘지를 알려 달라고. 그래서 이 여자가 같이 가서 아버지 묘지를 가르쳐 주니까 그저 아버지를 보려고 왔는데 못 보고 마니 그 묘지에 가 어떻게나 땅을 파며 울었는지, 그 아이 열 손톱눈이 다 빠져서 피투성이가 되었단 말입니다. 아버지 묘를 자꾸 파며 울어서.

− 그래 이 아이 이름이 미현입니다, 예. 그저 아주 곱게 생긴 것이, 글쎄 아비가 곱다 보니, 아비도 곱고 어미도 곱다 보니 이 아이가 정말 사람 중에 절색(絶色)이지, 뭐. 그래 그거 파며 그냥 우니까 그 무엇이라고 할까 보름달 같은 그런 눈이 방아의 확처럼 됐다고 이런단 말입니다, 눈이. 샛별 같은 눈알이 방아확이 되었다고, 너무 울어서. 아버지 묘를 파면서.

무슨 호박이 됐다고요?

− '뒤호박'이 됐다고 합니다. 방아확이 깊잖습니까? 그러니까, 저 샛별 같이 여문 눈동자가 아버지 때문에 울어서 눈동자가 방아확처럼 들어갔단 말입니다. 확처럼 되었지.

− 책에 있는 내용은 이렇단 말입니다. 그래서 아무리 울어도 소용이 없고 (아버지의) 본디의 모습을 못 보고 이러니까 그다음에 그 누이, 배다른 누이, 같이 갔던 그 누이가 오자고 해서 집으로 와서 예 그래 그 여자는 거기서 어미와 같이 살고 이 아들은 어미가 있으니 어미에게 돌아왔단 말입니다. 이런 소문이 이러다 보니 이게 이런 아이는 보통 아이는 아니지 뭐. 인자(仁者)지 뭐 사회적으로 볼 때에는. 이런 말이 온 마을에 퍼지고 하니 그때 시절에

와이게' 이런 말이 듣겻단 말입구마. 이런 소문이. 기래놓니까데 와이'
하'인덜으 불러'가지구, "아무 고울에' 이런 사람이 미헌이라는 사람이 잇
단데 이런 사람우 내 곁으'르' 너 나꽈'다50) 다아!" 이'란단 말입구마, 와
이' 예:'. "내 곁으'르 이'거 데레'다 다!'". "데레'다 다!'" 이'란단 말입구마.

— 기래 하'인덜이 몇이 와서, 하루느' 그 집이' 와서 다아' 됴해르' 해애'
가지구, 그 가' 아부'지'메 가 난 날부터'. 에'미 예' 아니' 보내쟈가다나니',
첫국 막국 그저 싹 애'애길 해·'두. 이래두·' 야아 와이', 우리 심바람우' 왓
길래서 우리느' 이' 이'무르 감당해' 가지구 가길래'서 야·'르 데리'구 가야
덴단 말입구마.51) 기래 어'마느52) 주쟈가다:', 이사람 아니' 주쟉하다'·, 이
사람덜은 데레'오라구 하디. 이래서 엄마 졋단 말입구마. 내속으'르 낫지
마느 방법'이 없'다구 기래무 데리'구 가라구 하구. 기래 가서 야 말으 받
아보니까데·' 아 정'말 특별한 아디 머.

— 기래 놓아서 예:' 그 와이', 네'에 내' 어전 오래잖에' 와이'질으 못하
구 어전 이'게 물앉기'53) 덴다구서르 네' 와이질할 사람이다. 모든 가질' 보
무:' 내 네레온 역사가' 이' 세상을 본 역사르 보무 네' 툭수한 사람이다.
네' 같은 사'름이 나라르 다스'레야 데갯다 하메 예:' 걔' 이' 미헌이란 사람
이 그때 시절'이 와이' 됏다구 아이함등.

아아!

— 아 총'명해 놓오니까데.

아아! 총명하구 효성이 지극하고 해서.

— 이건 빠딘 가지' 없습구마. 기래 와이'질 햇'답구마, 미'현이라는 사
람이. 왕이'느 예:' 나'느 그전에'느 어드'메 지식'이 잇으나 기래'기보담두 잘
사는 사람이 급'이 쎄'놓니까데 왕이'질햇재임둥 옛날에'. "기랜데', 첫국부
터' 자랄 때부터' 역사르 보니 이런 사'름이 세'상에 히수하다' 귀'하다. 기
래니 네' 내 자릴' 앉가라. 내' 물앉아' 네려'오갯다, 어전."

왕에게 이런 말이 들렸단 말입니다, 이런 소문이. 그렇다 보니 왕이 하인들을 불러 가지고, "아무 고을에 이런 사람이, 미현이라는 사람이 있다는데 이런 사람을 내 곁으로 대령시켜 내 곁으로 데려다 다오! 데려다 다오!" 이런단 말입니다.

― 그래 하인들이 몇이 와서, 하루는 그 집에 와서 다 알아 가지고, 그 그 아이 아버지며, 그 아이가 태어난 날부터 (모든 것을). 어미가 예, 안 보내려고 하다 보니, 처음 마지막을 그저 싹 이야기를 해도. 이래도, 이 아이는 왕이, 우리는 심부름을 왔기에 우리는 이 의무를 감당해 가지고 가야 하기 때문에 이 아이를 데리고 가야 된단 말입니다. 그래 엄마는 주자고 하지 이 사람은 안 주자고 하지, 이 사람들은 (왕이) 데려오라고 하지. 이래서 엄마가 졌단 말입니다. 내 속으로 낳았지만 방법이 없다고 그러면 데리고 가라고 하고. 그래 가서 이 아이 말을 받아 보니까(들어 보니까) 이 아이는 정말 특별한 아이지, 뭐.

― 그래 놔서, 예, 그 왕이, 네, 내가 이젠 오래잖아 왕 노릇을 못 하고 이젠 이게 물러앉게 된다. 네가 왕 노릇을 할 사람이다. 모든 것을 보면, 나의 내려온 역사와 내가 이 세상을 본 역사를 보면 너는 특수한 사람이다. 너 같은 사람이 나라를 다스려야 되겠다 하며, 예. 그래 이 미현이란 사람이 그때 시절에 왕이 됐다고 안 합니까.

아아!

― 아이가 총명해 놓으니까.

아아! 총명하고 효성이 지극하고 해서.

― 이 이야기는 빠진 것이 없습니다. 그래 왕 노릇을 했답니다. 미현이라는 사람이. 왕은 예, 나는 그전에는 어디 지식이 있으나 그러기보다도 잘사는 사람이 급이 세니까(신분이 높으니까) 왕 노릇을 했잖습니까, 옛날에. "그런데 처음부터 자랄 때부터 역사를 보니 이런 사람이 세상에 희소하다, 귀하다. 그러니 네가 내 자리에 앉아라. 내가 자리에서 물러나 내려오겠다, 이젠."

예.

- 기랴구' 야 그 자리에가서' 집우'루' 돌아 모' 오구서르' 와이자리에' 앉앗단 말입구마, 예:'. 기'랴니 야안 또 내' 이 자리에' 앉을 수' 없'다구 나르 자래워준 엄'마 제에'미 잇다구서르. 기'램 그 제에미느:' 일없'다구. 우리 얼'매던다' 보양해' 주개'시니 네' 집우'르 돌아 못' 가구 네' 이'자 내자리에' 앉아라메. 기래 가 큰'사람이 댓'다구 아니함둥', 미현이라는 사'람이.

예.

― 그리고 이 아이는 그 자리에 가서 집으로 돌아오지 못하고 왕좌(王座)에 앉았단 말입니다. 그러니 이 아이는 또 내가 이 자리에 앉을 수 없다고, 나를 길러준 엄마가 있다고. 그럼 그 엄마는 괜찮다고. 우리가 얼마든지 봉양해 주겠으니 네가 집으로 돌아가지 말고 네가 이제 내 자리에 앉으라며. 그래 그 아이가 큰 사람이 됐다고 안 합니까, 미현이라는 사람이.

1.2. 해와 달이 된 오누이

고딕체 조사자(곽충구)
－ 제보자(문오복)

－ 그런, 그런 옛'날에 아:때' 하던 옛'말과54) 그저 즉금 어떤 가지'는 알
긴단55) 말입구마. 그저 들읍'서56), 예:'.

예.

－ 옛'날에 아매 예:' 오'느비르 아:' 자래왓단57) 말입구마 예:'.

아아! 오느비르:.

－ 자래왓는데:' 생활이' 너무 곤란해'서 버얼'디 못'해서 먹을 게' 없어
서, "너네' 두울'이 집우' 딜케'라, 내' 가서[nɛ́gasə] 왜갓집 가' 배르 석' 달
만 짜무 거기서 우리 먹을 거' 준다. 내 이래 가서:' 석' 달 잇갯'는데, 너
네' 누기나:' 밤에' 와서 문우' 뻿게' 달라무::'.'"

－ 젹어' 안돼앱구마! 한 분58) 들어보구' 젹읍'소!59)

해 주웁소!

－ 이'게 데'목이 해와 달이디 머. 예: 해와 달이디. 기랸데' 그런: 야:네'
밤이무 누기나' 와두 문우' 뻿게' 주디' 마라!" 이라구 단속'하구[단소'가구]
이 할미 갓단 말입구마. 왜갓집우'루 배짜'라. 개 석'달이 데니까데' 돌아왓
는데—이'게 책엣거대'르 아니' 맞습구마. 우린' 거저 아아'때 거저 이거 노
인덜께'서60) 들은 옛'말이 돼서 예:'.

－ 석' 달 어간에' 예: 이 아매 이룷기 말하는 거' 져낙에' 범'이 와 바같
에' 와 딜켓단 말입구마 예:'.

－ 기래 범'이 와 딜켓는데 이' 말으 듧구'서르,61) 그 아매 가자' 일쥬일
젼에' 져넉이무 와, "야: 문우' 뻿게라:!", "문우' 뻿게라:!"62) 한다 말입구
마, 기래. 아니 우리 어머니'느 석' 달으 잇게' 갓는

1.2. 해와 달이 된 오누이

― 그 저… 옛날에 아이 때 하던 옛날이야기와 그저 지금 어떤 옛날이야기는 들으면 알 수 있단 말입니다.[63] 그저 들으십시오, 예.

예.

― 옛날에 할머니가 예 오누이를 아이를 길렀단 말입니다, 예.

아! 오누이를.

― 키웠는데 생활이 너무 곤궁해서 벌지 못해서, 먹을 것이 없어서, "너희 둘이 집을 지켜라, 내가 가서 외갓집에 가 베를 석 달만 짜면 거기에서 우리에게 먹을 것을 준다. 내가 이렇게 가서 석 달을 있을 텐데, 너희 누구나 밤에 와서 문을 열어 달라고 하면…."

― 적어서는 안 됩니다! 한 번 들어보고 적으십시오!

말씀해 주십시오!

― 이것이 이야기 제목이 해와 달이지, 뭐. 예, 해와 달이지. 그런데 그저… 이 아이들 밤이면 누구나 와도 문고리를 벗겨 주지 마라! 이러고 단속하고 이 할미가 갔단 말입니다. 외갓집으로 베를 짜러. 그래 석 달이 되니까 돌아왔는데―이게 책에 있는 것대로는 안 맞습니다. 우리는 그저 아이 때 그저 이거 노인들에게서 들은 옛날이야기가 돼서, 예.

― 석 달 사이에 예, 이 할머니가 이렇게 말하는 것을 저녁에 범이 와서 바깥에 와 지켜보았단 말입니다.

― 그래 범이 와 지켜보았는데 이 말을 듣고서, 그 할머니가 가자 일주일 전에 저녁이면 와, "야 문고리를 벗겨라(문을 열어라)!" "문고리를 벗겨라!" 한단 말입니다, 그래. 우리 어머니는 석 달을 있겠다고 하고 갔는

데 어'때 벌써'와 문끈'으64) 어'마니 벳기'라 하는가 하니까 야,

– 야아! 내' 너무:: 바빠'서 배'르 제 기한대'르 못'짜구 즐거' 왔다! 벳게'
라! 벳게'라!

– 야네 그냥 아이' 벳'겟'단 말입구마 예:'.

아!, 예.

– 석' 달이 거이' 가자' 이 범'이 또 와서 문우' 벳기라 한다 말입구마.

예:

– 기래 너:네' 어'때 내' 어저느' 석' 달이 거이' 다 대 왔는데', 내' 팔목
이' 시굴구 다리' 시굴'어서 즐거' 왔는데 문우' 아니' 벳게주갯냐 하니.

– 너무: 네'도에 맞기 이' 범'이 말하니까데 예:' 야:네, "기래'무 우리'
어머님'우 이 창문구나울'르 손'으 달'이보내시오!" 이라니까 예:' 창문구'나
쪽으서 손'으 홀: 달'이보내니까데,

창아?

– 창문구'냥.65) 문이, 문구냥, 예'.

– 털'이 보시시하단 말입구마 예:. 우리 엄'마 손에'느 털'이 없는데 어'
때 이'손에느 털'이 잇는가 하니까데

– 야아! 내' 너무::' 배'르 짜'다나니까데 바빠'서66) 털'이 이'렇게 낫다.

예.

– 기'래'무 우리 엄'마 손'이 발'이무 달'이보내라구, 발'으 보쟈하니' 발'으
쑥 달'이보내는데' 발에' 또 털 잇단 말입구마.

예.

– 우리 어'마67) 발엔' 털'이'두 없'구 모양새' 이'렇게 아니' 생겟는데 어'
때 이'리 털'이 부시시한가 하니까,

예. (웃음).

– "야아! 내' 배'르 너무' 석' 달이나 짜'다나니 발이 쫄아'붙어68) 이'렇
다." 이란단 말입구마. (웃음).

데 어째 벌써 와서 어머니가 문고리 끈을 벗기라(문을 열어라)고 하는가 하니까, 응,

 — 야! 내가 너무 힘들어서 베를 제 기한대로 못 짜고 미리 앞서 왔다! 문을 열어라! 문을 열어라!

 — 그래도 이 아이들은 그냥 안 열었단 말입니다, 예.

아!, 예

 — 석 달이 거의 가자 이 범이 또 와서 문을 열라고 한단 말입니다.

예.

 — 그래 너희는 어째 내가 이제 석 달이 거의 다 되어 왔는데, 내 팔목이 시고 다리가 시어서 미리 왔는데 문을 안 열어 주는가 하니까.

 — 너무 예도(禮道)에 맞게 이 범이 말하니까 예, 이 아이들이, "그러면 우리 어머님의, 이 창문 구멍으로 손을 들여보내시오!" 이러니까 창문 구멍 쪽에서 손을 들여보내니까,

창을?

 — 창문 구멍. 문, 문구멍, 예.

 — 털이 보스스하단 말입니다. 우리 엄마 손에는 털이 없는데 어째 이 손에는 털이 있는가 하니까

 — 야! 내가 너무 베를 짜다 보니 힘들어서 털이 이렇게 났다.

예.

 — 그러면 우리 엄마 손이고 발이면 들여보내라고. 발을 보자 하니 발을 쑥 들여보내는데 발에 또 털이 있단 말입니다.

예.

 — 우리 엄마 발에는 털도 없고 모양새가 이렇게 안 생겼는데 어째 이리 털이 부스스한가 하니까,

예. (웃음).

 — "야! 내가 베를 석 달 동안 너무 짜다 보니 발이 오그라들어 이렇다." 이런단 말입니다. (웃음)

- 걔 내 이' 남자라는게 여'자덜만 남자'덜 고'다'식하대님둥?

- 이게 말이 들어보니' 근'상해서69) 문'우' 홀: 뺏게' 주니 범'이란 말입구마 예:'. "야! 이'거 정'말 잘못'댓다. 어'띠갯는가!" 하구 예:' 어'덜 숨칼'데 없'어 야:네' 두울'이 부수깨아구질'르70) 들'어가서 예:' 구둘도랠'르71) 구샐'르72) 빠'데나갓단 말입구마 예:' 이'게 옛'말에 도'샙이다73) 어디' 사'실이 이런 사실이 잇슴두?

- 기랜데' 이 범'이란 게 들'어와서 거저 여기데기' 살펴'보던 게, "야아! 내' 정'말 고기'르 맛스레 먹쟈던 게' 이게 야 정'말 잘못'됏다."

허허, 범이?

- 예! 범'이. 이'라구서르 야'네르 구새' 모캘'르 그랴 구새'르 올라가서 빠'데나가쟈구, 닳다:' 닳다74) 못해서 그런 멀'리르 못 달아노니까데 예 그 물'에' 물여가래75) 버들낭기' 잇쟤임두. 큰:버들낭기'인데 거길' 두울'이 달아'올라'갓다꾸마.76)

예: :.

- 기래 달아'올라갓는데' 거저 이' 범'이 가아네' 온 이 자춰'르 알구두 자꾸' 따라 올라가는게 예' 땅낭근77) 안 딜이바다보고' 야는 또 져 먼'데르 올라가느라구 웃엇단 말입구마, 예', 땅낭게서, 둘'이. 웃으니까데 물'우 딜'이바다보니 야:네' 둘이 잇단 말입구마. 기래, "야아! 네 기차다! 너' 어' 재간이다. 이' 물소박에[물쏘바게]78) 어'떠게 들어'간냐?" 하니까데 또 한번 웃엇단 말입구마, 예'. 기래 웃으'니간 이번 툭 올리'바다보니 야아네' 그 땅낭게 잇단 말입구마. 걔 땅낭게 잇어'서, 야아! 너네' 내마 더 재간 잇구나! 너네' 당낭글' 어'떠게 올라간냐 하니까데, 이' 여자 먼져' 말하는 게:, "우리느' 예:' 참기름'우 쫄:쫄 바르구' 올라왓습구마." 기래 이 범'이라는 게 참기름'우 얻어다 쫄:쫄 바르구' 올라가쟈하니 미끄'러와79) 모' 올라가디 무.

예, 예.

- 그게, 내, 이 남자라는 것이 여자들보다 남자들이 고지식하잖습니까?

- 이게 말을 들어보니 그럴 듯해서 문을 무심코 열어 주니 범이란 말입니다. "야! 이거 잘못되었다. 어찌하겠는가!" 하고 어디로 몸을 숨길 데 없어 이 아이들 둘이 부엌 아궁이로 들어가서 구들로 해서 굴뚝으로 빠져나갔단 말입니다. 이것이 허황된 거짓말이지, 사실이 이런 사실이 어디 있습니까?

- 그런데 이 범이라는 것이 들어와서 그저 여기저기 살펴보던 것이, "야! 내가 정말 고기를 맛있게 먹자 했는데 이게 야 정말 잘못됐다."

허허, 범이?

- 예! 범이. 이러고서 이 아이들을 굴뚝 모퉁이로, 그래 굴뚝으로 올라가서 빠져나가자고, 뛰다 뛰다 못 해서 그 저… 멀리로 못 달아나니까 예 그 물에 물가에 버드나무 있잖습니까. 큰 버드나무가 있는데 거기를 둘이 뛰어 올라갔답니다.

예.

- 그래 뛰어올라갔는데 그저 이 범이 그 아이들이 온 자취를 알고도 자꾸 따라 올라가는 것이 예 큰 나무는 안 들여다보고 이 아이는 또 저 먼데를 올라가느라고 웃었단 말입니다. 예. 큰 나무에서, 둘이. 웃으니까, 물을 들여다보니까 이 아이들 둘이 있단 말입니다. 그래, "야! 네 기막히다! 너희들 재간이 있다. 이 물속에 어떻게 들어갔느냐?" 하니까 또 한 번 웃었단 말입니다. 그래 웃으니까는 이번에 툭 올려다보니 이 아이들이 큰 나무에 있단 말입니다. 그래 큰 나무에 있어서, "야! 너희 나보다 더 재간이 있구나! 너희 그 나무를 어떻게 올라갔느냐?" 하니까, 이 여자가 먼저 말하는 것이, "우리는 예 참기름을 쫄쫄 바르고 올라왔습니다." 그러니 이 범이라는 것이 참기름을 얻어다 쫄쫄 바르고 올라가자 하니 미끄러워 못 올라가지, 뭐.

예, 예.

- "야아'! 네 기'차다! 너어' 재가'이다. 이'리 미끄'럽운데 어'떠께 올라간냐?"

- "야아! 모' 올라오'갯슴둥? 우리는' 기래' 올라왔는데'."

- "거 알쾌'다구.[80] 야 내 너:네'랑 아니' 없'애구 내 너어가' 동밀' 해 준다. 내' 올라'가무 너네' 좋온 일이 잇다." 이란단 말입구마.

- 에, 이 고디'식하나! 이' 남자라는 게'.

- 우리느' 예:' 좀자'궐르 여기:져기' 푹:푹' 떡으'매 올라'갓습구마. 이'란단 말입구마 예?

허, 예. (웃음).

- 기래다니까데, 이이' 범'이라는 게' 좀자'귀 개'애'다[81] 투웅퉁 떡으'멩' 올라갓단 말입구마.

좀자개?

- 좀자'궈르. 좀자'귀 요'래 잇습구마. 떡는 게'.

도끼 말구?

- 도'끼 애니'구 좀자귀란 게' 또 잇습구마.

좀 자 귀?

- 예, 좀자'귀.

- 기래 거이' 올라가니까데, 야아네' 그저 올라'가무 이 범'이 잡아'먹을 깨비 대'책으 구하디' 못'해서 데깍 말하는 게, 하느님예:'! 하느'님예! 우리르' 살구'개시무:'[82] 참바 네리와보내'구 우리르' 죽이'개시무[83] 썩은 바' 네리와보내'라구 이'란단 말입구마 예:'. 기라니까더 새'밧줄이 네레온단 말입구마. 예:'. 기래 그 새'밧줄으 쥐'구서 야아네' 둘'이 더 오'니기 올라갓단 말입구마. 기래 이' 범'이라는 게, 야아! 너어 재가'이다.[84] 너어네' 어쩨 하늘공듀[하늘꽁듀]으'르 날아'올라'가냐 하메 이' 범'이라는 것도 올리'바다 하느'에 빌엇단 말입구마, 하느님예:'! 하느'님예! 나르 살구'개시무:' 새'밧줄으 네리와'보내'구 나르 죽이'개시무' 썩은 밧줄으 네리와보내'라구 하메'.

- "야! 너 기막히다! 너희 재간이 있다. 이리도 미끄러운데 어떻게 올라갔냐?"

- 아! 못 올라오겠습니까? 우리는 그리해서 올라왔는데.

- "거 알려 다오. 야 내가 너희를 안 없애고 내가 너희와 동무를 해 준다. 내가 올라가면 너희들 좋은 일이 있다." 이런단 말입니다.

- 에, 이처럼 고지식한가!, 이 남자라는 것이.

- 우리는 작은 자귀로 여기저기 푹푹 찍으며 올라갔습니다. 이런단 말입니다, 예?

허, 예. (웃음).

- 그러니까, 이 이 범이라는 것이 작은 자귀를 가져다가 퉁퉁 찍으며 올라갔단 말입니다.

'좀자개'가 무엇인가요?

- '좀자귀'를. '좀자귀'라고 요런 것이 있습니다. 찍는 것이.

도끼 말고?

- 도끼가 아니고 '좀자귀'란 것이 또 있습니다.

좀 자 귀?[85]

- 예, 좀자귀.

- 그래 거의 올라가니까 이 아이들이 그저 올라가면 이 범이 잡아먹을까 봐 대책을 구하지 못해서 제격 말하는 것이, 하느님! 하느님! 우리를 살리겠으면 참바를 내려 보내고 우리를 죽이겠으면 썩은 바를 내려 보내라고 이렇게 말한단 말입니다, 예. 그러니까 새 밧줄이 내려온단 말입니다. 예. 그래 그 새 밧줄을 쥐고서 이 아이들 둘이, 범이 더 오니까, 올라 갔단 말입니다. 그래 이 범이라는 것이, 야! 너희 재간이 있다. 너희들 어째 하늘 공중으로 날아 올라가느냐 하면서 이 범이라는 것도 올려다보면서 하늘에 빌었단 말입니다. 하느님! 하느님! 나를 살리겠으면 새 밧줄을 내려 보내고 나를 죽이겠으면 썩은 밧줄을 내려 보내라고 하며.

썩은밧줄이 쭐 네레왓단 말입구마.

예.

- 기래 그 썩은 밧줄이 지'우 거이' 올라'가다 예:' 퉁 떨어'졋'단 말입구마. 퉁 떨어'지니 예: 옥수'꾸' 비무 그 글기'[86] 잇재임두? 거기' 텅 물앉앗다 하는, 기래 거저 두'이 거저 홀 쩨에'뎃다 아니함둥.

예.

- 기래 이' 붉운 밥쉬쟝이 잇는 게' 기래 붉운 밥쉬쟝이 잇다구 노'인덜이 기래쟎습둥. 이게 뷉:' 밑궁그[pʷəɔ́mmik'uŋgi][87] 이'거 쩬 다리'라[taríra] 이 붉운 밥쉬쟝이 잇다구. 이'게 다 이'게 비'율해 말하는게'갯습디머.

- 기래 야네'느 하늘'에 올라'가서 게수나무땅낭게' 올라'앉아서 둘:'이서 땅낭게' 이': 일'생에 그저 평원에'서 땅낭게' 오르니' 하늘공듀에' 올라'가서 두' 게수땅낭게' 앉아서 오'느비 토론햇단 말입구마. 어'떻기 이 하갯는가구. 이'릏기 날아'올라'와시니까데.[88] 하느님' 덕분에 올라왓는데'·, 이'거 무슨 대'책 구'하쟈구.

- 기래니까 남자 먼져 말햇단 말입구마. 여'자 여'자 먼져 말햇던가? 나느 여'잘르 생게시니까데' 어'멫던디간에' 어드'운 밤에'느 일'생에 날아 못' 댕기구 하니까 나'느 해가 대갯'다가구, 남자'느 나'느 남잘르 나시니까 어'띠갯나! 기래 어둠캄캄한 밤에' 난 달이 대갯다. 기래' 이' 해와 달이 댓''다가재임둥. 이게 더: 죠선어책에' 잇스께'엡구마.

썩은 밧줄이 쭐 내려왔단 말입니다.

예.

– 그래 그 썩은 밧줄이 겨우 거의 올라가다 예 퉁 떨어졌단 말입니다. 퉁 떨어지니 예 옥수수를 베면 그 그루터기가 있잖습니까? 거기에 텅 주저앉았다 하는, 그래 그저 뒤(똥구멍)가 그저 확 찢어졌다고 안 합니까.

예.

– 그래 이 붉은 수숫대가 있는 것이 그래서 이 붉은 수숫대가 있다고 노인들이 그러잖습니까. 이게 범의 밑구멍 이게 찢어진 자리라 이 붉은 수숫대가 있다고. 이게 다 이게 비유를 해서 말하는 거겠지요, 뭐.

– 그래 이 아이들은 하늘에 올라가서 계수나무 큰 나무에 올라앉아서 둘이서, 큰 나무에, 이 일생에 그저 평지에서 나무에 오르니 하늘 공중에 올라가서도 계수나무에 앉아서 오누이가 토론했단 말입니다. 어떻게 하겠는가 하고. 이렇게 날아 올라왔으니까. 하느님 덕분에 올라왔는데, 이거 무슨 대책을 세우자고.

– 그러니까 남자가 먼저 말했단 말입니다. 여자, 여자가 먼저 말했다던가? 나는 여자로 생겼으니까 어쨌든지 간에 어두운 밤에는 일생에 날아 날아다니지 못하고 하니까 나는 해가 되겠다고 하고 남자는 나는 남자로 태어났으니까 어찌하겠나! 그래 어두컴컴한 밤에 난 달이 되겠다. 그래 이 해와 달이 됐다고 하잖습니까. 이게 저 조선어 책에 있을 것입니다.

1.3. 콩쥐팥쥐[89]

고딕체 조사자(곽충구)
　－　　제보자(문오복)

－ 재밋는 거느:' 쬠'끔 요래 녯'말 같으다:[90] 하는 거'느 닞어 안 디구
예:' 그 같댜닌[91] 건' 거져 숱해두' 다:' 닞어'디구 말디. 그 생'각 아니하다
나니.

으음:.

－ 이' 내'애기느 그저 들언'디[92] 오라댎'단 말입구마. 한 오'십대앳 대
실[93] 적에' 내'애길 들엇단 말입구마, 이거.

그런데 다 기억이 남둥?

－ 이'게 다 책에' 난 젬:'꾸마[게:'꾸마], 다. 옛'날에느 그 강태르'[94] 생
긴[95] 게사 무스 어굴이 없는[96] 일'이 많구 그렇디. 내 옛말한 건' 이'거
다:' 책에서' 본 게엡'구마 다. 사'십에 오'십에 이럴적에' 눈'이 밝구' 해'노니
져낙이'무 신식하무'[신시가무] 책'으 본단 말입구마. 동화책'이라는 게 잇
단 말입구마. 생동한 가지는' 아이' 잊어진단 말입구마. 그담 이 쉬쉬껍지
하구'[97] 말겉대'닌 말으 엮어'서, 거 개쟈챈닌[98] 게 돼, 옛'말한 거'느 기억'
두 아니한단 말입구마.

뭐 버엄우 내기 없슴둥? 버엄.

－ 버엄'이 제 새끼'르 무 끌구 무 자심하니 잡아'먹엇다가는 이런 옛'말
이 잇엇'건만 이'거는 다 잊어버리구서 모르'갯슴구마. 말은 들엇는데'. 기
래 한가지' 그저 이 책에께' 애니구 허망 들은 건' 또 말겉대'닌 옛'말이 한
가지' 잇슴'구마 또.

말겉대닌 게 아닙구마!

－ 이'건 예:' 그저 즉금으느 첩살'이 없'디마는 옛'날에느 잘사는 사'람덜

1.3. 콩쥐팥쥐

— 재밌는 것은, 쪼끔 요래 옛날이야기 같다 하는 것은 안 잊히고 예 그 같잖은 것은 그저 숱해도 다 잊히고 말지. 그런 것은 생각을 안 하다 보니.

음.

— 이 이야기는 그저 들은 지 오래지 않단 말입니다. 한 오십 댓 됐을 적에 이야기를 들었단 말입니다, 이거.

그런데 다 기억이 납니까?

— 이게 다 책에 나온 것입니다, 다. 옛날에는 그 허무맹랑한 말을 주섬주섬 늘어놓는 것이야 뭐 가당치도 않은 일이 많고 그렇지. 내가 옛날이야기를 한 건 이거 다 책에서 본 것입니다, 다. 사십에 오십에 이럴 적에 눈이 밝고 하다 보니 저녁이면 심심하면 책을 본단 말입니다. 동화책이라는 것이 있단 말입니다. 생동한 것은 안 잊힌단 말입니다. 그다음 이 시시껄렁하고 말 같잖은 말을 엮어서, 그게 (또) 단정치 않은 것이 돼, 옛날이야기를 한 것은 기억도 아니 한단 말입니다.

뭐 범 이야기는 없습니까? 범.

— 범이 제 새끼를 뭐 끌고 뭐 하다가 성가시니까 잡아먹었다고 하는 이런 옛날이야기가 있었건만 이건 다 잊어버리고 모르겠습니다. 말은 들었는데. 그래 한 가지 그저 이 책엣 것이 아니고 되는대로 들은 것은 또 말 같잖은 옛날이야기가 한 가지 있습니다, 또.

말 같잖은 게 아닙니다!

— 이건 예 그저 지금은 첩살이가 없지만 옛날에는 잘사는 사람들은

거진 첩'해 가지구 살재임'둥? 아주 옛'날입구마 예:.

아주 넷날?

― 그런99) 첩이 아'느::, 댁내아'느 이름'이 예:' 꽃조시'구100) 예:' 꽃조시'구 예:' 그담에 첩이아' 이름으느' 콩조시'랜[콩쪼시'란]101) 말입구마, 콩도시[kʰoŋtʼosi]. 기랜데' 이 본'댁이 그 꽃조실' 하나 낳구' 어'때 첩'우 해앴는데', 잘 사'다나니. 기랜데' 가얄' 하나 자래우구'·102) 본'댁이 죽엇단 말입구마 예:'.

쯧쯧 예: :

― 기'래구서 이 거저 꽃조시가'· 콩조시' 몇' 살 차 애니'디 머. 덜없이103) 첩'하다나니까'데. 기랸데 아부지' 살아 자기 속으르 난 게' 대 가르영' 곱아하다'104). 본댁이 아'르. 갱게 이 첩'이 들어온게' 가르 어'떻기 못'살게 구는두105) 예:' ―기랴 첩'이 나뿌다는 게엡'구마― 넷'날에느 그런 배지퀘내'르106) 하쟎구 어떰두 예:'. 삼우 싱궈'서. 겐데 가아네'107) 자'라게 대노니 핵교르' 그쪽에'서 댕기는 법'이 없구 하니까'데 그저 일'이 직'업이다. 크'니까데. 너어네' 어전 이마:니' 큰게 배지퀘내'르 해'야댄다, 그 첩'이라는 게', 첩'이. 배지키내'라는 게 배'르 한다는 말입구마 예:'.

배르.

― 배헝겊이'108) 잇쟿'구 어떰둥, 삼우 싱궈'서 예:. 배지퀘내'. 배'르 한단 말입구마. 맨든단 말입구마. 이'거느 옛'날에 배지퀘내'라구 많이 쓰는 말입구마. 옛'날에 배'라 할 적엔'.

그렇슴둥?

― 기랜데' 봄에' 이 배지퀘내'르 앞우'루 시기'기 위해, 하기 위해서' 엄'마 말하는 게', 네 어저는' 봄'이 돌아'왓는데, 어저는' 내 삼씨'르 내' 주께' 삼우 둘'이서 개'애꽈109) 제마끔 딸'르 숭궈'라. 이'란단 말입구마, 예'. 기랜데' 제아느:' 삼씨'르 아니' 닦은 거 주구 예',

아! 예, 예.

거의 첩을 두고 살았잖습니까? 아주 옛날입니다, 예.

아주 옛날?

― 저 첩에서 난 아이는, 본처 소생의 아이는 이름이 '팥조시'이고 예. '팥조시'이고 예. 그다음에 첩에서 난 아이의 이름은 '콩조시'란 말입니다. 그런데 이 본댁이 그 팥쥐를 하나 낳고 어째 첩을 두었는데, 잘 살고 보니. 그런데 그 아이를 하나 키우고 본댁이 죽었단 말입니다 예.

쯧쯧, 예.

― 그러고서 이 그저 팥쥐와 콩쥐는 몇 살 차이가 아니지 뭐. 아주 빨리 첩을 두다 보니까. 그런데 아버지야 자기 속으로 난 것이 돼 그 아이를 아주 예뻐하지. 본처의 아이를. 그랬는데 이 첩이 들어온 것이 그 아이를 어떻게나 못 살게 구는지 예―그래서 첩이 나쁘다는 것입니다―옛날에는 그 저 길쌈을 하잖습니까, 예. 삼을 심어서. 그런데 그 아이들이 자라게 되니 학교를 그쪽에서 다니는 법이 없고 하니까 그저 일하는 것이 직업이지. 크니까. 너희 이젠 이만큼 컸으니 길쌈을 해야 된다, 그 첩이라는 것이, 첩이. '배지키내'라는 말은 '베[布]'를 짠다는 말입니다, 예.

베를.

― 베 천이 있잖습니까, 삼을 심어서, 예. '배지퀴내'는 베를 짠단 말입니다. 만든단 말입니다. 이 말은 옛날에 '배지퀴내'라고 많이 쓰던 말입니다. 옛날에 베를 짤 적에는.

그렇습니까?

― 그런데 봄에 이 길쌈을 앞으로 시키기 위해, 하기 위해서 엄마가 말하기를, 너 이제는 봄이 돌아왔는데 이제는 삼씨를 내줄 테니 삼씨를 둘이서 가지고 가 제각기 따로 심어라. 이런단 말입니다, 예. 그런데 제 아이는 삼씨를 볶지 않은 것을 주고, 예.

아! 예, 예.

― 닦지'않은 거 그거' 주구 예'. 댁내 야'느 예: 밉다나니' 가매'애다 삼
씨'르 닦아 준단 말입고마. 닦아주는데 가주구 가서 예: 요'래 예 조마네'
'110) 넣어서 제 아게'다 지우'구 또 댁네 아게'다 이'래 지우'구 한단 말입구
마. 너이' 가주'구 가 제마끔' 숭궈'라!111) 누기 시문 게' 더 잘 데는가 보쟈.
이' 첩이라는 게 그란단 말입구마. 기래 야아네'느, 이것 야'덜은 닦우구'112)
안 닦우구' 이'거 모른단 말입구마, 예'.

예:. 그렇지요, 예.

― 두울'서 밭을' 가맹'서 예:' 서르 바꾸각질했단 말입구마 이'거.

하하, 아이구!

― 서르 바까'줴엣다 바까'줴엣다 이'런단 말입구마. 기래 이라다나니
까, 이'게 옛'말이니까 이'렇디. 기래 가 숭궛'는데 예: 밭으' 다:' 곱게 끄
슬구'113) 곱게 맨들'구 다 똑같이'[가티] 싱궛'는데 예: 이 댁네' 아거느::'
바꾸'다나니 잘 나구:', 첩에아'거느 바꾼'거 시무'다나니 한 개두 아이'낫단
말입구마.

그렇겠지요, 허허.

― 어전' 이'게 이 시간이'무 삼이 올라'왓갯다 하구서 에'미 이란단 말입
구마. 야:! 삼이 어저'느 이'때무 올라'온다. 너어네' 가서 새'르 쫓아라! 쫓
아라! 이란단 말입구마, 예'. 게 삼우'느 또 특별이' 올라'오무 새'덜이 삼우
쪼사먹는단 말입구마. 기래 새 쫓으'라 가'가라. 기래 두울'이 간 게' 글쎄
댁내아'거느 그저 줄'이 파아'랗게 올라'왓는데, 첩'이아거'느 닦은 걸' 싱구
다나니 한 개두 아니올라왓단 말입구마, 예'. 이 첩에 아 와서 어'째 너느'
삼밭에' 새'르 쫓쟪'구 왓냐 하니까데, 오우:'! 제에'마!114) 폿조시' 시문 삼
우'느 그저 파아'랗게 올라'왓는데', 내 시문 삼우'느 한 개'두 아니' 올라왔다
구서르.

― 기'래니 그 에'미사 알기'디115) 머, 스치116), 닦아 준 거' 바까져. 아!
게' 벨라다. 야 어'쩨 제마끔' 내 준 것대'르 개 또 안 슴엇나 하니까데,

－ 볶지 않은 거 그걸 주고 예. 본처 소생의 아이는 미워서 솥에다 삼씨를 볶아서 준단 말입니다. 볶은 것을 가지고 가서 요렇게 주머니에 넣어서 자기 아이에게 지우고 또 본처 아이에게다 이래 지우고 한단 말입니다. 너희 가지고 가 제각기 심어라! 누가 심은 것이 더 잘 되는가 보자. 이 첩이라는 것이 그런단 말입니다. 그래 이 아이들은. 이것을, 아이들은 볶고 안 볶고 한 것을 모른단 말입니다, 예.

예. 그렇지요, 예.

－ 둘이 밭을 가면서 예 서로 바꿈질을 했단 말입니다, 이거.

하하, 아이고!

－ 서로 바꿔 쥐었다 바꿔 쥐었다 이런단 말입니다. 그래 이러다 보니까—이게 옛날이야기이니까 이렇지—그래 가서 심었는데 밭을 다 곱게 쟁기질을 하고 곱게 만들고 다 똑같이 심었는데, 예, 이 본처 아이 것은 씨를 바꾸다 보니 잘 나고, 첩의 아이 것은 바꾼 것을 심다 보니 한 그루도 안 난단 말입니다.

그렇겠지요, 허허.

－ 이젠 이게 이 시간이면 삼이 올라왔겠다(자랐겠다) 하고서 어미가 이런단 말입니다. 야! 삼이 이제는 이 때면 올라온다. 너희 가서 새를 쫓아라! 쫓아라! 이런단 말입니다, 예. 게 삼은 또 특별히 올라오면 새들이 삼을 쪼아 먹는단 말입니다. 그래 새를 쫓으러 가거라. 그래 둘이 간 것이 글쎄 본처 아이 것은 그저 줄이 파랗게 올라왔는데 첩의 아이 것은 볶은 것을 심다 보니 한 개도 아니 올라왔단 말입니다, 예. 이 첩의 아이가 와서 (어미가 말하기를) 어째 너는 삼밭에 새를 쫓지 않고 왔니 하니까, 오! 엄마! 팥쥐가 심은 삼은 그저 파랗게 올라왔는데 내가 심은 삼은 한 개도 안 올라왔다고.

－ 그러니 그 어미야 알아지지 뭐, 낌새, 볶아 준 것이 바뀐 것을. 아! 그게 별나다. 이 아이가 어째 제각기 내 준 것대로 그래 또 안 심었나 하니까,

가다가 우리 둘'이 야 한내' 지구'가다 둘다' 예 어기어기 지구'갓다는 게'디 머. 기라니까 이': 첩이라는 게' 소리' 없지 머. 그 꽃조시'느 그 삼이 이마:나' 커'야 새' 안 쫒는단 말입구마, 예. 이때꺼지 한 일쥬일' 호분자' 가서 새'르 쫒앗단 말입구마, 예:. 이' 또 닦운 건' 이' 아:'덜이 모르는데' 예:.

– 새'르 아'덜이 쫒우'맹서르 예: 닦운 여끼'117) 고·사하디' 안 닦운 여끼' 어'띠 고사하갯나. 새'덜아 우우 휘:! 이'라매 새'르 딕인단118) 말입구마, 예'. 닦은 거' 파먹디 아니 닦은 거' 어'때 파먹는가, 나'치랍구마. 야 말하는 게', 예:'. 야아! 닦은 여끼' 맛이 잇디 안 닦은 여끼' 어'띠 맛잇갯나! 새'들아 우우 휘 이'라메 딕인단 말입구마. 야 절르 이'릏기 말이 나'가더란 게'디 머. 기'래 한 일쥬일' 딕'이니 삼이 얼매쯤 크'니까데 그담에 삼이 커'서 어저는' 디키'라 아니'가두 일없'다구서르. 기라니까데 이 에'미느 갸르 못 살게 굴기 위해서' 예: 삼이 다 커'두 자꾸' 새 쫒우'라119) 가라간단 말입구마, 예'.

– 야 기래 제 밭으른' 아니', 삼밭으'른 아니 가구· 거저 허망이' 가 노'다는 오구'오구' 이'라다시 어저느' 그 새 다 쫒구' 이래니까더 쉼'이 없이 놀갯다: 하니' 그담에 가보니까데' 시간이' 없이 딛없이' 그저 삼이 정'말 영 잘 컷단 말입구마. 기래노니까데 에'미 가보니까데 삼이 영' 크'니까데 제 딸 거'느 없구 댁내야' 시문 게' 그렇게 커'놓오니 그저 심'줄이 난단 말입구마, 에'미 예:'. 그래노니 가서 삼우 어간어간 많이 뽑'아 데딘단 말입구마. 에'미.

어허! 예.

– 야: 이'거 삼우 뽑'아 데디는 거' 알아두 말으 못'하디.

그렇지요, 예.

– 에'미 ***가 예. 긔'라 가슬에' 가니까 초학이' 대:'서―삼우 그젼엔' 어'때 떤다 아니하구 삼우 틴'다구 합더구마 예:'―기'래 야 꽃조사! 어저느' 가'서 삼우 텨라. 어전 삼우 틸'때 대앳다. 기래 야 가서 삼우 베에서 그런

밭을 가다가 우리 둘이 웅 하나가 지고 가다 둘이 다, 예, 서로서로 바꾸어 지고 갔다는 게지, 뭐. 그러니까 이 첩이라는 것이 아무 말이 없지, 뭐. 그 팥쥐는 그 삼이 이만큼 커야 새를 안 쫓는단 말입니다, 예. 이때까지 한 일주일 혼자 가서 새를 쫓았단 말입니다, 예. 이 또 볶은 건 이 아이들이 모르는데, 예.

─ 새를 아이들이 쫓으면서, 예, 솥에다 볶은 삼씨가 고소하지 안 볶은 삼씨가 어찌 고소하겠나. 새들아, 우우!, 휘! 이러면서 새를 쫓는단 말입니다. 볶은 것을 파먹지 안 볶은 것을 어째 파먹겠는가. 이것이 이치(理致)란 말입니다, 이 아이 말하는 것이. 야! 볶은 삼씨가 맛이 있지 안 볶은 삼씨가 어찌 맛이 있겠나! 새들아 우우! 휘! 이러면서 새를 쫓는단 말입니다. 절로 이렇게 말이 나가더라는 게지, 뭐. 그래 한 일주일을 쫓으니 삼이 얼마쯤 크니까 그다음에 삼이 커서 이제는 삼밭을 지키러 가지 않아도 괜찮다고서. 그러니까 이 어미는 그 아이를 못 살게 굴기 위해서 예 삼이 다 커도 자꾸 새를 쪼아 쫓으러 가라고 한단 말입니다, 예.

─ 이 아이가 그래서 삼밭으로는 안 가고 그저 한데에 가서 놀다가 오고 오고 이러다가, 이제는 그 새를 다 쫓고 이러니까, 쉼 없이 놀겠다 하니, 그다음에 가 보니까 순식간에 그저 삼이 정말 잘 컸단 말입니다. 그렇게 해 놓으니까 어미가 가서 보니 삼이 크니까 제 딸 것은 없고, 본처 아이가 심은 것이 그리 크니 그저 심술이 난단 말입니다, 어미가. 그래서 가서 삼을 사이사이 많이 뽑아 버린단 말입니다, 어미가.

어허! 예.

─ 이 아이는 이거 삼을 뽑아 버리는 것을 알아도 말을 못 하지.

그렇지요, 예.

─ 어미가 ***가 예. 그래 가을에 가서 ***이 돼서─그전에는 어째 '삼을 띠다'라고 아니하고 '삼을 티다'라고 하더군요─그래 야! 팥쥐야 이제는 가서 삼을 쩌라. 이제 삼을 찔 때가 됐다. 그래 이 아이가 가서 삼을 베어서 그 저기

또 삼이 아'채기[120] 나는 거느:' 딸로 놓구 또 꽂삼우느:'[121] 매츨하게' 올라가는 건' 이거 딸로 놓구 하는게', 이래 노니' 그리 에'미 심줄 쓰'매 많이 뽑아데데두' 삼이 고부라이 여라' 단이 대앳단 말입구마. 기래 이'거 삼우 야 호분잘르' 제 아느 그저 놀기멩서두' 같이 시쥬아니'합디[122] 무 예'. 개 야 호분자' 그거 뻬에다' 다아 검줄해'애서[123] 삼은 또 이래 베에당 단은 그 띠'입꾸마, 또, 예'. 흙을'르 가매'르 한데, 동가매'라구 해서 예'.

동가매?

— 동가매'애다가 해'애서 뗳어서' 그거 또 띤 거' 물에' 불거서', 구 담에 또 젠취르'[124] 긁는단 말입구마 예'.

젠취르?

— 젠취르' 닐굽'구마.[125] 그 껍지'르' 뻿긴단 말입구마.

젠취르.

— 뻿게'서 예' 뻿게'서 그 담에 그거 다아' 손질해애서 배'르 하기' 대앳단 말입구마 예:'

— 배'르 하게' 데니까데' 야 그 삼우 호분자' 삼아서 어'때 손질해애서 배'르 한 게' 세 틀이 대앳단 말입구마. 이' 틀에다' 얺구 짜는 게'. 기래 야 혼자' 이'릏기 역'세질[126] 해애서' 어땟든간에' 내 이 집에'서 살기 위해서' 예 갸:'르 한틀 한 거느::' 그 첩이야'르 주구', 제 두 툴 한거'느 제 가지구 이랫단 말입구마. 이래두 그거 절'반 똑같이[똑까티] 아니 주는가내' 그 에'민 가'르 못'살게 군단 말입구마 예:'. 기래서 아무래두' 이거 한 틀' 아니 줘두 일없을 거' 내 쥤는데' 가아' 한나' 무스'거 손질해 쥤는가 내' 욕'으 먹두래두' 내' 이거 절'반 안 주구 내 두 툴은 내' 가지구 한 틀'으 준것만 해두 당애'라구 야 그냥 야아 일'기구 나갓단 말입구마. 기라니::' 이: 가슬이' 데엣는데' 야'르 영' 그냥 내쫓는단 말입구마, 예'.

아! 예:.

삼이 가지가 난 것은 따로 놓고 또 꽃삼은 매끈하게 올라간 것은 따로 놓고 하는데, 이렇다 보니 어미가 그리 심술을 쓰며 많이 뽑아 버려도 삼이 곱절로 여러 단이 되었단 말입니다. 그래 이거 이 아이 혼자서, 계모가 제 아이는 그저 놀리면서도, 같이 거들지 아니하지요, 뭐, 예. 그래 이 아이 혼자 그거 다 베어다 다 다듬어서, 삼은 또 이렇게 베어다 단은 그걸 또 찝니다, 또, 예. 흙으로 솥을 한 데다—이것을 삼굿이라고 하는데.

삼굿?

– 삼굿에다가 넣고 쪄서 그걸 물에다 불려서, 그다음에 삼의 오리를 긁는단 말입니다.

삼의 오리를?

– 삼의 오리를 일어나게 합니다. 삼의 껍질을 벗긴단 말입니다.

삼의 껍질 오리를.

– 벗겨서 예 벗겨서 그다음에 그거 다 손질해서 베를 하게(베를 짜게) 됐단 말입니다.

– 베를 짜게 되니까 이 아이가 그 삼을 혼자 삼아서 어떻게 손질해서 베를 짠 것이 세 틀이 됐단 말입니다. 이 틀에다 얹고 짜는 것이. 그래 이 아이 혼자 이렇게 일을 해서, 어쨌든지 간에 내가 이 집에서 살기 위해서 예, 그 아이를, 한 틀 한 것은 그 첩의 아이를 주고, 제가 두 틀 한 것은 제가 갖고 이랬단 말입니다. 이래도 그거 절반을 똑같이 안 주는가 하고 그 어미가 그 아이를 못살게 군단 말입니다. 그래서 아무래도 이거 한 틀 안 줘도 될 것을 내주었는데, 그 아이 무엇 하나 손놀림을 해 주었는가 내가 욕을 먹더라도 내가 이거 절반 안 주고 내 이 두 틀은 내가 갖고 한 틀을 준 것만도 다행이라고 이 아이가 그냥 밀고 나갔단 말입니다. 그러니 이 가을이 됐는데 이 아이를 아주 그냥 내쫓는단 말입니다, 예.

아! 예.

- 어디 가 살아라구 에'미라는 게'. 기래단 아부지'느 그까레'[127] 예: 아
랫강도'르[128] 버얼'라 가구 집에' 없'엇단 말입구마. 기래다나니' 갸르 그리
모'써 해'앳습디. 기랴구 야느 그저 아부지' 올때꺼지' 기달궈두'[129] 아부진'
아랫강도라는 게' 그젼에' 쏘련이'랍더구마 예. 기래 아부지' 오댷:구 하니
그냥:' 칩'어두 그냥: 바같에' 허망에' 나가 앉아' 울구 어'띠구 햇'는데. 져
낙에' 밤에' 거저 늦두라 가두' 문우' **뺏**게 안 주구:: 허망 공듀에'서 운단
말입구마 예'. 기래 그젼에'느 이'룽기 낭글'르 배쟬 한 게' 잇엇단 말입구
마 예: 높이'.

예.

- 기랜데' 배재문꺼지' 걸어'놓구 아나' 딜노니 야: 바같에' 배재밑에' 앉
아서 오분[130] 져낙 슬큰[131] 운다 말입구마 예:'.

- 이틀' 져낙 사흘 저낙만에느 예 허망 공쥬에'서 그런: 홍'젹이 난단
말입구마 예'. 어'쩨 너느 이렇게 나'어린―옛날엔 여'자들 게집아'라구 아
니하구 어떰둥―게'집애야 이렇기 우'는가 하니, 나'느 믿구' 살 곳이 없'어
서 이'렇기 운'다구서르. 네' 기리'무 쵸매앞우' 벌'에라 하더랍구마. 옛'날엔
쵸매르' 넙엇단 말입구마, 예:'. 기래 쵸매앞우' 훅 벌'이니까데 예 하늘'에
서 예:' 부'식이 부'식이 예' 과즐'일르 과'쟬르 이런게' 그젼에' 보쟤'도 이 못
사는 사람이 어다' 그런 거 보'옴두 예?

- 겐게' 하늘'에서 그 쵸매르' 갖다 가뜩 네레오더란 말입구마 예: 기래
쵸매' 넘어'난단 말입구마 예: 기라니 어저는' 쵸매 넘어'나니까데 고만 달
라구서 야 이'러하니까데 예' 그담 끄떡 끄치구 네레온야[132] 없'어서 고저
비잉 둘궈' 쵸매애다 게에구' 싸'들구 이'래구 둘어와서, "야!, 콩조사! 네
문우' **뺏**게'라 내 벨라벨란 거' 내' 너르' 주마." 하니까데, 이 쌍간나새
끼[133] 개속 들어친'다구서[134] 네게' 무스'게 아나' 벨라벨란 게' 다:' 잇갯냐
하니까데.

네, 네. 음.

- 어디 가 살라고 어미라는 것이. 그러다가 아버지는 그 무렵에 예 러시아 연해주로 돈을 벌러 가고 집에 없었단 말입니다. 그러다 보니 그 아이를 그리도 몹시 했지요. 그러고 이 아이는 그저 아버지가 올 때까지 기다려도 아버지는—'아랫강도'라는 게 그전에 소련이라더군요, 예. 그래 아버지는 오지 않고 하니 그냥 추워도 그냥 바깥에 한데 나가 앉아 울고 어찌하고 했는데. 저녁에 밤에 그저 늦도록 가도 문을 열어 주지 않고 하니 한데서 운단 말입니다, 예. 그래 그전에는 이렇게 나무로 바자울을 한 것이 있었단 말입니다, 예. 높이.

예.

- 그런데 바자울 문까지 걸어 놓고 안 들여 놓으니 이 아이가 바깥 바자울 밑에 앉아서 온 저녁을 실컷 운단 말입니다.

- 이틀 저녁, 사흘 저녁 만에, 예, 허공중에서 그런 기척이 난단 말입니다, 예. 어째 너는 이렇게 나이 어린—옛날에는 여자아이들을 계집아이라고 했지 않았습니까—계집애야 어째 이렇게 우는가 하니, 나는 믿고 살 곳이 없어서 이렇게 운다고. 너 그러면 치마 앞을 벌려라 하더랍니다. 옛날에는 치마를 입었단 말입니다 예. 그래 훅 치마를 벌리니까 예 하늘에서 부식(副食)이 과줄이며 과자며 이런 것이, 그전에는 보려고 해도 못 사는 사람이 어디 그런 음식을 볼 수 있습니까? 예?

- 그랬는데 하늘에서 치마를 갖다 (대니) 가뜩 내려오더란 말입니다, 예. 그래서 치마가 넘친단 말입니다, 예. 그러니 이제는 치마가 넘치니 그만 달라고 이 아이가 이러니까 그다음에 그치고 더는 내려온 형상(形狀)이 없어서 치마에 빙 둘러서 겨우 싸들고 돌아와서, "야! 콩쥐야! 너 문을 열어라. 내가 별나고 별난 것을 너에게 주마." 하니까, 이 쌍년의 새끼가 계속 들이친다면서, 네게 무슨 별난 것이 잇겠냐 하니까.

네, 네. 음.

- 네' 야 문우' 열'구 내'바다바라! 내 쵸매르' 바라, 도'삽인가.135) 기래
야 예 이 웃군 창'문우' 이'래 쩨'구서136) 내'바다보니까데137) 쵸매르' ****
가뜩하단 말이. 기래 아구'! 제에'마 져 야 꽃조시게' 야 말하는 게' 정'말
이오. 이 무'시게' 가뜩'하오 보디'않던 게. 과즐'이라구 이름'마 들엇디' 본
적이' 없디. 옛'날에'사 하디 않다나니'. 대부'잣집이'서 과즐'이랑 하구 술·이'
랑 콩구138) 하대님둥? 벨라벨라한 게' 샛'하얀 게'랑 다 잇소. 들어가니까
데, 그 간나'139) 어드'메 가서 그런 거' 도독'질'해왓갯는가구서르. 에'미 이'
란단 말입구마. 예. 기래 문우' 뺏'게' 주니까데 홀 헤테'노니까데 많다' 머,
쵸매 앞에'라 내'때레노니.

- 그담에 이'거 제에'미두 잡숩'고, 콩조사' 너두' 이'거 많'이' 먹어'라!
야 이란단 말입구마. 흐느껴' 울'멩서르 예'.'

아, 아. 쯧쯧.

- 야아: 이래두 야르 거저 죽기'르 이 첩'이느 야아 죽으'무 돟'디 그저
애'비 오기 전에'. 기랜게' 죽댄구 야: 앞 바등타'구 해서' 거저 엇댓던간에
얻어먹구 살아'니 그렇디. 이'래구서르 그거' 멕에'서 집우'르 들어가서 얼매
쯤 살앗는데'. 예:'. 옛'날에 이 영화르' 활똥사진이'라구 아니하구 어떰도
예.

- 화리똥사진이' 예:. 야! 이게 날이 가니 돟'은 셰'샤이 돌아'왓다. 이
건네마을에'서 온져낙에' 이 화리똥사진으' 돌기'메 논'다는데, 가'갯는데 어'
띠갯는가. 꽃조사'! 너느:' 뎌기' 조이 잇는 거' 한 마대'르 다 뜧'구, 그다음'
에 그런 구 전에' 무새둥기'라구 하메 이마:니 쿤데 예: 물이 열도이'씨 드
는 둥기' 잇엇'습구마, 새둥기'. 무새둥기'. 기래 너느' 더: 물둥게'다 물 한
둥구' 채우'구, 그담에 이 마다'이 너릅'구마 예: 이 마다'아 싹 쓸'구 이'러구
너느' 구'겨 오'나. 이 첩'이라는 게' 이 댁네아가 이란단 말입구마. 또 기래
대나'무 못'사디 또. 기'랴구 또 이 첩'이와 첩'이아'느 예 구'겨:가느라구 건
네말르' 갓'단 말입구마 예'. 쪼꿈 거'리 먼'데.

- 네가 응 문을 열고 내다봐라! 내 치마를 봐라, 거짓말인가. 그래 창문을 이렇게 찢고서 내다보니까 치마를 **** 가득하단 말이오 그래, 아이고! 엄마! 팥쥐에게 무엇인가 가득하오 이 아이가 말하는 것이 정말이오 무언가 가득하오, 보지 못하던 것이—과줄이라고 이름만 들었지 본 적이 없지. 옛날에야 만들지 않다 보니. 큰 부잣집에서 과줄이나 하고 술을 고고 하잖소?—별나고 별난 것이 새하얀 것이랑 다 있소 (팥쥐가) 들어가니까, 그 계집아이가 어디 가서 그런 것을 도둑질해 왔는가 하고 어미가 이렇게 말한단 말입니다. 그래 문을 열어 주니까 홀 물건을 풀어놓으니까 많지 뭐, 치마 앞에 내던져 놓으니까.

- 그담에, 이거 엄마도 잡숫고, 콩쥐야! 너도 이거 많이 먹어라! 이 아이가 이런단 말입니다. 흐느껴 울면서, 예.

아, 아. 쯧쯧.

- 야! 이렇게 해도 이 아이에게 그저 죽기를 바라지. 첩은 그 아이가 죽으면 좋지. 그저 아비가 오기 전에. 그랬는데 죽지 않고 이 아이가 바둥거리면서 그저 어쨌든지 간에 얻어먹고 사니 그렇지. 이리 하고서 그거 먹어서 집으로 들어가 얼마쯤 살았는데, 예. 옛날에 이 '영화'라는 것을 '활동사진'이라고 하지 않았습니까.

예.

- 활동사진이 예. 야! 이게 날이 가니(세월이 흐르니) 좋은 세상이 돌아왔다. 이 건넛마을에서 오늘 저녁에 이 활동사진을 돌리며 논다고 하는데, 내가 가려고 하는데 어쩌겠는가. 팥쥐야! 너는 저기 있는 조 한 마대를 다 찧고, 그다음에—그전에 무쇠 두멍이라고 하면 이만큼 큰데, 물이 열 동이씩 드는 두멍이 있었습니다, 쇠 두멍. 무쇠 두멍—그래 너는 물두멍에다 물을 한 두멍을 채우고, —이 마당이 너릅니다—이 마당을 싹 쓸고 이러고 너는 구경을 오너라. 이 첩이라는 것이 이 본처 소생 아이에게 이런단 말입니다. 또 그러지 않으면 못 살지 또. 그리고 또 첩과 첩의 아이는 구경을 가느라고 건넛마을로 갔단 말입니다. 조금 거리가 먼 데.

예, 음.

― 그래 간데' 야느 그 셕매'르 떻쟈가무 그 바이호박에'다 어'떠끼 떻숨두? 어'굴이 없디. 기래 자꾸 앉아서 쌍쌍 운다 말입구마 예. 이 바같에' 둘'우왓다 나갓다::. 사랑칸에'140) 바이 잇단 말입구마 예:'. 사랑칸에' 둘왓다 나갓다 하메. 참새덜이 두울'이 기'나가다가, "아'재!141) 아'재느 어'때 그리 우'우?" 하니까데, "어우:! 야! 나'느 어'띠갯냐 건네마을에' 화리똥사진이' 왓단데' 그거 구'겨어 가갯는데 우리 제에'미 나'르 더 조이르―한 셤'이라구 하'압꾸마, 한 마'대'르. 그전에'느 예―조이르' 한 셤'우 바에'다 다 떻구 오'라개서 구래'서 나'느 이'리 운'다니."

으음!

― 아'재! 근심' 마. 내 떻어'주께마. 그 참새덜 둘'·이 와서 예 쩩쩩거리' 더니만 입'울르 다:' 쪘단 말입구마 예'. 기라 다 다 쩌'놓구. "아구! 어저느' 야 조이느' 야 한 셤'우 다' 떻는데 야, 나'느 이 물'어 무새둥구'르 한나 또 열' 도이르 어'떠끼 더 드레' 물으 퍼서 길어다 놓구 가갯나!" 이 또 그 대문으'르 나갓다::' 둘왓다 하메 이 운'다말입구마 예:. 기래니 그집이' 예: 암캐 누:'런 황둥개'142) 쿤' 게 잇엇답구마. 멫해' 자래운게'.

황…?

― 황둥'개.

아! 황둥개.

― 황둥'개 예. 기래, "아'재 어'때 우'우?" 하니까데, "나'느 활이똥사진으' 건네마을에' 온 거 구'겨: 가갯는데', 이 물'우 무새둥구'르 한나 길어'놓구야 가갯는게', 내 더 드레'물으 퍼서 어느' 적에 다 채와 놓구 가갯는가!", "아'재 근'심마. 내 길어'주께." 이 황둥'개 예: 무새둥게'다가서 이 다리'각으 쏙 벌'이구 오좀'우 쎅쎅쎅쎅 싸'더니만 물'으 한 둥구' 데깍 채와 논는단 말이오.

아! (일동 웃음)

예, 음.

― 그래 갔는데 이 아이는 그 연자방아를 찧자고 하면 그 방아확에다 어떻게 찧습니까? 어림없지. 그래 자꾸 앉아서 엉엉 운단 말입니다, 예. 이 바깥에 나갔다 들어왔다 하면서. 곳간에 방아가 있단 말입니다, 예. 곳간에 들어왔다 나갔다 하며. 참새들 둘이 지나가다가, "아가씨! 아가씨는 어째 그리 우는가?" 하니까, "오! 야! 나는 어찌하면 좋은가. 건넛마을에 활동사진이 왔다는데 그거 구경을 가려는데, 우리 어머니가 나에게 저 조를―한 섬이라고 합니다. 한 마대를, 그전에는―조 한 섬을 방아에 다 찧고 오라고 해서 그래서 나는 이리 운다오.

음!

― 아가씨! 근심 마오. 내가 찧어 줄게. 그 참새들 둘이 와서 예 쩍쩍거리더니만 입으로 다 찧었단 말입니다, 예. 그래 다 다 찧어 놓고. "아이고! 이제는 응 조는 응 한 섬을 다 찧었는데 응 나는 이 물을 무쇠 두멍을 하나 또 열 동이를 어떻게 저 두레우물을 퍼서 길어다 놓고 가겠나!" 이 또 그 대문으로 나갔다 들어왔다 하며 이 아이가 운단 말입니다, 예. 그러니 그 집에 예 암캐 누런 누렁개가 큰 것이 있었답니다. 몇 해를 기른 것이.

황…?

― 누렁개

아! 누렁개

― 누렁개, 예. 그래, "아가씨 어째 우오?" 하니까, "나는 활동사진을 건넛마을에 온 것을 구경을 가려는데, 이 물을 무쇠 두멍 하나를 길어 놓고야 가겠는데, 내가 저 두레박 물을 퍼서 어느 때에 다 채워 놓고 가겠는가!" "아가씨! 근심 마오. 내가 길어 줄게." 이 누렁개 무쇠 두멍에다가 가서 다리를 쓱 벌리며 오줌을 쌕쌕 싸더니만 물 한 두멍을 제격 채워 놓는단 말이오.

아! (일동 웃음)

— 가'래, "아구:! 야: 물은 어전 한 둥구' 채왓구만 이 너른 마다아' 또 이 갈러 예 이 맥이 없는데 어떠끼 다 쓸갯나요'. 각'당맥히다." 앉아 근심한단 말입구마. "아재! 근심마. 내' 쓸어주께." 이 황둥'개 예' 마당 한판에' 앉아서 예' 꼬리'르 획획하더니만 거저 그 마다아' 울에안이 예: 깨까자게'143) 싹 검줄해딘단 말입구마 예'. "야: 어저는 시름 다 놓앗다!"

— 어전 구'겨으 가갯는데' 나느 야—발'으 그냥 뻿구 댕긴단 말입구마 예—신발두' 없'디, 우티 쵸매져고리두' 없'디, 이' 주제르 이'래가지구 내 어떻게 화리똥사진으' 구'겨으 가갯나! 진정 운다 말입구마, 들어가구: 나오구 하메 예:'. 기렌데' 그 전에' 채'석이'144) 잇댛'구 어떰둥? 들'오는데 예:' 요 채'석으' 올라가는 데', 요'렇게 또 먼저' 드디는 문특이' 잇단 말입구마. 거기'르 올라오쟈가나' 새타'얀 갓신'이 잇단 말입구마 옛'날에 예:' 그 문특에'. 갓신' 그 신'으 아고: 기차다. 이'리 곱운 신이 어드'서 이'게 생겟'는가 하구 야:! 신어'보니 발에' 딱 맞는단 말입구마, 그 여자 신이.

갓신이?

— 예! 갓신'이. 갓신'이라는 게 그게 코신'이갯디 무. 그런 거 신어보니 여자발에' 딱 맞는단 말입구마. 그 담에 문우' 열구 집우'루 들어가니 예 쵸맷쵸고리 영' 곱운 게' 한 볼145) 잇단 말입구마. 기래 그거 닙어보니' 제 몸에' 딱 맞구.

— 이 여자 예 돼앳다! 부출'146) 탁 틴'다 말입구마. 기랴 옛'날에 기뿌무 부출우' 틴'다 말입구마, 개 부출으' 탁 타'구 아구::'! 어저느' 내 이'렇게 돼구 내' 세샤 이런 옷 이런 우타'르 닙운 사람이 내 한나밖에' 없'갯다.

— 모인데'르 가두. 이란데 가쟈구 보니 이라다나나' 날이 져무단 말입구마. 어전 보리져낙147) 때' 다:' 돼앳디. 야:! 어저는 내: 이'게 정'마 피뜩, 아니!, 신두 **쎌 걸, 구지두' 생겟디.—그전에' 옛'날에 구지라'갯습구마. 코구지두' 생겟디, 쵸매가 쵸고리두' 곱운 게 생겟디. 이렌데 내' 걸

- 그래, "아이고! 야 물은 이제 한 두멍 채워 놓았지만 이 너른 이 너른 마당을 이제는 힘이 없는데 어떻게 다 쓸겠는가. 기가 막힌다." 앉아서 근심을 한단 말입니다. "아가씨! 근심하지 마오. 내가 쓸어 줄게." 이 누렁개가 마당 한복판에 앉아서 꼬리를 획획 하더니만 그저 그 마당이 울안이 깨끗하게 싹 말끔하게 정리가 됐단 말입니다. "야 이제는 시름을 놓았다."

- 이젠 구경을 가려는데 나는 응―발을 그냥 벗고 다닌단 말입니다, 예―신발도 없지, 옷 치마저고리도 없지, 이 주제꼴로 이래 가지고 내가 어떻게 활동사진 구경을 가겠나! 진정 운단 말입니다, 들어가고 나오고 하며 예. 그런데 그전에 토방이 있잖고 어떻습니까? 들어오는 데 예 요 토방을 올라가는 데, 요렇게 또 먼저 디디는 문턱이 있단 말입니다. 거기를 올라가려고 하니 새하얀 가죽신이 있단 말입니다. 옛날에 그 문턱에. 가죽신 그 신을 아이고! 기차다! 이리 고운 신이 어디서 생겼는가 하고 신어 보니 발에 딱 맞는단 말입니다, 그 여자 신이.

가죽신이?

- 예! 가죽신이. 가죽신이라는 게 그게 코신이겠지, 뭐. 그런 것을 신어 보니 여자 발에 딱 맞는단 말입니다. 그다음에 문을 열고 집으로 들어가니 예 치마저고리가 아주 고운 것이 한 벌 있단 말입니다. 그래 그것을 입어 보니 제 몸에 딱 맞고.

- 이 여자 "됐다!" 이러고 팔짝 뛰며 팔을 들어 몸을 쳤단 말입니다―기쁘면 옛날에 '부출을 친다'고 했지―. 이제는 내가 이렇게 되고 하니, 내 세상에 이런 옷을 입은 사람이 나 하나밖에 없겠다.

- 모인 데를 가도. 이런데 가자 하고 보니, 이러다 보니 날이 저문단 말입니다. 이젠 보리저녁 때가 다 됐지. 야! 이제는 내 이게 정말 피뜩, 아니! 신도 새 걸로, 구두도 생겼지.―그전에 옛날에 구두를 '구지'라 했습니다. 코신도 생겼지, 치마와 저고리도 고운 것이 생겼지. 이런데 내가 걸

어'가쟈가무 어'떠끼 가갯'는가구 거기'르. 그담에 이 대문'으' 나가매 이'래 시설질'하매[148] 즉금두 그저 눈에서' 눈'물이 그저 비'오듯이 드룩구드룩 흐른단 말입구마.

─ 기'래노니 예' 가만:이' 어'때 서서 대문에' 이'래 서잇'게' 됀다 말입구마. 내' 갸'는게 내' 갸구' 나무 다 끝이[끄티] 나갯'는데 갸무' 돟겟'는가 아니'갸무 돟'겟는가. 이'러구 뒤짐지구서 잇는데. 어'드서 백말이' 그저 곤디곤디 뭬 네레온단 말입구마.

아아! 예:.

─ 기'래 그 여'자 앞에' 와 턱 선단 말입구마 예:'. 그'래 이' 여'자 이' 아무'래'두 내앞에' 네레올적에'느 이'게 내게' 채레던 말이'갯다. 이'렇기 생'각하구 그 말'으' 타구서르 예: 갓단 말입구마.

─ 그 말'으' 타'나나니 그 말이' 공듕뜀질'해가다나니 예:' 시간이' 덛'없이 간다 말입구마 예:'.

무슨 뜀질?

─ 곰'뜀질해 간다 말이꼬. 막 뛴단 말입구마. 곰'뜀질해서. 쳘크덕쳘크덕 이'래 곰뜀질'으[149].

아아! 그걸 곰뜀질이라 함둥?

─ 예! 빨리' 뒈에가는 거' 그저 비율해서' 말합디, 이'게 곰뜀질하는 게'. 거저 뒈에'간다개두 말이 돼는데'. 이것두 뻬에'스지[150] 머. 곰 뜀질으 하는 게'.

─ 기'래 뒈에'가서 예 거길' 거이' 갈 적에'느 이 말이' 예: 뛰던게' 뛰대'얺구 거저 쳔쳔:이'. 거이' 사름덜이 가뜩 모닷디 기래다나'니 그 활똥사진 구'겨하느라구. 그 근쳐르 갈적에'느 이 말이' 쳔쳔:이' 걸어간단 말입구마. 뛰다' 않구 예'.

왜?

─ 기'래 더디' 간단 말입구마. 기'래 더디' 가야 사름덜이 보디'.

어서 거기를 가자 하면 어떻게 가겠는가 하고, 거기를. 그다음에 이 대문을 나가며 이래 청소를 하며, 지금도 그저 눈에서 눈물이 그저 비 오듯이 주룩주룩 흐른단 말입니다.

– 그러하니 예 가만히 어째 서서 대문에 이래 서 있게 된단 말입니다. 내 가는 것이, 내가 가고 나면 다 끝이 날 것인데 가는 것이 좋을까 안 가는 것이 좋을까. 이러고 뒷짐을 지고서 있는데, 하늘 어디에선가 백말(白馬)이 '곤디곤디' 뛰어 내려온단 말입니다.

아아! 예.

– 그래 그 여자 앞에 와 턱 선단 말입니다, 예. 그래 이 여자, 생각하기를, 아무래도 내 앞에 내려올 적에는 이게 내게 주어지는 말이겠다. 이렇게 생각하고 그 말을 타고 갔단 말입니다.

– 그 말을 타니 그 말이 공중으로 뜀질해서 가니 시간이 매우 빨리 간단 말입니다.

무슨 뜀질?

– 곰뜀질을 해서 간단 말입니다. 막 뛴단 말입니다, '곰뜀질'을 해서. 철꺼덕철꺼덕 이렇게 곰뜀질을.

아아! 그걸 곰뜀질이라 합니까?

– 예! 빨리 뛰어가는 거 그저 비유를 해서 말하지요. 이 곰뜀질한다는 것이. 그저 뛰어간다고 해도 되는데. 이것도 군더더기 말이지, 뭐. 곰뜀질한다는 것이.

– 그래 뛰어가서 거기를 거의 다 갔을 적에는 이 말이 뛰던 것이 뛰지 않고 그저 천천히 가지. 사람들이 가득 모였지, 그 활동사진을 구경하느라고. 그 근처를 갈 적에는 이 말이 천천히 걸어간단 말입니다. 뛰지 않고, 예.

왜?

– 그래 더디 간단 말입니다. 그래 더디 가야 사람들이 보지.

- 사름덜이 보라'구. 기래노니' 활이똥사진으' 보던 사름덜이 다 둘어서서 이 말이' 가는 거' 본단 말입구마. 기래 화리똥사진으' 보디' 말구 더 하늘'에서 선'녀라구 하짐 예'. 선녀 네레'와시니까 뎌거 모두 보래'구서리 다 그란단 말입구마.

- 아!, 이 첩이가 첩이야' 보더니만 예', 정'말 그 꽃조신 줄'이사 정'말 생'각두 아니햇디 머 냥. 어구::! 기'차다! 하늘에서' 선녀 네레왓다구서 냄'이 거저 반갑게 보니'까데 이'것덜두 반갑게 보던 게', 이 말이' 슬금:슬금 그 모인'데 들어간단 말입구마. 사'름이 해'코두 아니'하구 보'라구. 걘데' 보니까데' 꽃조시란 말이.

- 콩조시가'[151] 콩조시' 에'미느 예: 저어집에' 식'귀 그러니까데' 기'혼하게 댓단 말입구마, 예. 정신이' 막 산만해'딘단 말입구마. 각'당맥헤서.

그렇지, 예. 예, 예.

- 제에'마! 뎌'게 꽃조시'라구 하멩서. 낮이사 알기'디 옷'으느 아니' 알기는데. 어구:! 어드서' 뎌런 거' 닙구' 왓는가. 각'당맥히디 무 예:. 기래구서르' 화리똥사진이' 끝'이[꼬'치] 나기 견에' 이 말이' 예: 돌아 네레'온'단 말입구마.

- 돌아네레'와서 예: 쳐쳐 네레'오니까데 이' 쳐쳐 네레와서· 하늘'르 훌 올라간단 말입구마 이' 말이'. 기래서:' 옛'날에 하늘'에 선'녀됏다구 아니함둥.

응.

- 이' 노'인덜이 말하는 게'. 이' 여자 올라가서:' 하늘'에, 마음으' 착하기 먹구', 너무' 고:'토오 받으매 살아놓오니까데'. 하늘'에서 네리'바다바서, 하늘'에서 그런 말으' 네리와다가서르'[152] 올려다' 그런 선'녀르 맨들엇다구. 이'래서 하늘에' 선'녀라구 하쟈암둥!

예! 그렇지요.

- 이'게 무스 쓸'모잇는 말임둥? 왕청같은 옛'말이. 기'래 이'래대임둥?

- 사람들이 보라고. 그리하니 활동사진을 보던 사람들이 다 둘러서서 이 말이 가는 것을 본단 말입니다. 그래 활동사진을 보지 말고 저 하늘에서 선녀라고 하지, 뭐, 예. 선녀 내려왔으니까 저거 모두 보라고 다 그런단 말입니다.

- 아! 이 첩과 첩의 아이가 보더니만, 예, 정말 그 팥쥐인 줄이야 정말 생각도 아니 했지, 응. 어이구! 기차다! 하늘에서 선녀가 내려왔다고 남이 반갑게 보니까 이것들도 반갑게 보던 것이, 이 말이 슬금슬금 그 사람이 모인 데로 들어간단 말입니다. 사람을 해코지를 아니 하고, 보라고. 그런데 보니까 팥쥐란 말이오.

- 콩쥐와 콩쥐 어미는 자기 집 식구가 그러니까 기혼(氣昏)하게 됐단 말입니다. 정신이 막 산만해진단 말입니다. 기가 막혀서.

그렇지, 예. 예, 예.

- 엄마! 저게 팥쥐라고 하면서. 낯이야 알 수 있지, 옷은 알 수 없지만. 어이구! 어디서 저런 거 입고 왔는가. 기가 막히지 뭐 예. 그러고는 활동사진이 끝이 나기 전에 이 말이 돌아 내려온단 말입니다.

- 돌아 내려와서 예 처처 내려오니까 이 처처 내려와서 하늘로 홀연 올라간단 말입니다, 이 말이. 그래서 옛날에 하늘에 선녀가 됐다고 아니 합니까.

응.

- 이 노인들이 말하는 게. 이 여자가 올라가서 하늘에, 마음을 착하게 먹고, 너무 고통을 받으며 살아오니까. 하늘에서 내려다보아서, 하늘에서 그런 말을 내려다가서 (그 여자아이를) 올려다 그런 선녀를 만들었다고. 이래서 하늘에 선녀라고 하잖습니까!

예! 그렇지요.

- 이게 무슨 쓸모 있는 말입니까? 왕청같은 옛날이야기지. 그래 이러잖습니까?

마음우' 바르 쓰'무 옷깃이' 바르 서구 못'할 줏'으 하무 하늘'이 네리'바다본
다구. 쵀' 많은 사름운' 하늘'에서 베'락이 네리바다친'다. 즉금 이'래잖슴두.
기래노니' 이' 꽂조시'느 너무' 거저 피참하게 네레오니까데' 하늘'에 올라가
선'녀 대앳'다구서르. 이'거느 쬬오'꼬말 적에' 들은 옛'말입구마.

마음을 바로 쓰면 옷깃이 바로 서고 못할 짓을 하면 하늘이 내려다본다고. 죄 많은 사람은 하늘에서 벼락을 내려친다. 지금 이러잖습니까. 그렇다 보니 이 팥쥐는 너무 그저 비참하게 살아오니까 하늘에 올라가 선녀가 됐다고. 이 이야기는 쪼끄말 적에 들은 옛날이야기입니다.

1) '-으느'는 자음으로 끝난 명사 뒤에 결합되는 보조사. 이형태로 '-은', '-으는', '-느', '-는' 등이 있다.

2) '긑'은 '끝'의 방언. '첫긑'은 '첫머리'라는 뜻. 평안도 방언에서도 이 말을 쓴다. 한 토막의 물건 또는 글이나 말에서 '시작 부분'과 '마지막 부분'을 '끝'이라 하고 이렇게 표현한다. 반의어는 '뒷긑' 또는 흔히 '막긑'(=마지막 끝)이라 한다.

3) '줄줄'의 음절말 자음 'ㄹ'은 혀끝을 두드리는 설전음으로 들린다.

4) 여기서 '에우-'는 '같은 말을 잊지 않고 여러 번 되풀이하다'의 뜻.

5) 중부방언에서는 주로 수관형사 뒤에서만 쓰이지만 이 방언에서는 관형어 뒤에서 제약 을 받지 않고 쓰인다.

6) '헐하다' 또는 그 줄임말로 '헗다'가 널리 쓰인다. 상대적으로 '쉽다'는 잘 쓰이지 않는 다.

7) '사름>사람'의 변화. 이 제보자와 제보자 연배의 사람들은 대체로 '사름'과 '사람'을 아울러 쓰는데 외지인과의 대화에서는 '사람'을 많이 쓴다. 한편, '사름덜이'의 '-이'는 주격조사가 아니고 흔히 '指定'의 의미를 갖고 명사에 결합되는 '-이'이다. '사름덜이' 는 대격의 자리에서 쓰인 것이다.

8) 지시관형사 '뎌>더'의 변화. 이 제보자는 뒤에서 몇 차례 '뎌'라 하였다. '뎌'와 '더'를 수의적으로 쓰는 셈이다. 이러한 변화에 대한 논의는 소신애(2006a)를 참고할 것.

9) '도깨비'는 '사리분별이 없이 가볍게 구는 사람'을 이르는 말. 이 방언의 '도깨비'는 조사가 결합될 때 '도깝'으로 실현된다.

10) '강태르 셍긴다'는 육진방언권에서 흔히 들을 수 있는 속담으로서 '쓸데없는 말을 늘어놓다'의 뜻. '강태'는 '까마중'의 방언. 까마중은 열매가 많이 달리기는 하나 쓸모 가 없다 하여 비유적으로 쓸데없는 말을 주섬주섬 늘어놓을 때 위 속담을 쓴다.

11) 생각이 얼른 잘 떠오르지 않거나 기억을 더듬을 때 쓰는 말. '저', '저기' 등과 같다. 담화 표지.

12) 듣는 이가 '합쇼'할 대상일 때, 앞서 화자가 한 말을 다시 확인해 알려 주거나 강조하 고자 할 때 쓰는 말.

13) '결혼하다' 또는 '혼인하다'를 흔히 '잔체하다'라 한다. '잔체한 게'라고 하면 '결혼한 사람'이라는 뜻이 된다.

14) '거충'은 '겉'의 방언. 중세국어와 같은 '겇'에 접미사 '-웅'이 결합된 파생어.

15) '어벌대 크다'는 관용구로 '배포가 크다', '통이 크다'의 뜻.

16) 동북, 육진방언권에서는 흔히 '남편'을 뜻하는 말로 쓰인다. '그짓 나그내'(=그 집의 남편), '우리 나그내'처럼 지칭어로 쓰인다. 좀 홀하게 말할 때에는 '남데(<남덩+-이)', '스나'라는 말을 쓴다.

17) '기달구-'의 ㄱ-구개음화형이다.

18) '몰기우-'는 '추궁이나 쫓김을 당하여 배겨 내지 못하고 곤란을 받다'의 뜻.

19) '아바니'는 '할아버지'의 방언. 이 밖에 '클아배', '큰아배', '클아바니', '큰아바니'와 같은 방언형이 쓰인다. 지칭어로만 쓰이는 '하내비(<한+아비)'도 있다.

20) '츠-'에 어미 '-어라'가 결합한 것. '츠-'는 '기운이나 정신 따위를 추어세우다'의 뜻.

21) '혼자'의 방언. 중세국어 'ᄒᆞᄫᆞᆺᅀᅡ'와 같은 계통의 말.

22) '세상'에 대격조사 '-으'가 결합한 형태. 'ㅇ'이 선행모음을 비모음화하고 이어서 '-으'가 선행모음에 동화되었다. 제보자는 뒤에서 '세상'으로 발음하기도 하였다.

23) '한뉘'는 '한평생'의 방언. '한[一]'과 '뉘(<누리, 世)'가 결합한 복합어.

24) '심화(心火)+-ㅅ+병(病)+-에'의 어구성으로 된 복합어. 울화가 치밀거나 쌓여 몸과 마음이 답답하고 열이 오르는 병.

25) 말을 약간 더듬어 문장이 매끄럽지 못하고 뜻이 불투명하다.

26) 특이하게도 처격조사가 '-여'로 나타난다.

27) 육진방언권에서 '진지'는 주로 '제상에 올리는 밥(=메)'이라는 뜻으로 쓰이는데 위 본문에서도 약간 주술적인 의미로 쓰였다.

28) '몽사(夢事)+-ㄹ(대격조사)'. '몽사'는 꿈에서 겪은 일.

29) '펴우-+-멩'. '펴우-'는 '마음이나 감정 등을 얽매임 없이 자유롭게 가지다'의 뜻.

30) '거저'를 '거더'로 발음한 것. 제보자를 비롯한 육진방언 화자들은 간혹 치조음 'ㅈ'을 'ㄷ'으로 발음하는 경우가 있다.

31) '가즈'는 '이제 막'의 뜻을 지닌 부사. 갓난아이를 '가즈난아'라 한다.

32) '덛이 없다'는 '알지 못하는 가운데 지나가는 시간이 매우 빠르다' 또는 '경과한 시간이 매우 짧다'의 뜻.

33) '나다'는 '기간을 나타내는 명사와 함께 쓰여 일정한 시간이 지나다.'의 뜻으로 쓰인다. 예: 우리 동새애' 오' 연이 나압구마. 남조선 간 지.(우리 동생이 5년이 `됩니다. 남조선에 간 지가.)

34) '자라-'에 접사 '-이우-'가 결합된 파생어. '사람, 동식물을 키우다'의 뜻.

35) '엄마'를 부를 때 쓰는 호칭어. 제보자와 같은 노인들이 어렸을 때 쓰던 말로 지금은

쓰이지 않는다. 지칭어는 '제에미'이다. 이 지칭어에 호격조사 '-아'가 결합되어 '제에마'가 되었다.

36) '아바지'는 격식투의 말이고 흔히는 '아부지'라 한다.

37) '셰샹(世上)+-으(대격조사)'에서, 모음 사이의 'ㅇ'이 약화 탈락하고 대격조사 '-으'는 선행모음에 완전순행동화를 겪어 '셰샤:(셰샤아)'가 된 것이다.

38) '띠새'는 '똥'을 이르는 말. '별똥'은 '별띠, 벨띠'라 한다.

39) '자심하다'는 일상적으로 흔히 쓰이는 고빈도 어휘의 하나. '어떤 과정이 수고스럽고도 고생스럽다' 또는 '귀찮고 성가시다'의 뜻을 지닌 형용사.

40) '검쥴하다'는 '말끔히 다듬거나 정리하다' 또는 '깨끗이 치우고 닦다'의 뜻.

41) 동북, 육진방언에서는 대격중출문이 널리 쓰인다. 즉, '-에게 -를 (주다)'는 '-르/-으-르/-으 (주다)'와 같이 쓰인다.

42) 한 문장 안에서 격조사 '-과'와 그 변화형 '-가'가 함께 쓰였다. 제보자는 '-가(<-과)'를 주로 쓴다. 앞에 쓰인 '-과'는 접속조사로, 뒤의 '-가'는 말하는 상대임을 나타내는 격조사로 쓰인 것이다. 후자는 동북, 육진방언에서 주로 쓰이는 기능이다. 표준어 '-에게'에 대당된다.

43) '혐'은 '사리를 분별할 수 있는 힘'을 뜻하는 말. 흔히 '혐이 들다'(=철이 들다)와 같은 관용구로 쓰인다.

44) '찾-[尋]>찻-'. 어간말의 파찰음 'ㅈ'이 마찰음으로 변화하였다. 이 방언에서 이 같은 변화 예로 '슷-(拭), 즛-(吠)'이 있다. 제보자는 두 어형을 모두 쓴다.

45) 제보자는 변화 이전의 '고댱'이란 말도 쓴다. '고댱'은 곧[處]+-이+-앙'으로 분석된다.

46) 부사격의 '-르'을 '-러'로 발음하기도 한다.

47) '-이꼬(-입고)'는 '-ㅂ구마'의 변이형.

48) 이 방언은 'ㅣ'로 끝난 명사에 처격조사 '-에'가 결합하면 활음화가 이루어진다. 묘지+-에>묘졔.

49) '人之絶色'을 발음한 것으로 보인다.

50) '낫-[進]'에 사동 접미사 '-구-'가 결합된 파생어.

51) 비문이 되어 문장이 매끄럽지 못하다. 왕의 명령으로 이 아이를 데려가야만 한다는 사실을 말한 것.

52) 앞서 제보자는 '엄마'라 하였지만 이는 표준어이다. 전통적인 방언형은 '어마'이다. 이 밖에 '제에미, 제에마'가 있다.

53) '물앉-'은 흔히는 '그 자리에 주저앉다'의 뜻으로 쓰인다.

54) '옛날이야기'라는 말은 쓰이지 않는다. '옛말'이라 한다.

55) '알기-'는 '알-[知]'의 피동사.

56) '-읍서'는 합쇼체 명령형 종결어미. 자음으로 끝난 어간 뒤에는 '-습서'가 결합되기도 한다.

57) '자라-'에 사동 접사 '-이우-'가 결합된 파생어. '기르다, 키우다'의 뜻을 지닌다.

58) 번(番)>분.

59) 제보자는 매우 고정한 분이어서, 이야기의 내용을 조금 들어 본 후에 쓸모가 있는 이야기면 그때 적으라고 다급히 말하였다. 제보자는 보통 '뎍-'이라 하지만 여기서는 변화형 '젹-'을 썼다.

60) '-께서'는 '-에게서'의 방언.

61) 'ㄷ' 불규칙 용언의 'ㄷ'은 대체로 'ㅎ'로 변화하였다. 듣-[聽]>듫-. 이에 대해서는 소신애(2004, 2006a)를 참고할 것.

62) '문우 벳기다'는 '걸어 잠근 문고리를 벗기다'의 뜻. 문을 여닫기 위해 문짝에는 쇠붙이나 끈으로 된 문고리를 다는데 이 문고리를 문기둥에 박아 놓은 못 등에 걸어 둔다.

63) 이 대역은, "… 옛날 아이 때 하던 옛날이야기의 어떤 부분은 (잊히지 않고) 지금도 머리에 떠오른단 말입니다."가 옳을 수도 있다.

64) '문끈'은 '끈으로 된 문고리'를 말한 것이다. 흔히 '문고락지'라 한다.

65) '구낭'과 활음이 탈락한 '구낭'이 수의적으로 쓰이고 있다.

66) 육진방언, 동북방언의 '바뿌-'는 다의어이다. 여기서는 '힘이 들다'의 뜻으로 쓰였다.

67) '어마'는 '엄마'의 방언. 함북 지방에서 널리 쓰인다.

68) '쫄-'은 표준어의 그것과 뜻이 달라서 '줄-'의 뜻도 지닌다. 중세국어와 같다. '쫄아붙-'은 '줄어들-' 또는 '쫄아붙-'의 뜻을 가지고 있다.

69) '근사(近似)' 또는 '근상(近狀)'일 것으로 생각된다.

70) '부수깨아구지'는 '아궁이'의 방언.

71) '구둘도래'는 '구들고래'를 말한다.

72) '구새+-을르'. '구새'는 '굴뚝'의 방언이고 '-을르'는 부사격조사.

73) '도삽'은 사실과 어긋난 지어낸 말. 또는 사실이 아닌 것을 사실처럼 꾸며낸 것을 이르는 말.

74) '닫-[走]>닳-'.

75) '여가리+-에'. '여가리'는 '가장자리'의 뜻.

76) '닫-[走]'은 중부 지방에서는 사어가 되었지만 함경도에서는 지금도 널리 쓰인다.

'뛰-'는 '도약(跳躍)'의 뜻으로만 쓰인다. 중세국어와 같다.

77) '땅낭ㄱ'은 흔히 '당낭ㄱ'이라 한다. 높고 큰 나무를 뜻하는 말이다. 자음으로 시작하는 조사 앞에서는 '땅나무', 모음으로 시작하는 조사 앞에서는 '땅낭ㄱ'으로 교체된다.

78) '소박'은 '솝[內]'에 접사 '-악'이 결합한 파생어.

79) 제보자가 말하는 육진방언에서는 'ㅂ' 불규칙용언의 'ㅂ'이 'w'로 교체되는 경우가 매우 드무나 이 경우에는 'w'로 교체되었다. 그 아래에서는 '미끄럽운데'로 나타난다.

80) '알쿠-'는 '알-'의 사동사. '알쾌주-'는 '가르쳐 주다', '알려 주다'의 뜻.

81) '개애-'는 '가지-'의 방언.

82) '살구-'는 '살-'의 사동사.

83) '죽이개시무'의 '-개시-'는 의도를 나타내는 선어말어미 '-겠-'의 방언. 모음으로 시작하는 어미와 결합할 때에는 '-개시-'로 교체되고 자음으로 시작하는 어미와 결합할 때에는 '-갯-'으로 교체된다.

84) 이 제보자의 발화에서는 'ㅣ' 모음 앞의 'ㄴ'이 선행모음을 비모음화하고 그 자신이 탈락하는 현상을 거의 볼 수 없으나 이 경우에는 탈락하였다. 재간+-이다→재가ˇ이다→재가이다.

85) '좀자귀'라는 연장의 형태, 용도 및 'ㅈ'의 음가를 확인하기 위해 질문해 본 것임.

86) '그루'는 모음으로 시작하는 조사와 결합할 때 '글ㄱ'으로 교체된다. 글기(주격형), 글그(대격형), 글게(처격형) ….

87) '범[虎]'을 [pʷəə́m]으로 조음하였다.

88) '올라'와시니까데'의 '-아시-'는 과거를 나타내는 선어말어미 '-았-'의 방언. 모음으로 시작하는 어미와 결합할 때에는 '-아시-'로 교체되고 자음으로 시작하는 어미와 결합할 때에는 '-앗-'으로 교체된다.

89) 제보자는 표준어에 매우 민감하여, 모 방언인 육진방언과 그 아래 세대들이 쓰는 표준어와 가까운 연변말을 구사한다. 이 구술발화에서도 여러 변이형을 볼 수 있다. 예컨대 지시 관형사 '저'는 '뎌, 더, 져'의 세 변이형이 쓰인다. 또 '선녀(仙女)'를 '선녀'라 하다가 '션녀'라 하기도 하였다.

90) '같-'은 어미 '-아X' 앞에서는 '같애-'로 자음으로 시작하는 어미 앞에서는 '같으-' 또는 '같아-'로 교체된다.

91) '같+-디 아니+-ㄴ'이 줄어든 말. 제보자는 이 외에 '같대닌, 같대닌, 같재닌, 같쟈닌' 등의 변이형을 쓴다.

92) '-언'은 동사의 어간 뒤에 결합하여 과거를 나타내는 어미. 현대국어의 '-은'과 같다.

93) '대-[爲]'에 과거 시제의 선어말어미 '-아시'와 관형사형 어미 '-ㄹ'이 결합한 것.

'대-+-아시+-르>대실>됐을.

94) '강태'는 '까마중'의 방언.

95) 까마중에는 열매가 주렁주렁 열리지만 별로 쓸모가 없다는 데에서 나온 말로, 쓸데없는 말을 많이 늘어놓음을 비유적으로 이르는 말.

96) 어이가 없다. 가당치 않다.

97) '쉬쉬껍지하-'는 '시시껄렁하-'의 방언.

98) '개갸하-'는 '생김새가 깨끗하고 단정하다'의 뜻. 본문의 '개갸채닌'은 '개갸하-+-지 아니-+-ㄴ'이 줄어든 말이다. 육진방언권에서는 흔히 '개갸태닌'이라 하는데 구개음화로 '개갸채닌'이 되었다.

99) 생각이 얼른 잘 떠오르지 않거나 기억을 더듬을 때 쓰는 말. '저', '저기' 등과 같다.

100) '팥쥐'의 방언형. 이 구술발화의 주인공 '퐅조시'는 고전소설의 '콩쥐'에 해당한다. 이 제보자는 '팥'을 '퐅'이라 하므로 '퐅-조시'로 적었다. '조시'는 조선 시대에 양민의 아내나 과부에 붙이던 '召史'와 관련된다. 따라서 콩쥐와 팥쥐의 '쥐'는 본디 '조시'에서 비롯된 것일 가능성이 높다. '콩조시, 팥조시'는 ≪한국구비문학대계≫ 5-1(전북 남원, 1980), 7-6(경북 영덕, 1981)에 나온다(곽충구: 2012).

101) 제보자는 본처의 소생이 아닌, 첩의 소생을 '콩조시'라 하였다. 표준어로 옮길 때에는 '콩쥐'라 한다.

102) '자라-'에 접사 '-이우-'가 결합된 파생어.

103) '덛'은 '얼마 안 되는 짧은 시간'의 뜻을 지닌 명사. 따라서 '덛없이'는 '아주 빨리', '순식간에' 정도의 뜻을 갖는다. '덛이 없다'의 꼴로 쓰이기도 한다.

104) '곱아하-'는 '예뻐하-'의 방언. 이 방언에서는 형용사 '예쁘-'는 쓰이지 않고 '곱-'이 쓰인다.

105) '-는둥'은 '-는지'의 방언.

106) '배지퀴내'는 삼실을 낳아서 베천을 짜는 일을 말한다. 평북 지방에서는 '질쿼'라 한다.

107) 그 아+-네>그 아이네.

108) '헝겇'은 '헝겊'이 아니고 '천'(=실로 짠, 옷이나 이부자리 따위의 감이 되는 물건)을 뜻하는 말이다.

109) '개애꾸-'는 '가지-'의 방언.

110) 조마니+-에. '조마니'는 '주머니[袋]'의 방언.

111) '숭구-'는 '심-'의 방언. 이 밖에 제보자는 '싱구-', '시무-'와 같은 변이형을 쓰기도 한다.

112) ‘닦-’은 ‘덖-’, ‘볶-’의 방언.

113) ‘끄슬-[引]’은 ‘끌-’의 방언. 여기서는 ‘쟁기나 가대기 따위를 끌고’의 뜻으로 쓴 듯하다.

114) ‘엄마’의 방언. 호칭어이다.

115) ‘알-[知]’의 피동사. 알아지다.

116) 일이 돌아가는 형편을 짐작할 수 있는 눈치나 낌새.

117) ‘엮’은 ‘삼씨’의 방언. 이전에는 기름을 짜서 식용하였다.

118) 새, 닭, 개 따위의 짐승을 돌 따위를 던져서 쫓다.

119) ‘쫏-[啄]+-으라>쫏으라>쫏우라’. 돌 따위를 던져 쪼듯이 새를 쫓는 것을 말한 것으로 보인다. 제보자는 이와 같은 뜻으로 ‘딕이-’라는 동사를 쓰고 있다.

120) ‘아채기’는 ‘가지’의 방언. 유의어로 ‘아지’, ‘가지’ 등이 있다.

121) ‘꽃삼’은 삼[麻]의 수포기를 달리 이르는 말.

122) ‘시쥬하-’는 ‘옆에서 거들다’의 뜻.

123) 말끔히 다듬거나 정리하다. 또는, 깨끗이 치우고 닦다.

124) 삼[麻]의 끝 부분을 두드려 가는 칼로 긁어 낸 삼 껍질 오리. 삼을 솥에 넣고 찐 다음에 물에 불려 오리를 낸다.

125) ‘닐구-’는 ‘닐-[起]의 사동사.

126) ‘역세-질’은 ‘육체적인 힘을 들여서 하는 일’을 말한다.

127) 까리+-에>까레. ‘까리’는 ‘어떤 시기나 때’의 뜻을 가진 명사.

128) ‘강도’는 ‘강동’. 과거 함북 사람들이 두만강 건너편의 연해주를 이르던 말. 지금도 중국이나 중앙아시아 한인들은 러시아 극동 연해주 지역을 ‘강동’이라 부른다.

129) ‘기둘구-’는 ‘기다리-’의 방언.

130) ‘오분’은 관형사 ‘온[全]’의 방언. 표준어 ‘온’은 ‘*오본>오온>온’의 변화.

131) ‘슬큰’은 ‘실컷’의 방언.

132) ‘네레오+-은 양’. ‘양’은 의존 명사로 ‘어떤 모양이나 모습’을 나타낸다. 어말 위치의 ‘ㅇ’은 약화하거나 탈락된다.

133) ‘간나’는 여자아이를 낮추어 이르는 말. 따라서 ‘쌍간나’는 ‘간나’를 한층 더 낮추어 이르는 욕설이 된다.

134) ‘들어치-’는 ‘들이치-’(손이나 발로 마구 치다)의 방언.

135) ‘도삽’은 ‘허무맹랑하거나 또는 황당한 말, 거짓말’을 뜻한다. ‘거짓말’과는 약간의 의미차가 있다.

136) '째-'는 '물건을 찢거나 베어 가르다'의 뜻의 뜻을 지닌 동사.

137) '내바다보-'는 '내다보-'의 방언. 동북방언에는 '-바다-'가 결합된 동사가 많다. 예: 딜이바다보다(들여다보다), 건네바다보다(건너다보다), 티바다보다(쳐다보다), 내레바다보다(내려다보다), 가르바다보다(옆으로 흘겨보다).

138) '곻-'은 '고-'의 방언.

139) 여자아이를 좀 낮추어 이르는 말. 존중해 주는 말로는 '새애기', '새아가'가 있다.

140) '사랑'의 본디 육진방언은 '샤랑'. '광' 또는 '곳간'의 뜻을 지닌 명사이다.

141) '아재'는 본디, 아버지보다 나이 어린 고모, 어머니보다 나이 어린 이모, 또는 '숙모'에 대한 지칭 또는 호칭어이다. 그 밖에 친족이 아닌, 나이가 젊은 여자를 이를 때 쓰이기도 하는데 위 본문에서는 후자의 의미로 쓰였다.

142) 털빛이 누런 개. 북한의 문화어로 올라 있다.

143) '깨까자-'는 '깨끗하-'의 방언. 어미 '-아서'가 결합하면 '깨까재애서'가 된다. 이 동사는 인사말로 쓰이기도 한다. 예: 아매! 이쌔 깨까잠둥?(할머니! 요즈음 안녕하십니까?)

144) '채석'은 '집채 주위를 마당보다 좀 높게 돌을 쌓아 둘러친 곳'을 이르는 말.

145) 불>볼. 'ㆍ>ㅗ' 원순모음화의 예.

146) 날짐승의 '날갯죽지'를 말한다. 새가 날기 위해 날갯죽지를 퍼덕이는 것처럼, 좋아서 그런 모양으로 행동하다.

147) 해가 지기 전의 이른 저녁. 보리밥은 보통 두 번 삶아서 짓기 때문에 보리쌀을 일찍 안쳐야 하는 데서 온 말.

148) 시셜-질>시설질. '시설질'은 '쓸고 닦아서 집안이나 주위를 깨끗이 하는 일'을 말한다.

149) 짐승이 앞발을 모아서 내달리는 뜀질.

150) ①반주(伴奏). ②한 문장 안에서, 부수적인 성분을 이루는 요소. 또는 말 가운데 빠져도 의미의 전달에 지장을 주지 않는 불필요한 군더더기의 말.

151) '-가'는 공동격조사. 명사 말음에 관계없이 '-가'가 결합된다. '-과>-가'.

152) '네리바다-'의 '-바다-'가 '-와다-'로 변화하였다. '-바다-'는 중세국어 '-받-+-아'에 소급한다.

02 중국 길림성 훈춘시의 생활 문화

2.1. 아이들 낳고 기르던 일

고딕체 조사자(소신애, 박진혁)
－　제보자(김경자)

－ 알갠둥 모루디. (웃음)

소: 답이 없습구마.

(조사 시작)

소: 아매, 그 스집오셔가지구::, 그 아: 생길 때 있쟤임두? 첫 아: 생길 때? 그때 니얘기 좀 해 주웁소 어땠는지.

박: 아셔리르, 아:셔리르 해서 무스거 하는두.

－ 거 무스거? (웃음) 그때느 야¹⁾ 어: 우리 시집올 때만 해두 녯날이란 말이오. 걔다난 무스 신랑[실랑]두²⁾ 보디 못하구 고저. 고래구서 거저 부모덜이 거저 좋다 하니 그전에 그래: 그래 시집왔단 말이오.

소: 예:

－ 걔다나 무스 어 나느 어마니 이쯕에 돌아가구 하다나니 이런 거:: 직금에느 냐: 어마니 잇으무 야 이런 샹식 다 아는데 몰:랏단³⁾ 말이오 고저 냐:[nyā:]. 걔: 어저 첫아:[처다:]⁴⁾ 생길 때두 무스 거저 어 무서어(<무스거), 애기 셜⁵⁾ 때느 모도 직금 무슨 입씨름하느라구 야단하는데 몰:랏단 말이오 고저. 우:르서(<우+으르서) 처, 첫아[처다] 생길 때애 서이나 류산햇단 말이오.

박: 아이고!

－ 옹:. 서이나 뉴산하구서는 또 어 전에 기래구서는 모두 다 말하는 게 이래디. 첫난이부터 뉴산하네네느⁶⁾ 애기 기릭기 바뿌다:메서르⁷⁾ 이래 더니. 걔두 일없습데⁸⁾ 무.

소: 아 생겠을 때 음식을 보고 막 음음(입덧 흉내) 이러거나 그런 거 없었습두?

2.1. 아이들 낳고 기르던 일

- 알겠는지 모르지. (웃음)

소: 답이 없습니다.

(조사 시작)

소: 할머니, 그 시집오셔가지고, 그 애 생길 때 있잖습니까? 첫 애 생길 때? 그때 이야기 좀 해 주십시오 어땠는지.

박: 임신을, 임신을 해서 뭐 하는지.

- 그 뭐? (웃음) 그때는 응 어 우리 시집올 때만 해도 옛날이란 말이오. 그렇다 보니 뭐 신랑도 보지 못하고 그저. 그러고서 그저 부모들이 좋다 하니 그전에 그래 그래서 시집왔단 말이오.

소: 예.

- 그러다 보니 뭐 나는 어머니가 일찍 돌아가시고 하다 보니 지금에는 이런 거 지금은 응 어머니가 있으면 이런 상식을 다 아는데 몰랐단 말이오 그저 응. 그래 그저 첫아이가 생길 때에도 뭐 그저 어 뭐 임신했을 때는 뭐 모두 지금은 무슨 입덧하느라고 야단인데 (나는) 몰랐단 말이오, 그저. 위로 첫, 첫애 생길 때 셋이나 유산했단 말이오.

박: 아이고!

- 음, 셋이나 유산하고서는, 전에 또 그리하고서는 모두 다 말하는 게 이러지. 첫아이부터 유산하면은 아기를 기르기가 어렵다면서 이러더니. 그래도 괜찮데 뭐.

소: 임신했을 때 음식을 보고 막 입덧하거나 그런 거 없었습니까?

- 난 그런 게 없엇소. 무슨 농촌에서 무스그 먹갯소. 어 과재 한나 먹엇는가 ̄, 사탕 한 고티9) 먹엇는가, 정말 산탕가르 먹엇는가, 거저. 그때느냐 ̄ 피낟밥에다서10) 거저 쟈 ̄인 그저 배채쟝은 배챗국에 그래 먹엇디 무스. 기래두 무스 고기랑 먹구 싶운가 무슨, 먹구 싶운 거 몰: ̄랏단 말이오냐 ̄, 웅. 기앤, 기래서 아:르 져녀니 셜어서 무스 생게서 낳:두[나:두] 무스 아:들이 머 건가 ̄하대:닌가:: 일없디 무슨.

소: 그때 머 혹시 기억에 남는 일이 없슴두, 아매?

- 무슨 기억에 남갯소[남깨쏘]?

박: 아셔리 하문 무스거: 무스거: 어떤 일이 생기고 이런 거 잇대님둥?

- 난 그런 게 한나또 없소.

소: 넷날에 그 아 생겠을 때는 그 무스거 먹으문 아이 덴다거나 머 무슨 일을 하문 안 덴다거나 그런 거 잇엇슴두?

- 으음, 구런 거 우린 모루구 난 고저 영: 아: 거저 정말 영 해산할 때꺼지두 일으 햇:단 말이오. 개: 걔두 일없엇지, 무슨. 돟운 거 먹는가:: 무슨 먹구 싶운가:, 머 바뿐가 이런 게 없단 말이오 웅.

소: 오:: 그:믄 아는 어띠 나셨슴둥?

- 아느 그때는 이래서 어 이 촌이 이래서: 부녀들이 한내 이래 부녀헬르서 산파라메서 잇엇어. 기애 그 산파 나들, 그때느 내 첫난이 날 적이는 산파 없구[어꾸] 야 ̄, 우리 큰지11) 노아매12) 이전에 이릏기 아:르 해산시켯단 말이오 개: 재빌르서13). 개 집에서 재빌루 낫딤14). 넷날에는 이래서 아: 해산할 적에 무스거 어 전에, 그때느 내 첫난이 나알 적에 어땟던가? 어:, 집안에서 그저 구두, 구두판(<구둘판)에서 어 구때는 이랫소 야 ̄. 딮이랑 페구서, 해산할 떽에는 [t'egénin] 어 무스 지금 썰료랑15) 이래서 산파들 뮈시기 피는 게 다 잇댢:구 어떠. 거저 구두판에다 딮우 페구 나구. 기애구 혹시난 또 이래서 구: 어즈럽다구 부수깨애서16) 해산한단 말이오 이 부엌에서, 웅. 붴:에서 해산하는 게 이르께, 에: ……. 걔두 난 부엌에서 한번두 해산해 본 일이 없소 기애 거저.

－ 난 그런 게 없었소. 무슨 농촌에서 무엇을 먹겠소. 과자 하나를 먹었는가, 사탕 한 알을 먹었는가, 정말 설탕가루를 먹었는가, 그저. 그저 그때는 응 피밥에다 그저 장(醬), 그저 배춧국에 그렇게 먹었지. 뭐 고기랑 먹고 싶은가 뭐 먹고 싶은 거 몰랐단 말이오, 응. 그래, 그래서 아이를 일껏 임신해서 뭐 생겨서 낳아도 뭐 아이들이 뭐 건강하지 않은가, 괜찮지, 뭐.

소: 그때 뭐 혹시 기억에 남는 일이 없습니까, 할머니?

－ 무슨 기억에 남겠소?

박: 임신을 하면 뭐 뭐 어떤 일이 생기고 이런 거 있잖습니까?

－ 난 그런 게 하나도 없소.

소: 옛날에 그 임신했을 때는 그 뭐 먹으면 안 된다거나 뭐 무슨 일을 하면 안 된다거나 그런 거 있었습니까?

－ 으음, 그런 거 우리는 모르고 난 그저 영 애 그저 해산할 때까지도 일을 했단 말이오. 그래, 그래도 괜찮았지 무슨. 좋은 거 먹는가 무슨 먹고 싶은가 뭐 힘든가 이런 게 없단 말이오 어.

소: 그러면 애는 어떻게 낳으셨습니까?

－ 아이는, 그때는 이래서 어 이 촌(村)에 부녀들 가운데 하나가 이래 부녀회(婦女會) 소속으로서 산파라 하면서 있었어. 그래 그 산파가 나들(었는데), 내가 첫아이 낳을 적에는 산파가 없고 응, 우리 큰집의 시할머니가 이전에 이렇게 애를 해산시켰단 말이오. 그래 스스로. 그래 집에서 스스로 낳았지. 옛날에는 이래서 애를 해산할 적에 뭐 어 전에, 그때는 내가 첫아이를 낳을 적에 어쨌던가? 어, 집안에서 그저 구들, 구들 장판에서 어 그때는 이랬소, 응. 짚이랑 펴고서, 해산할 적에는 지금 무슨 비닐이랑 이렇게 해서 산파들이 무엇인가 펴는 게 다 있지 않고 어떻소. 그저 구들 장판에다 짚을 펴고 낳고, 그리고 혹시나 또 이래서 그 지저분하다고 부엌에서 해산한단 말이오, 이 부엌에서. 부엌에서 해산하는 게 이렇게, 에 ……. 그래도 난 부엌에서 한 번도 해산해 본 일이 없소. 그래 그저.

박: 아매! 그 자식으 몇으 두셨슴둥?

– 다슷으

박: 아이구! 많이 나:셨습꾸마.

– 으응. 우울루 서이 뉴산한 건 내: 놓구서 저 그거 자란 게 다슷이란 말이오.

박: 아! 그렇슴두? 아이구!

– 냐. 개두 아:들이 구리 쿠기 않거나 이러두내(<이러둔 아니+어), 이래:메서 어레서는 이래대니꾸 자랏는데 야~. 나 이렇:기 생각햇던[생가개딴] 말이오. 어레서 이릏기 자란 게 야~ 커서느 냐~ 아니 죽는가:: 이릏기 생각한 기 딸이 쉰:서어 먹구서 딸으 울루, 왠:: 울루 딸이란 말이오. 기양게 딸이 져:: 상세나서 사마~이댓소. 어전 칠년이[칠려니] 대오.

소: 아매, 넷날에는 아:를 막 낳구 나서 바로 일을 나갔슴두?

– 밖우 **나이가서, 어떤 집이느 어떤 집우느::, 시어마니 잘한 집우느: 이래 바름의[paɾimi] 오래: 가래애 주구 야 바람[paɾam] 가린다메서 야 한 덜씩 이랑[7] 요 한 이십일씨 하구 기랜데 야. 으, 어떤 집에서느:: 어, 한 일쥬일[일쮸일]으 하문 거저 어전 밥이 잠못하겟쇠[8] 하멘서 기래 밥이랑 햇:단 말이오

소: 예:, 그무 아 낳고 나서 특별히 머 먹는 그런 음식 있슴두? 돟은 거? 아 낳고 먹는 거.

– 없:쇠! 그저 메엑장물[19] 해: 먹으문 델: 잘 좋온 게디 머. 어, 져냐: 야: 곰만 해산하구서 메엑장물에: 거저 찰밥우[20], 조이찰밥우, 그때 조이 찹쌀으 겟는데 조이찰밥우 해먹엇단 말이오. 그래 해주녜넨 그게 델: 좋온 게딤. 그래 샘일꺼지 그래 해:먹엇단 말이오.

소: 그믄 그 아:들 쪼꼼씩 클 때 머 쟌치도 하고 그러쟤임두~?

– 무슨, 무슨 잔치르 하개?

소: 백일이 뎃거나:: 머 일년 생진이 뎃거나.

– 냐~, 일년[일련] 생진으느 하오.

박: 할머니! 그 자식을 몇을 두셨습니까?

－ 다섯을.

박: 아이구! 많이 낳으셨습니다.

－ 응. 위로 셋을 유산한 것을 빼 놓고서 저 그거 자란 아이가 다섯이 란 말이오.

박: 아! 그렇습니까. 아이고!

－ 응. 그래도 아이들이 그리 크게 앓거나 이러지는 않아, 이러면서 어려서는 이러지 않고 자랐는데 응. 내가 이렇게 생각했단 말이오. 어려서 이렇게 자란 게 응 커서는 응 아니 죽는가 이렇게 생각한 게 딸이 쉰셋을 먹고서, 딸을 위로, 맨 위로 딸이란 말이오. 그런 게 딸이 죽어서 사망했소. 이제 칠 년이 되오.

소: 할머니, 옛날에는 애를 막 낳고 나서 바로 일을 나갔습니까?

－ 밖을 나가서, 어떤 집은, 시어머니 잘한 집은 이렇게 바람을 오래 가려 주고 응 바람 가린다면서 응 한 달씩이랑 한 이십 일씩 하고 그랬는데 응. 어, 어떤 집에서는 어, 한 일주일을 하면 그저 이젠 밥(이야) 잘 못 하겠소 하면서 그래 밥이랑 했단 말이오.

소: 예, 그러면 애 낳고 나서 특별히 뭐 먹는 그런 음식 있습니까? 좋은 거? 애 낳고 먹는 거.

－ 없소! 그저 미역국을 해 먹으면 제일 좋은 것이지. 어, 전에 아이를 금방 해산하고서 미역국에 그저 찰밥을, 차좁쌀로 지은 밥을, 그때는 차 좁쌀 농사를 지었는데 그래서 차좁쌀밥을 해 먹었단 말이오. 그래 해 주 면은 그게 제일 좋은 거지. 그래 삼일(三日)까지 그렇게 해 먹었단 말이오.

소: 그러면 그 애들 조금씩 클 때 뭐 잔치도 하고 그러잖습니까?

－ 무슨, 무슨 잔치를 하게?

소: 백일이 됐거나 뭐 일 년 생일이 됐거나.

－ 응, 일 년 생일은 하오.

소: 어띠 함:두? 일년 생진으?

― 일년[일런] 생진으:: 거저 어 그때 찰떡으[chárt'əgi] 쫌, 찰떡으[chalt'əgi] 쫌 하구 야˘ 잘한 집우는 엿으 한단 말이오. 홍타˘이라머서 엿으 해서 그래 떡어 먹으라르21) 그렇기 하구. 개:두 직금터리22) 이릏기 고기랑 이런 게 잇갯소? 거저 채두 져나 고사리챈가 길굼에 거저 무꾸23), 노배르24) 이래서 말리와서 이런 채라 하고 거저 기야 한 두어 서너가지씨 이래 하고. 두불 앗아서 이래 멕:이 넣구 ** 국우 한단 말이오. 기래 하고 햇디 무스 툭별이 갖춘 게 어디. 직금에사 이거 언매 고길루 해:두 먹대않고 하는데. (일동 웃음).

소: 아매, 그 아:들 어렸::을 때 키우면서 쟈래우면서 머 쟤미난 일이나 머 놀란 일 있었습두?

― 놀란 일이라는 게 야˘. 내 처암으 첫난이 딸이 낫단[낟땀] 말이 야˘. 딸이 나니 우리 시아바니랑 정마 우리 시아바니 내 시집오니꺼더나 마은다슷이구 우리 시어마니 마은너이구 이렇습데. 갠데야˘ 직금에사 이래문사 영: 젊운이 애니고 머요? 갠데 그때는 영:: 거저 노아바니 같디 무스. 지금 남세: 아바니보다25) 더 늙어배우더란디.

박: 아, 그랬습둥?

― 냐˘ 갠게 그저 이래 어: 애기 나니꺼더나 손네, 처암 첫난이 손네 낫다가머서 영: 야단이디 무스. 갠데 야˘ 그저 이게 자라서 자라는데 야˘ 한 덜만이, 한 덜이 댓:는디 구때 애긴데 밤에 자다 야˘ 불쎄르 푸이 오더란데. 아˘ 가물테서 고 홀26) 죽어나지지. 갸˘ 우리 동넷노인이 이래서 아바닌 게 영: 늙운 아바니 잇엇단 말이오. 기랜게 침이랑 낫딤. 갠데 그 아바니인데르27) 밤에 이래서 우리 시아바니 안구[앙꾸] 기래구선 내 한 덜인 게 기래 아˘르 같이[가티] 따라가서 기래 침우 놓오니까던 아아 **복해가 나더란데! 기랴 와, 기랴서 와서 거저 자라머서 몇 번으 거저 그랫소 야듧[야듭] 살꺼지 그랫소 고저 따땃::이 감기텨르 그래서 야˘ 그래 올 님시네녀느28) 야,

소: 어떻게 합니까? 일 년 생일을?

– 일 년 생일은 그저 그때 찰떡을 좀 찰떡을 좀 하고 응 잘하는 집은 엿을 한단 말이오. 흥탕이라고 하면서 엿을 해서 그렇게 찍어 먹도록 그렇게 하고. 그래도 지금처럼 고기랑 이런 게 있겠소? 그저 반찬도 전에 고사리반찬인가 콩나물에 그저 무, 무를 이렇게 해서 말려서 이런 반찬이라 하고 그저 그래 한 두어 서너 가지씩 이렇게 하고. 두부를 만들어서 이 미역을 넣고 저기 국을 한단 말이오. 그렇게 하고 했지 뭐, 특별히 갖춘 게 어디. 지금에야 이거 고기로 해도 먹지 않고 하는데. (일동 웃음).

소: 할머니, 그 애들 어렸을 때 키우면서, 키우면서 뭐 재미난 일이나 뭐 놀란 일 있었습니까?

– 놀란 일이라는 게 응. 내 처음으로 첫애 딸을 낳았단 말이오, 응. 딸을 낳으니 우리 시아버지랑 정말, 우리 시아버지는 내가 시집오니까는 마흔 다섯이고 우리 시어머니는 마흔 넷이고 이렇데. 그런데 응 지금에야 이러면야 영 젊은이 아니고 뭐요? 그런데 그때는 영 그저 노할아버지 같지 무슨. 지금 박남성 할아버지보다 더 늙어 보이더라니까.

박: 아, 그랬습니까?

– 응 그러니까 그저 이렇게 애기 낳으니까는 손녀, 첫애를 손녀를 낳았다고 하면서 영 야단이지 무슨. 그런데 응 그저 이게 자라서, 자라는데 응 한 달만에, 한 달이 됐는데 그때 아기인데 밤에 자다 응 갑자기 풍이 오더라니까. 애가 까무러쳐서 고게 홀연 거의 다 죽어 가게 되지. 그래 우리 동네 노인이 이래서 할아버지인 사람이 영 늙은 할아버지가 있었단 말이오. 그런 사람이 침이랑 놨지. 그런데 그 할아버지한테로, 밤에 이래서 우리 시아버지가 앉고 그러고서는 내 (출산한 지) 한 달이 되는 사람이 그래 애를 같이 따라가서 그래 침을 놓으니까는 애가 복생(復生)해 나더라니까! 그래서 와, 그래서 와서 그저 자라면서 몇 번을 그저 그랬소. 여덟 살까지 그랬소. 그저 따뜻이 감기처럼 그래서 응 그래 올 무렵이면 응,

어 져냐 앓더란데. 감긴가:: 하네네느 불쎄르 이래: 잇다두 고저 아: 홀: 이래서 가무티짐. 져 정신으 잃는단 말이오. 기애무 그냥 이래서 그때느 이사나 잇소? 어디? 이사두 없어서 요, 요 부락에 요 첫집이디. 전에 그지 아바니 이래서 전에 넷날에 도인이라가메서 그래 잇엇소. 기양게 그집이 가서 침 맞구 소이라가메서 이래 소~오 받는다메 이래 앉혀 놓구서 아르내 에민 게 이래 안구[앙구]서 안구[앙구] 이시녜느 그 아바니 무시기라구 이래 말하우 야~. 걔니 구 말으 그냥 듣디 무스 이래. 걔 듣구서 집우루 오구: 오구 햇단 말이오. 기야 약우, 약우 쓰구 이래니꺼더 야듧 살이니 일없습데.

박: 그뒤로 아이 배왓습둥?

– 음:, 음. 져냐 아! 한번은 이래서 집에서 온 식귀 다:: 밭갈이르 가고 없는데 야~ 내 혼자 아:르 대리구서 야 밭갈이하는 데르 밭으 가는 데르 정심우 해애, 그때는 어, 네에 가져가우, 밭으루. 해애서, 담아서. 걔애서 가지가쟈구서 아르 업구서 지금 가져가쟈구 정심우 해서 준비르 햇는데 아 불씨루[29] 구렇소 야. 그때 세: 살이 댓:갯는가? 기얀게 불쎄르 그래서 혼자서 그래 정심 못 가져가구서 글쎄 아:르 업구서 구 어 아바니 잇는 데르 가쟈가니꺼더나 어:, 겁이 나메 야~, 걸음이 돼대닌단 말이오. 걿쟈가녜[30]느 자꾸 제자귀에[31] 떨어디메 걿디 못하갯습데.

소: 음:

– 구래 몇 번으 놀라 놀라메서 거저 쿤아르 구렇기, 전에 쿤딸으 기래 길고 두번째느 그:: 또 그 남자 낫단 말이오. 우리 큰아들이, 선서나 낫는데, 내 짐(<지금) 죠선에셔 시집오다나니꺼더나 야~ 가아르 남자라구서 집에서 거저 아바니랑: 어 벨게라구서 지금 그래다나니꺼더, 어만네집 구렇게 가구 싶어두 야~, 내 어마니 야듧 살에 상세나구 아부지 혼자 잇엇단 말이오.

박: 네.

어, 저기 앓더라니까. 감긴가 하면은 갑자기 이렇게 있다가도 그저 아이가 홀연 이래서 가무러치지. 정신을 잃는단 말이오. 그러면 그냥 그때는 의사나 있소? 어디? 의사도 없어서 요, 요 마을의 이 첫집이지. 전에 그 집 할아버지 이래서 전에 옛날에 도인이라고 하면서 그래 있었소. 그랬는데 그 집에 가서 침을 맞고 '송(誦)'이라고 하면서 이렇게 '송(誦)'을 받는다'고 하며 이렇게 앉혀 놓고서 애를, 내가 어미니까 이렇게 안고서, 안고 있으면 그 할아버지가 뭐라고 이렇게 말하오, 응. 그러니 그 말을 그냥 듣지 무슨. 그래 듣고서 집으로 오고 오고 했단 말이오. 그래 약을, 약을 쓰고 이러니까 여덟 살 되니 괜찮데.

박: 그 뒤로 의사에게 보이지 않았습니까?

– 음, 음. 저기 아! 한 번은 이래서 집에서 온 식구가 다 밭갈이를 가고 없는데 응 내가 혼자 아이를 데리고서 응 밭갈이 하는 데를, 밭을 가는 데를 점심을 해서, 그때는, 어, 머리에 이어서 가져가오, 밭으로, 해 담아서. 그래서 가져가려고 아이를 없고서 지금 가져가려고 점심을 해서 준비를 했는데 아이가 갑자기 그렇소, 응. 그때 세 살이 됐겠는가? 그랬는데 갑자기 그래서 혼자서 그래 점심을 못 가져가서 글쎄 아이를 업고서 그 어 할아버지가 있는 데를 가려니까 어, 겁이 나면서 응, 걸음이 되지 않는단 말이오. 걸으려고 하니 자꾸 제자리에 떨어지면서 걷지 못하겠데.

소: 음.

– 그래 몇 번을 놀라면서 그저 큰 아이를 그렇게, 전에 큰 딸을 그렇게 기르고, 두 번째는 그 또 그 남자를 낳았단 말이오. 우리 큰아들, 사내 아이를 낳았는데. 내가 지금 북한에서 시집오다 보니까 응, 그 아이를 남자라고서 집에서 그저 할아버지랑 어 별난 놈이라고 지금 그러다 보니까, 그저 어머니네 집을 그렇게 가고 싶어도 응, 내 어머니 여덟 살에 돌아가시고 아버지가 혼자 있었단 말이오.

박: 네.

- 기래 보기 싫어 가기 싫어두 가알: 볼래서 보내대네 못 갓디 무스. 걔 가이 야듧 살인디, 어 내 처암 증며: 내:가지구 지금 이 통행즈~이 떼: 가지구 기래 갓는데 우리 시아바니, 져 직금 권하[궈나], 그 구새페(<구새 페<구새평이)32) 그 교둘루셔 건네가는데 술기에다 실어다 줫디. 기래구 어느날 오라구서 이래서 구 오느날이무 또 마주~우 가쟈구서 그룿기 약속 아구 갓디 무스.

박: 네.

- 기애 갓는데 가서 거저 아:' 그저 영:: 요 내: 이래서 가녜니 요 집 우 빵:: 보메서 요래서 죠선에 가서 요래무 요바름에 잇다구 요: 딱 학서~ 이라고 고기:: 내 어만네집. 기앤데 아: 기차게 잘 노던 게 야~ 올 님시 [올림시]에 야 우리 큰아매네33) 그때 가을인게 이 져나 배채 그저 지내:: 토~이 이래 옹켓디. 걔 나 새 쌤이 소온이라구34) 야~ 고 쌤이 먹으라가메 배채 캐서. 그래 내 쌤이 먹으메 아: 먹쟈구서 기랜더나35) 내 싸 멕엣딤. 갱게 구게 얹히와서 야~ 또 앓아서 아 거저 영: 모딜 모딜이 앓앗딤. 기 래 앓아서 굴우누 용행 떼 갓는데 증며:~ 떼 갓는데는 어: 죠꼼 잇갯는데 는 아: 앓구 하니까 가서 이사르 배우구36) 그래두 낫대니꾸 오구. 개 자 꾸 이사르 배우니꺼더나 좀 낫아서 고게 내리는두:: 죠꼼 놀아두 거저 아 영: 좋아 아니하구 그랩데. 기래구 집우루 오는 날짜 대니꺼더나 집우루 왓디 무스. 기야구 오눈데 또 더쩍에서 우리 삼춘이 또 이래 교두꺼지 아 느 그 달구지 술기에다서 실어다서 날 주구. 개 우리 시아반 마주~ 갓습 데 야~. 가니꺼더 아: 야듧 살인 게 말하다나니, "아바니!, 아매!" 반갑아 하갯는 게 아 거저 영:: 기분이 없이 나론::해하구 하니 우리 시아바니 영: 노해하더란데.

박: 으응.

－ 그래 보고 싶어 가고 싶어도 그 아이를 보아야 하기 때문에 보내지 않아 못 갔지, 뭐. 그래서 그 아이가 여덟 살인데, 어 내가 처음 증명서를 내어 가지고 통행증을 떼어 가지고 그래 갔는데 우리 시아버지가, 저 지금 권하, 구사평 그 교두(橋頭)로[37] 건너가는데 수레에다 실어다 줬지. 그러고 어느날 오라고서 이래서 그 어느날이면 또 마중을 가려고 그렇게 약속하고 갔지 뭐.

　박: 네.

　－ 그래 갔는데 가서 그저 아이가 그저 아주,[38] 요 내 이래서 가면 집을 뻥 보면서 요래서 북한에 가서 요러면 요 부근에 있다고. 요 딱 학성이라고 고기에 내 어머니네 집이 있지. 그런데 아이가 무척 잘 놀던 아이가 응 돌아올 무렵에 응 우리 할머니네 그때 가을인데 이 저기… 배추가 그저 너무 통이 이래 실하게 앉았지. 그래 나는 싸 쌈이 소원이라고 응, 고 쌈을 먹으라고 하면서 배추를 캐서. 그래서 내가 쌈을 먹으니 아이가 먹으려고 그래서 내가 싸서 먹였지. 그런데 그게 얹혀서 응 또 앓아서 아 그저 아주 심하게 앓았지. 그래 앓아서—문서는 요행히 떼어 갔는데—증명서를 떼어 갔으므로, 어 쪼끔 북한에 머물 수 있겠어서 아이가 앓고 하니까 가서 의사한테 진찰을 받고 그래도 낫지 않고 해서 오고. 그래 자꾸 의사한테 보이니까는 좀 나아서 고게 (열이) 내리는지, 조금 놀아도 그저 아이가 아주 좋아하지 않고 그러데. 그리고 집으로 오는 날짜가 되니까는 집으로 왔지 뭐. 그리고 오는데 또 저쪽에서 우리 삼촌이 또 이렇게 교두까지 아이는 그 달구지 수레에다 실어다 나에게 주고. 그래 우리 시아버지가 마중을 나왔데 응. 나오니까는 아이가 여덟 살이나 된 것이어서 말을 할 줄 아니까, "할아버지!, 할머니!" 하고 반가워할 텐데 아이가 그저 아주 기운이 없이 나른해 하고 하니 우리 시아버지가 아주 노여워하더라니까.

　박: 응.

- 걔 내 거저 영: 거저 그때 겁이 나디 무슨. 야, 야아 이게 죽어두 이
따 다시 낫다서 앓아서 죽어시문 일없갠데 이번에 야~ 죽으문 야~ 내 어
떻게 하라:: 하구서 이게 근심이 영: 대단하디 무슨. 걔 근심으 하다서 와
서 기래 이살 배우구 기래니꺼더나 아: 낫아서 일없더란데. 갸구 내 다시
못 갓소. 다시 못 가구서 가: 영: 쿠녜넨 또 가아르 져:내 기래구 다른 아
또 두째 나:서 또 두쨀 또 어린 거, 구때는 또 둘째 기를 땐 내 야라 번
갓소. 아우::! **이게나 우상을 줘 너무:: 울어서 업구서 고저 야 거기 거
죠선에 아무때두 야~ 양식이 귀하다나니 여기서 조이찹쌀이 열댓:근한 거
니구 아:르 업구서 야~ 너무:: 울어서 길에서 내려와서 앉아서 졎으 멕에
주고 업어두 또 울구::. 걔 아:르 업구 님우 니구 아르 이래 기계기르 돌
가다서 졎으 멕이메서 이래매 걸어가대넷어? 기래메 내 죠선으 다: 댕겟
어. 에이구::!. 그러끼 아아르 셋꺼지는 그러끼 고상시레 길거두 넷마니는
일없습데.

박: 아:!

- 음. 우리 우리 져 네 번째 남자 셋쨴 게 가:는 어::구! 야듧 살꺼지
졎으 먹엇소.

박: 아이구! 먹기는 기내 오래 먹엇습구마!

- 냐:~, 기애 놀라 가서 아:들까 노다두, "내 집이 가 졎으 먹고 오갯
다." 이래문서 갯:다구 직금에두 놀기우 웅:. 걔:구서두 음 기래구서 아:
어전 그저 아주 다 망단해 아니 나갯는가:: 햇는데 야 더 막내아 쉽년만
에, 내 마은서에 낫소. 갠:게 고저 아: 그때는 기게 말레 모두 다 나르 마
은서에 아: 나니까더네 이래서 어:: 곁집이 이래서 시조캐네랑 놀기와 주
디. 노친에[39) 노친에 아:라메서. 야는 노친에 아라메서 이래구서 놀래 놀
려주디 무스

박: 어이구!

- 걔든게 직금엔 무슨 어 나:니까더나 영: 어때서 마감이 대: 그런두~::

- 그래서 내가 그저 아주 그저 겁이 나지 무슨.야! 이 아이가 죽어도 일단 다시 나았다가 앓아서 죽었으면 괜찮겠는데 이번에 응 죽으면 응 내가 어떻게 하나 이게 근심이 아주 대단하지 무슨. 그래 근심하다 와서 그래 의사한테 보이고 그러니까는 아이가 나아서 괜찮더라니까. 그러고 내가 다시 못 갔소. 다시 못 가고서 그 아이가 영 크면 그 아이를 그러고 다른 아이 또 둘째 낳아서 또 둘째 또 어린 것, 그때는 또 둘째 기를 때는 내가 여러 번 갔소. 아우, *** 너무 울어서 업고서 그저 응 거기 그 북한이 아무 때나 응 양식이 귀하다 보니 여기서 차좁쌀 열댓 근 하는 것을 이고 아이를 업고서 응 가는데 아이가 너무 울어서 길에서 내려와서 앉아서 젖을 먹여 주고 업어도 또 울고. 그래 아이를 업고 임을 이고 아이를 이렇게 포대기를 돌려서 이러며 걸어가지 않았어? 그러면서 내가 북한을 다 다녔어. 어이구! 그렇게 아이를 셋까지는 그렇게 고생스럽게 길러도 넷째만큼은 괜찮데.

박: 아!

- 음. 우리, 우리 저 네 번째 남자 (아이), (아들로는) 셋째인 게, 그 애는 그저 여덟 살까지 젖을 먹었소.

박: 아이고! 먹기는 너무 오래 먹었습니다!

- 응, 그래 놀러 가서 아이들과 놀다가도, "내가 집에 가서 젖을 먹고 오겠다." 이러면서 그랬다고 지금도 놀리오, 응. 그리고서도 음 그리고서 아이를 이젠 그저 망단해 안 낳겠는가 했는데 응 저 막내아이가 십년 만에, 내가 마흔 셋에 낳았소. 그런데 그저 아이를, 그때는 아무튼 모두 다 마흔셋에 아이를 낳으니까 이웃집이며 시집 조카네가 나를 놀려 주지. 노친의, 노친의 아이라면서. 이 아이는 노친의 아이라면서 이러면서 놀려주지, 뭐.

박: 어이구!

- 그러던 게 지금은 무슨 낳으니까, 아주, 어째 마지막이 돼서 그런지

영양가[영양까] 없어 그런두: 아 거저 쿠긴 커두 거저 지내: 여베:서 모도
못살리라구 기앳단 말이오. 개든게 내 젖이 좋단 말이오. 젖이 좋아노니
꺼더나 아아 개:두 헗이[허리] 자라더란데. 걔 커서느 아무: 병집이 없이
지금 나돌아댕기우. (웃음) 핵교 댕길 때두:: 일없이 거저.

박: 아매! 그 넘우 닌다는 게 머리에 잏게 하는 걸 (머리에 이는 시늉) 넘
우 닌다 함둥?

– 어, 보따리르 이래 싸서 니구 댕기다. 전에사 이래 니구서 무스거
거저 아무리 쿤 게라두 거저 이래 니디 무스.

박: 그문 넘우 닌다 함둥?

– 냐, 넘우 닌다.

박: '님'이라는 게 무스 곡셕이두 일없고?

– 응, 곡셕이두 일없구 거저. 보따리 그거 거저 무순 짐이던지 짐 쿤
거 지무 배나에다 지구 댕기댢구 어떠우. 기랜게 전에사 거저 많:이 가지
무:: 이래 애기터르 업구[어꾸] 니구 이릏기 한 사름이 가지구 댕겟단 말
이오. 이 물두 이게 우리 요 아래 고 움물이 잇소. 바가질루 푸는 물이 잇
엇을 때 고. 걔 도애애다 그낭 길엇디. 물도애[물또애]다 그낭 길어. 일하
라 나갓다와서는 노인들이 야 물 긷디 못하다나 해넘어가네네느 고 둘어
와두 어, 그, 어슬막에 아츰 물두 없어, 아츰 일쪽에 하겟는게 기래 **밭
도애:다서 길어딜이구 기랫소. 응.

소: 아매! 그러면은 그 스집 오셔가지고 그 왜 스집살이 이런 거는 아이했슴두?

– 스집살이::, 그, 그런 거사 글쎄나 어 노인들이 거저 잇다나니 아무
래두 스집살이디 무순. 야. 걔 내 직금에두 왜오. 우리 쿤딸이 야 커서
쿤 담에 이래서 중독성 니질이 할르 한해르 걸레서 야 어 생산대[40] 나가
일하구 그때 스무살 만 넘엇디 무스. 기랜데 일하구 개던게 니질이 걸렷
는데 첫감에는 야 거저 니질인가:구서 쥬사두 놓구 고저 이랫는데, 어:,
마감에느 야 어: 거 몰라. 우린 몰:랏단 말이오. 구릏기 점: 무슨 모딜이

영양가가 없어서 그런지 아이가 그저 크긴 커도 그저 너무 여위어서 모두 못 살리라고 그랬단 말이오. 그러던 게 내가 젖이 좋단 말이오. 젖이 좋아 놓으니까는 아이가 그래도 쉽게 자라더라니까. 그래 커서는 아무 병집이 없이 지금 나다니오. (웃음) 학교 다닐 때도 아무 일없이 그저.

박: 할머니! 그 '님을 닌다'는 게 머리에 이렇게 하는 것을 '님을 닌다'고 합니까?

－ 어, 보따리를 이렇게 싸서 이고 다니지. 전에야 이렇게 이고서 뭐 그저 아무리 큰 것이라도 그저 이렇게 이지 뭐.

박: 그러면 님을 닌다고 합니까?

－ 응, 임을 인다.

박: '임'이라는 게 무슨 곡식도 상관없고?

－ 응 곡식도 상관없고, 그저. 보따리 그거 그저 무슨 짐이든지 짐 큰 것 지면 배낭에다 지고 다니지 않고 어떻소. 그런데 전에야 그저 많이 가지면 이렇게 아기처럼 업고 이고 이렇게 한 사람이 가지고 다녔단 말이오. 이 물도 이게 우리 요 아래에 고 우물이 있소. 바가지로 푸는 물이 있었을 때, 고. 그래 동이에다 그냥 길었지. 물동이에다 그냥 길어. 일하러 나갔다 들어와서는 노인들이 응 물을 긷지 못하다 보니 해가 넘어가면 그 들어와도 어, 그, 어스름에 아침에 쓸 물도 없어, 아침을 일찍 해야 하는데, 그래 동이에다 길어 들이고 그랬소. 응.

소: 할머니! 그러면은 그 시집 오셔가지고 그 왜 시집살이 이런 것은 안 했습니까?

－ 시집살이, 그, 그런 것은 노인들이 그저 있다 보니 아무래도 시집살이지 무슨. 응. 그래 내 지금도 되뇌오. 우리 큰딸이 응 커서 큰 다음에 이래서 중독성 이질이 하루, 한 해를 걸려서 응 어 생산대에 나가 일하고 그때 스무 살 막 넘었지 뭐. 그런데 일하고 그러던 사람이 이질에 걸렸는데 첫 국면에서는 응 그저 이질인가 하고 주사도 놓고 그저 이랬는데, 어, 마지막 국면에서는 응 그, 몰라, 우리는 몰랐단 말이오 그렇게 좀 뭐 심하게

않아 안 나구 이래다나니꺼더나 니질이 중하메서 야~ 막 눕우냐르 그저 어 그래 바같츌입두 못하구[모타구] 그러더란데. 기야 공사병원에 이사로 대려다서 땐딜41) 하구 구담에 기랭까 일없습데. 일없엇는데느 야~ 고저: 이래 좀 머리 다 빠지구 야~ 그 벼~이 중하그래 그러디? 머리 그건 쩐엔 넷날에 이래 젤렘벵[젤렘뻉] 하네네느 머리랑 싹 빠진다구 아니햇어? 갠게 고저 머리 싹 빠졔나가구 다른 머리 나구 고저 이렇드란데. 갠거더너 기랴두 야~ 닭이랑 쳬서 거저 농촌에서 머 몸보신한다는 게 거저 닭곰이나42) 해: 멕이구 이렇단 말이오. 기얀데 그 그래 앓다나두 그거 굴쎄나 앓다나 내 밥이 맛이 없는 게무 닭이, 닭으 일없다가메 안 잡아먹갯다메 이래는 거이 야~ 우리 노아매랑 잇어두 시어마니 잇어두 그 야: 닭으 잡아멕이라 이런 말으 아니하다나니꺼더 내 또 그거 긔래니 어렵아서 못 잡아멕엣단 말이오. 걔 내 직금에두 그게 원이란 말이오.

소: 그믄 아매 네전에 본갓집에서 스집와서 이쪽으로 스집온 다음에 쫌 바빴던 일:들 없:었슴두? 머:, 먹는 게 따다든디::, 아니면….

— 아안!, 그런 거느, 거저 먹는 거랑은 일없엇소. 그 일이사 무스그 바쁜 게 잇갯소. 거저 와서 거저 그 노인들 잇다나니 물으 길어 시겪으43) 해애 그저 그 집에서 때르 하는 기 그게 대쉬디44) 무. 기애 우리 시어마니랑 거저 당:45) 녠세느 그리 많대네두 거저 앉으면 머이나 거저 내 빨래랑 썩46) 해:서 그랫소. 고저. 걔 거저 그런 거 집에서 가정일으 하는 게 그게 바뿌디. 기래구 혹시 농사일이란47) 나가서 더 쪼꼼 그런건 그:다지 싸게48) 애니했어.

박: 음:.

— 기구서 그때서 거저 먹는게라는 게 거저 어 밥우 먹다 그저 뒤비르[twibir]49) 앗는게 그게 바뿌단 말이오. 뒤비르 거저 쪼꼼 무스 일이 잇으네느 설이랑 멩겔 띠우구50) 이럴때네느 두비라[tubirá] 앗구 고저 떡하구[t'gʰagu] 고저. 이랴 우리 마을이

앓아 보지 않고 이러다 보니까 이질이 위중해지면서 응 막 누운 채로 그 저 어 그래 바깥출입도 못하고 그러더라니까. 그래 공사병원에 의사한테 데려다가 링거를 맞히고 그 다음에 그러니까 괜찮데. 괜찮았는데 응 그저 이래 좀 머리가 다 빠지고 응 그 병이 중하기에 그러지? 머리 그건 전엔 옛날에 이렇게 전염병에 걸리면 머리랑 싹 빠진다고 안 했소? 그런데 그 저 머리가 싹 빠져 나가고 다른 머리가 나고 그저 이렇더라니까. 그러니 까 그래도 응 닭이랑 쳐서 그저 농촌에서 뭐 몸보신한다는 게 그저 닭곰 이나 해 먹이고 이렇단 말이오. 그런데 그 그렇게 앓아도 그거 글쎄 앓다 보니, 내가 밥이 맛이 없는 경우에 (누구 닭이라도 잡아먹으라고 하면) 닭, 닭을 괜찮다고 하며 안 잡아먹겠다고 이러는 형편인데도 응 우리 시할머 니랑 있어도, 시어머니가 있어도 그 아이한테 닭을 잡아먹여라 이런 말을 안 하다 보니 내가 또 그게 그러하니 내가 어려워서 못 잡아 먹였단 말이 오. 그래 내가 지금도 그게 원(怨)이란 말이오.

소: 그러면 할머니 예전에 친정에서 시집와서 이쪽으로 시집온 다음에 좀 힘들었던 일들 없었습니까? 뭐, 먹는 게 다르다든지, 아니면….

- 아니! 그런 것은, 그저 먹는 것이랑은 괜찮았소. 그 일이야 뭐 힘든 게 있겠소. 그저 와서 그저 그 노인들이 있다 보니 물을 길어 끼니 밥을 하고 그저 그 집에서 끼니를 하는 게 그게 대수지 뭐. 그래 우리 시어머 니랑 그저 늘 연세는 그리 많지 않아도 그저 앉으면 무엇이나 그저 내 빨 래랑 썩 해서 그랬소. 그저. 그래 그래서 집에서 가정 일을 하는 게 그게 힘들지. 그리고 혹시 농사일이란 것은 나가서 저 쪼끔, 그런 것은 그다지 되게 안 했어.

박: 음.

- 그리고 그때야 그저 먹는 것이라는 게 그저 밥을 먹다 두부를 만드는 게 그게 힘들단 말이오. 두부를, 그저 조금 무슨 일이 있으면, 설이랑 명절 이 되고 이럴 때면, 두부랑 만들고 그저 떡하고 그저. 이렇게 우리 마을이

거저 야라 집이다나니 이래 서루 모다댕기메서 설이랑 새앳소. 설이, 설
이녜느 발쎄 십이월 이십오일께쯤:: 하녜네느 이집에서 오놀 새군 데집에
서 내일 새구 이래서 돌아댕기메서 새앳단 말이오. 모다서.

박: 으음:

- 갠게 고저 거 이짓 떡 오놀 먹구서는 정말 기게두 배부르구 하다나
니 시탄 말이오. 기랜데두 또 드비르 그거 **아느(→앗느라구) 코ˇ오 부루
녜느 손을르 앉아서 맷돌으 이른 거 갈앗에[가라서]. 긔래 뒤빌 앗소. 코ˇ
오 무스거 한 통재씨[51] 하다나니 한 삼십군씨 이룽기 뒤비 많이 앗아서
먹는단 말이오. 기야군 또 떡쌀으 씿어서 또 떡한다디[떠간다디] 곰몰으
한다디 거저 이, 이, 이런 역셰짐 고저. 거저 그런 먹는 역셰르 햇단 말이
오. 기애두 고저 무슨 져냐 돈이랑 그런 거 그저 구챠이 살아서, 우리 싀
집이 구챠이 살아서 그랫디 무슨 그런 딸루 어 먹는 거느 긔래두 구챠이
살아두 야ˇ 셰간이랑 무시기: 남 남터르 이룽기 많대넣디 먹는 거는 기애
두 져냐 밥운 그냥 먹엇단 말이오. 남이 그저 죽 먹으문 죽 먹구 그저 이
랫딤.

소: 아매! 그러면은 그, 스아버지, 스아바니랑 스어마니 쯤: 어띠 대했슴둥
아매? 스집왔을 때? 맨: 첫감에는 곱:다 곱:다 이랬슴두, 아매?

- (웃음) 냐ˇ, 그르끼 내가[52] 그르끼 몹시 안 그랫소. 냐ˇ, 거저 모루는
일 알케:주구. 내 어마니 없구 그저 나이 어려 열아옵살에 시집오다나 무
스 시사:ˇ 알갯소! 개다니 일할줄이랑[일아쭈리랑] 몰랏딤 거저. **보갓
(→본갓)집에서 아부지가 같이[가티] 거저 밥이나 해:먹구 고저 그랫디 무
슨: 큰일 할줄은 몰랏단 말이오. 개두 야ˇ 이 식독간에 일은 기애두 맥히
댢구 해앳소. 기애다나니꺼더나 난 그런 **일른겐[53] 그르끼 우리 시아바
니나 시어마니 그르끼 잠못한다거나 이런 구속은 못 받아밧소.

소: 그믄 딴: 집들은 어디 시집살이 시키는 집이 있었슴두?

- 응, 기래, 스집살이 기래 시키는 집우느 잇디 머. 혹시 가 그르끼 메너리

그저 여러 집이다 보니 서로 모여 다니면서 설을 쇠었소. 설이, 설이면 벌써 십이월 이십오일께쯤 되면 이 집에서 오늘 쇠고 저 집에서 내일 쇠고 이렇게 돌아다니면서 쇠었단 말이오 모여서.

박: 음.

– 그런데 그저 이 집 떡을 오늘 먹고서는 정말 그것도 배부르고 하다 보니 싫단 말이오. 그런데도 또 두부를 그거 만드느라고 콩을 물에 담그면 손으로 앉아서 맷돌을 이런 거 갈았어. 그렇게 두부를 만드오. 콩을 뭐 한 물통씩 하다 보니 한 30근씩 이렇게 두부를 많이 만들어서 먹는단 말이오. 그러고는 또 떡쌀을 씻어서 떡한다지 고물을 한다지 그저 이, 이, 이런 일이지 그저. 그저 그런 먹는 일을 했단 말이오. 그래도 그저 무슨 저기 돈이랑 그런 것으로 해서 그저 구차히 살아서, 우리 시집이 구차히 살아서 그랬지 뭐 그런 따로 어 먹는 건 그래도 구차히 살아도 응, 세간(살림살이)이랑이 뭐 남 남처럼 이렇게 많지 않았지, 먹는 것은 그래도 저기 밥은 그냥 먹었단 말이오. 남이 그저 죽을 먹으면 죽을 먹고 그저 이랬지.

소: 할머니, 그러면 그 시아버지, 시아버지랑 시어머니 좀 어떻게 대했습니까 할머니를? 시집왔을 때? 처음에는 예쁘다 예쁘다 이랬습니까, 할머니?

– (웃음) 응, 그렇게 나한테 그렇게 못되게 안 그랬소. 응, 그저 모르는 일은 가르쳐주고. 내가 어머니 없고 나이가 어려 열아홉 살에 시집오다 보니 무슨 세상을 알겠소! 그러다 보니 일할 줄 몰랐지 그저. 친정에서 아버지와 같이 밥이나 해 먹고 그랬지 무슨 큰일 할 줄은 몰랐단 말이오. 그래도 응, 이 주방 일은 그래도 막힘없이 했소. 그러다 보니 난 그런, 일 가지고는 그렇게 우리 시아버지나 시어머니로부터 잘못한다거나 하여 구속을 받지는 않았소.

소: 그러면 다른 집들은 어디 시집살이 시키는 집이 있었습니까?

– 응, 그래, 시집살이 그렇게 시키는 집은 있지. 혹시 그렇게 며느리가

잘못한다거나::[잠모탄다거나::] 이릏기 잔소리하는게 많디 무슨. 기 기래 다나니 요새 게 어띠 남이 맘:에 딱 들랴르54) 어뚷게 하갯소? 잘한다개: 두 그렇디 무슨.

박: 옳소꾸마!

— 냐'.

소: 아매, 그러면은::, 그 요즘 젊은 사람들은 혼새를 치른 다음에 또 스집살이를 별로 안하재임둥? 넷날가 비교했을 때 요즘 젊은 사람들은 어떤디 한 번 아매 내:기를 좀 해: 쥬시겠슴둥?

— 요즘 젊운사름들사 무스 시어마니가 같이[가티] 안 잇는 게 무스, 다 딸르 나서 지마암대룬데 무스. 지금 젊운사름들이 나는 사는 거 보네 네느 거저 나그내 무슨 같이[가티] 하덤만 무슨. 야'. (웃음) 거저 또 앉아서 무슨, "여보! (웃음) 저거 하시오!", "물 떠 주시오!" 이래메 나그내르 많이 부려먹쟈:: 이런 생각이더구만 무슨. (웃음) 여자들 그렇대니우?

박: 옳소꼬마.

— 냐', 지금 기래구 또 남자들 잘해준단 말이오. 음:, 또 그래 원래 서르 그르끼 돕아줘야 대지.

소: 네전에는 안 그랬슴둥?

— 아안 그랫대닝구55)! 으이구::! 우리는 정마 아 식사르 하구두 딱 정마 앉아서 거저 물으 떠서 양칫물으 떠: 그래구. 야::!

박: 바빴겠습구마.

— 야, 전엔 피난쌀이라서 야 어: 쌀이 이래서 물함박에다서 잘모잘모56) 이네네느 밥에 돌이 잇소. 먹으 때애무. 응. 돌 씹히우. 두벌씨 이우. 이 마단에다57) 대구 두두레서 그래 고거 뗴에서 기애다나녜느 돌이 잇어. 우리 녕감이랑 정마 아 이래 시걱 자시다두 밥에 돌이 잇으녜네느 어: 이, 이래 이게 앉아서 이래 자사다두 밥에 돌이 잇으녜네느 이 앐으나르58) 이래 콱 뿜우문 바닥에다 뿜소. (웃음)

잘못한다거나 이렇게 잔소리하는 집이 많지 무슨. 그래 그러다보니 요새 그게 어떻게 남의 마음에 딱 들도록 어떻게 하겠소? 잘한다고 해도 그랬지 무슨.

박: 옳습니다!

- 응.

소: 할머니, 그러면은, 그 요즘 젊은 사람들은 혼사를 치른 다음에 또 시집살이를 별로 안 하잖습니까? 옛날과 비교했을 때 요즘 젊은 사람들은 어떤지 한번 할머니가 이야기를 좀 해 주시겠습니까?

- 요즘 젊은 사람들이야 무슨 시어머니랑 같이 안 있는데 무슨, 다 따로 나가서 제 맘대로인데 무슨. 지금 젊은 사람들이 사는 것을 보면 그저 남편이 뭐 같이 하더구먼 뭐. 응. (웃음) 그저 또 앉아서 무슨, "여보! (웃음) 저거 하시오 물 떠 주시오!" 이러면서 남편을 많이 부려먹자 이런 생각이더구먼, 뭐. (웃음) (요즘) 여자들 그렇잖소?

박: 맞습니다.

- 응, 지금 그리고 또 남자들이 잘해 준단 말이오. 음, 또 그렇게 원래 서로 그렇게 도와줘야 되지.

소: 예전에는 안 그랬습니까?

- 안 그랬지 않고! 으이구!, 우리는 정말 아 식사를 하고도 정말 딱 앉아서 그저 물을 떠서 양칫물을 떠 그러고. 야!

박: 힘드셨겠습니다.

- 응, 전에는 핍쌀이라서 응, 어, 쌀을 이래서 이남박에다가 잘못 일면 밥에 돌이 있소. 먹을 때면. 응. 돌이 씹히오. 두 벌씩 이오. 이 마당에다 대고 두드려서(타작을 해서) 그래 그거 찧어서 그러다 보니 돌이 있으면 우리 영감이랑 정말 이렇게 끼니 밥을 잡수시다가도 밥에 돌이 있으면 어이, 이렇게 여기에 앉아서 이렇게 잡수시다가도 밥에 돌이 있으면 이렇게 앉은 채로 이렇게 콱 뿜으면, 이 바닥에다 뿜소. (웃음)

소: 그:문 어띠 댐두?

- 그럼 워떠기 대갯소 고저? 그래 보구 꽉 뿜어 데디디[59). 기래다나니 그거 고저 멩심하디 무슨. 그건 내 개 돌이 잇으문:: 가만이 기래두 쬬꼼운 나가서 토해 데디나 이래디 받아 데디디 그거 앉으나르 그래 뿜어 데디문 어띠게 대는가. 이래두 그거 후에야 그렇게 하문 져냐: 멩심해서 또 하디 말라는 게 그 뜻이디 거저, 음. 전에: 정마: 어 기게 해방이 나구서: 그때만해두 정마 사람덜이 옝민하구 티우디 못햇딤. 아무리 그랫다개두. 직금 이래 가만::이 생각해보니[생가개보니] 직금 아들이 하는 게 다 옳단 말이오. 거저 여자덜이라고, 거저 어: 정마 여자덜이 하는 일으 한나 남자덜이 도배르 해주나. 혹시 그쎄나 돕아주는 집이 잇기사, 사람들이 [sáramdiɾi] 잇기사, 사람 사람 다 따디[60) 무. 돕아주는 사름들이 [sárimdiɾi] 잇기사 잇다. 그져나 어떤: 많이, 어떤 사름들은 안 돕아준단 말이오.

소: 아매, 넷날에는 밥두 왜 한상에서 먹디 못하대냈슴둥?

- 어우::! 한사~에서 어디 먹소? 시아바니 사아~는 딸루 갖추구 우리는 남펜이랑 내 시집오니꺼더나 아: 져냐 사아 도만::한(<됴만한) 사~아 거저 우리 시집이 조선에서 해방이 나구 오다나니 아무것두 없단 내 어느때 제가[61) 말하대닙데? 개다나 셰간이 아무것두 없으니, 음, 기래 도런 사~ 두 개르 내 시집온다 메니리 삼는다구 집두 없어서 우리 큰지 샤라~이에 잇엇어. 그래서 전에 사~아 갖찻는데 그래 한나 시아바니 사~아 하고 한나 우리 사~아 갖차서 우리 스느비 한내 잇구 시어마니 잇구. 개 우리 시아반네 그저 아들이 한나 딸이 한나 둘:이딤. 오느비. 개다나 식귀사 단춘하딤. 기랴 우리 아바지 시집보낼 직에 이래서 등대 댱손[tyáŋson]이네네느 무스 아무 시름두 없다메서 야~ 어 우리 시아바니 이래서 댱손이[táŋsoni] 애니다나니꺼더나 어 노친덜이랑 없구[어꾸] 게 등대다나니 우리 시아바니네 오형덴데 우리 시아바니 셋째란 말이오. 개 셋째 메니리다나니 무슨

소: 그러면 어떻게 됩니까?

– 그러면 어떻게 되겠소 그저? 그래 보고 꽉 뽑어 버리지. 그러다 보니 그거 그저 주의하지. 그건 내가 그래 돌이 있으면 가만히 그래도 조금은 나가서 토해 버리거나 이러지 뱉어 버리지 그걸 앉은 채로 그렇게 뽑어 버리면 어떻게 되는가. 이래도(=이렇게 뽑어 버리기는 해도) 그거 후에 응 그렇게 하면 저기 주의해서 또 그렇게 하지 말라는 것 그 뜻이지, 그저, 음. 전에는 정말 어 그게 해방이 나고서 그때만 해도 정말 사람들이 영민하고 트이지 못했지. 아무리 그랬다고 해도. 지금 이제 가만히 생각해보니 지금 애들이 하는 게 다 옳단 말이오. 그저 여자들이라고, 그저 어 정말 여자들이 하는 일을 하나 남자들이 도와주기를 하나. 혹시 글쎄 도와주는 집이 있기야, 사람들이 있기야, 사람 사람 다 다르지 뭐. 도와주는 사람이 있기야 있지. 그나저나 어떤 많이, 어떤 사람들은 안 도와준단 말이오.

소: 할머니, 옛날에는 밥도 왜 한상에서 먹지 못하지 않았습니까?

– 어이구! 한상에서 어디 먹소? 시아버지 상은 따로 갖추고(차리고) 우리는 남편이랑 내가 시집오니까는 어 저기 상을 조만한 상을 그저 우리 시집이 북한에서 해방이 나고 오다 보니 아무것도 없었단 말을 내가 어느 때인가 자네에게 말하지 않았소? 그러다 보니 세간(살림살이)이 아무것도 없으니, 음, 그래 조런 상 두 개를 내가 시집온다고 며느리를 삼는다고 (장만하고) 집도 없어서 우리 큰집 광(곳간)에 있었어. 그래서 전에 상을 차렸는데 그래 하나는 우리 시아버지 상을 하고 하나는 우리 상을 차려서 우리 시누이 하나 있고 시어머니 하나 있고. 그래 우리 시어버니네 그저 아들이 하나 딸이 하나, 둘이지. 오누이. 그러다 보니 식구야 단출하지. 그래서 우리 아버지 시집보낼 적에 이래서 중대(中代) 장손(長孫)이니 무슨 아무 시름도 없다 하면서 응 우리 시아버지 이래서 장손이 아니니까는 노부모들이랑 없고, 그리고 중대(中代)이다 보니 우리 시아버지네 오형제인데 우리 시아버지가 셋째란 말이오. 그래 셋째 며느리다 보니 무슨

시름이 없다 하메서 이래메서 식귀두 간편하구 이 좋다하메서 이래 쉬집
왓는데 아! 와 보니까다나 정마 아무것두 없디 무. 어이구! 그래두 야~ 어
우리느 어 전에 정마 아부지, 이 부모님이 이게 명려이, 정마 녀~이 내려
와서 이르끼 에 쪄냐 시집오다나니꺼더나 야~ 아부지 정마 녀어 꺾디 마
쟈구서 무슨 아무리 못써두 거저 그 시집이 니어 나갓디. 직금, 직금 아덜
이래무 붙어 잇어? 에이그::! (웃음)

　박: 옳소꾸마

　－ 응. 그런디 긔랴두 거저 쉬집살이 해애 나갓딤. 해: **나가라메서 그
저 그때느 우리 우리 나그내느:: 그저 오느비구 기랴구 우리 쪄냐 시아반
네 오형데 한 오형데 자손네 어, 두 분으느 산에 가 상세나고, 기야구 쪄
내 세 분이 자손이 과이 많앳단 말이오. 우리 큰지 왠:, 우리 시아바니 왠:
효이[hyoí]62) 자손이 아드딸이 팔남매란 말이오.

　박: 어이구!

　－ 오, 칠남매갯다. 여자 한나에 남자 여슷이. 기양게 그 자손이 헤테데
엄매오? 걔다나 우리 사춘이 많다나니꺼더 거저 거저 사춘네 서리에서 야
~ 나르 이래서 조선에서 이랴서 아랴 오구 와 그렇다구 서거파하구 집이
랑 이래서 세간이 없다나 시산하구 이래니꺼더나 사쳐에서 거저 받들어
서 거저 야~ 영 그래다나니꺼더나 서거푼 주 모루구 살앗소. 기안게 기래
살:을 정마 내 거저 아무것두 없구 이래두 아부지 거저 이르끼 전에 마씀
해서 이래 시집보냇는데 내 이래 아부지 녀~어 꺾으라 하구서 그저 이래
서 살아나가 그저 잇다, 아:덜으 보구 살디:: 하구서 이래구서 살아나왓단
말이오. 걔 내 그저 이: 그저 악으 내구서 고저 무스거 요만치라두 일궈놓
구 그래나. 옷이라두 야~ 쩨에딘 거 전에 우리 내 전에 어만 상세나다나
니 종할미게서 길겟는데 너 이래서 옷으 깁어두 껌데이에다 힌거 붙이네
넨 기게 어띠 곱운가 하구서 기애 제 색깔으 이래서 붙이랴르 제 색깔으
헌게라두 거저 재백이라두 모다두디 됴: **허63) 데디디 말라메서 이래. 정

시름이 없다 하면서 이러면서 식구도 간편하고 이 좋다 하면서 이렇게 시집왔는데 아! 와 보니까는 정말 아무것도 없지, 뭐. 어이구! 그래도 응 어우리는 어 전에 정말 아버지, 이 부모님이 이게 명령이, 정말 영(令)이 내려와서 이렇게 에 저기 시집오다 보니까는 응 아버지 영(令)을 정말 꺾지 말자고서 무슨 아무리 못써도(안 좋아도) 그저 그 시집을 이어 나갔지. 지금, 지금 애들이라면 붙어 있소? 에이그! (웃음)

박: 맞습니다.

— 응. 그런데 그래도 그저 시집살이 해 나갔지. 해 나가면서 그저 그때는 우리, 우리 남편은 그저 오누이고, 그리고 우리 저기 시아버지네는 오형제인데, 한, 오형제 자손네 어, 두 분은 산에 가 돌아가시고 그리고 저기 나머지 세 분의 자손이 과히 많았단 말이오. 우리 큰집 맨 우리 시아버지 맨 형의 자손이 아들딸이 팔남매란 말이오.

박: 어이구!

— 어, 칠남매겠다. 여자 하나에 남자 여섯. 그러니 그 자손이 흩어져 얼마이오? 그러다 보니 우리 사촌이 많으니까 그저 사촌들 사이에서 응 나를 북한에서 이렇게 오고 와 그렇다고 서글퍼하고, 집이 이래서 세간이 없다 보니 허전하고 이러하니까 사처에서 나를 받들어서 그저 응 아주 그러니까는 외롭고 쓸쓸한 줄 모르고 살았소. 그런데 그래 살, 정말 내가 그저 아무것도 없고 이래도 아버지가 그저 이렇게 전에 말씀해서 이렇게 시집보냈는데 내가 이렇게 아버지의 영(令)을 꺾으랴 하고 이래서 그저 살아나가고 있다, 아이들을 보고 살지 하고서 이러고서 살아나왔단 말이오. 그래 그저 내 그저 이 그저 악을 쓰고서 그저 무엇을 요만큼이라도 이루어 놓고 그러나. 옷이라도 응 째어진 거 전에 우리 내 전에 어머니가 돌아가시다 보니 대고모한테서 길러졌는데, 너 이래서 옷을 기워도 껌정에다가 흰 것을 붙이면 그게 어찌 고운가 하고서 그래 제 색깔을 이렇게 해서 붙일 수 있도록 헌 것이라도 그저 조각이라도 모아 두지, 조거 허투루 어 버리지 말라면서 이래. 정

마 껌덩 천이 요만::한게 배와두 고거 모다두구::, 모다두구. 내 안 까리에 두 두 요런 자배기 그냥 잇어. 아:들이 욕해서[요개서] 내 **뷜: 뿌레데디 쟈가다두 또 모다두구:: 두구::. 개두 헌 게 잇구사 성한 게 잇다메서.

소:, 박: 음:.

— 응. 개메서 그냥:: 모다두다서. 냐~, 시집와서 샘일만에 야~ 우리 나 그내 내:, 정말 시집올때 어 천두 못해왓단다. 바디, 당, 전에는 이래 당꼬 바디 야~ 이래, 이래 아랫가달 속이 펜한 그른 겐데 탄재천 같은 거 그른 걸르 햇는기 이게 판나서 나르 그거 우리 시어마니 깁우라 합데 야~. 개: 내 그거 깁엇디. 또 내 깁걱질이사 또 거저 영:: 챈챈골에64) 깁어선 닙힘니65). 개다나나 없는 거 기래다나 야:: 정마 그거 옷이랑:: 거저 무시기 없다나니꺼더나 고거 바쁘게 나갓디 무슨. 야! 옷은 이 지, 지내:: 옷을래선 내 지금 내 기래다나니 전에느 친척이 야~ **갈까운 게 잇는거는 옛날에사 무스 없다나니 모도 무슨 닙던 옷이라두 뮈시기 주는 게 없단 말이오. 다 제 생각히는 거 가까운[kak'aun] 친척으 주디 먼거 안 준단 말이오. 개다나니 난 무시 친척이 가깝운게[kak'abuŋge] 없다나니 무슨 닙던 옷이두 주눈 게 없구::.

소:, 박: 음:.

— 야~, 시지 와서 우리 시아바니 담배르 져어서 야~ 처암은 약산단이라가메서66) 야~ 검덩 천에 요래서 버들닢텨름 무늬 요래 자다::낳게 난 거 그런 처매 쳐맷감우 전에 십일원 주구 하나 쵸매르 떡 해 닙우니 그래 또 해 닙어보구 못 해닙어[모때니버]밧단 말이오.

소: 으음.

— 에우::!, 우리: 우리 쟈아, 지금 절멕이, 이거 이거 내 쌜러르67) 야~ 어 아르 다슷으 길궈두 누이포단 못 싸보구 왓단 말이오. 개 이 쌜러두 야~ 셋째 나서 이거 차암 구때 구원 주구서 싼 거 이거

말 검정 천이 요만한 게 보여도 고거 모아두고, 모아두고. 내 안 ***에도 요런 조각이 그냥 있어. 애들이 뭐라고 나무라서 이제 내던지자고 하다가도 또 모아두고, 모아두고. 그래도 헌 것이 있고서야 성한 것이 있다면서.

소:, 박: 음.

─ 응. 그러면서 그냥 모아두다가. 응, 시집와서 삼일만에 응 우리 남편, 내, 정말 시집올 때 어 천도 못해 왔단다. 바지, 당(꼬바지), 전에는 이렇게 당꼬바지[68] 응 이렇게, 이렇게 아랫가랑이 속이 편한 그런 것인데 담요 천 같은 거 그런 걸로 한 것이 이게 해어져서 나한테 그것을 우리 시어머니가 기우라 하데, 응. 그래서 내 그거 기웠지. 또 내가 기움질이야 (잘 하니) 또 그저 아주 찬찬한 머리로 기워서는 입히지. 그러다 보니 없는 거 가지고 그러다 보니 야, 정말 그거 옷이랑 그저 무엇이 없다 보니까는 고거 힘들게 살아 나갔지, 뭐. 야! 옷은 이 너무 옷 때문에는 지금 내가 그러다 보니 전에 친척이 응 가까운 친척이라고 있는 것은 옛날에야 뭐 없다 보니 모두 무슨 입던 옷이라도 뭐 주는 사람이 없단 말이오. 다 자기가 생각하는 사람, 가까운 친척을 주지 먼 친척에게 안 준단 말이오. 그러다 보니 나는 뭐 친척이 가까운 사람이 없다 보니 무슨 입던 옷도 주는 사람이 없고.

소:, 박: 음.

─ 응, 시집와서 우리 시아버지가 담배 농사를 지어서 응 처음은 약산단이라고 하면서 응 검정 천에 요래서 버들잎처럼 무늬가 요렇게 자잘하게 난 거 그런 치마 치맛감을 전에 십일원 주고 하나 치마를 떡 해 입으니 그래서 또 해 입어보고 못 입어봤단 말이오.

소: 음.

─ 어이구! 우리, 우리 저 아이, 지금 막내, 이거 이거 내 솔을 응 어 아이를 다섯을 길러도 누비포대기 한번 사 보지 못하고 살아왔단 말이오. 그래 이 솔도 응 셋째를 낳아서 이거 처음 그때 구원 주고서 산 거 이거

아깝다구서 야ˉ 가르 어딜 가때문(<갈때문) 거저 업구, 그래구서 요 절멕이 나니꺼더나 업어서 쬬꼼 기래구. 이랴 야:들 크니 이래 걔 엊그제두가: 내: 너르 업던 띠두 잇다메서. (웃음). 전에 야ˉ 띠 이래서 거 새까만 게 이래 저: 그테게다 힌 거 요래 점우 박구 구런 게 띠 잇는게 요래 멫언[메던] 짜리는 이래 **팍(→판) 안 낫단 말이오. 기얘구 요래 앞뒤가 요 그테기 셔하구 그래 그 띠 지금 내 잇디 무. 이 무스거 어디 짐우 지구 댕게두 야ˉ 이런 게 배기댢구 이르끼 좋단 말이오. 기애서 그 띠 지금 잇는 거 가아 이래딤. 긔게 다 오십년이 넘는 유물인데 두라는 게디 무. 두문 제 가지갯다는 게지 제. (웃음) 걔 이거 어전 또 두라는 게디. 제 가지갯다구. (웃음)

　박: 아쥬 오라댓겟습구마.

　－ 냐ˉ, 이게 오라우. 이기 어전 우리 셋째 마운 아옵인데.

　박: 야::! 이 오십년이 넘었단 말임둥?

　소: 근데 어찌 이래 깨까:잠두?

　－ 게야 쑤대닌 게 어띠오.69) 어딜 갈때만 딱 갸:르 업구[어꾸] 기래구서 뒷다서 어, 더, 막내 십년만에 나니꺼더 막내 기를적에[기르쩌게] 쫌 썻단 말이오. 기래구선 안 썻디무.

　박: 이야::!

　－ 기애두 야:, 야:르 다슷으 길궈두 담뇨 없이. 아오::! 담뇨란 거 어디, 어 우리 시집에서 짐우 대쟝함이랑70) 담뇨 넌다개서 담뇨도 없어 못 넛단[몬녀딴] 말이오. 기애다나니꺼 없어 전에 그 쉬느탄재라가메서 이래 부우:언데 전에 이래 줄이 간 거 그런 거 야, 그런 건 남우 거 빌어쓰구. 우우:.. 내 직금에두 생각하오[생가가오]. 우리 사춘 동세이 져냐: 우리 둘째시아바니 우리 시아바니 둘째 혀어 메니리 잇는게 야ˉ 내 죠선으 가는데 그깃 담뇨, 아르, 내 둘째르 업구 가는게 탄재 없어서 못 가갯다구 기래니꺼더나 제, 자기두 야ˉ 당원이다나니꺼더 훼이랑 자꾸 댕기구 야:르 기르메서

아깝다고서 응 그 아이를 어디를 갈 때면 그저 업고, 그리고 요 막내 낳으니까는 업어서 쪼끔 그래고. 이렇게 해 아이들이 크니까 이래 걔 엊그제도 그 아이한테 내가 너를 업던 띠도 있다면서. (웃음). 전에 응 띠 이래 거 새까만 게 이래 끄트머리에다 흰 것을 요래 (대서) 점을 박고 그런 띠가 있는데 요래 몇 원 짜리는 이래 안 해어졌단 말이오. 그리고 요렇게 앞뒤가 요 끄트머리가 성하고 그래 그 띠 지금 나에게 있지 뭐. 이 뭐 어디 짐을 지고 다녀도 응 이런 게 배기지 않고 이렇게 좋단 말이오. 그래서 그 띠 지금 있는 거 그 아이가 이러지. 그게 다 오십년이 넘는 유물인데 두라는 게지, 뭐. 두면 자기가 가지겠다는 게지, 자기가. (웃음) 그래 이거 이제 또 두라는 게지. 자기가 가지겠다고. (웃음)

박: 아주 오래됐겠습니다.

— 응, 이게 오래됐소. 이게 이제 우리 셋째가 마흔 아홉인데.

박: 야! 이게 오십년이 넘었단 말입니까?

소: 그런데 어떻게 이렇게 깨끗합니까?

— 그게 응 쓰지 않은 것이 어떻겠소. 어디를 갈 때만 딱 걔를 업고 그러고서 뒀다가 어, 저, 막내를 십 년만에 낳으니까 막내를 기를 적에 좀 썼단 말이오. 그러고선 안 썼지 뭐.

박: 야!

— 그래도 응, 애를 다섯을 길러도 담요 없이. 아이고! 담요란 게 어디, 어, 우리 시집에서 짐을 예장함이랑 담요를 넣는다고 해도 담요도 없어서 못 넣었단 말이오. 그러다 보니 없어서 전에 그 시내담요라고 하면서 이렇게 뿌연데 전에 이렇게 줄이 간 것 그런 것, 그런 건 남의 것을 빌려 쓰고, 우우! 내 지금도 생각나오. 우리 사촌 동서가 저기 우리 둘째시아버지, 우리 시아버지 둘째형의 며느리가 있는데 응 내가 북한을 가는데 그 집 담요, 아이를, 내가 둘째를 업고서 가는데 담요가 없어서 못 가겠다고 그러니까는 제, 자기도 응 당원이다 보니 회의를 자꾸 다니고 아이를 기르면서

기랜데 야 그집에서는 시집올때 대쟘애다 만또르 넣엇단 말이오. 이래 니 즐르[71] 한 거 이르끼 만또라고 이래 그른게 잇소. 메니리. 걔 녀 그게 잇는 게 내 그거 메구 댕기구 아재 이래 이 탄자르 메고 **과락하메서(→가라고 하메서). 기앤꺼더너 내 글쎄 도깨비디, 그. 그 동삼에 야ː 훼이랑 자꾸 댕기는데 그 담요르 아ː르 씨워가지구. 갸 그 형님 나르 수푸 몸빼르 글쎄나 수우푸루. 힌 데다 꺼먼 물애 딜인 몸빼란[72] 거 그거 나르 닙구 [니꾸] 가라메 주더란. 내 몸빼 없어서 쵸맬 닙구 댕겟디. 동삼에 쵸맬 닙구 어띠 칩어 가는가 하메서. 기래 그거 빌레주니 그거 닙구 가 한 보롬 잇는데 동삼에 그쎄 남우 옷으 닙구 가서 그쎄나 기래니 그 사름우느 엄매나 입어밧갯소? 걔 내 직금에두 **구려(→그래) 그ː거 다ː 생각한다는데 그쎄. 걔 어전 상세낫소. 상세나 한 삼년이 기낫소. 그집에서 짐 아ː덜랑 훈춘 시내에 잇는게 잘나가오.

소ː 수우푸루?

－ 응, 꺼먼 수우뿌. 응, 수푸몸빼르.

소ː 수우푸란 게 무슨 껌덩 천임두?

－ 천이 힌겐데 껌운 물애르 딜엣단 말이오. 기래 껌우, 껌운 색이 나랴르 해서 몸빼르 해 닙엇딤. 에으ːː!, 내텨르 정마 어 부모 없이 거저 야ː듧살부터 **곤산해ːː 이 이날이때르 페 순편하디 못하오 거저. 직금에는 거저 내 전에 거저 없이 사던 거 마련한,[73] 내 아ː덜까 그저 우리 아들이 거저 어ː 이리 없는 데르 우리, 우리 큰메니리 이래. "어마이! 이리 없는 데르 무스 아바니두ːː 음전한가ː 이리 없는 데르 어때 시집왓는가!" 하는 게디. 메느리 이래오. 기앤게. (웃음) 걔ː 내 이리 없는두 잇는두 글쎄나 잘사는두 못사는두 거저 좋다가니꺼더나 왓디. 내, 져, 녯날에느 신랑두 보디 못하고 [모타고] 시집오는게 무스거 알갯는가구. 이, 이랫단 말이오. 기래 아ː덜 보구서 어전 아ː덜 버얼어서 그릏기 살무 대디 무슨. 내 이라메서 기래. 기애두 글쎄나 아ː들 져얼에두 어때서 무스 그리 일이 뜻대르 돼대니꾸

그러는데 응 그 집에서는 시집올 때 예장함에다가 망또를 넣었단 말이오. 이렇게 나사(羅紗)로 한 거 이렇게 망또라고 있소. 며느리. 그래 넣어, 그게 있는데 내가 그걸 메고 다니고 작은 동서가[74], 이 담요를 메고 가라고 하면서. 그러니까 내가 글쎄 도깨비지. 그 겨울에 응 회의랑 자꾸 다니는데 그 담요를 씌워가지고. 그래 그 형님 나한테 수푸 몸뻬를 글쎄나 수푸를. 흰 데다 꺼먼 물을 들인 몸뻬란 거 그걸 나한테 입고 가라며 주더라니까. 나는 몸뻬가 없어서 치마를 입고 다녔지. 겨울에 치마를 입고 어찌 추워서 가는가 하면서 그래 그거 빌려주니 그거 입고 가서 한 보름 있는데 겨울에 글쎄 남의 옷을 입고 가서 그러니 그 사람은 얼마나 입어 봤겠소? 그래 내가 지금도 그것을 다 생각한다니까 글쎄. 그래 이제 돌아가셨소. 돌아가신 지 한 삼 년이 지났소. 그 집에서 지금 아이들이랑 훈춘 시내에 있는데 잘나가오.

소: '수우프'를?

– 응, 꺼먼 수푸. 수푸몸뻬를.

소: 수푸라는 게 무슨 껌정 천입니까?

– 천이 흰 것인데 검은 물을 들였단 말이오. 그래 검은 색이 나도록 해서 몸뻬를 해 입었지. 어유! 나처럼 정말 부모 없이 그저 여덟 살부터 곤란해 이 이날 이때를 편, 순편하지 못하오, 그저. 지금에는 그저 내 전에 그저 없이 살던 거 마련하면, 내 아이들한테 그저 우리 아이들이 그저 어 이리 없는 데로 (와 고생한 것을 말하면), 우리, 우리 큰며느리는 이래. "어머니! 이리 없는 데를 뭐 아버님도 음전한가 이리 없는 데로 왜 시집왔는가!" 하는 게지. 며느리가 이러오 그러니까. (웃음) 그래 내 이리 없는지 있는지 글쎄나 잘사는지 못사는지 그저 좋다고 하니까는 왔지. 내, 저, 옛날에는 신랑도 보지 못하고 시집오는데 뭘 알겠는가 하고 이, 이랬단 말이오. 그래 아이들 보고서 이제는 아이들이 벌어서 살면 되지 무슨. 내 이러면서 그래. 그래도 글쎄 아이들이 겨울에도 어째서 뭐 그리 일이 뜻대로 되지 않고

어때 자꾸 거저:: 그릏기 잘 안돼. 우리 큰딸이 그애 그저 하두:: 지금은 져 공사에서 운동대홰 하는데 핵교르, 중핵교르 아:들 기애두 중학교르 다 졸업하구[조러바구], 막내느 얼중 졸업시기구 야~ 대악은 딱 그 어띠기 그 져나 몇점 모주라서 못 갔소. 두 점인두, 그래 모주라서 못가구서 선언 핵교르 졸업하구서[조러바구서] 져: 한국에 두 번 갔다왔소.

박: 아:! 그렇슴둥?

— 어, 냐. 짐배르[짐빼르] 타구서. 걔 가 한국에 가서는 어딜 안 돌아댕긴 데 없소. 칠레꺼지 갔다왔던가.

소: 아매! 그러면은 넷날에 그, 죠선에서, 그 어떠게 와서 스집을, 혼새를 했슴두?

— 냐~.

소: 그때 내기르 해 쥬웁소 어띠 혼새르 햇는디.

— 어이구::! 혼셀 해. 왠:: 첫감에 야~, 우리 전에 고모 잇소. 고모부 잇는데 야~ 우리 큰집이서 전에 우리 큰아반 왠:: 혀인네야~ 큰집에서 어, 그 사람두 야~ 고모 소개르 해서 여기 중국 스집왔단 말이. 걔 내가 동갭인게 짐 훈춘 시내에 잇어. 걔앤게 져냐 시집 왔는데 우리 고모부 야~ 그 혼세에 또 왔단 말이오. 혼세에 와서 그::, 그래쟎아 우리 고모부 어마니 이게, 이게 전에 우리 마을이 전에, 오:: 본가펜이 댄 모애:~. 기랴 와서 보구서 수울이 지내:: 소원이란 말이오 우리 고모부. 걔니 우리 큰아바니 우리 시아바니 야~ 넷말이랑 잘하오. 사람이 거저 정말 얼리랴는 넷말 거저 녹아내리쟌 넷말하구 야~. 수울이 소원이구 이래다나니꺼 이거 수울으 거저 스컨 멕이구 거저 기랴구서 그래 얼렛는 모애:~. 걔애 우리 아바지가 가서 기래 우리 쳐조캐 잇다가메서 그랫는 모애~. 갸: 우리 아바지가 가서 아니 져냐 기래 혼세말으 하라구서 혼세르 하라가구서 그랜 모애~. 기양 우리 아바진 또 영: 그릏기 져냐 마음이 지내:: 어지단 말이오. 기애다나니꺼더 남 말하는 거 훓이 거역 아니하구 남 말으 또 잘 듣는단 말이오.

어째 자꾸 그저 그렇게 잘 안 돼. 우리 큰딸이 그래 그저 하도, 지금은 인민공사에서 운동대회를 하는데 학교를, 중학교를 아이들은 그래도 중학교를 다 졸업하고, 막내는 훈춘 2중(二中)을 졸업시키고 응, 대학은 딱 그어떻게 그 저기 몇 점이 모자라서 못 갔소. 두 점인지, 그래 모자라서 못가고서 선원학교(船員學校)를 졸업하고서 저 한국에 두 번 갔다 왔소.

박: 아! 그렇습니까?

– 어, 응. 짐배를 타고서. 그래 그 아이는 한국에 가서는 어디를 안 돌아다닌 데가 없소. 칠레까지 갔다 왔던가.

소: 할머니! 그러면은 옛날에 그, 북한에서, 그 어떻게 와서 시집을, 혼사를 했습니까?

– 응.

소: 그때 이야기를 해 주십시오 어떻게 혼사를 했는지.

– 어이구! 혼사를 해서. 맨 처음에 응, 우리 전에 고모 있소 고모부가 있는데 응 우리 큰집에서 전에 우리 할아버지 맨 위 형네 응 큰집에서, 어, 그사람도 응 고모 소개를 해서 여기 중국에 시집왔단 말이오. 그래 나와 동갑인데 지금 훈춘 시내에 있소 그런데 전에 시집왔는데 우리 고모부 응 그 혼사에 또 왔단 말이오 혼사에 와서 그, 그러잖아 우리 고모부 어머니 이분이, 이분이 전에 우리 마을이 전에, 오, 친정쪽이 된 모양이야. 그래 와서 술을 너무 좋아한단 말이오 우리 고모부. 그러니 우리 할아버지와 우리 시아버지 응 옛말이랑 잘하오. 사람이 그저 정말 홀리려는 옛말을 그저 녹아내리자하는 옛말하고 응. 술을 좋아하고 이러다 보니 술을 그저 실컷 먹이고 그저그러고서 그래 꾀었는 모양이야. 그래 우리 아버지한테 가서 그래 우리 처조카가 있다고 하면서 그랬는 모양이야. 그래 우리 아버지한테 가서 아니저기 그래 혼삿말을 하라고서 혼사를 하라고 하고서 그랬는 모양이야. 그래우리 아버지는 또 영 그렇게 순전히 마음이 너무 어질단 말이오 그러다 보니 그저 남이 말하는 거 쉽게 거절 안 하고 남의 말을 또 잘 듣는단 말이오

(웃음) 개다나 정말 좋운가. 하구서 또 혼세르 약혼핸:데[야꼰핸:데] 우리 시아바니 떡 갓단 말이오 야. 그때 우리 아부지가 내가 이래서 세간살이르 하메 잇엇는데 내 밥하구[바바구] 우리 아부지 탄과ˇ 댕기메서 이래 잇엇딤. 기야 혼셋말 떡 가졋는데 우리 시아바니는 영 멋잇습데 야. 이래 턱 정마 면새:두 영 좋구 쉐엠이랑 거저 이래서 이래 척 내려오구 야. 개 내 요 문으 배쎠하구 여서밧단 말이오. 지아반(짓+아바니). (웃음)

박: 네에.

- 개 영: 멋잇습데. 개 가서 혼셋말 해:서 혼세: 떡, 기래구서 정심이 햇단 말이오 야. 정심 내: 이래서 닙쌀에다서 찹쌀으, 조이찹쌀으 섞어서 정심하구 야. 그때사 무슨 반찬이 잇어. 배채 김치르, 이래서 배채르 토ˇ이 좋디 무. 그런 거 김치르 한 거 김치 쏘올아 놓구 기래 정심우 해서 메엑국우 하구 기애 갖촤서 딜여놔야, 정심우 기애 잡수구 기애 왓단 말. 기래 와서, 왓다서 또 혼세르 혼셀 하겟는데느 야ˇ, 내 이래서 져냐 그래 아부지 잇구 어 내 이래서 어마 없다나 우리 종할미 잇는데 길겟는데 그 집에서 야 델렘베ˇ이[tellemp'ɐi] 들엇어.

소: 으음.

- 개다나 그 집에 내 이래 니부잘, 니부잘 할게런[할께란] 단스랑 그 집에 다 잇엇디 무슨. 기야 거기 덜럼베ˇ이[tyɐllyɐmp'ɐi] 드다나니 내 들우 모, 들우 못 가구 기래다나니꺼더나 거 못 내온단 말이오.

소: 으음.

- 기애 못 내오다나니 내 시집올때 고저 어, 전에 기래 못 내온다고 하니꺼더 우리 시아바니 거저 무시기 다 많다 하메서 야 옷이랑 옷천이라 첫날옷이랑 해:오갯다메서 기애디. 개 해애 오갯다가메서 기랜 정마 **그런 그러야 하구서. 그래 니부자리랑 해:논다가멘서 이래디. 그럼 그렇갯다:: 하구서 떡 그랫는디 그쎄나 아 첫날옷으 해온다는 게 야ˇ 힌 우도에 야ˇ 요래 고기누깔텨르 요래 남색 덤이 푹푹 댕긴 그런 거 쵸매르

(웃음) 그러다 보니 정말 좋은가 하고 혼사를 약혼했는데 우리 시아버지가 떡 갔단 말이오 응. 그때 우리 아버지랑 나랑 이래서 살림살이를 하고서 있었는데 내가 밥하고 우리 아버지가 탄광을 다니면서 이렇게 있었지. 그래 혼삿말 떡 가졌는데 우리 시아버지는 영 멋있데 응. 우리 시아버지 정말 얼굴도 영 좋고 수염이랑 그저 이랬소. 이렇게 척 내려오고 응. 그래 내가 문을 살짝 열고 엿봤단 말이오. 집의 할아버지를. (웃음)

박: 네.

- 그래 아주 멋있데. 그래 가서 혼삿말 해서 혼사를 떡, 그러고서는 점심을 했단 말이오 응. 점심 내 이래서 입쌀에다가 찹쌀을, 차좁쌀을 섞어서 점심하고 응. 그때야 무슨 반찬이 있어. 배추김치를, 이래서 배추를 통이 좋지 뭐. 그런 거 김치를 한 것 김치 썰어 놓고 그렇게 점심을 해서 미역국을 하고 그렇게 차려서 들여다 놔야, 점심을 그렇게 잡수시고 그렇게 왔단 말이오. 그래 와서, 왔다가 또 혼사를 혼사를 하겠는데 응, 내가 이래서 저기 그래 아버지 있고 어, 내가 이래 엄마가 없다 보니 우리 대고모한테서 길러졌는데 그 집에서 응 돌림병(전염병)이 들었어.

소: 음.

- 그러다 보니 내 그 집에 내 이렇게 이부자리, 이부자리 할 것이랑 옷장이랑 그 집에 다 있었지 무슨. 그래 거기에 돌림병(전염병)이 들다 보니 내가 못 들어, 못 들어가고 그러다 보니까 그것을 못 내어 온단 말이오.

소: 음.

- 그래 못 내어 오다 보니 내가 시집올 때 그저 어, 전에 그렇게 못 내어 온다고 하니까 우리 시아버지가 그저 뭐 다 많다고 하면서 응 옷이랑 옷감과 첫날옷이랑 다 해 오겠다면서 그러지. 그래 해 오겠다고 하면서 그러니 그럼 그러라고 하고서. 그래 이부자리랑 해 놓는다고 하면서 이러지. 그럼 그렇겠다 하고서 떡 그랬는데 글쎄 아 첫날옷을 해 온다는 게 응 흰 우도에 응 요렇게 물고기 눈깔처럼 요렇게 남색 점이 푹푹 담긴 그런 것 치마를

새애기75) 크다더라가메서 쵸매르 해 간 게 야 쵸매는 그래도 야˘ 첫날옷 이다나 긴: 거 일없디. 아이고:!, 져구리[ʧ'əguri]르 해: 간 게 그쎄 힌 명 딜르서 죠구리[ʧ'oguri]를 해갓는데 새애기 아무리:: 크기서 거저 아바니 져구리터르 이릏기 크게 해:갓드란데. (웃음) 아우::! 걔 내 그거 거저 첫 날에 가져간거 닙우라가니꺼더 닙엇다서 거저 너머:: 도단애서76) 그저 꽐 뺏어서 뿌레데뎃디 무. 꽐 뿌레데디구서 우리 죵할미 이래서 자손이 한나 투 없는 게, 그 학서˘이 시내애 잇는게 지내: 잘 사오. 거저 옷이랑은 짐 잭이 없딤. 걔 그 아매 잇는데서 거저 우리 우리 이모 고저 속고루 빤쯔 랑 무시거 그런 거 다: 주구 쵸매 또 져내 어 샘일에 니부께라구 하메 새 파란 사진 박구 하늘색 영 곱운 거 그런 쵸매, 에 쵸맷감:이 분홍 쑥색 져 구리 응 주구래. 기래구 우리 이모 많이 줫소. 또 막내 이모두 많이 주구. 이모네 둘:이 모세라구.

소: 으음.

- 기야 죵할미 잇는 데77) 가서 어 호박단 져구리르 힌 거 소캐져구리 그랜게 죵할미 져구리르 빌어서 내 닙구 오대냈어? 걔구 쉐시수건으, 새 애긴게 쉐시슈건이 없어서 이런 다올수건이 힌 게인데 일없겠어? 전에사 전에 힌 게인게 거저 멘애씨 자뜩한게 그런 거 어 기래 그 **이 어 워 죵 할미네사 잘 사다난 그런 수건으 이릏기 쌓아놓구 쓴단 말이오. 걔 그거 한나 빌어서 가지구 와서 쉐시 쏫다서 야˘ 샘일꺼지[새믿꺼지] 그래 하구 서 쉐싯수건 그건 내 닷 대비 가져다줫소.

소: 으음.

- 개애서 새애긴게 그때사 무스 광목을르서 그 죵할미 거저 어:, 지금 내 복이랑 없다나니꺼더 야˘ 어 져냐 광목을르서 속바딜 한 거 그런 거 죵할미 바딜 가져다서 닙엇단 말이오 닙구 숱한 날에 갓디. 기래 갓는데, 걔 와 노 니까 시지 와노니꺼더 시집에서 야˘ 니부 저, 니불이 구챠하다나니 못하구서 야˘ 우리 조카네:, 이래 큰짓 조카네 죠선에서 내 왓다가 기양 왓다가냐?78)

신부가 크다더라 하면서 치마를 해 간 것이 응 치마는 그래도 응 첫날옷이다 보니 긴 것은 괜찮지(상관없지). 아이고! 저고리를 해 간 것이 글쎄 흰 명주로 저고리를 해 갔는데 신부가 아무리 크기로 그저 할아버지 저고리처럼 이렇게 크게 해 갔더라니까. 아우! 그래 내가 그거 그저 첫날에 가져간 것 입으라고 하니까 입었다가 그저 너무 분하고 화가 나서 꽉 벗어서 버려 버렸지 뭐. 꽉 버려 버리고서 우리 대고모 이래서 자손이 하나도 없는 사람이, 거기 학성 시내에 있는 사람이 아주 잘 사오. 그저 옷이랑은 셀 수 없지. 그저 우리 이모 그저 속곳을 팬티랑 뭐 그런 것 다 주고 치마 또 저기 삼일에 입을 거라면서 새파란 사진 박히고 하늘색 영 고운 거 그런 치마, 치맛감에 분홍 쑥색 저고리 주고 그래. 그리고 우리 이모 많이 줬소. 또 막내 이모도 많이 주고. 이모네 둘이 모성(母性)이라고.

소: 음.

— 그래 대고모한테 가서 호박단 저고리를 흰 거 솜저고리 그러니까 대고모 저고리를 빌려서 내가 입고 오지 않았어? 그리고 세수수건을, 신부인데 세수수건이 없어서 이런 타올 수건이 흰 것인데 괜찮겠어? 전에야 전에 흰 것인 것이 그저 면화(棉花)씨가 잔뜩 들어 있는 게 그런 거 어 그래 그 대고모네야 잘 살다 보니 그런 수건을 이렇게 쌓아 놓고 쓴단 말이오. 그래 그거 하나 빌려서 가지고 와서 세수하고 닦다가 응 삼일까지 그렇게 하고서 세수수건 그건 내가 다시 도로 가져다 줬소.

소: 음.

— 그래서 새색시인데 그때에 무슨 광목으로 그 대고모 그저 어, 지금 내복이랑 없다 보니까 응, 어, 전에 광목으로 속바지를 한 것 그런 것을 대고모 바지를 가져다가 입었단 말이오. 입고 숱한 날에 갔지. 그래 갔는데, 그래 시댁에 와 놓으니까, 시집 와 놓으니까, 시집에서는 응 이불 저, 이불이, 구차하다 보니 못하고서 응 우리 조카네, 이래 큰집 조카네가 북한에서 왔다가, 그냥 왔다고 내가 아니 하오?

갱게 져냐 아 요, 조카네 요 이래서 져내 그건 무슨 그런 터럭이 넣엇더란데? 그::, 오리털인두:: 소캐 없어서 그랫갯다. 기애 그거 요오 빌어서 이래서 새애기라구 깔아주구 니불으 사춘 순경 에미네 뻘건 모본단 니불이 잇습데 야. 기애 그 집이서 베개가 니불으 가져다서 기래 그짓 거 샘일꺼지[새밑꺼지] 덮엇단 말이오. 개애 샘일꺼지[새밑꺼지] 덮구서 우리 스집 잇엇는데 샘일이 대니꺼더나 내 큰지 굿바아르 들어왓지. 샤라~이다 나니꺼더나 늘 집이 솔아서 못 드가구. 제 집 나가갯는덴 나간 데는 니불으 기래두 하느라구 야~ 쪼오꼬맣게 일본 능매[79] 쳔을르서 거저 그래서 어 둘:이 덮우랴르 기래구 베개두 거저 없이 거저 쪼오끄만 거 그렇습데. 걔 그: 그때느 신라~이 이래서 긔려기 민다.[80] 져넨[81] 모르께야.

　박: 아압구마.

　– 아오?

　소:,박: 들었습구마. 아바니 말씀 하셨습구마.

　– 아바니 말…? 기래 긔러기 민다메서 부체수건이라 하메 일본 쳔을르서 그렇기 져냐 한거 그런 요만:: 너비 좁운 거 파아란거 그런 거 넣습데. 기얀거 그 수건으 뜯어서 내 베개르 햇:단 말이오. 베개르 해애서 걔: 베:고. 기애 둘이 베랴르 이래 기우구 그랴 베구 기래구 그 니불우느 쪼오꼬만 거 기래 덮구. 기랴다서 우리 아매네 일없으니꺼더나 아 져내 혼셋날으 이래서 두만가~으 이래 챤을르[82] 건네왓단 말이오.

　소: 으음.

　– 배.

　소: 혼삿날?

　– 음. 지금 여기: 쪽배 이래서 고기잽이랑 하는 게 잇댐드? 그런 거 이 두만가~에다 요길루 건네왓소. 걔 건네와서 이기서 소술길[83] 가지구 마주[84] 나가구 더쩍[təc'ag]에서 소술기 가지구 져쩍[ʃʃəc'ag] 역꺼지[85] 실어오구. 기애 건네왓는데. 냐~, 그렇기 시지왓소 야~. (웃음)

그런데 저기 아 요, 조카네 요 이래서 전에 그건 무슨 그런 털을 넣었더라니까? 그 오리털인지 솜이 없어서 그랬겠다. 그래 그거 요를 빌려서 신부라고 깔아주고 이불을 사촌 순경 아낙네의 뻘건 모본단 이불이 있데 응. 그래 응, 그 집에서 베개랑 이불을 가져다가 그래 그 집의 것을 삼일(三日)까지 덮었단 말이오. 그래 삼일까지 덮고서 우리 시집에 있었는데 삼일이 되니까는 내가 큰집 굿방으로[86] 들어왔지. 광(곳간)이다 보니까 늘 집이 좁아서 못 들어가고 제 집으로 나가려는데 나간 데는 이불을 그래도 하느라고 응 쪼끄맣게 일본산 헌 천으로써 해서 그저 그래서 둘이 덮을 수 있도록 그러고 베개도 그저 제대로 된 것이 없이 그저 쪼끄만 것이 그렇데. 그래 그 그때는 신랑이 이래서 기러기를 민다. 자네들은 모를 거야.

박: 압니다.

— 아오?

소: , 박: 들었습니다. 할아버지가 말씀하셨습니다.

— 할아버지가 말씀을…? 그래 기러기 민다면서 부채수건이라 하며 일본 천으로써 그렇게 저기 한 거 그런 요만한 너비가 좁은 것 파란 것 그런 것을 넣데. 그리한 거 그 수건을 뜯어서 내가 베개를 했단 말이오. 베개를 해서 그래 베고. 그래 둘이 베도록 이래 기우고 해서 그래 베고. 그리고 그 이불은 쪼끄만 것으로 그렇게 덮고 그러다가 우리 할머니네 형편이 괜찮으니까 아 저기 혼삿날에 두만강을 이렇게 배로 건너왔단 말이오.

소: 음.

— 배.

소: 혼삿날?

— 음. 지금 여기 쪽배 이래서 고기잡이랑 하는 게 있잖데? 그런 거 이 두만강에다 요기로 건너왔소. 그래 건너와서 여기서 소수레를 가지고 마중을 나가고 저쪽에서 소수레를 가지고 저쪽 강가까지 실어오고. 그렇게 건너왔는데, 응. 그렇게 시집왔소. 응. (웃음)

소: 그 배로 오문 우티 아이 젖슴두?

— 안 젖댆구[저땡꾸]! 기 배우 우이 이래서 전에 이래 가르논 **노또 매기(노ㅅ도막이) 밑바댁이 물이 잇어두 기애구 촨재 이래 촨: 타디 무스. 으음::, 고상시레 무슨 머절 머절시레 시지왔어. 기래 시집오구서 어 이게 토~애이 야~ 죠선가 중국이 맥히다나니꺼더나 이래서 토애~쭝 띠구두 못 댕겟단 말이오 야? 개 한 까리87)[항까리] 토~앵쭝 떼구 댕기다두 또로 **후룸 못 디나가서 즁지됏:다 하메 안 떼주구 하니 기애니 이터르 가만 가만 배 타구서 사람 건네와놓구 이런 사람들이 잇엇단 말이오. 기애 밤 이네녜느 야~ 가서 고저 고거:: 강 여가레88) 가서 앉아서 거 죠선 가겟다 구서 야~ 그낭:: 기다리구 해두 배 아니 오녜느 오분:: 밤 가 기달구다두 또 대비 집우루 오구 거저. 이래 기애 져짝에서 배 올때녜느 져짝에서 이 디키는 사름들께 붙두키디 말쟈구 신호 잇단 말이오. 담뱃불 가지구 신호 르 하구 그래무 이래 건네와서 사름우 이래 앉혜가지구 건네가구. 이래메 댕겟단 말이오.

박: 야::!, 기내 바빴겟습구마.

— 바뿌구나 개나 정마 아이구::! 기야구 한번은 내 갓다서 이래 오 오 는데 야~ 요길루 건네오는데 거 동삼인데 가~이 얼엇단 말이오. 얼엇는데 건네오는데 글쎄, 산을르 내레와 건네오는데 가~이 거저 뻐쩍 하녜느 거 저 나느 영: 겁이 나서 야~ 그거 꺼디는 거 같애서.

박: 옳소꾸마.

— 개 물우 우리 짐우 기르쟈는데 야 통재 없어서 지게르 하갯는게 내 도애에다가 그냥, 동삼에 기구 그래 없어서야~ 죠선에가 우리 아바지 이 래:서 섹이통재르 이래 네모꼴이 난 거 이래 이만::한 거 두 개르 얻어 주 드란데. 개애 그거다 그때애 임신해서 야~ 아아 여슷덜이 나는가 기랫는 데 그거 이래 두 개르 가지

소: 그 배로 오면 옷 안 젖습니까?

– 안 젖지 않고! 그 배 위 위가 이래서 전에 이렇게 가로 놓은 노(櫓) 도막이 (있고) 이렇게 (배) 밑바닥에 물이 있으면 뱃사공이 이래 배를 타지, 뭐. 으음, 고생스럽게 무슨 바보스럽게 시집왔어. 그렇게 시집오고서 어 이게 통행이 응 북한과 중국이 막히다 보니까 이래서 통행증 떼고도 (발급받고도) 못 다녔단 말이오 응? 그래 한 시기에는 통행증을 떼고 다니다가도 도로 ** 못 지나가서 중지됐다고 하며 안 떼어 주고 하니 그러니 이처럼 가만가만 배 타고서 사람 건네주고 하는 이런 사람들이 있었단 말이오. 그래 밤이면 응 가서 그저 고 강 가장자리에 가 앉아서 거 북한에 가겠다고서 응 그냥 기다리고 해도 배가 안 오면 온 밤을 가서 기다리다가도 또 도로 집으로 오고 그저. 이래 그래 저쪽에서 배가 올 때면 저쪽에서 이 지키는 사람들한테 붙들리지 말자고 보내는 신호가 있단 말이오. 담뱃불을 가지고 신호를 하고 그러면 이렇게 건너와서 사람을 이렇게 앉혀가지고 건너가고. 이러며 다녔단 말이오.

박: 아!, 아주 힘들었겠습니다.

– 힘들거나 그렇거나 정말 아이고! 그리고 한번은 내가 북한에 건너갔다가 이렇게 오는데 응 요기로 건너오는데 거 겨울인데 강이 얼었단 말이오. 얼었는데 건너오는데 글쎄, 산으로 내려와 건너오는데 강이 그저 (얼음이) 버쩍 하면 그저 나는 아주 겁이 나서 응 그 얼음이 꺼지는 것 같아서.

박: 맞습니다.

– 그래 물을, 우리 짐을 긷자 하는데 응 물통이 없어서 지게를 만들어야 하겠는데, 내 동이에다가 그냥 (물을 길었지). 겨울에 기구가 그래 없어서 응 북한에 가니 우리 아버지가 이래서 석유통을 이렇게 네모꼴이 난 것을 이렇게 이만한 것을 두 개를 얻어 주더라니까. 그래 그것에다 그때 임신해서 응 애가 여섯 달이 됐는가 그랬는데 그거 이렇게 두 개를 가지

구 이래 왔는데 음 그거 가 ̃이 그거 퉁재 떨렁하녜느 그거 무시기 듣는 거 같애 거저 우리 아부지 더짝 역이꺼지 데레다줫단 말이오. 걔 이짝에 건네와서는 혼자두 왓디 무. 이래 혼자. 지금 사대 집이 잇엇어. 걔 왓는데 그쎄 그날 져낙에 와서 어::, 불쎄르 막 아푸던게:: 여슷달만에 아: 유산댓어.

박: 으음.

─ 야::, 기래: 그때 야 ̄ 정마 우리 시집에서 영: 노해하디 무슨. 흠. 기애구서 또 이내 잇습데. 기애두 아:들이, 또 아:들 고당고당89) 야라 기르니꺼더나. 지금 같다무 무시기 야:르 그리 많이 낫갯소? 직금 한나 나무사 얼매, 아무리 없어도 한나 나무 영: 잘 기른단 말이오. 음. 야 ̄.

고 이렇게 왔는데 음 그거 강이 그 통이 떨렁하면 그거 무엇이 듣는 것 같아 그저 우리 아버지가 저쪽 강가까지 데려다 줬단 말이오. 그래 이쪽에 건너와서는 혼자서도 (집으로) 왔지. 이렇게 혼자. (건너온 곳엔) 지금 생산대의 4대(隊) 집이 있었어. 그래 왔는데 글쎄 그날 저녁에 와서 어, 갑자기 막 아프더니 여섯 달 만에 아이가 유산됐어.

박: 음.

- 야, 그래 그때 응 정말 우리 시집에서 아주 노여워하지 뭐. 흠. 그러고서 또 이내 있데. 그래도 아이들이, 또 아이들이 바로바로 (생겨서) 여럿을 기르니까. 지금 같다면 무슨 애를 그리 많이 낳았겠소? 지금 하나 낳으면야 얼마나, 아무리 없어도 하나만 낳으면 아주 잘 기른단 말이오. 음, 응.

2.2. 두만강 건너 시집오던 날

고딕체 조사자(소신애, 박진혁)
－　　제보자(김경자)

소: 아매, 머 옛::날 니얘기나 그 막 그른 거 있으문 쫌 얘기 좀 해 쥬웁소.

－ 무슨 내:길하개? (웃음)

박: 아아들 머 손군이나 앉예, 앉혜, 앉이와 놓구서 하는 니얘기 있대님둥?
밤에 하는 거르.

소: 도깨비나 귀신 이른 나오는 내기 없슴둥?

박: 이얘기 좀 많이 해 쥬웁소.

－ 나 그런 거 모루오.

박: (웃음)

－ 나 그렇기 녯말으 채근채근아 할 주 모룬단 말이오.

박: 아, 일없스꼬마!

－ 응? 무수 도깨비가 귀신 내기 잇갠:? (웃음)

소: 이 마을에 그 무슨 전:설 같은 거 없:슴두? 던:해 내려오는 내기?

－ 없단 말이오.

소: 아매 그믄 녯:날 고향에서 머 그런 내:기 없:었슴두?

－ 무스거 어떤 내기?

소: 고향에 인제 머 어디 산천에 제세를 지낸다거나.

－ 으응, 그런 게 없소.

박: 아매 무슨 구명하는 거 보신 적 있슴두?

－ 난 그런 거 아니하오.

박: 아아!

－ 응.

2.2. 두만강 건너 시집오던 날

소: 할머니, 뭐 옛날 얘기나 그 막 뭐 그런 것 있으면 좀 얘기 좀 해 주십시오.

— 무슨 얘기를 하겠나? (웃음)

박: 아이들 뭐 손주나 앉혀 놓고서 하는 이야기 있잖습니까? 밤에 하는 것.

소: 도깨비나 귀신 이런 (것) 나오는 이야기 없습니까?

박: 이야기 좀 많이 해 주십시오.

— 나 그런 것 모르오.

박: (웃음)

— 나 그렇게 옛날이야기를 차근차근 할 줄 모른단 말이오.

박: 아, 괜찮습니다!

— 응? 무슨 도깨비랑 귀신 이야기가 있겠나? (웃음)

소: 이 마을에 그 무슨 전설 같은 것 없습니까? 전해 내려오는 이야기?

— 없단 말이오.

소: 할머니 그러면 옛날 고향에서 뭐 그런 이야기 없었습니까?

— 뭐 어떤 이야기?

소: 고향에 이제 뭐 어디 산천에 제사를 지낸다거나.

— 응, 그런 게 없소.

박: 할머니, 무슨 구명(求命)하는 것을 보신 적 있습니까?)

— 난 그런 거 안 하오.

박: 아아!

— 응.

박: 그 동네에서 누기 하는 사람 있대님둥?

― 없소.

박: 아, 그렇습둥?

― 냐ˉ, 이이느 시널 가구사라 무스 이르 졈이랑 티구 이른 게 잇다. 이
이 없소.

박: 아ː! 그렇습둥?

― 냐ˉ. 내 기래고, 나느 그런 거 아니 배운단 말이오. 거 배와다 못 쓰
네느 어띠오. 고미, 사림이 고민 난단 말이오. 자꾸 근심 나디. 기[90] 으
그래 어띠라ː: 하구서 그게 어디 맞소?

박: 예, 옳습구마.

― 개 일란<(일+-란) 난 그런 거 안 배운다.

박: 으음.

소: 아매! 그러면은 그 네전에 혼새할 때 어떻게 그 예전에는 혼새를 치렀
는지 쫌 쟈세ː:히 얘기 쫌 해 쥬시겠습두?

박: 이, 이, 절챠가 있대님둥? 왠ː 첫감엔 어찌하고 그 담ː에 어찌하고 그
담에 어찌하고 쭉ː: 절챠가 있대님둥? 머 왠ː: 첫감에 머 무시기 하고 그 담ː
에 무시기 하고 이런 거. 요런 거 니얘기르 쫌 해 줍소, 아매.

― 검 어뜨기 내기하개?

박: 왠ː: 첫감엔 머 누기 머 해서 이 집에 무시기 있구 이 집에 아무깨 있
는데 이 혼새르 하겠는가 이룽게 하고 시작하대님둥?

― 응.

박: 말이 나대니무 첫감에 고때부터 이제 머 누기 어떻게 왔다갔다 하고 물
건이 무시게 오가구 이래서는 이제 혼새 당일에는 머 서방재는 무스거 타고
오구 머 새애기는 어찌 하고 있고 무스거 사ˉ아 어찌 챼리고 하는 거 있대님
둥? 고런 걸 쭉 한번 얘ː기를 해 쥬웁소, 아매.

― 음ː 그거 어뚷게 내기르 하겟소? (웃음)

박: 그 동네에서 누가 하는 사람이 있잖습니까?

— 없소.

박: 아, 그렇습니까?

— 응, 여기는 시내를 가야 무슨 이렇게 점이랑 치고 이런 게 있지. 여기는 없소.

박: 아! 그렇습니까?

— 응. 내 그러고, 나는 그런 것 안 본단 말이오. 그거 봤다 안 좋으면 어찌하오. 사람이 고민이 난단 말이오. 자꾸 근심이 생기지. 그게 음, 그래 어찌해라 하고서 (말하는데) 그게 어디 맞소?

박: 예, 맞습니다.

— 그래 일이 있어도 난 그런 것 안 본다.

박: 으음.

소: 할머니! 그러면은 그 예전에 혼사할 때 어떻게 그 예전에는 혼사를 치렀는지 좀 자세히 얘기 좀 해 주시겠습니까?

박: 이, 이, 절차가 있잖습니까? 맨 처음엔 어떻게 하고 그 다음에 어떻게 하고 어떻게 하고 쭉 절차가 있잖습니까? 뭐 맨 처음에 뭐 무엇을 하고 그 다음에 무엇을 하고 이런 것. 요런 것 이야기를 좀 해 주십시오 할머니.

— 그럼 어떻게 얘기하게?

박: 맨 처음에 뭐 누가 뭐 해서 이 집에 무엇이 있고 이 집에 아무개가 있는데 이 혼사를 하겠는가 이렇게 하고 시작하잖습니까?

— 응.

박: 말이 나면 처음에 그때부터 이제 뭐 누가 어떻게 왔다갔다 하고 물건이 뭐가 오고 이래서는 이제 혼사 당일에는 뭐 신랑은 뭐 타고 오고 뭐 신부는 어떻게 하고 있고 뭐 상을 어떻게 차리고 하는 거 있잖습니까? 그런 걸 쭉 한 번 이야기를 해 주십시오, 할머니.

— 오오! 그것을 어떻게 이야기를 하겠소? (웃음)

소: 신랑재 얼굴으 언제 봤슴두 아매?

― 음?

소: 신랑 얼굴은 언제 처음 봤슴두?

박: 신랑재 얼굴은 언제 봤슴두?

― 아, 시집오…, 혼셋날 처음 밧디!

소: 음:.

박: 마암에 드셨슴둥?

― 응?

박: 마음에 드셨슴둥?

― 아하하! 맘:에 안 드는 걸 어띠갯나 혼셀 하는데. (일동 웃음) 직금 같다럄 직금 새아가들 같다럄 맘:에 없으문 없다개두, 그때는 그래디 못 한단 말이오.

박: 아, 그렇슴둥?

― 응, 응.

박: 으응.

― (웃음)

소: 그때 얘:기를 한번 쯤 해 쥬시겠슴두?

― 음:, 거 뭐, 어뜧게 내기해….

소: 어띠 곱:게 단쟝을 했는지.

박: 새애기들은 그 혼새날에 무스거 우티를 입슴두 아매?

― 죠선우틸 닙디.

박: 거 머 다른 날과는 다르게 닙대님둥? 아무래도 혼샛날인데?

― 어, 다른날가 글세 다르게 닙는다는 게 새애긴 첫날에 시집갈 때녜 느 발써 첫날옷이라구서 좋::운 거 싸서 한볼으 한단 말이오.

박: 예.

― 어, 우에 그 닙우 거[니부꺼] 처매져구리 좋운 거 하디. 그 밑에 또

소: 신랑감 얼굴을 언제 봤습니까 할머니?

— 음?

소: 신랑 얼굴은 언제 처음 봤습니까?

박: 신랑감 얼굴은 언제 봤습니까?

— 아, 시집오…, 혼삿날 처음 봤지!

소: 음.

박: 마음에 드셨습니까?

— 응?

박: 마음에 드셨습니까?

— 아하하! 마음에 안 드는 걸 어찌하겠나? 혼사를 하는데. (일동 웃음) 지금 같다면 지금 처녀들 같다면 마음에 없으면 없다고 해도, 그때는 그러지 못한단 말이오.

박: 아, 그렇습니까?

— 응, 응.

박: 응.

— (웃음)

소: 그때 얘기를 한번 좀 해 주시겠습니까?

— 음, 그 뭐, 어떻게 얘기해….

소: 어떻게 곱게 단장을 했는지.

박: 신부들은 그 혼삿날에 무슨 옷을 입습니까 할머니?

— 한복을 입지.

박: 그 뭐 다른 날과는 다르게 입잖습니까? 아무래도 혼삿날인데?

— 어, 다른 날과 글쎄 다르게 입는다는 게 신부는 첫날에 시집갈 때면 벌써 첫날옷이라고 좋은 걸 사서 한 벌을 장만한단 말이오.

박: 예.

— 어, 위에 그 입을 것 치마저고리 좋은 걸 장만하지. 그 밑에 또

속치매 닙디.

박: 녜.

― 또 그 밑에다서 어 져내[ʃʻənɣɛ] 짐운 내복, 직금은 이래 속내이 잇다나니 그래디 아끼 긔래 단속고라고 아니합데? 게.

박: 옳소꾸마.

― 구런 거 닙디. 그 담:에 빤쯔 닙구 그러. 개다나 닙는 게 많디 무스. 새애기덜은 기애 첫날 츠림하쟌91) 구담에 수갑이오 보션이오 쌱:: 다 새 걸르 츠린단 말이오.92) 신랑도 한가지란 말이.

소: 그문 넷날에 그러면은 그 기레기 밀구 이러던 내:기 좀 해 쥬웁소, 아매.

― 기레기 미는 거느 기랴 혼셋날이 돼무 야˚, 아츰이네넨 신라˚이 온단 말이오. 신라˚이 오네네느 신라˚ 무스 져냐 처음 그 새애기집우루 둘 오네네느 그 집에서 이래서 동쪽우루 마주세노? 기래 마주 섯다 그 담:에느 이래서:: 새애기 이래 바안이 바같으 내바다앉구 기야구 신라˚이 이래 집안으 딀이바다 선단 말이오. 기애 이래 자리 페고.

박: 예.

― 기야구서 그 담에 기러기 놓디. 기러기 노무 신랑이 야˚ 어, 부채르 가진단 말이오. 부채에다 이 수건이 한 뒤: 가지 색깔이나:: 아 서너 가지 색깔으 천으 이래서 돌메다 싸서 이래서 길기 해서 이래, 기래 거기다 달아서 이래 부채르 이래 쥐구 음:, 서배: 이래서 그 기려기, 그 자리 놓은 데다서 기려기르 이래 논단 말이오 야˚.

박: 예, 옳소꾸마.

― 이래 놓오네니 이 신라˚이 이래서 들어가서 뎡개르 꿀구서 이래 앉아서 그 부챌르 야˚ 이래 거 기려기발 세 번 미오 야˚. 이래 한 볼으 미우, 살랑::이 미딤. 그게 번뎌디네느 무스 새애기 죽는다던두. (웃음)

박: 아, 그렇슴둥?

― (웃음) 좋대앦단 말이오. 번뎌디무 어띠나. 개:다나니 게 낭글르 맨든

속치마를 입지.

박: 네.

－ 또 그 밑에다가 어 저기 지금은 내복, 지금은 이렇게 속내의가 있어서 그렇지, 아까 그래 단속곳이라고 아니하데? 그거.

박: 맞습니다.

－ 그래 그런 것 입지. 그다음에 팬티를 입고. 그러다 보니 입는 게 많지 뭐. 신부들은 그래 첫날 차림을 하려면, 그다음에 장갑이요 버선이요 싹 다 새 것으로 차린단 말이오. 신랑도 마찬가지란 말이오.

소: 그러면 옛날에 그러면은 그 기러기 밀고 이러던 얘기 좀 해 주십시오, 할머니.

－ 기러기 미는 것은 그래 혼삿날이 되면 응, 아침이면 신랑이 온단 말이오. 신랑이 오면 신랑이 뭐 저기 처음 그 신부 집으로 들어오면 그 집에서 이래서 동쪽으로 마주 세우나? 그래 마주 섰다 그다음에는 이래서 신부가 이렇게 방안에서 바깥을 내다보며 앉고 그리고 신랑이 이렇게 집 안을 곧바로 향하여 선단 말이오. 그래 이렇게 자리를 펴고.

박: 예.

－ 그러고서 그 다음에 기러기를 놓지. 기러기를 놓으면 신랑이 응, 부채를 가진단 말이오. 부채에다 이 수건이 한 두어 가지 색깔이나 아 서너 가지 색깔의 천을 이래서 돌멩이를 싸서 이래서 길게 해서 이렇게, 그래서 거기다 달아서 이렇게 부채를 이렇게 쥐고 음, 서방이 이래서 그 기러기, 그 자리를 깔아놓은 데다가 기러기를 이렇게 놓는단 말이오, 응.

박: 예, 맞습니다.

－ 이렇게 놓으면 이 신랑이 이래서 들어가서 무릎을 꿇고 이렇게 앉아서 그 부채로 응 이렇게 그 기러기 발을 세 번 미오 응, 이렇게 한 번을 밀고, 살짝 밀지. 그게 넘어지면 무슨 신부가 죽는다던가. (웃음)

박: 아, 그렇습니까?

－ (웃음) 좋지 않단 말이오 넘어지면 어떻거나. 그러다 보니 그게 나무로 만든

기러긴 게 정마 잠못93) 기래문 번더디기 한심하단94) 말이. 기애 사르르르르:: 한 번으 밀구 또 두 번 밀구 또 세 번 밀구. 그담에느 어, 신라~이 이래서 또 이, 이, 이래서 져내 절으 한단 말이오. 이, 이래 절한단 말이오 야~. 기애 절하구서 그담에 신라~이 나가딤. 개애 새애기 거저 바안이 요래서 앉구[앙꾸] 잇는단 말이오. 기양 기따 신라~이 나가무 또 닐어셔서 이래. 기래구서 신라~이 또 바안에 둘와서. 어, 져내 새애긴 뒷발95) 나오구 신라~은 바안이 둘와서 또 사아 받는단 말이오. 큰사아 받는단 말이오.

박: 새박에 큰 사~은 어띠게, 어띠게 채림둥?

— 그으 거저 새애기 사~이나 한가지디 무슨. 떡으르, 떡이랑 그렇게 안 놓소.

박: 아아! 그문 무시게 올라감두 사에다서?

— 음?

박: 져는 큰사~으 본 적이 없습구마.

— 어, 큰사~이라는 게 거저 이전에사 무시기 잇소? 거저 대지고기나 놓구 고저 순대랑 이래 뭇고기랑 이런 거 놓구 거저 크기 나서 무스 열 가짓 거 더 안 넘구[넘꾸] 거저 기래구, 어, 신라~이게느 떡이랑 이래 먹으랴르 거저 베에 놓는단 말이오.

박: 예.

— 야~, 야~. 기래 수져 놓구 신라~느 수울이랑 붓우무 수울우 석 잔 붓디 무. 기애 붓우네네느 그 수울으 마시구 그 잔싸아 집어서 안지르 한단 말이오. 새애기느 못 다테두 신라~느 그 제 잔싸~아 안질96) 해 먹는단 말이오.

소: 그문 새애기는 무스거 먹습두?

— 새애기는 아니 먹소.

소: 하루죵::일 아이 먹습두?

박: 오분해 굶:습두?

기러기라 정말 잘못 밀면 넘어짐이 위태로워 조마조마하단 말이오. 그래 살짝 한 번을 밀고 또 두 번 밀고 또 세 번 밀고. 그다음에는 어, 신랑이 이래서 또 이래서 저기 절을 한단 말이오. 이렇게 절한단 말이오, 응. 그래 절하고서 그다음에 신랑이 나가지. 그래 신부는 그저 방안에 요렇게 앉아 있는단 말이오. 그래 그랬다가 신랑이 나가면 또 일어서서 이래. 그러고서 신랑이 또 방안에 들어와서. 어, 저기 신부는 뒷방으로 나오고 신랑은 방안에 들어와서 또 상을 받는단 말이오. 큰상을 받는단 말이오.

박: 새벽에 큰상은 어떻게, 어떻게 차립니까?

– 그거 그저 신부 상이나 마찬가지지 무슨. 떡으로, 떡이랑 그렇게 안 놓소.

박: 아아! 그러면 무엇이 올라갑니까 상에?

– 음?

박: 저는 큰상을 본 적이 없습니다.

– 어, 큰상이라는 게 그저 이전에야 뭐 있소? 그저 돼지고기나 놓고 그저 순대랑 이렇게 물고기랑 이런 거 놓고 그저 많이 놔서 뭐 열 가지 것이 더 안 넘게 그저 그리하고, 어, 신랑한테는 떡이랑 이렇게 먹으라고 그저 베어 놓는단 말이오.

박: 예.

– 응, 응. 그래 수저를 놓고 신랑은 술이랑 부우면 술을 석 잔 붓지 뭐. 그렇게 부으면 그 술을 마시고 그 큰상(=초례상)의 음식을 집어 안주를 한단 말이오. 신부는 못 건드려도 신랑은 그 자기의 큰상의 음식으로 안주를 해 먹는단 말이오.

소: 그러면 신부는 무엇을 먹습니까?

– 신부는 안 먹소.

소: 하루종일 안 먹습니까?

박: 온종일 굶습니까?

- 아니!. 잔싸˘ 아니 먹디 무. 굶기사[굼끼사] 무 굶게. 그거 그래구서 그 담에는 새애기 집에 신라˘이 와서 지금 신라˘이 잔싸: 받소 야. 기야 그 잔싸 물리구서느 이래 동미덜이랑 와서 또 이래 작은 사˘이다 거저 안지나 나: 수울 또 딀이가구. 구담에느 또 신라˘ 정심 해 준단 말이오. 점심하네네느 그 밥사발에다서 머 게란이 이 무슨 년 게란이 없어서 무스 한낙씨 파묻는답데. 하나 발가서[97] 삼마서 발가서 밥에다 파묻단 말이오. 개네느 그거 이래 신라˘이 에, 그거 밥으 이래, 어떤 신라˘으:: 밥으 이래 얒이 떠서 먹으네네 그 달갈의[talgar][98] 깊우게 안 파묻우무:: 어, 욿이 내놓이구 깊우기 파묻우무:: 밥우 많이 먹어사 그 달갈이 나오디.

박: 옳습구마.

- 냐˘. 기야 어떤 신라˘으:: 또 이래 젓가락을르 뚜디메 먹는 것두 잇구 기래 한내네네느 끝에서 절반 먹구 절반으 아니 먹는 신라˘이두 잇구, 그렇딤. 기래 그 다음에 그거 그 사 또 그대르[kidɛr] 고채르 물레서 에 새애긴데 개애다 정심 준단 말이오.

박: 그문 밥도 먹던 거 그대로 쥼둥?

- 어. 그대르. 거저 숟가락이나[99] 머이나 그저 신라˘이 먹던대르 그대르 내다서르 준단 말이오.

박: 그 드러워서 어찌 먹슴둥?

- 게 무 신라˘이 기앤는데 머 더럽갠? (일동 웃음) 기애, 기애 머 물이랑 국이랑사 다른 거 주디. 개애 새애기 또 그 달갈 거저 그 신라˘이 끝에 논 거 또 먹구 그러디 머.

박: 아, 그러면 신랑쟤가 달갈으 다 아이 먹는단 말임두?

- 응.

소: 반, 반 냄게 놓, 긑에 놓기도 한다구….

- 응, 긑에 논단 말이오. 새애기 먹으라구.

박: 일단 다 먹으문 어찌댐둥? 서방쟤가?

- 아니!, 큰상에 놓인 음식을 안 먹지, 뭐. 굶기야 뭐 굶겠나. 그거 그러고서 그다음에는 신부 집에 신랑이 와서 지금 신랑이 큰상을 받소 야. 그래 그 큰상을 물리고서는 이래 동무들이랑 와서 또 이렇게 작은 상에다 그저 안주나 놓아 술을 또 들여가고. 그다음에는 또 신랑에게 점심을 해 준단 말이오. 점심 하면 그 밥사발에다가 뭐 계란이, 이 무슨 년(年)엔가 계란이 없어서 뭐 하나씩 파묻었다고 하데. 하나를 발라서 삶아서 발라서 밥에다 파묻는단 말이오. 그러면 그것을 이렇게 신랑이 어, 그 밥을 이렇게, 어떤 신랑은 밥을 이렇게 얄추 떠서 먹으면 그 달걀을 깊게 안 파묻으면 어, 쉬 내놓고 깊게 파묻으면 밥을 많이 먹어야 그 달걀이 나오지.

박: 맞습니다.

- 응. 그래 어떤 신랑은 또 이렇게 젓가락으로 파 뒤집어 먹는 것도 있고 그래 하나면 끊어서 절반을 먹고 절반을 안 먹는 신랑도 있고, 그렇지. 그래 그다음에 그거 그 상을 또 그대로 그 채로 물려서 신부가 있는 데에 가져다 점심을 준단 말이오.

박: 그러면 밥도 먹던 것을 그대로 줍니까?

- 응, 그대로. 그저 숟가락이나 뭐나 그저 신랑이 먹던 대로 그대로 내다가 준단 말이오.

박: 그것 더러워서 어떻게 먹습니까?

- 그거 뭐 신랑이 그랬는데 뭐 더럽겠나? (일동 웃음) 그래, 그래 뭐 물이랑 국이랑이야 다른 것 주지. 그래 신부가 또 그 달걀 그저 그 신랑이 끊어 놓은 것을 또 먹고 그러지, 뭐.

박: 아, 그러면 신랑이 달걀을 다 안 먹는단 말씀입니까?

- 응.

소: 반, 반 남겨 놓, 남겨 놓기도 한다고….

- 응, 남겨 놓는단 말이오. 신부 먹으라고.

박: 일단 다 먹으면 어떻게 됩니까? 신랑이?

- 다 먹으문 머, 머 새애기 못 먹디 무스 어띠갠.

박: 못 먹으문 무스거 좋:지, 좋댔닌 일이 있는 게 애임둥?

- 모루디 무슥. 기 거저 어불어 먹으라는 거 거저 혼자 먹갯는가, 그. (웃음)

박: 음, 그문 쥬변에서 다 먹으문 욕우 하겠습구마.

- 기애 어따나 거저 어불어 먹어 둘 사이 거저 서르 거저 사랑하는 그 까닭이지 무 거저.

소: 아매는 어띠했슴두?

- 응?

소: 아매 그 … 아바니.

박: 아바니는 어띠게 잡샀:슴둥?

- (웃음) 모루디.

소: 달갤으 긹엤슴두?

- 긹이댾구 기래! (일동 웃음)

소: 아매 곱아서 긹엤겠습구마.

- 응, 곱아서 긹엔둥 밉어서 긹엔둥 모루디 거사. (웃음)

박: 밉운데 어띠 긹이겠슴둥?

- (웃음) 그 법이 또 그러니께 긹엣는둥 모르디 글쎄.

소: 그문 아매, 그 시댁 그쪽 스집 어른들께 인사를 하고 절을 함두?

- 샘일이구사.

소: 아, 샘일이구사::!

- 응. 기래 그담에는 기래 정심 먹구. 그담에 또 새애기 집에서 신라ᵑ이 새애기 대리구 간단 말이오 제 집우. 개애 가서 또 그 집에 가서, 어:, 신라ᵑ이 집에 가서 새애기 사ᵑ아 받디 무슨. 기애 사ᵑ아 받구서: 그 담에 또 사ᵑ아 다 물린 담에 새애기 집안 둘어오고 어떤 집에서느:: 칩운 때느:: 집안에서 사ᵑ아 받구 덥운 때느:: 바같에서 사ᵑ아 받는단 말이오.

 다 먹으면 뭐, 뭐, 신부가 못 먹지 뭐 어쩌겠나.

박: 못 먹으면 뭐 좋지, 좋지 않은 일이 있는 것이 아닙니까?

 모르지 뭐. 그저 함께 나눠 먹으라는 것을 그저 혼자 먹겠는가, 그. (웃음)

박: 음, 그러면 주변에서 다 먹으면 욕을(비난을) 하겠습니다.

 그래 어찌나 그저 함께 나눠 먹어 둘 사이 그저 서로 그저 사랑하는 그 까닭이지 뭐 그저.

소: 할머니는 어떻게 했습니까?

 응?

소: 할머니 그 … 할아버지가.

박: 할아버지는 어떻게 잡수셨습니까?

 (웃음) 모르지.

소: 달걀을 남겼습니까?

 남기잖고 그래! (일동 웃음)

소: 할머니가 고와서 남겼겠습니다.

 응, 고와서 남겼는지 미워서 남겼는지 모르지 그거야. (웃음)

박: 미운데 왜 남기겠습니까?

 (웃음) 그 법이 또 그러니 남겼는지 모르지 글쎄.

소: 그러면 할머니, 그 시댁 그쪽 시집 어른들께 인사를 하고 절을 합니까?

 삼일이고야.

소: 아, 삼일이고야!

 응. 그래 그다음에는 그래 점심을 먹고. 그다음에는 또 신부 집에서 신랑이 신부를 데리고 간단 말이오 제 집으로. 그래 가서 또 그 집에 가서, 어, 신랑 집에 가서 신부가 상을 받지, 뭐. 그래 상을 받고서 그다음에 또 상을 다 물린 다음에 신부가 집안으로 들어오고 어떤 집에서는 추울 때는 집안에서 상을 받고 더울 때는 바깥에서 상을 받는단 말이오.

박: 오오!

― 개 사진이랑두 띡구 거저 그래, 그래딤. 그래 옛날에느 또 사진 띡는 집이 또 용해:란 말이오. 그으으::! 조매 **상지 새진 못 띡는단 말이오. 기애구 구 담에느 요깃사˜이라가메서 야˜ 떡으 요래:서, 어, 죠꼼 베에서 요래:: 우시르100) 덮어서 야 증편이나 이래 색깔으 그 잔싸으 덮엇던 거 이래 덮어서 기래 새애기 준단 말이오. 기래네느 어떤 새애기덜으:: 이래서 그 윤관이101) 앉은 사램이, 곁에 앉은 사람이 어 끊에 주는 것두 잇구 이래:서, 어, 어떤 새애기덜으느 하분자 끊에 먹는 게. 우시르 먹으네넨: 무스거 어떻다든가? 여자 낳는다던가?

박: 우시를 먹으문 아이 댐둥?

― 그씨 기랴문 여자 나구 떡우 먹으무:: 남자 나구.

박: (웃음)

― (웃음) 그렇다 첫난이. 그 정심사[정심싸], 요깃사 들어온 거. 개애거 그래구서 그 사˜아 내 가구서 그 담에 또 져 정심이라가메서 새애기 밥우, 밥이랑 그래서 갖차서 그래서 또 주디 무슨. 기래고 어떤 새애기덜으:: 고래 고저 약간 떼 먹고 어떤 새애기덜으:: 내 첫감우 이 부락에서 그때 이 합자사102) 기게 우리, 우리 오춘 시조캐 시집이 시조캔데 메니리 삼는 데 가니까 새애기 그 요, 정심, 요깃사 들어온 거 다 먹더라? 처, 첫감 밧소 나 그런 거? 새애기덜 그것두 그거 약간씨 떼에 먹구 아니 먹는데 어, 떡으, 전에 그거 다 먹더란데.

박: (웃음) 그거 다 먹으문 아이 댐두?

― 아니사 무슨 아니 대갠? 그, 그 배고파 그랜두 다 먹드란데. (일동 웃음) 내 처음, 처음 밧소. 사람덜 많이 모이무 부꾸럽아 그랜두 새애기덜은 조매 아니 먹는데, 그거사.

박: 옳습구마.

― 냐

박: 오!

— 그래 사진이랑도 찍고 그저 그러지. 그래 옛날에는 또 사진 찍는 집이 드물단 말이오. 그! 좀처럼 사진 못 찍는단 말이오. 그리하고 그다음에는 요깃상이라고 하면서 응 떡을 요렇게 해서, 어, 조금 베어서 요렇게 웃기떡으로 덮어서 응 증편이나 이런 떡을. 이렇게 색깔을 넣은 웃기떡으로 그 큰상을 덮었던 것을 이렇게 덮어서 그렇게 신부에게 준단 말이오. 그러면 어떤 신부들은 이래서 그 윤관이—앉은 사람이, 곁에 앉은 사람이—어 끊어 주는 경우도 있고 이래서, 어, 어떤 신부들은 혼자 끊어 먹는 경우도 있고. 웃기떡을 먹으면 뭐 어떻다던가? 딸을 낳는다던가?

박: 웃기떡을 먹으면 안 됩니까?

— 글쎄 웃기떡을 먹으면 딸을 낳고 떡을 먹으면 아들 낳고.

박: (웃음)

— (웃음). 그렇다 첫아이. 그 점심상, 요깃상 들어온 것. 그래 그것 그리하고서 그 상을 내 가고서 그다음에 또 저 점심상이라고 하면서 신부 밥을, 밥이랑 그래서 차려서 그래서 또 주지 뭐. 그리고 어떤 신부들은 그래 그저 약간 떼어 먹고 어떤 신부들은 내 처음 이 마을에서 그때 이 합작사(合作社) 그게 우리, 우리 오촌 시조카 시집 시조카인데 며느리 삼는 데를 가니까 신부가 그 요, 점심, 요깃상 들어온 것을 다 먹더라? 처, 처음 봤소. 그런 것을? 신부들이 그것도 그거 약간씩 떼어 먹고 안 먹는데 어, 떡을, 전에 그걸 다 먹더라니까.

박: (웃음) 그걸 다 먹으면 안 됩니까?

— 안 되기야 뭐 안 되겠나? 그, 그 배고파 그랬는지 다 먹더라니까. (일동 웃음) 내가 처음, 처음 봤소. 사람들이 많이 모이면 부끄러워서 그러는지 신부들은 좀처럼 안 먹는데, 그것을.

박: 맞습니다.

— 응.

소: 그문 아매 그 시댁 어른들께 무슨 녜물을, 아매 갖다 바텠습두?

– 오, 기래 삼일이녜녜느 이래서 인살 한단 말이오 야? 시지 시어마니랑 시아바니랑 기야네녀느 음 전에느 이래서 시아버니게르 어 배르[103] 할 때네느 배르 이래서 두루매깃거리 가져갓단 말이오. 기애 가져가구 시어마니게느 옷으 잘해가는 거느:: 속볼부터[104] 보선, 어: 이거 빤쯔부터 이래서: 옷으 다: 아래웃볼으 그래 해가구 보선꺼지 다 해 가오. 갸구 그 ** 수이네[105] 잇으무 다아 해: 가고.

박: 아이구::

– 음: 그 친척으 가까운 제형제는 다아 녜단 놓소. 기야구 이 사춘네랑 잇어두 거저 쟉기 놓디 무. 이래 수건 놓오나 아 무스거 또 그래다니무(<그래다니무) 뭐: 옷감우 견지르[106] 놓오나. 여 이래 다 녜단 놓구 그담에 놓구서 절한단 말이오. 기야두:: 이젼에느, 지금은 야 절하녜느 절값이라메서 도온[toón] 주댾구 어떻소? 한국도 그렇소?

소: 녜.

박: 주우꾸마.

– 기앤데 이젼엔 기래두 없소. 그런 게 없소 거저.

소: 거저 녜단만 바텠습두? 아매?

– 응:. 기애 바티구서 기야구서 거저 절하구 그랫디 무슨. 기야 져 그거 젼에 친척덜으느 다아 친척들이나 기래 그날은 기래 받앗다 다 내애 놔서르 새애기 다 건사르 햇다 이후에 다: 거 주우. 다, 다 놓가 주우.

박: 녜:.

– 기얨 다 갖지 무. 기래 가지구서 그담에느 집보기르[107] 한다메서 어, 음식이 해 놓구서 이래 한 때씩 모돠서 다 놀아 **머엉댠[mɔɔŋdám] 말이오. 냐˘. 집보기 한다:메서.

박: 그러문 집보기할 때는 그 친척들이 다 모다서 한내 먹고 하겠소꾸마.

– 야˘! 다 모다서 그 새애기 집보기한다메서 거저 친척들 다: 모다서

소: 그러면 할머니 그 시댁 어른들께 무슨 예물을, 할머니가 갖다 바쳤습니까?

– 오, 그래 삼일(三日)이면 이래서 인사를 한단 말이오 응? 시집 시어머니랑 시아버지랑 그러면 음 전에는 이래서 시아버지께 어 베[布]를 할 때면 베를 이래서 두루마깃감(두루마기 거리)을 가져갔단 말이오. 그래 가져가고 시어머니께는 옷을 잘 해 가는 사람은 속옷(속벌)부터 버선, 어 이거 팬티부터 이렇게 옷을 다 아래윗벌을 그래 해 가고 버선까지 다 해 가오. 그러고 그 시누이네가 있으면 다 해 가고.

박: 아이고!

– 음. 그 친척을 가까운 제 형제는 다 예단 넣소. 그러고 이 사촌네랑 있어도 그저 적게 놓지 뭐. 이렇게 수건을 놓거나 뭐 또 그러잖으면 옷감을 무슨 견지를 놓거나. 이렇게 다 예단 놓고 그 다음에 놓고서 절한단 말이오. 그래도 이전에는, 지금은 응 절하면 절값이라면서 돈을 주잖고 어떻소? 한국도 그렇소?

소: 예.

박: 줍니다.

– 그런데 이전에는 그래도 없소. 그런 게 없소 그저.

소: 그냥 예단만 바쳤습니까? 할머니?

– 응. 그렇게 바치고서 그러고서 그저 절하고 그랬지 뭐. 그래 저 그거 전에 친척들은 다 친척들이나 그래 그날은 그렇게 받았다가 다 내놓아서 새색시가 다 보관을 했다가 이후에 다 그거 주오. 다, 다 나눠 주오.

박: 예.

– 그러면 다 가지지 뭐. 그렇게 가지고서 그다음에는 '집보기'를 한다 하면서 어, 음식을 해 놓고서 이렇게 한 때씩 모여서 다 놀고 먹는단 말이오. 응. '집보기'를 한다면서.

박: 그러면 '집보기' 할 때는 그 친척들이 다 모여서 함께 먹고 하겠습니다.

– 응! 다 모여서 그 새색시 반살미를 한다면서 그저 친척들이 다 모여서

기래 어, 한때 먹디 무슨.

소: 그믄 집보기할 때 아매 재빌루 다: 머 음석을 함두?

― 응, 같이[가티] 하딤.

소: 새애기?

― 새애기 같이[가티] 하디 무슨.

박: 오오::!

소: 새애기 바빠서 어띠 함두?

― 바빠서. 발쎄 샘일이 기나문사라 무스 새애기 애닌디 무스!

소: (웃음) 그렇슴두?

― 응.

소: 헌애김두?

― 응! 샘일이 기나문 발쎄 집에서두 이: 밥이랑 하구:: 그래오.

소:, 박: 오오::!

― 샘일꺼지느 우리 올때란는 넷날에: 견냐 아니하구 바안애서 먹엇소. 기랫는데 샘일이 기난 담에느 발쎄:: 그 이 때랑 하오. 기애구 이, 이 거 두매질도108) 하고 일 하오. 기애 집보기르 할 적에느 돌아댕기메 같이[가티] 맨들어서 같이[가티] 먹소.

소: 아매 새애기 그 처암 와서 샘일 기나고나서부터는 머 섧운 일은 없었슴두?

― 무순 섧운 일 잇갠:? 그때사 무슨 새애긴게 무슨.

박: (웃음)

― (웃음)

소: 다들 고옵다 곱다 했슴두?

― 그럼! 거저 그집에 가서 무시기나 모루다나니 처음이다나니 야 어 어뚷게 하는가:: 거저 그래 시기는 대르 하구 야. 개애 말 잘 듣구 거저 그렇디. (웃음)

소: 그 집이 이 집임두?

그래 어, 한 끼 먹지 뭐.

소: 그러면 '집보기' 할 때 할머니가 직접 다 뭐 음식을 합니까?

ㅡ 응, 같이 하지.

소: 새색시가?

ㅡ 새색시가 같이 하지 뭐.

박: 오오!

소: 새색시가 힘들어서 어떻게 합니까?

ㅡ 힘들어서. 벌써 삼일이 지나면야 뭐 새색시가 아닌데 뭐!

소: (웃음) 그렇습니까?

ㅡ 응.

소: 헌 색시입니까?

ㅡ 응! 삼일이 지나면 벌써 집에서도 이 밥이랑 하고 그러오.

소:, 박: 오오!

ㅡ 삼일(三日)까지는, 우리가 시집올 때는 옛날에 저기 일을 안 하고 방 안에서 먹었소. 그랬는데 삼일이 지난 다음에는 벌써 그 이 끼니랑 하오. 그리고 이, 이 설거지도 하고 일을 하오. 그래 '집보기'를 할 적에는 돌아다니며 같이 만들어서 같이 먹소.

소: 할머니 새색시 그 처음 와서 삼일 지나고나서부터는 뭐 서러운 일은 없었습니까?

ㅡ 무슨 서러운 일이 있겠나? 그때야 뭐 새색시인데 뭐.

박: (웃음)

ㅡ (웃음)

소: 다들 예쁘다 예쁘다 했습니까?

ㅡ 그럼! 그저 그 집에 가서 무엇이나 모르다 보니 처음이다 보니 응 어, 어떻게 하는가 그저 시키는 대로 하고 응. 그래 말 잘 듣고 그저 그렇지. (웃음)

소: 그 집이 이 집입니까?

－ 아니우!

소: 애넘두?

　－ 냐ˇ.

소: 어디였슴두?

　－ 져기 지금은 그:, 이: 너메 가녜느 양어쟈ˇ이 잇슴니. 그 양어쟈ˇ 꼬
라ˇ 도::짝에 우리 쿤집이 더 기애집이 쿤집이 잇엇는데 그집이 우리 집이
없다나니 그짓 샤라에109) 잇엇단 말이오.

박: 아아!

　－ 사라르,110) 집이 잇는, 잇는게 어 샤라이 솔아서 그지 큰지 바안으
르 스집왓디 무. 기애 겡게 잇엇단 말이오.

박: 그럼 영게는 언제 오셨슴두?

　－ 여기르:: 어전 온 데111) 야 한 오십년 거이 대오 이 집우. 우리 기랴
구서 그기 샤라에 잇다서 그때 토지개혁때[토지개역때] 이래서 집우 어
분배 탓단 말이오. 기래 분배 타서 거기 사쟈 올라가서 집이 쪼오꼬만 집
이 잇다서 우리 나그네 우리 큰딸이 져내 두 돌씨 날으 떡:: 군대갓단 말
이오. 죠선 항미원조112) 군대갓디 무.

박: 아, 그렇슴둥?

　－ 야ˇ. 기애 군대가니꺼더나, 어, 거기서 우리 시아바니가 내 같이[가
티] 그냥 농사질으 하다서 어 이기 우리 쿤집 마을으 따라서 내레오갯다
구서 기래 이지 이 터르 집우 싸구서 초가집인게 영: 오란 녯날집인게. 집
우 싸구서 기래 이샐해 왓디 무슨.

박: 이 집이 을매나 오래댄, 오라댄 집인지.

　－ 이샐해 와서 어 그 집에 잇다서 그 이게 오십 몇년도에 그 쿤물이
데시적에113) 이 집이 물이 들엇단 말이오.

박: 오오::!

　－ 개 물이 둘어서 야ˇ 아 물이 저낙에는 이래서 이 아랫마다ˇ에는 들

- 아니오!

소: 아닙니까?

- 응.

소: 어디였습니까?

- 저기 지금은, 그, 이 너머에 가면 양어장이 있소. 그 양어장 고랑 조쪽에 우리 큰집이 저 기와집이 큰집이 있었는데 그 집이, 우리가 집이 없다 보니 그 집 광(창고)에 있었단 말이오.

박: 아아!

- 광(창고)으로, 집에 있는, 집에 (광이) 있는데 응 광이 좁아서 그 집 큰집 방안으로 시집왔지 뭐. 그래 거기에 있었단 말이오.

박: 그럼 여기는 언제 오셨습니까?

- 여기로 이제는 온 지가 응 한 오십 년 거의 되오, 이 집을. 우리 그러고서 거기 사랑에 있다가 그때 토지개혁 때 이래서 집을 응 분배 받았단 말이오. 그래 분배 받아서 거기 살자고 올라가서, 집이 조그만 집에 있다가 우리 남편이 우리 큰딸이 저기 두 돌 되는 날 턱 군대를 갔단 말이오. 조선 항미원조의 군대에 나갔지 뭐.

박: 아, 그렇습니까?

- 응. 그래 군대에 나가니까는, 응, 거기서 우리 시아버지랑 내가 같이 그냥 농사를 짓다가 응 여기 우리 큰집 마을을 따라서 내려오겠다고 해서 그래 이 집 이 터를 집을 사고서, 초가집인데 아주 오래된 옛날집인데. 집을 사고서 그래 이사를 해 왔지, 뭐.

박: 이 집이 얼마나 오래된, 오래된 집인지.

- 이사를 해 와서 응 그 집에 있다가 그 이게 오십 몇 년도에 그 큰물이 졌을 적에 이 집에 물이 들었단 말이오.

박: 오오!

- 그래 물이 들어서 응 아 물이 저녁에는 이래서 이 아랫마당에는 들

엇는데 아니 져 밤에 자다나니 새박인디 야 물이 들어 또 돼지 이래서 굴 안에 둘:이 큰: 기 잇엇단 말이오. 기앤 게 그 돼지 굴에 물이 차니꺼더나 어 막 거저 소리티오. 구담에 깨나 보니꺼던 물이 거저 시퍼렇기 이 앞이 다 들어왓디 무슨.

박: 야아!

— 어 기래서 그 짐우 이거 거저 싹 또 물이 아니 든 짓 사람들이 와서 모다서 이 뒤에다서 이, 이거 거저 유지르 페구서 내:다서 고거 놓구 베랑 거저 마다~에 논 거 거저 숱한 베란 내다놓구 베르 그때 우리 창꼬 더::기 잇엇소. 더: 건네 이 전에 집첼르114) 하다:서 어 당가 나니꺼더나 집체창 꼬르 우리 탓단 말이오. 개애 그 창꼬에다 벨 넣언 게 베 창꼬에 글쎄 물 이 쪼옥 둘와서 베 싹 젖엇디 무슨. 기야 짐우 싹 이리 내:다놓구 기래구 서 가매르 더기다 걸어놓구 기야구 더 나무께다서 막우 매구서115) 기랴구 서 한 덜이나 남아 잇엇소. 칠월 그게 열싸흘에 음녁을르 열싸흘에 물이 덧는데 아 팔월 추석날 이 집우 짖구서 기랴구서 어 초벽으116) 붙이구서 [부티구서] 바같이 구내 판::한게 문이 없어서 거저 이 낡은 집 문우 고저 지써 이래서 세워놓구 그런데 뜩 들엇단 말이오. 야:: 져 그때꺼지 바같에 서 밥하쟈니[바바쟈니] 어, 아츰이네네느 아츰 하쟈네느 손이 스리구 귀 스레서 수건으 이래 내리싸구 그래구 살앗단 말이오. 야::, 정마 그때 쌔 기 고생햇어!

박: 긱당맥했겠습구마.

— 음. 피낟쌀으 먹는데 쌀으 이래서 피낟으 띠개르117) 떼서 말리와서 하갯:는데 구둘판에 물이 두다나니꺼더나 이 구둘이 거저 이 공고리 다 물이 이 부수깨르 다 물이 꼴똑 차서 데기 지금 물 들엇던 이게 줄이오, 이게. 이, 이, 이게.

박: 아, 그렇습두?

— 냐~. 물띠118).

었는데 아니 저 밤에 자다 보니 새벽인데 응 물이 들어 또 돼지 이래서 우리 안에 둘이 큰 게 있었단 말이오. 그런 게 그 돼지가 우리에 물이 차 니까는 응 막 그저 소리치오. 그 다음에 깨어나 보니까는 물이 그저 시퍼 렇게 이 앞에 다 들어왔지 뭐.

박: 야아!

– 어 그래서 그 짐을 이거 그저 싹 또 물이 안 든 집 사람들이 와서 모 여서 이 뒤에다가 이, 이것 그저 유지(油紙)를 펴고서 내다가 놓고 벼랑 그 저 마당에 놓은 것 그저 숱한 벼랑 내다놓고 벼를 그때 우리 창고가 저기 있었소. 저 건너 이전에 집체(集體)를 하다가 개체로 바뀌면서 어 당가(當 家, 이 집이) 빈집으로 나오니까 집체창고를 우리가 받았단 말이오. 그래 그 창고에다 벼를 넣은 게 버 창고에 글쎄 물이 쪽 들어와서 벼가 싹 젖었 지, 뭐. 그래 짐을 싹 이리 내다 놓고 그러고서 솥을 저기다 걸어놓고 그러 고 저 나무 있는 데에다 막을 짓고서 그러고서 한 달이나 남아 있었소 칠 월 그게 열사흘에 음력으로 열사흘에 물이 졌는데 아 팔월 추석날 이 집을 짓고서 그러고서 응 초벽을 바르고서 바깥에 구멍으로 밖이 훤히 내다보 이는데 문이 없어서 그저 이 낡은 집 문을 그저 대강 이렇게 해서 세워놓 고 그런데 떡 물이 들었단 말이오. 야, 저 그때까지 바깥에서 밥하려니, 응, 아침이면 아침밥 하려면 손이 시리고 귀가 시려서 수건으로 이렇게 내려 싸고 그렇게 하고 살았단 말이오 응. 야! 정말 그때 몹시 고생했어.

박: 기가 막히셨겠습니다.

– 음, 핍쌀을 먹는데 쌀을 이래서 피(稗)를 '띠개'를 쩌서 말려서 내겠 는데 방바닥에 물이 들다 보니까 이 방구들이 그저 이 콘크리트가 다 물 이 이 부엌으로 다 물이 가득 차서 저기 지금 (보이는 저게) 물이 들었던 그 줄이오, 이게. 이, 이, 이게.

박: 아, 그렇습니까?

– 응. 물띠.

박: 저 까::맑게 요렇게 댄 게 이 쪽에.

– 냐̌

박: 줄임둥?

– 이 물이 다 들어오넨 가매랑 싹 빼애 놔야. 빼 내애갓소 이 가매르. 이 구두판우 거저 이 장판 거저 요래 가만:: 내 이래서 싹 걷어내 놓구서야̌ 요 문툭에 앉아서 문우 이거 져내 싹 닫아낫디 무. 문우 열어놓오네느 야̌ 이 물이 들메서 집이 응축이서 문 닫기댄다구. 기야구서 앉아보네느 요 구둘잇돌 **놓오노 어떤 어간에는 거저 물이 뽈:록 올라오고 뽈:록 올라오고 이렇드란 말이오.

박: 아이고::!

– 응. 기야 첫감에사 이게 이 물이 고저 이 문툭이 아니 넘어나니꺼더나 아니 들어오는가:: 하는게 야̌ 요 바람구셕일루 야̌ 이게 바같이 몰개니꺼더나 물이 숨새서[119] 이래 부수깨 앞이 야̌ 물이 뚝 찼단 말이오. 기얘니까 그거 보니까 이 서쪽으르 이 져 이래 물이 들온 게 서쪽에 물이 이래 집우 또 물이 둘거싸구서 집이 떡 셤도터랑[120] 한번 물한판에 잇소.

박: 아이구! (웃음)

– 기얀게 이 개자릴르[121] 야̌ 구석 개자릴르 물이 둘와서 이래 구둣고래 나오메서 젖어서. 에구! 그렇기 고새̌햇단 말이오. 에우::!

박: 아이구::!

– 야̌:, 기랴 이 집우 짛는데 거저 우리 큰지 시조캐 무 집우 짛는 게. 아니 마가 아니 들어서 이 낭그 깎아서 셰우구. 그래 비 너모:: 와서 기애 거저 집우 짛는 사람이 목순데 거저 채소[122] 잇소? 그 사람은 거저 아 쟈̌아 끓이구서 거저 풋고치르 이래서 뜯어 놓아서 기래니 쟈̌아 잘 먹소. 기얘 피난밥에다 거저 기래 때르 해 멕이메서 기라메서 집우 짛엇단 말이오. 기야구 이거 집우 짛어놓오니꺼더나 이거 벡으 바르는데 요거 거저 벡으 이랴서 자꾸 손을르 이래 바르다나니 내 손이 요거

박: 저 까맣게 요렇게 된 게 이 쪽에.

– 응.

박: 줄입니까?

– 이 물이 다 들어오면 솥이랑 싹 빼 놔야. 빼 내 갔소, 이 솥을. 이 방바닥을 그저 장판 그저 요렇게 가만히 내가 이렇게 싹 걷어내어 놓고서 응 요 문턱에 앉아서 문을 이거 저기 싹 닫아놨지, 뭐. 문을 열어놓으면 응 이 물이 들면서 집이 응축(凝縮)이 돼서 문이 닫히지 않는다고. 그러고 서 앉아 보니 요 구들돌을 놓은 것이 어떤 틈(사이)에서는 그저 물이 뽈록 올라오고 뽈록 올라오고 이렇더란 말이오.

박: 아이고!

– 응. 그래 처음에야 이게 이 물이 그저 이 문턱을 안 넘어오니까 안 들어오는가 했는데 응 요 바람벽 구석으로 응 이 바깥이 모래다 보니 물 이 스며 나와서 부엌 앞에 물이 떡 찼단 말이오. 그러니까 그거 보니까 이 서쪽으로 이 저 이래 물이 들어온 것이, 서쪽에 물이 이렇게 집을 또 물이 둘러싸니 집이 떡 섬처럼 한번은 물 한가운데에 있소.

박: 아이고! (웃음)

– 그런데 이 '개자리'로 응 구석 '개자리'로 물이 들어와서 이렇게 방 고래로 나오며 젖어서. 에구! 그렇게 고생했단 말이오. 에구!

박: 아이고!

– 응, 그래 이 집을 짓는데 그저 우리 큰집 시조카가 뭐 집을 짓는 사 람이지. 아니 장마가 안 들어서 이 나무를 깎아서 세우고. 그래 비가 너무 와서 그래 그저 집을 짓는 사람이 목수인데 그저 반찬이 있소? 그 사람은 그저 아 장을 끓이고서 그저 풋고추를 이래서 뜯어 놓아서 그리하니 장을 잘 먹소. 그래 피밥에다 그저 그렇게 끼니를 해 먹이면서 그러면서 집을 지었단 말이오. 그러고 이거 집을 지어 놓으니까는 이거 벽을 바르는데 요 거 그저 벽을 이렇게 해서 자꾸 손으로 이렇게 바르다 보니 내 손이 요거

거저 안배(안빼)¹²³⁾ 거저 꽈리 닉은거터르 거저 야실야실야실 해앳소 거저.

　박: 아 그렇슴두?

　– 냐ˉ. 그렇기 발랏어. 기래 흙벽이 해애서 그때사 무슨 홧갈기 잇소? 그러기 흙벽이 해서 고저 발라서 그것두 고래서 매질으¹²⁴⁾ 잘하무 벡이두 반질반질한 게 곱다구 자꾸 요래 문질구메서 그랫단 말이오. 기야구 이 가매르 거, 걸구서 어 녯날에 공고리 잇소? 그때? 공고릿갈기 잇어두 돈이 없어서 싸디 못하다나니까나 우리 딸이 야ˉ 잴르서 야 그때는 또 한참 재, 재공고릴 한다::메서 그래 하는 집이 잇엇소. 개 재르 이래 니게서 야 왜손을르서 이래서 이 공고리르 이래서 자꾸 해 나무 개무 이 반들반들한 게 좋운데 야 물이 떨어디네느 재다나니꺼더 이래 닐어난단 말이오. 개애 그담에는 기게 또 닐어난 거 어디서 어 쪄내 집이랑 짛는데 이래 물쿤 데서 혼: 공고리르 언어다서 야ˉ 그 덩지르 이룽기 지은 거 그거 가아 글쎄 언어다서 석매애다서¹²⁵⁾ 구부레서 석매라고서는 잇재니우?

　소:, 박: 녜.

　– 돌 구부레라. 우리 더기 지금 구부레¹²⁶⁾ 한내 잇소. 구거 이래서 놓구서 이래 가 사람이 끄서서 구부레서.

　소:, 박: 아이구::!

　– 기래 채에다 처서. 기얘 이 공고리라는 게 기게 오란 공고리다나니 진이 나가서 안 개:진단 말이오.

　박: 옳습구마.

　– 냐ˉ. 기야 공고리르 햇다서 이거 쪄 공고릿갈그 그때 이거 한 토리¹²⁷⁾ 쌀 가지구서 이거 이래 우리 딸이 이거 다: 햇단 말이오. 공고리 요거 그래 한 게 직금두.

　박: 딸이, 따님이 햇슴두 요거를? 여자가 다 햇단 말임두 그럼?

　– 응?

　박: 여자가 이걸 다 했단 말임둥?

그저 손바닥의 안쪽 살이 그저 꽈리 익은 것처럼 그저 야실야실야실했소[128] 그저.

박: 아 그렇습니까?

– 응. 그렇게 발랐어. 그래 흙벽을 해서, 그때야 무슨 횟가루가 있소? 그렇게 흙벽을 해서 그저 발라서 그것도 그래서 '매질'을 잘하면 벽도 반질반질한 게 곱다고 자꾸 요렇게 문지르면서 그랬단 말이오. 그리고 이 솥을 거, 걸고서 어 옛날에 콘크리트가 있소? 그때? 콘크리트 가루(시멘트)가 있어도 돈이 없어서 사지 못하니까 우리 딸이 응 재로 응 그때는 또 한참 재, 재 콘크리트를 한다고 하면서 그렇게 하는 집이 있었소. 그래 재를 이렇게 이겨서 응 흙손으로 이렇게 해서 이 콘크리트를 이렇게 해서 자꾸 해 놓으면 그러면 이 반들반들한 게 좋은데 응 물이 떨어지면 재이다 보니 이렇게 일어난단 말이오. 그래 그다음에는 그게 또 일어난 것 어디서 응 저기 집이랑 짓는 데 이래 허문 데서 헌 콘크리트를 얻어다가 응 그 덩이를 이렇게 지은 것 그것을 개가 글쎄 얻어다가 연자방아를 굴려서, 연자방아라고 있잖소?

소:, 박: 예.

– 돌 '구부레'라고. 우리 저기 지금 '구부레'가 하나 있소. 그거 이렇게 해서 놓고서 이렇게 가 사람이 끌어서 굴려서.

소:, 박: 아이고!

– 그래 체에다 쳐서. 그래 이 콘크리트라는 게 그게 오래된 콘크리트이다 보니 점성이 없어져서 안 개어진단 말이오.

박: 맞습니다.

– 응. 그래 콘크리트를 했다가 이거 저 콘크리트 가루를 그때 이거 한 토리의 쌀을 가지고서 이거 이렇게 우리 딸이 이거 다 했단 말이오. 콘크리트 요것 그렇게 한 게 지금도.

박: 딸이, 따님이 했습니까, 요것을? 여자가 다 했단 말입니까 그럼?

- 야~!

박: 우와::! (웃음)

- 기야 이 후런이¹²⁹⁾ 쌓아서 흙우 바르구 기래 여자가 왜손질하메서 이래 하구 요 위에다서 요래구 기래 하구서는 내 또 이거 야~ 코~오 이래서 싹 줏떠:서 기래 헝겊이에다¹³⁰⁾ 싸서 이래 그 줍이 나오대니오?

박: 옳습구마.

- 기얀 거 이 공고리 곰만 한 데다 이래 자꾸 발랐단 말이오.

박: 예.

- 이래 바르구서 이거 싲으니꺼더나 이릏:기 대~이 나서. 어전 이 기래다나 이 공고리 이게 무스 어전 한 뉵십년 대오.

박: 아아!

- 걔 이 바당이랑¹³¹⁾ 바댁이 다 햇던 게 이게 글쎄 물이 디니꺼더 수도 이게 탁 꺼데들어갓단 말이오. 기래 더기 금이 나서 뎌렇대니우? 져기 금이 나서 기애 수도 꺼데들어간 거 또 이 흙으 메꾸구서 재빌르 다시 한 게 견디대닙데¹³²⁾. ***

박: 으음::.

- 걔 어저 이게 다 금이 나셔 이게 다 다 어저느 벌어디는구만 이게
영: 마사디기¹³³⁾ 전에 내 죽어야 대갯는데 (웃음) 죽어야 대갯는데 누기 또 고사~시기갯소. 에구::. 음::, 고저 벨라벨란 고사~ 다 햇:소. 에우::. 음::. 홰칠두 어저느, 기야구 횃갈기¹³⁴⁾ 나디니꺼더나 횃갈기두 이거 첫감에느 거저 어디서 남이 내:놓는 거 걔:다서¹³⁵⁾ 집안으 거저 요래 한칸마 요래 햇다서 또, 또 죠꼼 죠꼼 기래 여자니꺼더나 야 딸이 잇으니꺼더나 집우 거두는데는 거저 기야구 기래서 요 죠꼼죠꼼 하던 게 또 바같이꺼지 햇:디. 기애 이거 몇해젼에 어저느 한 데 삼년이 대오. 몇해젼에꺼지느 내 이 햇갈그

－ 응?

박: 여자가 이걸 다 했단 말입니까?

　－ 응!

박: 우와! (웃음)

　－ 그래 이 화덕을 쌓아서 흙을 바르고 그래 여자가 흙손질하면서 이렇게 하고 요 위에다가 요렇게 하고 그렇게 하고서는 내가 또 이거 응 콩을 이렇게 해서 싹 짓찧어서 그래서 천에다 싸서 이러면 그 즙이 나오잖소?

박: 맞습니다.

　－ 그리한 것을 이 콘크리트 방금 한 데다 이렇게 자꾸 발랐단 말이오.

박: 예.

　－ 이렇게 바르고서 이거 씻으니까 이렇게 댕이(윤기) 나서. 이젠 이 그러다 보니 이 콘크리트가 이게 뭐 이젠 한 육십 년 되오.

박: 아아!

　－ 그래 이 바당이랑 부엌 바닥을 다 했던 게 글쎄 물이 지니까 수도 이게 탁 꺼져 들어갔단 말이오. 그래 저기 금이 나서 저렇잖소? 저기 금이 나서 그래 수도가 꺼져 들어간 것 또 이 흙을 메우고서 직접 다시 한 게 견고하지 못데. ***

박: 으음.

　－ 그래 이제 이게 다 금이 나서 이게 다 다 이제는 벌어지는구면 이게 아주 부서지기 전에 내가 죽어야 되겠는데. (웃음) 죽어야 되겠는데 누구를 또 고생시키겠소 에구. 음, 그저 별난 고생을 다 했소 에구! 음. 회칠도 이제는, 그리고 횟가루가 처음 나오니까는 횟가루도 이거 처음에는 그저 어디서 남이 내 놓는 것을 가져다가 집안을 그저 요렇게 한 칸만 요렇게 했다가 또, 또 조금씩 조금씩 그래 여자니까 응 딸이 있으니까 집을 거두는데 그저 그리고 그래서 요 조금씩 조금씩 하던 게 또 바깥까지 했지. 그래 이거 몇 해 전에 이제는 한 지 삼 년이 되오. 몇 해 전까지는 내가 이 횟가루를

물으 풀어서 걸싸~에 올라서서 이래 했는데 어 직금은 어립아 올라 못 션 단 말이오.

박: 옳습구마.

– 냐~. 더 우리 절멕이[136] 마지막을르서 전에 한 데 이제 삼 년 됏:는 데 지금 이 올해느, 올해나 하갠:둥 모루갯소. 게 이 야라 해 대네느 옴마[ommá] 난단데.

박: 예, 옳습구마.

– 냐~. 기야구 남이 이래서,[137] 지부이 이게 이게 이렇게 죠애르 안 붙이구 이래 세까다리 거저 흙으 발랏단 말이오.[138] 그릏기 잇던 게 남이 다: 이래 신문을르서나 도벽한[tobyəgʰaŋ] 게 거저 너모:: 붉어서 기애니까 우리 셋째 이래 오리대르[139] 이래 낭그[140] 떡어다서 이래서 천쟈:~ 오리대르 이래 눌러주구서 그담에 신문쟈~이[심문쨔~이]] 밑에다 발라서 이래 천쟈:~ 발라 이 신문으 몇 벌 발랏소 어전. 이 신문우 바른 게 어전 삼년 댓는데 내 삼 년 전에 이거 바르메서 어전 이래 바르무 내 이거 이거 그냥 마감하겟다 한 게 어전 삼년 돼니 또 신문이 이릏기 누우렇기 됏단 말이오.

박: 옳습구마. (웃음)

– 야~. 기야구 남이 다:: 유관등[141] 놓구 이래니꺼더나 전기, 전기 쎠두[142] 나는 야 전기 많이 쓴다구서 십오촉으[143] 그냥 쎴소. 십오촉으 쓰구 져낙이네네느 어, 어어득해두[어어드개두] 영 이기 아니 배울 때구사 불우 케디 안 켓디 무스 전기 이 많이 쓴다구서. 기랴 안 쓰는데 우리 아들이 그냥 욕하디[요가디] 무슨. 불 쎠대앻구 기랜다구서. 기야든 게 남 유관 드:논게 너무:: 붉어서 거저 기랴무 사십촉이나 쎠 본다:: 하구서 기래 십오촉으 쎠다서 이십오촉 쎠다 사십촉으 쎠다서 이 유관두 이거 우리 큰아들이 놔: 주더란데. 기애 놔주니꺼더나 그담에 그 때느 이래서 우리 아바니 군대르 가::구 기애구 우리 큰아들두 군대르 가::구.

물을 풀어서 걸상에 올라서서 이렇게 칠했는데 응 지금은 어지러워 못 올라선단 말이오.

박: 맞습니다.

– 응. 저 우리 막내가 마지막으로 전에 한 지가 이제 삼 년이 됐는데 지금 이 올해는, 올해나 하겠는지 모르겠소. 게 이 여러 해가 되면 (금이) 옳아 난다다니까.

박: 예, 맞습니다.

– 응. 그리고 남이 이래서, 지붕이 이게 이게 이렇게 종이를 안 붙이고 이렇게 서까래 그저 흙을 발랐단 말이오. 그렇게 있던 게 남이 다 이렇게 신문 등으로 도배한 게 그저 너무 부러워서 그러니까 우리 셋째가 이렇게 나무오리 대로, 이렇게 나무를 찍어서 이래서 천장을 나무오리 대로 이렇게 눌러주고서 그다음에 신문지(新聞紙)를 밑에다 발라서 이렇게 천장을 발라, 이 신문을 몇 벌 발랐소, 이젠. 이 신문을 바른 것이 이제 삼 년이 됐는데 내가 삼 년 전에 이거 바르면서 이젠 이렇게 바르면 내가 이 천장에 신문 바르는 일은 이것으로 그냥 끝내겠다 한 게 이젠 삼 년이 되니 신문이 이렇게 누렇게 된단 말이오.

박: 맞습니다. (웃음)

– 응. 그리고 남이 다 유관등도 놓고 이러니까 전기, 전기를 써도 나는 응 전기 많이 쓴다고서 십오 촉짜리 전구를 그냥 썼소. 십오 촉을 쓰고 저녁이면 응, 어둑해도 아주 이게 안 보일 때에만 불을 켜지 안 켰지 뭐 전기를 많이 쓴다고 해서. 그래 안 쓰는데 우리 애들이 그냥 뭐라 하지 뭐. 불 켜지 않고 그런다고서. 그러던 게 남이 다 유관등을 들여놓은 게 너무 부러워서 그저 그러면 사십 촉이나 켜 본다 하고서 그래 십오 촉을 켜다가 이십오 촉을 켜다 사십 촉을 켜다가 이 유관등도 이거 우리 큰 아들이 놔 주더라니까. 그래 놔 주니까 그다음에는 그때는 이래서 우리 남편 군대를 가고 그리고 우리 큰아들도 군대를 가고.

박: 아아!

- 응. 기애 셋째두 군대르 갓다오구 큰아들이 갓다오구 우리아바니 죠선 항미원조 나갓다와서 잠패[144] 받아서 어:: 삼, 삼등갑이 잠패, 잠팰르. 개애다 상세나니꺼더나 없소. 잠패금이랑 나오든 기 없소. 기애다 거저 마감에 거저 어 잠패 받다나니꺼더 이 오굼우[145] 바르 못 쓰구 가슴이꺼지 이릏기 부처줌 기애 막:: 거저 마감에 거저 광길 쓰메서 그릏기 한달 넘어 거저 푸~이 턱:: 그래서 해롭아서[146] 걔 상세낫소. 갠데 너모:: 그렇기 광길 쓰다나니 이기디 못해서 병원두 못 갓어.

박: 으음.

- 옷은 닙헤노네느 거저 어뚷기 *** 그저 닐어나쟈구 거저 애 쓰구 고저 이라메서 막 뻣어데디구 고저 막 거저 속에 불이 난다메서 니불이랑 두 거저 막 뜯어데디구 거저 이래메서 기래. 기래 병원도 못 갓소. 기애다 고저 한달 풍이 해롭아서 상세낫소. 어전 딱 십년이 대오.

박: 예.

- 기애메서 내게 음:: 니른서에 상세낫는가? 기앤데 내 기랫디. "아구::! 상세나무 나두 널래 빨리 죽우랴르 그래라!" 데레가라메서 이래니꺼니, "내 살아서두 몸 어띠 못하는 게 내 죽어서 무순 맥이 잇어서 그리하는가." 이래던 게, "어전 나이 내마 어린 게 한 삼년 더 사오." 하던 게 어전 십년 더 살앗소. (웃음)

박: 아아!

- 응. 그래 셋째도 군대를 갔다 오고 큰아들이 갔다 오고. 우리 할아버지(=남편)는 조선 항미원조에 나갔다 와서 장애인 연금을 받아서 응, 삼등갑(三等甲)에 해당하는 연금, 연금을, 그러다 돌아가시니까 (그 연금이) 없소. 장애인 연금이랑 나오던 게 없소. 그러다 그저 마지막에 그저 응 연금을 받다 보니, 그저 다리를 바로 못 쓰고 가슴까지 이렇게 부추겨 주면, 그래 막 그저 마지막에 광기(狂氣)를 쓰면서 그렇게 한 달 넘어 그저 풍이 턱 그래서 편찮아서 그래 돌아가셨소. 그런데 너무 그렇게 광기를 쓰다 보니 이기지 못해서 병원도 못 갔어.

박: 음.

- 옷은 입혀 놓으면 그저 어떻게 *** 그저 일어나려고 그저 애 쓰고 그저 이러면서 막 벗어 버리고 그저 막 그저 속에 불이 난다면서 이불이랑도 그저 막 뜯어 버리고 그저 이러면서 그래. 그래 병원도 못 갔소. 그러다 그저 한 달 풍을 앓다가 돌아가셨소. 이제 딱 십년이 되오.

박: 예.

- 그러면서 내게, 음 …, 일흔셋에 돌아가셨는가? 그런데 내가 그랬지. "아이고! (당신이) 죽거든 나도 어서 빨리 죽도록 그래라." 나를 데려가라면서 이러니까, "내가 살아서도 몸을 어찌하지 못하는 사람이 내 죽어서 무슨 힘이 있다고 그리하겠는가." 이러던 게, "이젠 나이가 나보다 어리니 한 삼 년 더 사오!" 하였는데, 이제는 십 년 더 살았소. (웃음)

2.3. 길쌈하기와 음식 만들기

고딕체 조사자(소신애, 박진혁)
－   제보자(김경자)

소: 아매, 넷날에 그 베틀 이른 걸로 그 천:도 짜고 이랬슴두 아매?

－ 냐, 나두 저 대쑤 그때 시지와서 몰랏디 무슨. 나두 모르구, 그른거 삼우라 삼는 거 그런거 몰랏단 말이오. 개단(<개다나니) 시지와서 우리 시어마니 그른 거 하압데 야. 개애 그거 자꾸 시쥬해 우리 시어마니 이래 안직 배우댆에서 그거 께에두 주구 기라메서 자꾸 기래다나니꺼더 눈에 닉어서 쬬꼼 알앗디. 기래서 삼이랑 삼꾸 배두 짜는 거 어, 시어마니 짜는 거 드문드문 한번씩 짜보구 이랫단 말이오. 기애두, 걔두 내 도맡아서는 아니해밧단 말이오.

박: 오::!, 그랬슴둥?

－ 음.

소: 어, 그러면은:: 그 베 짤 때 머 쟤미난 거 있었던 일 있슴둥?

－ 배 짤 직에 고게 천이 다: 올라가는 게 그게 재밋디 무슨. (일동 웃음)

소: 스어마니랑 베 짜:던 니얘기 좀 쫌: 더 해 쥬웁소.

－ 배 짜던 내애기르?

소:, 박: 네.

－ 애고::!.

소: 하루에, 할를에 얼마나 짰:고 머...

－ 할럴에 배르 거저 그냥:: 앉아서 아츰 전부터 짜오. 그거느 야 이릏기 누기 난 날이무 좋단 말이오 얼이[ɔri] 끈어 안 디우. 해 난 날은 바짝 나문 이래 실이 재와서[147] 끈어딘단 말이오. 냐, 기래서 아츰 전부터 이쪽 야::니 닐어나 짜딤. 기야녜녜느:: 내 아츰하구 기래구서 아츰 내레서 잡숫군

2.3. 길쌈하기와 음식 만들기

소: 할머니, 옛날에 그 베틀 이런 걸로 그 천도 짜고 이랬습니까 아매?

— 응, 나도 저 대충, 그때 시집와서 몰랐지. 뭐. 나도 무슨 그런 거 삼을 삼는 것 그런 것을 몰랐단 말이오. 그러다 시집와서 (보니) 우리 시어머니가 그런 것을 하데, 응. 그래 그거 자꾸 옆에서 거들어 우리 시어머니를, 이래 아직 베 짜는 일을 배우지 않아서 실을 꿰어도 주고 그러면서 자꾸 그러다보니까 눈에 익어서 쪼끔 알았지. 그래서 삼이랑 삼고 베도 짜는 것 어, 시어머니 짜는 것 드문드문 한번씩 짜 보고 이랬단 말이오. 그래도, 그래도 내가 도맡아서는 안 해 봤단 말이오.

박: 오!, 그랬습니까?

— 응.

소: 어, 그러면은 그 베 짤 때 뭐 재미난 것 있었던 일 있습니까?

— 베 짤 적에 고게 천이 다 올라가는 게 그게 재미있지 뭐. (일동 웃음)

소: 시어머니랑 베 짜던 이야기 좀 좀 더 해 주십시오.

— 베 짜던 이야기를?

소:, 박: 네.

— 아이고!

소: 하루에, 하루에 얼마 짰고 뭐…

— 하루에 베를 그저 그냥 앉아서 아침 전부터 짜오 그것은 응 이렇게 누기(漏氣) 난 날이면 좋단 말이오 올이 안 끊어지오 해 난 날은 바짝 나면 이렇게 실이 팽팽하게 돼서 끊어진단 말이오 응, 그래서 아침 전부터 일찍 일어나 짜지. 그러면 내가 아침을 하고 그러고서 (베틀에서) 내려와 아침을 잡숫고는

또 이내 짜구 하네네느 그저 할럴에 무스 많이 짜는 사름두 잇구:: 쟉기 짜는 사름두 잇구 그렇딤. 기래구 배두 야 굵운배 잇구 가는배 잇구 그렇단 말이오. 가는배는 천이 정말 요런 거 짜는 거느 으이구::!!148) 댜. 아니 가.

박: 오분:: 할럴으 짜문 머 경상적으로 얼매나 짤 수 있슴두?

– 말래149) 잘 짜는 사름우느 대:여슷자씨나 그 굵운배는 무슨 열한자 씨두 짜구 많이 짠답데. 어전 나도 오라서 무스 잘 기억이 안 나오. 이거 한국에서 온다가메서 여기서 무스 공사에서 배틀이랑 하라개서 배틀이랑 한 게 져, 져 부락에 잇습니, 지금두.

소: 아매, 그러면 그 천: 짤: 때 머 노래도 부루구 이룽게 함:두?

– 어이구::!, 노래르 어느 셰상 노래르 부루갯소. 으::. (웃음). 천 짤 때 천 짜메 노래르 불루단 딸기와나갯소150) 에이그! 노친네들께151).

소:, 박: 그렇슴둥?

– 기래. 례모 없다메서. 안깐이 어디셔 이룽기 일 하메서 노래 부루구 이래는가. 그런 소리르….

소: 그렇슴둥?

– 기래구 그거 무스 안죽우느 거저 그게 한 얼이 끊어디는가:: 거저 어 망태기 대는가:: 그거 살피다나무 어느 셰샹 노래할 때가 잇어?

소: 명디, 명디도152) 많이 짰슴둥?

– 명디르 여: 조매 여기서 하는 사람이 드무우. 그거느 누에 쳐서 긔래다나 바뿌오.

박: 옳소꾸마!

– 음: 누에 벌거지 쳐서 그래하는 게. 그 기래서 실 뽑아서 그래하다나니 영 바뿌오.

소: 그은 여기서는 머 누에, 느베꼬티에서 실: 뽑고 이런 것도 아무도 아이 함둥?

– 거 치느, 치는 사름이사 하디 무. 누에르 할, 할 줄으 아는 사름이사

또 짜고 하면 하루에 뭐 많이 짜는 사람도 있고 적게 짜는 사람도 있고 그렇지. 그리고 베도 응 굵은베 있고 가는베 있고 그렇단 말이오. 가는베는 천이 정말 요런 것 짜는 것은 어이구! 다 아니 가?[153]

박: 온 하루를 짜면 뭐 보통 얼마나 짤 수 있습니까?

– 아무튼 잘 짜는 사람은 대여섯 자씩이나, 그 굵은베는 뭐 열한 자씩도 짜고 많이 짠다데. 이젠 나도 오래돼서 뭐 잘 기억이 안 나오. 이거 한국에서 온다고 하면서 여기 뭐 인민공사(人民公社)에서 베틀이랑 하라고 해서 베틀이랑 만든 게 저, 저 지금 마을에 있소.

소: 할머니, 그러면 그 천 짤 때 뭐 노래도 부르고 이렇게 합니까?

– 어이구! 노래를 어느 세상에 노래를 부르겠소. 어이구! (웃음) 천 짤 때 천 짜며 노래를 부르다가는 쫓겨나겠소, 안노인들에게.

소: , 박: 그렇습니까?

– 그래. 예절 없다면서. 아낙이 어디서 일하면서 노래를 부르고 이러는가. 그런 소리를 (듣지).

소: 그렇습니까?

– 그리고 그거 뭐 아직은 그저 그게 한 올이 끊어지는지 그저 어 엉망이 되는지 그거 살피다 보면 어느 세상에 노래할 경황이 있겠소?

소: 명주, 명주도 많이 짰습니까?

– 명주를 여기서 좀처럼 하는 사람이 드무오. 그것은 누에 쳐서 그렇게 하다 보니 힘드오.

박: 옳습니다!

– 음, 누에 벌레 쳐서 그렇게 하는 게 그, 그렇게 해서 실을 뽑아서 그렇게 하다 보니 아주 힘드오.

소: 그러면 여기서는 뭐 누에, 누에고치에서 실 뽑고 이런 것도 아무도 안 합니까?

– 그것 치는, 치는 사람이야 하지 뭐. 누에를 할, 할 줄을 아는 사람이야

하디 무슨. 개두 망 그거 바쁘다구 그릏기 아니하오. 음: 거 뽕닢우 뜯어 멕에서 누에 살구는데.

박: 옳소꾸마!

— 에:.

소: 아매! 그러면은 옷을, 옛날에 우티를 재빌로 집에서 다 만들어 입었재 임두? 그 무스거 천:을루다 옷을 맨들었는디, 어뚷게 인제 바느질을 했는지 그런 내:기를 해 쥬시겠슴두?

— 천을르서 젼에느 거저 밸르서 많이 해:닙엇디 무슨.

박: 옳소꾸마!

— 야~ 기래 실두 없어서야~ 그 또 배르 가지구 실으 빈단154) 말이오. 실으 이래서 이래 꼬재기에 꽂아놓구 이래 두 벌 가져다 이래 무릎에다 이래서 이래 베에서 야~ 기래 쓴다 말이오. 기래 거저 요마::큼 기녜녜느 그거 가지구 바느질하다서 더러 미영실이 나딤155) 야~ 태실이156) 나디니 꺼덩 그거 고저 벨게라구 한 태씨 싸네느 그거 두구서 왠:: 좋은 바느질이만 햇:디 무슨. 천이사 거저 인도천을르157) 무스 그런 천이사 많디 무순. 기래 돈이, 돈이 없어서 싸디 못하니 그러디 싸서 똥운[tóuŋ] 거 싸쟈문 똥운[tˀóuŋ] 거 싸구 거저. 천이사 가지씨 다 잇다. 니즐르 사질르 무슨 인도천두 벨란 게 다: 잇디 무. 젼에사 모본단이랑 호박단이랑 이런 걸르 죠선죠구라:158)[죠선쪼구라:] 해 닙우문 얼매 곱소?

박: 옳소꾸마!

— 냐~ 냐~, 개 거저 이 농촌에서사 힌 광묵, 힌 광목 많이 눅구, 광목 천, 그런 거 많이 닙엇단 말이오. 개 또 그것두 거저 힌 광목이 거저 왠: 값이 눅디 무슨. 개다나니 힌 광목만 싸서 꺼먼 물에 딜에서 해:닙는 것두 잇구 꺼먼 광목 싸 닙는 것두 잇구 그랫디 무슨. 개 그거 가지구 거저 쭉::쭉 쯪어서 거저 옷을 말가서 기래 손울루 해:닙엇디 무슨. 기래다서:: 자방침이 나디니:: 마선질이라 하는 게 거저 마션에다 하무 기게 바느질

하지 뭐. 그래도 그거 힘들다고 그렇게 안 하오. 음: 거 뽕잎을 뜯어 먹여서 누에를 살아가게 하는데.

박: 옳습니다!

— 응.

소: 할머니! 그러면은 옷을, 옛날에 옷을 직접 집에서 다 만들어 입었지 않습니까? 그 무슨 천으로 옷을 만들었는지, 어떻게 이제 바느질을 했는지 그런 이야기를 해 주시겠습니까?

— 천으로 전에는 그저 베로 많이 해 입었지 무슨.

박: 옳습니다!

— 응 그래 실도 없어서 응 그 또 베를 가지고 실을 비비 꼰단 말이오. 실을 이래서 이래 꽂개에 꽂아놓고 이렇게 두 벌을 가져다 이렇게 무릎에다 이래서 이래 비비 꼬아서 응 그래 쓴단 말이오. 그래 그저 요만큼 길면 그것 가지고 바느질하다가 더러 무명실이 나오지, 응, 테실이 세상에 나오니까는 그게 그저 별것이라고 한 테씩 사면 그걸 두고서 가장 좋은 바느질에만 썼지 뭐. 천이야 그저 인조천으로 뭐 그런 천이야 많지 뭐. 그래 돈이, 돈이 없어서 사지 못하니 그렇지 사서 좋은 거 사자면 좋은 거 사고 그저. 천이야 종류씩 다 있지. 나사(羅紗)로 서지(serge)로 무슨 인조천도 별난 게 다 있지. 전에야 모본단이나 호박단 이런 걸로 한복 저고리를 해 입으면 얼마나 곱소?

박: 맞습니다!

— 응, 응, 그래 그저 이 농촌에서야 흰 광목, 흰 광목이 많이 값이 싸고 광목 천, 그런 것 많이 입었단 말이오. 그래 또 그것도 그저 흰 광목이 가장 값이 싸지 뭐. 그렇다 보니 흰 광목만 사서 꺼먼 물감을 들여서 해 입는 사람도 있고 꺼먼 광목을 사 입는 사람도 있고 그랬지 뭐. 그래 그거 가지고서 쭉쭉 찢어서 뭐 그저 옷을 말라서 그래 손으로 해 입었지 뭐. 그렇게 하다가 재봉틀이 나오니 재봉질이라 하는 것이 그저 재봉틀에다 하면 그게 바느질

이 곱구[고꾸] 거저 어:: 마선 잇는 집운 거저 영: 잘사는 집이지 무 거저.

박: 쟈방침이란 게 무시김둥?

— 마선[159]. (웃음)

박: 아아! 요롷게 톡톡톡톡 내려오는 요:게 말임두?

— 야~, 바느질하는 게. 짐 양복점에서라 하대니? 그게. 쟈방침이라구 손을루 앉아서 이래 도구메 하는 것두 잇구 발루두. 손을루 돌구메 하는 거 하다서 발르 드디메 하는 거 썩 빠르단 말이오.

소: 마선가 쟈방침 한가지임둥?

— 한가지 애니오! 음:

소: 아매, 그러면은 그, 어, 바느질에도 여러::가지 있쟤임둥? 한내: 한내 어띠 하는지 좀 설명해 쥬시겠슴둥? 어띠 하는지, 이렇게 띠엄:: 띠엄 하는 거랑 촘촘::이 하는 거랑.

박: 방법이 여라 있대님둥?

— 웅, 이래서 거 호:'는[hoóniŋ][160] 것두 잇구. 혼'다는[hóndaniŋ] 거는 요래서 거저 요래 야~ 천 가지구서 요래 쫌:: 요 한 뜸 요막씨 요마큼 뜬단 말이오. 기래서 호구. 또 이래서 한 뜸씩, 그러 호는 거는 야라 뜸 떼:서 바늘이 차무 이래 실으 빼:구. 또 감틴다는 것두 잇소. 감티는 거느 어뚷게 하는가 하문 거저 이래서 이거 쥐구서 이래서 이기, 이길르 바늘으 께:서 이래 빼:서 이래 빼내서 또 이래서, 또 이래, 이릏기 나가구. 또 박는다는 거느 야~ 이래 이래 바늘으 떠서 이래 빼:서 또 요, 요 뜸이, 요 실뜸이 잇대니우? 요 어간으 떠서 또 요래에서 요래 께에내 요래:서 박으메 나간단 말이오. 기래문 요거 어::, 져 마선이 박는 거터르 이릏기 댄단 말이오. 그렇기 하구 또 숧는다는 거느 야~ 이래 여기르 한 뜸으 떠서 이래 한 뚬 떠서 이마::큼 늘기 떠, 늘기 와서 또 이래 한 뜸 뜨구 이래 또 한 뜸 뚜구 이래 숧어 놓구서. 개 이 감티는 게 야~ 이래 두 곱재라넨 이 드틴다구서. 드틴다구 이래 숧어 놓구서 한단 말이오.

이 곱고 그저 어 재봉틀이 있는 집은 그저 아주 잘사는 집이지 뭐 그저.

박: 자방침이라는 게 뭡니까?

– 재봉틀. (웃음)

박: 아아! 요렇게 톡톡톡톡 내려오는 요기 말입니까?

– 응, 바느질하는 것. 지금 양복점에서 하잖소? 그거. 그게 재봉틀이라고 손으로 앉아서 이렇게 돌리며 하는 것도 있고 발로도. 손으로 돌리며 하는 것보다 발로 디디며 하는 게 훨씬 빠르단 말이오.

소: 마션과 자방침이 같습니까?

– 한가지 아니오! 음.

소: 할머니, 그러면은 그, 어, 바느질에도 여러 가지가 있잖습니까? 하나하나 어떻게 하는지 좀 설명해 주시겠습니까? 어떻게 하는지, 이렇게 띄엄띄엄 하는 것이랑 촘촘히 하는 것이랑.

박: 방법이 여럿 있잖습니까?

– 응, 이래서 그 호는 것도 있고 혼다는 것은 요래서 그저 요렇게 응 천 가지고서 요렇게 좀 요 한 뜸 요만큼씩 요만큼 뜬단 말이오 그래서 호고. 또 이래서 한 땀씩, 그렇게 호는 것은 여러 땀 떼어서 바늘이 차면 이렇게 실을 빼고 또 '감친다'는 것도 있소. 감치는 것은 어떻게 하는가 하면 그저 이래서 이거 쥐고서 이래서 여기, 여기로 바늘을 꿰어서 이렇게 빼서 이렇게 빼내서 또 이래서, 또 이렇게, 이렇게 나가고 또 '박는다'는 것은 응 이렇게 이렇게 바늘을 떠서 이렇게 빼서 또 요, 요 땀이, 요 실땀이 있잖소? 요 사이를 떠서 또 요렇게 해서 요렇게 꿰어 내어 요렇게 박으며 나간단 말이오. 그러면 요거 어, 저 재봉틀이 박는 것처럼 이렇게 된단 말이오. 그렇게 하고 또 '시친다'는 것은 응 이렇게 여기를 한 땀을 떠서 이렇게 한 땀 떠서 이만큼 거리가 늘게 떠, 늘게 와서 또 이렇게 한 땀 뜨고 이렇게 또 한 땀 뜨고 이렇게 시쳐 놓고서. 그래 감치는 것이 응 이렇게 두 겹이면 이렇게 드틴다고서. 드틴다고 이래 시쳐 놓고서 한단 말이오.

소: 그믄 아매, 그 바지져고리 치매져고리도 쟤빌로 다 만들어 닙었습두?

— 그래.

소: 어띠 만듬두? 내 집에 가서 만들어보겠습구마. 아매 가르쳐쥬면.

— (웃음) 어띠게 맨들갯소? 무슥?

소: 쳔을 싸다가 어띠게, 머, 어뚷게 해:야 뎀두?

— 그래 쳔으 가지구서 해:야 데지.

소: 싸 와서는 어띠 함둥?

— 응? 싸 와서 그거 말가서 해:야 데디. 쵸매느 야 쳐매느 거저 이래서 쳔이 이래서 긴게 쳔이 이래 긴 게 잇소 야. 이래 긴 게 잇으무 이 쳔이 기댜이디 무 냐. 기야네네느 쳐매는 세 폭, 쳔 너비 이만::하단 말이오 기야녜느 이거 쳐매르 셰 폭씨 한단 말이오. 세 폭우 토오 세 폭하녜네 이래 이래 이래네느 서이 아니오? 기앤거 이거 혼단 말이오 어간으 이기르 호아서 붙이구[부티구]:: 붙이구[부티구]:: 하녜느 세 이 셰 기댠 잇다나 이릏기 너릅디. 기애 넙운 거 이래:서 긔래서 아래 기슭으느 이릏기 이만:: 씨 단으 이릏기 이릏기 넙기 업우래문::(<업+-으랴문) 넙기 업구161) 요릏 기 좁기 하랴문:: 좁기[조끼] 하구 요롷기두 좁기 하구 야 요롷기두 하구 이기 넙기두 하구 신식은 또 이릏기 넙기두 하구 이래구. 우우느 야 주룸 한단 말이오 이릏기. 쳐맷주룸 요래서 요롷기 쳐암우 잡구 요롷기 잡구 요 래 잡구[자꾸] 요롷기 한단 말이오. 쵸매 요래 주룸 요래서 야 요 허리 맞 으라만::이 해서 야 또 쪼끼, 쪼끼 여기다 단단 말이오. 여기 하는 거 쪼 낄 또 쪼끼르 어뚷게 하는가:: 하문 쪼끼 또 이르끼 이거 뜬단 말이오 이 거 이래 이마:이[imaai]162) 이래 요거 쪼끼 기대오163) 야? 요래네느 이 게 이만::이[imaani] 이 겨대기, 이 팔이 들어갈 데란 말이오 개구 요 앞우, 앞운 또 쬬꼼 더 파낸단 말이오 더 파내구 요 두우 야, 요 두우 머, 두우 느 또 쟈그만::이 파내구. 기애서 요래 앞에다 요래 **녀무 녀매다서164) 단 치165) 그거 걸구. 기애 이 주룸우 한 데다서 그 쪼끼르 허리가 이거

소: 그러면 할머니, 그 바지저고리, 치마저고리도 직접 다 만들어 입었습니까?

― 그래.

소: 어떻게 만듭니까? 제가 집에 가서 만들어 보겠습니다. 할머니께서 가르쳐주시면.

― (웃음) 어떻게 만들겠소? 뭘?

소: 천을 사다가 어떻게, 뭐, 어떻게 해야 됩니까?

― 그래 천을 가지고서 해야 되지.

소: 사 와서는 어떻게 합니까?

― 응? 사 와서 그것 말라서 해야 되지. 치마는 응 치마는 그저 이래서 천이 이래서 긴 게 천이 이렇게 긴 게 있소 응. 이렇게 긴 게 있으면 이 천이 길이(세로)지 뭐 응. 그러면 치마는 세 폭, 천 너비가 이만하단 말이오. 그러면 이거 치마를 세 폭씩 한단 말이오. 세 폭을 통을 세 폭 하면 이렇게 이러면 셋이 아니오? 그런 것 이것을 혼단 말이오. 여기를 호아서 붙이고 붙이고 하면 이 세 길이가 있다 보니 이렇게 넓지. 그래 넓은 것 이렇게 해서 그래서 아래 단을 이렇게 이만큼씩 단을 이렇게 이렇게 넓게 업으려면 넓게 업고 요렇게 좁게 하려면 좁게 하고 요렇게도 좁게 하고 응 요렇게도 하고 이게 넓기도 하고 신식은 또 이렇게 넓게도 하고 이러고. 위는 응 주름 잡는단 말이오. 치맛주름을 요래서 요렇게 처음에 잡고 요렇게 잡고 요렇게 잡고 요렇게 한단 말이오. 치마 요렇게 주름 요렇게 해서 응 요 허리에 맞을 정도로 해서 응 또 조끼, 조끼를 여기다 단단 말이오. 여기 하는 것 조끼를 또 조끼를 어떻게 하는가 하면 조끼 또 이렇게 이거 뜬단 말이오. 이것 이렇게 이만큼 이래 요게 조끼 기장이요, 응? 요렇게 하면 이게 이만큼 이 겨드랑이, 이 팔이 들어갈 데란 말이오. 그리고 요 앞을, 앞은 또 조금 더 파낸단 말이오. 더 파내고 요 뒤를 응, 요 뒤를 뭐, 뒤는 또 자그마치 파내고 그래서 요렇게 앞에다 요렇게 여미어다가 단추 그걸 걸고(채우고). 그래 이 주름을 한 데다가 그 조끼를 허리에 이걸

단단 말이오. 달아서 그래 이래 닙디 무.

소: 천: 뒤에다 여기다가 무스거르 표시르 해서 잃게 가샐르 벰:두?

– 천으? 쳐매르 쳐암에 긔랠 직에?

소: 예에.

– 거 무순 표시 잇누? 쳐매 거저 어 이 천이 이기 기댈라녜녜느 이거 이래서 세곱재 내갯다문 이래 셰등분으 거저 이래 맞으랴르 하디 무슨. 맞으랴르 해서 이래 뚝 꾸너 데디디.

소: 아매, 그문 이, 바느질 할 때는 쓰는 그런 도구 있대님두? 무스거 들구 다 바느질 함두?

– 무스거 들구 하갠? 바늘에다 실으 께야디.

소: 여기다 머 꼽는 것도 있고.

– 이잉! 죠션사름들은 그르끼 꼽대니우.

소: 아, 그렇습두?

– 한족사름들으느 가락지 같은 거 여기다 꼽구 여기다 끼구서. 어, 바늘으 한족사람들이 이룽기, 이룽기 어, 뜨댛구 어떠. 죠션사름들으느 이래 쥐구서 이래 뜬단 말이오.

소: 아, 쟙는 법이 땀:두?

– 응, 따우. 바늘으 져...

소: 바늘을 쟙는 법도 따:다는 거는 오늘 쳐:음 들었습꾸마.

– 어, 한족사름들으느:: 이래 쥐구서 이래 떠서 이 바느끝으 이래 빼구 죠션사름들으느:: 바늘으 이래 쥔단 말이오. 바눌. 이래.

박: 요래, 요래 하겠습구마.

– 냐˘, 요래 한다구. 쟙는 식이 따오. 긔래다나 한족사름들이 이기다서 가락지르 이래서 쿤거 이래서 그 바늘귀떠 두이 이래 돼 이게 살이 판나 디 말라구 이래 대인단166) 말이오. 죠션사름덜은 거저 이래 하다나˘이 야 ˘ 요기야˘ 어떤때는 야˘ 바느질 쎄우 하문 요거 판나오. 긔래두 그거 그런

단단 말이오. 달아서 그래 이렇게 입지 뭐.

소: 뒤에다 여기다가 뭐를 표시를 해서 이렇게 가위로 벱니까?

― 천을? 치마를 처음에 그럴 적에?

소: 예.

― 그거 무슨 표시 있나? 치마를 그저 어 이 천이 이게 기장이라 하면 이거 이래서 세 겹을 내겠다 하면 이렇게 세 등분을 그저 이래 맞도록 하지 뭐. 맞도록 해서 이래 뚝 끊어 버리지.

소: 할머니, 그러면 이, 바느질 할 때는 쓰는 그런 도구 있잖습니까? 뭘 들고 다 바느질 합니까?

― 뭘 들고 하겠나? 바늘에다 실을 꿰어야지.

소: 여기다 뭐 꽂는 것도 있고.

― 으음! 조선사람들은 그렇게 꼽지 않소.

소: 아, 그렇습니까?

― 한족 사람들은 가락지 같은 것을 여기다 꽂고 여기다 끼우고서. 어, 바늘을 한족사람들이 이렇게, 이렇게 어, 뜨잖고 어떻소 조선사람들은 이렇게 쥐고 이렇게 뜬단 말이오.

소: 아, 잡는 법이 다릅니까?

― 응, 다르오. 바늘을 저…

소: 바늘을 잡는 법도 다르다는 것은 오늘 처음 들었습니다.

― 어, 한족사람들은 이렇게 쥐고서 이렇게 떠서 이 바늘 끝을 이렇게 빼고 조선사람들은 바늘을 이렇게 쥔단 말이오. 바늘. 이렇게.

박: 요렇게, 요렇게 하겠습니다.

― 응, 요렇게 한다고 잡는 방법이 다르오 그러다 보니 한족사람들이 여기다가 가락지를 이래서 큰 것을 이래서 그 바늘귀때기 뒤가 이래 돼서 이게 살이 해지지 말라고 이렇게 댄단 말이오 조선사람들은 그저 이렇게 하다 보니 응 요기 응 어떤 때는 응 바느질을 심하게 하면 요기가 해어지오 그래도 그거 그런

거 씌우는 거 모룬단 말이오.

소: 그문 이제 그 우티 벨루 만든 것두 있구 머 비단두 있구 여러가지 있쟤
임둥? 그:문 시, 시칠때 어띠게 시침두? 각각?

― 싯을 때? 밸르 맨든 거느 야~ 이 비늘에랑, 이 배는 야~ 비늘에랑 싯
으녀녀느 푸룬색이 난단 말이오. 색깔이 제 색이 안 나고 퍼르퍼룽기 이
룽기 이 때 안 딘 거터르 이르꾸. 그거느 잿물우, 잿물 소독수랑:: 이 직
금운 소독수 잇다나 그런데 따따::산 물에 불궈 그거 풀어서 불궛다서 기
래 방치질하메 싯으넨 때 마알갛게 쪽 빠디구. 개애 개네느 그거 이래 말
리와서, 널어 말리울 때 영 마르기 전에 야~ 누기 조곤::할167) 적에 걷어
서 요래서 싹 피룬단168) 말이오 야~. 요래 거저 요래 요래 피르러서 잘
개에서169) 요래 싸, 노, 무스거 깔아놓구 이래서 발루 닐어서어 볿는단
말이오. 발루 이래 고루::고루 이래 이이::져리[ii::ʃəɾi] 볿우[pɛlbu]네느
게 살이 쪽 페딘단 말이오.

박: 아::, 누기 좀 있을 때?

― 냐~, 누기 이시 직엔 … 요런 날이 왼:: 좋단 말이오. 배는.

소: 베는 그러면은:: 약간 쮸글쮸글 잉게 대잇는 베는 어뚫게 함두? 아매?

― 그거 글쎄 요런 날은 누기 맞혀서 그런 거 쭈굴쭈굴 다 말라서 쭈굴
쭈굴 대문 요런 날에 이래 아츰에나 져낙에나 이런 날이 흐린 날이나 내
애 나서 누기 맞혀서 그래 피루러서 볿우문 댄단 말이오.

소: 아, 볿기만 하문 댐두?

― 응, 피루러서 잘 개애 놓구서 기래 볿는단 말이오. 기래 한볼으 볿
아서 안 대문 또 피룬단 말이오. 또 피룬다는 거느~ 야~ 이, 어 잡아당게
서 이래 늘군단 말이오. 기랴서 또 개에 놓구 볿구[보꾸] 기래네는 배는
됀단 말이오. 다른 천으느 어 다: 이래:서 싯어서 주룸살[주룸쌀]이 지무::
광무이라느:: 이래서 우리 전에는 니불안이랑:: 이래 싯어서 뻩으 배와서
느 풀으 하오.

거 씌우는 거 모른단 말이오.

소: 그러면 이제 그 옷이 베로 만든 것도 있고 뭐 비단도 있고 여러 가지 있잖습니까? 그러면 씻, 씻을(세탁할) 때 어떻게 씻습니까(세탁합니까)? 각각?

－빨래할 때? 베로 만든 것은 응 이 비누에, 이 베는 응 비누에 빨면 푸른색이 난단 말이오. 색깔이 제 색이 안 나고 퍼릇퍼릇하게 이렇게 이 때가 안 진 것처럼 이렇고. 그것은 잿물을, 잿물을 소독수랑 이 지금은 이 소독수가 있다 보니 그런 데 따뜻한 물에 담가, 그것을 풀어서 담갔다가 그래 방망이질하며 빨면 때가 말갛게 쪽 빠지고. 그래 그러면 그거 이렇게 말려서, 널어 말릴 때 아주 마르기 전에 응 누기(漏氣)가 노긋할 적에 걷어서 요렇게 해서 싹 늘려 편단 말이오. 요렇게 그저 요렇게 요렇게 펴서 잘 개어서 요렇게 무엇을 깔아놓고 이렇게 해서 발로 일어서서 밟는단 말이오. 발로 이렇게 고루고루 이렇게 이리저리 밟으면 그게 주름이 쪽 펴진단 말이오.

박: 아, 누기 좀 있을 때?

－응, 누기 있을 적엔 … 요런 날이 가장 좋단 말이오. 베는.

소: 베는 그러면은 약간 쭈글쭈글 이렇게 돼 있는 베는 어떻게 합니까? 할머니?

－그거 글쎄 요런 날은 누기를 맞혀서 그런 거 쭈글쭈글 다 말라서 쭈글쭈글하게 되면 요런 날에 이렇게 아침에나 저녁에나 이런 날에 흐린 날에나 내어 놔서 누기 맞혀서 그래 펴서 밟으면 된단 말이오.

소: 아, 밟기만 하면 됩니까?

－응, 펴서 잘 개어 놓고서 그렇게 밟는단 말이오. 그래 한 벌(한 번)을 밟아서 안 되면 또 편단 말이오. 또 '피룬다'는 말은 응 이, 어 잡아당겨서 이래 늘린다는 말이오. 그래서 또 개어 놓고 밟고 그러면은 베는 된단 말이오. 다른 천은 어 다 이래서 빨아서 주름이 지면 광목이랑은 이래서 우리 전에는 이불안이랑 이렇게 빨아서 볕을 보여서는 풀을 먹이오.

풀우 풀우. 또 쌀으 이래서 다레서 그 죽우 물이 잇대나우? 그거 이래 멕에서 말리운단 말이오. 말리와서 많으무:: 그거 꼬꼬지170) 거저 다 말리와서 야 개에 두구서 한낙씨171), 한낙씨 이래서 젼에 다듬이라 할 때문 그거 어 젶헤서 한 짝 녀파리 젶힌단 말이오. 이게 이게 다 마른 게문 이래서 한쪽 방향에 한 젶헤서 이래서 마른것가 이래 개에서 이래 누기 마른 데다 누기 딜인단 말이오. 기야무 이게 젖은 게 야 이짝에 누기 드다나 다 같으디. 온도가 누기 다 같소. 기애 그거 방칫돌에 놓구 다딤이르 하나. 기애 다딤이르 하다 **지그 어 어 녯날에 게 다딤이르 하다 또 한 시기는 긔래서 졈문172) 아덜이 그러구 다딤이르 하오? 기야 또 다리미르 다린단 말이오. 긔래 사라기 페디 무.

소: 녯날에 다리미 있었슴두, 아매?

— 녯날에 다리미라는 게 어떤 겐가:: 하문 고저 이래 이런 밥죽이 같애.173) 이래 더마::니 이래 뚱구란 게 이런 가맷샌데 야 굽이느 요래 빤지빤질하구 개애 요만:: 둘와서 잘그174) 맞춘단 말이오. 잘그 맞추디. 개 거기다서 불 떠놓구서 이래 쭐::쭐:: 문디르네느 다레디디. 기앤데 고게 가게엡다나니175) 잘 다레 안 딘단 말이오. 긔래다서 또 다렌이 나몃는데 직금 한국에서 수탉이다련이랑176) 요래 구내 송송한 그런 다련인 안 싸갑데 야. 그 이래 쥐구서 쭐::쭐:: 미는 그런 다려니 나덧단 말이오. 개다 어전 무스 전깃다련이 무슨 또 다 전깃다련이 쓰디 무슨 그런 다련이는 안 쓰오.

박: 그문 다리미라는 게하구 다련이라는 게 따암둥?

— 다련이라는 게, 에, 사투리말이지 무슨.

소: 아매! 그 다련도 있구 왜 더 손:데 이릏게 페:쟈문 쓰든 거 머 없:슴두?

박: 요래 생겨서 잇게 쮸욱쭉 요렇게 또.

— 윤:디.

소: 그것도 같이 씀두?

풀을, 풀을. 또 쌀을 이래서 달여서 그 죽의 물이 있잖소? 그거 이렇게 먹여서 말린단 말이오. 말려서 많으면 그거 꼿꼿하게 그저 다 말려서 응 개어 두고서 하나씩 하나씩 이래서 전에 다듬질이라 하는 것을 할 때면 그거 어 적셔서 한쪽 옆을 적신단 말이오. 이게, 이게 다 마른 것이면 이렇게 해서 한쪽 방향을 적셔서 이렇게 해서 마른 것과 이렇게 개서 누기 마른 데에다 누기를 들인단 말이오. 그러면 이게 젖은 것이 응 이쪽에 누기 들다 보니 다 같지. 온도와 누기가 다 같소. 그래 그거 다듬잇돌에 놓고 다듬질을 하나. 그래 그거 다듬질을 하다 지금 어 어 옛날에 그거 다듬질을 하다 또 한 시기는 그래서 젊은 아이들이 그러고 다듬질을 하오? 그래 또 다리미로 다린단 말이오. 그래 주름(=구김살)을 펴지 뭐.

소: 옛날에 다리미가 있었습니까, 할머니?

― 옛날에 다리미라는 게 어떤 것인가 하면 그저 이렇게 이런 밥주걱 같아. 이렇게 저만하게 이래 뚱그런 것이 이런 무쇠인데 응 밑(바닥)은 요렇게 반질반질하고 그래 요만큼 들어와서 자루를 맞춘단 말이오. 자루를 맞추지. 그래 거기다가 불을 떠 놓고서 이렇게 죽죽 문지르면 다려지지. 그런데 고게 가볍다 보니 잘 안 다려진단 말이오. 그러다가 또 (프라이팬 모양의 다리미가 들어가고) 새 다리미가 세상에 나왔는데 지금 한국에서 '수탉다리미'랑 요렇게 구멍이 송송 난 그런 다리미는 안 사 가데, 응. 그 이렇게 쥐고서 죽죽 미는 그런 다리미가 나왔단 말이오. 그러다 이젠 무슨 전기다리미 무슨 또 전기다리미 쓰지 무슨 그런 다리미는 안 쓰오.

박: 그러면 다리미라는 것하고 다련이라는 것이 다릅니까?

― 다련이라는 게, 어, 사투리지 뭐.

소: 할머니! 그 다리미도 있고 왜 더 좁은 데 이렇게 펴려고 쓰던 거 뭐 없습니까?

박: 요렇게 생겨서 이렇게 죽죽 요렇게 또.

― 인두.

소: 그것도 같이 씁니까?

- 그거느 그런 큰 게 인제 안 쓰우. 요 죠고리랑 할 적에 요 깃이랑 안 다우? 그럴 적에 구거 쓰구. 구거느 화릿도 화릿도~에 곁에다 놓구서 꽂아서 이래 달과서 이래 **전, 지내 다녜느 요 천이 쭉 묻어난단 말이오. 기래서 구거 이래서 곁에다 놓구서 이래서 쫄::쫄 문디르메 요 혼솔이랑 하구두 야~ 이, 이래, 이래 노녜느 요 혼솔이 이짝으로 번더디갠디<번뎌디갯는데) 이릏기 번데 안 디오? 기랴문 요래 가 놓구서 요것두 누기 없으문 안 다려딘다구 셀르서 **세다구 요래 요거 셀르 요래 쪼:: 훓아서[하라서] 물우 묻헤[무테]177) 기래구서 요래 쪽:: 누룬단 말이오, 고거 윤디르. 우리 우리집이서 지금 윤:디 잇소 그거. 다련이두 잇구 그거 다 잇디 무.

소: 옛날 게 다: 있슴두?

- 음, 음. 다련이 그런 게 요 수탉이[수타기] 잇는 기 아니야. 그 한국 사람들 그 요구르 하는 사람들이 와 싸갯는가구 그러 거저 구내: 난 기 그런 거 다 안 싸압데.178)

박: 그문 넷날 게겠슴꾸마.

- 옛날 게.

소: 이따가 쫌 보여줍:소 아매.

- 야~, 보오.

소: 아매 쥬신 그 누꾸 있쟤임둥? 열:코~으로 맨든 거? 제게 쥬신 거? 사람들께 다 사진으 배워쥬구 쟈랑하꾸마?

- (웃음) 그거 쟈래~애 무실:179) 하오?

소: 다:들 곱:다 하압꾸마.

- 어:. 거:게 전에 한국에서두 그런 땐스에르 보네넨 누수놀이라180) 하덤만 무슨. 그거 가지구 누수놀이르 하문 대디. 으, 낭글르181) 해:서 야~ 이래 이래 이.

박: 옳슴구마.

- 냐~, 냐~.

- 그것은 그런 큰 건 이제 안 쓰오. 저고리를 할 적에 요 깃이랑 안 다오? 그럴 적에 그거 쓰고. 그건 화로 곁에다 놓고서 꽂아서 이래 달궈서 이래서는, 너무 인두가 달면 천이 쭉 묻어난단 말이오. 그래서 그거 이래서 곁에다 놓고서 이래서 쭉쭉 문지르며 요 혼솔이랑 하고도 응 이, 이래, 이래 놓으면 요 혼솔이 이쪽으로 넘어가겠는데 이렇게 넘어가지 않소? 그러면 요렇게 가져다 놓고서 요것도 누기 없으면 안 다려진다고. 혀[舌]로써 혀에다가 그래 요거 혀로 요렇게 쭉 핥아서 물을 묻혀 그러고서 요렇게 쭉 누른단 말이오. 고 인두를. 우리 집에 지금 인두가 있소, 그거. 다리미도 있고. 그거 다 있지. 뭐.

소: 옛날 게 다 있습니까?

- 응, 응. 다리미 그런 게(=옛날 다리미), 요 수탉이 있는 것이 아니야. 그 한국 사람들, 그 요구를 하는 사람들이 왔기에, 다리미를 사겠는가 하고 그러는데, 그저 구멍이 난 것 그런 다리미는 다 안 사데.182)

박: 그러면 옛날 것이겠습니다.

- 옛날 것.

소: 이따가 좀 보여 주십시오 할머니.

- 응, 보오.

소: 할머니께서 주신 그 윷 있잖습니까? 강낭콩으로 만든 것? 제게 주신 것? 사람들한테 다 사진을 보여 주고 자랑합니다.

- (웃음) 그거 자랑해서 무엇 하오?

소: 다들 예쁘다고 합니다.

- 어, 그게 전에 한국에서도 그런 텔레비전을 보면 윷놀이라 하더구먼 뭐. 그것 가지고 윷놀이를 하면 되지. 응, 나무로 해서 응 이래 이래, 이.

박: 맞습니다.

- 응. 응.

소: 아매 그럼 명디 이른 것은 어띠 셔답울 했습두? 명디 천 같은 거 있재
임두? 비단? 그른 것도 물에 그냥 빨아도 댐두?

― 대디 않구[앙구]! 거: 명디느 야̆ 다리나:: 이래서는 안 댄단 말이오.
그건 다딤이르 한단 말이오. 방칠르 두두레서 두두레서 거저 요렇기 윤치
나게 반듯반듯반드:: 그렇기 한단 말이오. 거 명디 한가지느 그렇기 한단
말이오.

소: 아매 혹시 그 힌색 그 져구린데 그거를 곱::운 색을 들일라문은 어띠
했습두 넷날에는?

― 힌색애다?

소: 예, 힌색에다가 부운홍색이나 잏게 노오란색 물을 들이쟈문 어띠 했습둥?

― 기램사 그 져구리르 통채르 그대루는 못 딜이지. 져구리 뜯어서 거
접데기만 딜이구 안으느 놔:뒷다 또 제대루 안으 맞추구 그랫디.

소: 물 들인, 딜이는 방법이 어뚷게….

― 딜이는 방법이 어띠는가:: 하나네느 물애 사다서 풀어놓구, 풀구 구
천우 쳇헤서 구 물애다서 이릏기 물애다서 이래서, 어, 쳇힌단 말이오. 골
고루 이래 쳇헤서 그래서 막 요래 골고루 둘으랴르 이래 주물거서 그담에
는 그거 끓인단 말이오. 끓이, 끓이녜녠 그 물애 싹 천에 들구서 물이 마
지막에는 마알간 물이 나온다니. 기얌 구 물 데디구서 그담에 말리우디.

박: 물을 들일 때 쓰는, 무시기, 무시기로 물을 들이는두?

― 으응?

박: 새, 새, 색이, 물색이 나게 하는 그런 게 있대님둥? 머 노오랗게 대는
두 파아랗게 대는둥.

― 응, 게 물섹이[múls'egi]183).

박: 예, 그 물색은 무시기로 맨듬둥?

― 모루디 무. 무스거르 맨드는지? 그래무 거저 물색으 거저 파니 거저
싸다 쓰디.

소: 할머니, 그럼 명주 이런 것은 어떻게 빨래를 했습니까? 명주 천 같은 것 있잖습니까? 비단? 그런 것도 물에 그냥 빨아도 됩니까?

− 되잖고! 그 명주는 응 다리거나 이래서는 안 된단 말이오. 그건 다듬질을 한단 말이오. 방망이로 두드려서, 두드려서 그저 요렇게 윤기 나게 반듯반듯하게. 그렇게 한단 말이오. 그 명주 한 가지는 그렇게 한단 말이오.

소: 할머니 혹시 그 흰색 그 저고리인데 그것을 고운 색을 들이려면 어떻게 했습니까 옛날에는?

− 흰색에다?

소: 예, 흰색에다가 분홍색이나 이렇게 노란색 물을 들이려면 어떻게 했습니까?

− 그러면야 그 저고리를 통째로 그대로는 못 들이지 뭐. 저고리를 뜯어서 그 껍데기만 들이고 안은 놔 뒀다가 또 제대로 안을 맞추고 그랬지.

소: 물들인, 들이는 방법이 어떻게….

− 들이는 방법이 어떤가 하면 물감을 사다가 풀어 놓고, 풀고 그 천을 적셔서 그 물감에다가 이렇게 물감에다가 이래서, 어, 적신단 말이오. 골고루 이렇게 적셔서 그렇게 해서 막 요렇게 골고루 들도록 이렇게 주물러서 그다음에는 그거 끓인단 말이오. 끓이, 끓이면 그 물감이 싹 천에 들고서 물이 마지막에는 맑은 물이 나온다니까. 그러면 그 물을 버리고서 그 다음에 말리지.

박: 물을 들일 때 쓰는, 뭐, 뭐로 물을 들이는지?

− 응?

박: 색이, 물감색이 나게 하는 그런 게 있잖습니까? 뭐 노오랗게 되는지 파아랗게 되는지.

− 응, 그게 물감.

박: 예, 그 물감은 뭘로 만듭니까?

− 모르지 뭘로 만드는지? 그러면 그저 물감을 그저 파니 그저 사다 쓰지.

무스거루 맨들앗는두. 갸구 나무 거저 손이랑 이기 다 거저 꺼먼 물애르 딜이무 시꺼멓게 대오.

소: 그렇슴두?

— 웅::. 손에랑 다:' 든단 말이오. 개다나 메츨씨 거저 손이 뻘건 거 딜이무 손이 뻐얼겋구 거저 다 그렇딤. 기애다나니 으쓸하딤[184]. (일동 웃음) 걔구 이래서 그런 꺼먼 물애란 딜인 옷으 닙구 밑에다 힌 거 닙구 기래 비나 맞으녜녀느 싸움 **만난단 말이오.

소: 아매! 그 아매 음식, 음식도 잘 하쟤임두? 음식 만드는 법 좀 내 배워 가겠습구마. 아매 젤:: 쟐하는 음식이 무스게 있슴둥?

— 무스그 잇갠?

소: 머 밴세랄지 챠시떡이랄지 챁떡이랄지. 어떤 거 젤: 쟐함두 아매?

— 거 음식이사 무스 다: 쟐하디 무슨. (일동 웃음)

소: 그러면은 챠시떡 만드는 법 좀 알케쥬웁소.

— 웅, 차시떡으느 야~, 어, 차닙쌀으[185] 갈그 내애서, 싳어, 처암에 싳는단 말이야? 싳어서 물으 싹 찌워::,[186] 고로… 물으 싹 쏯어낸단 말이오. 고거 뽀옥뽀독뽀독하래르. 기래서 갈그 내애서, 가르 내:서 기래 거 가매에다서 다리 논단 말이오. 다리 놓구 불개르[187] 삼마야 대디. 열코~이나 패끼 삼마서 야~. 거 다리 놓는 데느 어 져냐 다리 놓구서 요래 역으 김이 나오무 안 댄단 말이오. 가매 여가리.

소:, 박: 네, 네.

— 김이 안 나오랴르 요래 쟐:: 보오 쟐:: 페놓구 보, 이 두껍운 거 페무 또 안 대지. 얍솜::한[188] 거 페야 대디. 기래 기애 그거 페놓구서 고 가매 여갈, 가매, 이기 여가리라네니 이 여가리 여기 김이 나오지 말라 져 막 **쎌 **만하:도 어 애 페놓구 그담에 불개르 논단 말이오. 고 여코~이나 삼운 거. 거 삶운 거:: 이래서 한벌으 빠:빠다게 쪽:: 페놓디 무스.

뭘로 만들었는지. 그러고 나면 그저 손이랑 이게 다 그저 꺼먼 물감을 들이면 시꺼멓게 되오.

소: 그렇습니까?

— 응. 그렇다 보니 며칠씩 그저 손이 뻘건 것을 들이면 손이 뻘겋고 그저 다 그렇지. 그러다 보니 지저분해서 무척 불쾌하지. (일동 웃음) 그리고 이래 그런 꺼먼 물감을 들인 옷을 입고 밑에다 흰 것 입고 그래 비라도 맞으면 싸움 많이 난단 말이오.

소: 할머니! 그 할머니 음식, 음식도 잘 하시잖습니까? 음식 만드는 법 좀 제가 배워가겠습니다. 할머니가 제일 잘하는 음식이 어떤 게 있습니까?

— 뭐가 있겠나?

소: 뭐 밴세라든가 찰시루떡이라든가 찰떡이라든가. 어떤 것을 제일 잘하십니까 할머니?

— 그 음식이야 뭐 다 잘하지 뭐. (일동 웃음)

소: 그러면 찰시루떡 만드는 법 좀 알려 주십시오.

— 응, 찰시루떡은 응, 어, 찹쌀을 가루 내서, 씻어, 처음에 씻는단 말이야? 씻어서 물을 싹 따라내고 고렇게 (한 다음) 물을 싹 닦아낸단 말이오. 고것 뽀독뽀독하게끔. 그래서 가루를 내서 가루를 내서 그래 거 솥에다가 다리를 놓는단 말이오. 다리 놓고 불개를 삶아야 되지. 강낭콩이나 팥을 삶아서 응. 그 다리 놓는 데는 거, 저기, 다리 놓고서 요렇게 가장자리로 김이 나오면 안 된단 말이오. 솥 가장자리.

소:, 박: 네, 네.

— 김이 안 나오도록 요렇게 잘 보를 잘 펴 놓고 보는 두꺼운 것을 펴면 또 안 되지. 좀 얇은 것을 펴야 되지. 그래 그거 펴 놓고서 고 솥 가장자리, 솥, 이게 가장자리라면 이 가장자리 여기서 김이 나오지 말라, 저 막 샐 만해도 어 예 펴놓고 그 다음에 불개를 놓는단 말이오. 고 강낭콩이나 삶은 것. 그거 삶은 것 이래서 해서 한 벌을 빡빡하게 쪽 펴 놓지 뭐.

쪽:: 페놓구서 그 담에 불 때이녜느 가매에 김이 나오 야. 김이 난 담:에는 그 갈그, 어 밥죽우루나:: 더 손울루 줴:나두 일없디. 밥죽우르 떠놔야대디. 떠서 요래 여가리부터 요래 뱅: 돌과서 이래문 떠서 또 역으 뺑:: 돌과논단 말이오. 놓구서 그담에 고거 요래 사짝사짝 밥죽울르 요래 눌러 놓디. 눌러 놓구 그 가운드느 어띠는가:: 하무 갈그 이래 줴에서 줴에서 이래 이래 줴엣다나무 이래 갈기 덩지 좀 짖댢갯소? 그거 이래 푸스푸스스: 이래, 부, 한 벌 이래서 쭉 부시워서 이래 가매 가운데 이래 노무 오분 가매애 다 갈그 어전 놔앗소 야. 그다음부터는 불우 때이녜느 요래서 닉어서 올라 김이 올라오는 데는 닉는 게 알긴단189) 말이오. 쌀, 갈기 닉으무 어, 색깔 따댢구 어띠오.190) 갠데 고기다 폭 **오고 요래 쬬꼬막써 줴에 논단 말이오. 줴에 놓오문 기게 떡이 댄단 말이오. 차시떡이 댄단 말이오.

소: 맛있겠습구마.

- (웃음) 야! 내 좀 졈머시녜느191) 저네르 해: 멕이쟈구 그래갯는데. 아이그::!

박: 아이고::! 무슨 말씀으.

- 내 어저느 정마 늙어서 이거 음식으 거저 하대앲구 또 늙은이 한 거 무시기 그렇디 무. 지지::하구. 어디 댕기댢구 그랫소.

소: 아매! 쫌: 더 젊었을 때 올 걸 그랬습구마.

- (웃음) 냐~.

소: 아매!, 그러면은:: 머 밴세 만드는 법도 아매 잘 알재임두?

- 기래서 마감에 그 떡으 이래서 먹으 때무 이래 칼르 이래서 드비모터리 이르 이르기 쮸욱쭉 베에서 이래 이래서 줴에내서 집어먹으무 어 찌늑::찌늑하구 맛잇디, 불개랑 잇구.

박: 옳습구마.

- 냐, 냐.

소: 그:문 그 밴세 있재임둥? 그것 만드는 법두 쫌 알케쥬웁소.

쪽 퍼 놓고서 그다음에 불을 때면 솥에 김이 나오, 응. 김이 난 다음에는 그 가루를, 어 밥주걱으로나 저 손으로 쥐나 상관없지. 밥주걱으로 떠 놔야 되지. 떠서 요렇게 가장자리부터 요렇게 뱅 돌려서 이러면 떠서 또 가장자리를 뺑 돌려 놓는단 말이오. 놓고서 그다음에 고걸 요렇게 살짝살짝 밥주걱으로 요렇게 눌러 놓지. 눌러 놓고 그 가운데는 어떻게 하는가 하면 가루를 이렇게 쥐어서 쥐어서 이렇게 이렇게 쥐었다 놓으면 이렇게 가루가 덩어리를 좀 짓지 않겠소? 그거 이렇게 푸슬푸슬 이렇게, 한 벌을 이렇게 해서 쭉 부숴서 이렇게 솥 가운데에 이렇게 놓으면 온 솥에 다 가루를 이젠 놓았소, 응. 그다음부터는 불을 때면 요래서 익어서 올라, 김이 올라오는 데는 익는 것을 알 수 있단 말이오. 쌀, 가루가 익으면 어, 색깔이 다르잖고 어떻소. 그런데 고기다 폭 ** 요래 조금씩 쥐어 놓는단 말이오. 쥐어 놓으면 그게 떡이 된단 말이오. 찰시루떡이 된단 말이오.

소: 맛있겠습니다.

- (웃음) 야! 내가 좀 젊었다면 자네들을 해 먹이자고 그러겠는데. 아이고!

박: 아이고! 무슨 말씀을.

- 내 이제는 정말 늙어서 이거 음식을 그저 하지 않고 또 노인이 한 것이 뭐 그렇지. 변변치 못하고. 어디 나다니지 않고 그랬소.

소: 할머니! 좀 더 젊었을 때 올걸 그랬습니다.

- (웃음) 응.

소: 할머니!, 그러면 뭐 밴세 만드는 법도 할머니 잘 아시잖습니까?

- 그래서 마지막으로 그 찰시루떡을 이래서 먹을 때면 이렇게 칼로 이래서 두부모처럼 이렇, 이렇게 쭉쭉 베어서 이래, 이래서 쥐어 내서 집어 먹으면 어 찐득찐득하고 맛있지, 불개랑 있고.

박: 맞습니다.

- 응, 응.

소: 그러면 그 밴세 있잖습니까? 그것 만드는 법도 좀 알려 주십시오.

－ 음:, 밴세두192) 그렇디. 쌀으 싲어서 갈그 내애서, 가르내: 가르내: 가르내: 져내 가르 내애서 그거 또 속우 만제 해:놔야 거. 가르 내구 응. 밴세 속 우 거저 다드배, 어, 다드배채나:: 신채나193) 그거 거드배채두194) 일없소. 대지고기 타~아 티구 그래구서 거기다서: 기름두 넌단 말이오 야~? 콩기 름 많이 넌단 말이오. 기름 많이 널수록 맛잇딤. 기래서 그거 다드배채느 어떻게 하는가:: 하무: 구거 막 이래서 토~이 잘 엉킨 거느 채칼에두 테디 오. 기애 채칼에 텐:195) 거 긴 거느 이래 느부레서 칼루 타~아 테서 잘기 한단 말이오. 개 잘기 해서 그거 소곰 테서 절구디. 절군 다암에 기게 저 네느 싹 물이 없으랴르 쉐에 짜디. 짠 다암에 이래서 기름두 넣구[너꾸], 대지고기두 넣구[너꾸] 간으 맞차서 속우 맨든단 말이오. 기애 속우 맨들 어 이 갈그 지금 내앳대넷소? 구거 이래서 져내 갈그 가매애다 져 물우 끓에서 닉머리 하디. 물 씽씽 끓에서 그 갈기 이래 닉으랴르 닉머리해서 친단 말이오. 기애 쳬서 그거 이래서 가매애다 또 띠디. 갈그 이래:서 닉 머리르 한 거 가매애다 이래서:: 쬬꾸막씨 요래 요렇::기 요래 옥셜::기196) 해애서 띤단 말이오. 떼서 구거 줏어내서 그담에 또 져냐 막 치디. 기래 쳬서 어, 이건 골미떡 하는 게 이래겟다. 거 갈그 이래 이제 거 갈그 닉머 리르 한 거 야~ 음 져내 이릏기 요 구석히 요릏기 한단 말이[mári]. 그 속 으 놓으랴르. 쟈그막씨. 그담에 요래 해:서 고기다 속우 이래서 한 숟가락 이무 한 숟가락으 떠놔스니 이래 싸서 또 가매애다 띠디. 가매애다 다릴 놓구서 야~ 아깨 차시떡 하던 거터르 야~ 다릴 놓구서 요래 삥:: 돌가서 이래 놔:서 띤단 말이오. 기 담에 주워내 먹으무 밴세 댄단 말이오.

소: 언제 한번 먹어보고 싶습구마, 아매.

－ 하하하!

소: 어느때 해 주갯슴두?

－ (웃음) 그쎄, 내 죽어가서 해 주갯는둥? (일동 웃음) 또 언제 오개? 맹 년에 오개?

― 음, 밴세도 그렇지 뭐. 쌀을 씻어서 가루 내서, 가루 내 가루 내 전에, 가루 내서 그 또 속을 먼저 해 놔야 거. 가루 내고 응, 밴세 속을 그저 양배추, 어, 양배추나 셀러리(celery)나 그거 양배추도 괜찮소 돼지고기 다지고 그리고서 거기다가 기름도 넣는단 말이오, 응? 콩기름을 많이 넣는단 말이오. 기름을 많이 넣을수록 맛있지. 그래서 그거 양배추는 어떻게 하는가 하면 그거 막 이래서 통이 잘 앉은 것은 채칼에도 쳐지오. 그래서 채칼에 친 거 긴 것은 이렇게 가려서 칼로 다져서 잘게 한단 말이오. 그래 잘게 해서 그거 소금 쳐서 절이지. 절인 다음에 그게 절면 싹 물이 없도록 쥐어짜지. 짠 다음에 이렇게 해서 기름도 넣고, 돼지고기도 넣고 간을 맞춰서 속을 만든단 말이오. 그래 속을 만들어 이 가루를 지금 내잖았소? 그거 이래서 저기 가루를 솥에다 저 물을 끓여서 익반죽을 하지. 물을 펄펄 끓여서 그 가루가 이래 익도록 익반죽을 해서 친단 말이오. 그래 쳐서 그거 이래서 솥에다 또 찌지. 가루를 이래서 익반죽을 한 것을 솥에다 이렇게 해서 조금씩 요래 요렇게 요래 안으로 옥은 듯하게 해서 찐단 말이오. 쪄서 그걸 주워내서(집어내서) 그다음에 또 저기 막 치지. 그렇게 쳐서 어 … 이건 골미떡을 하는 것이 이렇겠다. 그 가루를 이렇게 이제 그 가루를 익반죽한 것을 응 음 저기 이렇게 요기를 구석지게(오목하게) 요렇게 한단 말이오. 그 밴세의 속을 놓을 수 있도록. 모두 자그마하게. 그 다음에 요렇게 해서 거기다 속을 이래서 한 숟가락이면 한 숟가락을 떠 놓았으니 이렇게 싸서 또 솥에다 찌지. 솥에다 다리를 놓고서, 응, 아까 찰시루떡 하던 것처럼, 응, 다리를 놓고서 요렇게 뺑 돌려서 이래 놔서 찐단 말이오. 그다음에 주워내(집어내) 먹으면 밴세가 된단 말이오.

소: 언제 한번 먹어보고 싶습니다, 할머니.

― 하하하!

소: 언제 해 주겠습니까?

― (웃음) 글쎄 내가 죽어서 해 주겠는지? (일동 웃음) 또 언제 오게? 명년에 오게?

소: 음:, 모루겠습구마. (웃음)

– 니 어저느, 어전 여기르:: 야듧번[야드뻔]으 왔나?

소: 지금 아홉번째 왔습구마.

– 아홉번째 왔나?어전 나느 어, 박사대무 아니 오는가 햇다.

소: 그러게 말입구마.

– 에에::! 기앤께 언제 또?

소: 아매 보겠아서 왔습구마.

– 학생덜 대리구 와? 선샐루?

소: 거저 내 혼자 올 수두 있구….

– (웃음) 니 말하니 그렇디. 기애 곽선새 아니 오는 거 보무사 니 그래
어. 나 어전 아니 오는가 해앳다.

소: 아매, 그러면은 그 또 머, 찰떡 이른 거는 어띠 만듬두?

– 찰떡으느 그거는 헐하단 말이다. 헐해두:: 이게 또 쥰비 바뿌디. 쌀
싫어서 가매애다서 띤다. 가매애다 띠두 대구::, 실그197) 놓구서 띠디무.
띠무 거저 밥이 고실:고실한 게 맛잇다. 기얀거 그거 또 구셰다 놓구서 떡
멜르 티디. 기래, 티무 거기다 곰몰 해:서, 그거 그저 테서 그거 밥이 싹
즈처데서198) 져냐 한합이 대서[tɛsə] 떡이 돼디[tʷɛdi] 무스. 기래문 그거
곰몰에다 떡어서 먹는단 말이다.

소: 골미떡은 어띠 만듬두? 골미떡?

– 골미떡 아끼 그 쌀으 이래서 갈그 내댆나? 그거, 건 또 이래서 매닙
쌀에다서, 매닙쌀, 거저 닙쌀 이래:서 열, 열근마니::' 하네느 거기다서 차
닙쌀으 한 근이나: 년다구. 그래 누길 넣어서. 기애무 열한근이나: 대댆나?
기랜 거 갈그 내:서 그건 또 이래 덥운 물 씽씽 끓에서 친단 말야. 반죽해
[반쥬개] 체서 그거 가매애다 띠디. 그거 친 거 이래서 구셔::해서 가매애
다 놓구서 또 막 띤다, 아끼 차시떡 띠던 거터르. 그래 떼서 구거 줏어내
서 또 막 치디 무. 치는 데느 물두 아니 넣구, 기애 처암

소: 음, 모르겠습니다. (웃음)

― 네가 이제, 이제 여기를 여덟 번을 왔나?

소: 지금 아홉 번째 왔습니다.

― 아홉 번째 왔나? 이제 나는 어, 박사 되면 안 오는가 했다.

소: 그러게 말입니다.

― 에에! 그러니까 언제 또?

소: 할머니 보고 싶어서 왔습니다.

― 학생들 데리고 와? 선생으로?

소: 그냥 저 혼자 올 수도 있고….

― (웃음) 네가 말하니 그렇지. 그래 곽 선생 안 오는 것을 보면야 네 그래. 나는 이제 안 오는가 했다.

소: 할머니, 그러면 그 또 뭐, 찰떡 이런 것은 어떻게 만듭니까?

― 찰떡은 그건 쉽단 말이다. 쉬워도 이게 또 준비가 힘들지. 쌀을 씻어서 솥에다 찐다. 솥에다 쪄도 되고, 시루를 놓고서 찌지 뭐. 찌면 그저 밥이 고슬고슬한 게 맛있다. 그리한 거 그걸 또 떡구유에다[199] 놓고서 떡메로 치지. 그래 치면 거기다 고물을 해서, 쳐서 그거 밥이 싹 으깨져서 한데 합쳐져서 떡이 되지, 뭐. 그러면 그것을 고물에다 찍어서 먹는단 말이다.

소: '골미떡'은 어떻게 만듭니까? '골미떡'?

― 골미떡은 아까 그 쌀을 이래서 가루를 내잖나? 그거, 그건 또 이래서 멥쌀에다 멥쌀, 그저 입쌀을 이래서 열, 열 근 정도 하면 거기다 찹쌀을 한 근쯤 넣는다고. 그래 누기(漏氣)를 넣어서. 그러면 열한 근쯤 되잖나? 그리한 거 가루를 내서, 그건 또 이렇게 더운 물을 펄펄 끓여서 친단 말이야. 반죽을 해서 쳐서 그거 솥에다 찌지. 그거 친 거 이렇게 구셔서 솥에다 놓고 또 막 찐다, 아까 찰시루떡을 찌던 거처럼. 그렇게 쪄서 그거 주워 내서(=집어내서) 또 막 치지 뭐. 치는 데는 물도 안 넣고, 그래 처음

에느 아물구기 따갑디. 영: 바뿌단 말이다.

박: 옳소꾸마.

— 기애다나니 펭젤르나:: 이래 막 뭉개: 덩지르 뭉개서 어, 다: 한합이 댄 담에 이래 어 손에 묻어나서 손에다 기름 바르메서 기래 쳬서 어 사̄이다 놓구서 이래서 펭젤르나:: 미디. 사이다 놓구 쭉::쭉 미녜녜느 기애 얍다::맣기 비쟈네느 칼르 요래서 곱기두[고끼두] 베:구 무스거 마갤르²⁰⁰⁾ 요래서, 그런 거 떡어내는 것두 잇단 말이다 요래. 요래 떡어네녜느 고저 닢이²⁰¹⁾ 곱기[고끼] 돼녜느 거, 건 기래서 거저 먹는단 말이오. 그래 하문 고저 마감이 대무 먹는단 말이.

박: 예:.

소: 으음.

— 지금 시쟈̄아 가문 거 벨란 게 다 잇다.

박: 아매! 기름굽이르 어찌 맨듬두?

— 기름굽이사²⁰²⁾ 무스 헐하디.

박: 어찌 맨듬두?

— 거 무스 져내 냄비에다나:: 더런 초채고애다애서²⁰³⁾ 기름 붓어놓구서 어 기래구서 그 찹쌀으, 맨 찹쌀으, 거 싳어서 갈그 내:서 고저 갈그 고저, 그것두 야̄, 맨: 찬물에다서: 이래서: 닉이녜녜느: 이래 꿉어서 번지쟈네느²⁰⁴⁾ 이래 뚝뚝 금이 나구 **요꼼(→죠꼼) 다::산 물에다 쬬꼼 매지우레::한 물에다서 닉에서 기래서, 어, 이래서 거저 손에 묻어 안 나래르 해:서 이래서 어, 이래 놓구서 이래 손으르 꾹꾹 눌러두:: 굽이 대구, 물우 쫌 묽기[묵끼] 해:서, 묽기[묵끼] 해서 술루 이래 주루:: 훌러내리랴르 이래서 해: 놓구서 술루 이래 쭉:: 기래서 닆우 한단 말이오. 고래녜녜느 얇기[얍끼], 얇기[얍끼] 대고. 이래 쭉:: 놓운 거는 두껍기[두꺼끼] 맨들 수두 잇구. 그건 거저 오: 용간 **할기에(→하기에) 달렛디 제, 응.

박: 그문 그냥 그거 굽어서 그냥 기내 먹슴두?

에는 (떡쌀을) 아우르는데 뜨겁지. 아주 힘들단 말이다.

박: 맞습니다.

- 그렇다 보니 병 따위로 이렇게 막 뭉개, 덩이를 뭉개서 어, 다 한 뭉치가 된 다음에는 이렇게 어 손에 묻어나서 손에다 기름을 바르면서 그래 쳐서 어 상에다 놓고서 이렇게 병 같은 것으로 밀지. 상에다 놓고 쭉쭉 밀면 그래서 알따랗게 베려면 칼로 요래서 곱게도 베고 뭐 마개로 요렇게 해서, 그런 거 찍어내는 것도 있단 말이다 요렇게. 요렇게 찍어내면 그저 떡이 곱게 되면 거 그건 그렇게 해서 그저 먹는단 말이오. 그렇게 하면 그저 마무리가 되면 먹는단 말이오.

박: 예.

소: 음.

- 지금 시장을 가면 거 별난 것이 다 있다.

박: 할머니! 기름굽이를 어떻게 만듭니까?

- 기름굽이야 뭐 쉽지.

박: 어떻게 만듭니까?

- 그 뭐 전에 냄비에다나 저런 초채고(炒菜鍋)에다가 기름을 부어 놓고 어 그러고서 그 찹쌀을, 맨 찹쌀을 그거 씻어서 가루를 내서 그저 가루를 그저, 그것도 응, 맨 찬물에다가 이래서 익히면 이렇게 구워서 뒤집 자면 이렇게 뚝뚝 금이 가고, 요 조금 다스한 물에다 조금 매지근한 물에 다 익혀서 그래서, 어, 이래서 그저 손에 안 묻어날 정도로 해서 어, 이래 놓고서 이렇게 손으로 꾹꾹 눌러도 기름굽이가 되고, 물을 좀 묽게 해서, 묽게 해서 숟가락으로 이렇게 주르르 흘러내리도록 이렇게 해 놓고서 숟 가락으로 이렇게 쭉 그래서 한 장의 기름굽이를 한단 말이오. 그러면 얇게, 얇게 되고. 이렇게 죽 놓은 것은 두껍게 만들 수도 있고. 그것은 그저 궁리해서 하기에 달렸지, 자기가.

박: 그러면 그냥 그것을 구워서 그냥 먹습니까?

- 응, 그낭 먹디.

박: 무스거 아이 떡어 먹습두?

- 아! 제 떡어 먹으래무 떡어 먹구. (조사자 일동 웃음) 사탕가르나 엿이나 떡어 먹으래무 떡어 먹구 거저. 거저 먹으래무 먹구 그래. 기애 그건 냄비에다 번데 놓우메 굽어야 대. 굽우녜네리안, 닉으녜너느 뿌울룩아기 둥기터르[205] 붛어나오.

박: 아, 그렇습둥?

- 응, 속이 다 닉으무. 기래 붛어 안 나는 거 꺼내무 속이 쫌 선단 말이오.

박: 예, 그문 그 맨드미가 기름굽이가 따암두?

- 만드미[206]?

박: 예.

- 따댫구!

박: 어찌 따암두?

- 게 기름굽이느:: 그 기름에다 굽는다구 기름굽이라가구 만드미느:: 그 거저 이래서 만든다구 그거느 궐미떡 하는 거터르 해애서 이래서 져내 넷날에는 요래서 쥬디이르 뽀오죽앟게 하구 요래 요래 햇단 말이오, 요, 요롷게. 그 기래 만드미라가디, 이, 이래.

박: 속에다 무스거 아이 옇습둥?

- 안 넣구서 거저 그래서, 어, 그래 떡으 떼에, 떼서 먹는단 말이오.

박: 만드미라는 건 요래 해서르 이제 해서 그냥 떠서 먹구?

- 그거, 그거느 전에 기래 갈그 반죽해서[반쥬개서] 닉에서 져냐 만드미 빚어서 이래서 또 띤단 말이오 가매애다. 떼서 건 물에다 싲어두 일없단 말이오. 싲으무 거저 찌비찌비산 게 그릏기 맛잇단 말이오.

박: 옳습구마.

- 냐ˇ.

- 응, 그냥 먹지.

박: 뭐 안 찍어 먹습니까?

- 아! 자기가 찍어 먹으려면 찍어 먹고. (조사자 일동 웃음) 설탕가루
나 엿이나 찍어 먹으려면 찍어 먹고 그저. 그냥 먹으려면 먹고 그래. 그래
그건 냄비에다 뒤집어 놓으며 구워야 돼. 구워지면, 익으면 뽈룩하게 두
멍처럼 부풀어나오.

박: 아, 그렇습니까?

- 응, 속이 다 익으면. 그래 안 부풀어나는 것을 꺼내면 속이 좀 설익
는단 말이오.

박: 예, 그러면 그 만드미와 기름굽이는 다릅니까?

- 만드미?

박: 예.

- 다르잖고!

박: 어떻게 다릅니까?

- 그래 기름굽이는 그 기름에다 굽는다고 기름굽이라고 하고 만드미
는 그 그저 이렇게 만든다고 그것은 궐미떡 하는 것처럼 해서 이래서 전
에 옛날에는 요렇게 해서 주둥이를 뾰족하게 하고 요렇게 요렇게 했단 말
이오, 요, 요렇게. 그 그래서 만드미라고 하지. 이, 이렇게.

박: 속에다 뭐 안 넣습니까?

- 안 넣고 그저 그래서, 어, 그래 떡을 쪄서 먹는단 말이오.

박: 만드미라는 것은 요렇게 해서 이제 해서 그냥 쪄서 먹고?

- 그거, 그것은 전에 그래 가루를 반죽해서 익혀서 저기 만드미 빚어
서 이래서 또 찐단 말이오. 솥에다. 쪄서 그건 물에다 씻어도 상관없단(괜
찮단) 말이오. 씻으면 그저 쫄깃쫄깃한 게 그렇게 맛있단 말이오.

박: 맞습니다.

- 응.

－ 저네 이래 말 듣구서 언제 해 먹나? (조사자 일동 웃음)

박: 하하하!

－ 이래 펴야~에서 전에 해바~이 나구서 이래서 이런 소문두 잇엇소. 펴~야~에서 한 사람이 이래서 차시떡으 한다::메서 차시떡으 하라:: 핸, 하느라구서 아! 쌀으느 갈그 내앳는데 가매애다 페는 거 야~ 신문으 페엣다. 신문우 페구서 불개르 놓구서 떡으, 차시떡으 하는, 게 어띠 대오? 신문이 김이 어뜨께 올라오오? 구냐:207) 께어 올라 모208) 온단 말이오. 기애다나 못하디 무. 게: 죠이 막 쳐디구 그렇디. (웃음) 그렇게 햇다구서 어:, 서, 정마 그랜:두 그릏기 소문이 다 잇대니우? 걔 이 모루다나니 이렇디 무, 무스거 페는둥209) 뭐 어뜧게 하는두 알아사 하디? 글티.

소: 아매, 그러면은 그 감쥐 여기서 많이 만들어 먹쟤임둥?

－ 냐~.

소: 감쥐는 어띠 담금두?

－ 감쥐느 싹누룩에 해야 데오. 싹으 보리싹이나 수수싹이나 찰베싹두 하구. 그래 싹으 길궈서 그거 갈그 내애서 감쥐르 하는 원료[월료]느 거저 아무걸루 해두 일없소.

박: 네, 네.

－ 밥이 쉰 거에다두 페두 거 밥감쥐 덴다구서 밥감쥐라, 밥우 쉰 걸르 햇다구 밥감쥐라간단 말이오.

박: 쉰밥우 개:다 한단 말임둥?

－ 음, 밥이 쉬네네느 그 싹으 테서 괘무 감쥐 덴단 말이오. 기랜다구 밥울루 한 게라구 밥감쥐라구하디. 걔 그것도 채애다 걸그녜넨 물우, 맨 물만 먹을 쉬두 잇구 그렇딤.

박: 그믄 밥우 일부러 그믄 쉬와서르 그렇게 한단 말임둥?

－ 그 머 일부러사 쉬우갠? 기애 그 혹시 많이 해:서 남마서 쉰 거 데디기 아깝다구서 기래 쉬워: 먹는 게디.

- 응, 자네들 이렇게 말을 듣고서 언제 해 먹나? (조사자 일동 웃음)

박: 하하하!

- 이래 평양에서 전에 해방이 나고서 이래서 이런 소문도 있었소. 평양에서 한 사람이 이래서 찰시루떡을 한다면서 찰시루떡을 하려 했(는데), 하느라고서 아! 쌀은 가루를 냈는데 솥에다 펴는 거 응? 신문을 폈다. 신문을 펴고서 불개를 놓고서 떡을, 찰시루떡을 하는, 그게 어찌 (떡이) 되오? 신문으로 김이 어떻게 올라오오? 구멍을 꿰어(통해서) 못 올라온단 말이오. 그러다 보니 못하지 뭐. 게 종이가 막 쳐지고 그렇지. (웃음) 그렇게 했다고 어, 정말 그랬는지 그런 소문이 다 있잖소? 그래 이 모르다 보니 이렇지 뭐, 무엇을 펴는지 뭐 어떻게 하는지 알아야 하지? 그렇지.

소: 할머니, 그러면은 그 감주 여기서 많이 만들어 먹잖습니까?

- 응

소: 감주는 어떻게 담급니까?

- 감주는 엿기름에 해야 되지. 싹을. 보리 싹이나 수수 싹이나 찰벼 싹도 하고. 그래 싹을 길러서 그것을 가루 내서 감주를 하는 원료는 그저 아무것으로 해도 상관없소.

박: 네, 네.

- 밥이 쉰 것에다 (엿기름을) 펴도 그거 밥감주가 된다고 해서 밥감주라, 밥을 쉰 것으로 했다고 밥감주라고 한단 말이오.

박: 쉰밥을 가져다 한단 말입니까?

- 음, 밥이 쉬면 그 싹을 쳐서 발효시키면 감주가 된단 말이오. 그런다고 밥으로 한 것이라고 밥감주라고 하지. 그래 그것도 체에다 거르면 물을, 맨 물만 먹을 수도 있고 그렇지.

박: 그러면 밥을 일부러 그러면 쉬게 해서 그렇게 한단 말입니까?

- 그 뭐 일부러야 쉬게 하겠나? 그래 그 혹시 (밥을) 많이 해서 남아서 쉰 것을 버리기 아깝다고 그렇게 쉬게(발효가 되게) 해서 먹는 게지.

박: 아, 그렇슴두?

- 냐˘, 데디지 마쟈구 그래 아깝아 해애[애애] 먹는단 말이오.

소: 감쥐는 거저 그 싹누룩울 갖다가 이룽게….

- 냐˘, 싹누룩우 갖다:서 말, 어 전에 옥수꾸두:: 갈그 내애서 어, 죽우 한단 말이오. 걸게 이래 가매애다 끓에서 많이 하는 거랑 이래 죽우 해서 식에서, 식에서 그담에 그거 싹으 테 논단 말이오. 싹으 넣어서 막 젓어놓디. 싹으 거기 어 죽이 엄매나:: 머 엄매나:: 넣어서 대갯다:: 하는 거:: 그래 예견해가지구 기래 어, 져내 한 사나알이 대무 패는²¹⁰⁾ 게 알긴단 말이오. 기랴 아니 패무:: 게 싹이 쟉아서 아니 패는 게란 말이오. 걔 모딜이 패녜느 고저 와실와실 구내 슝슝슝슝 하메 이룽기 패애난다. 걔 패애 나녜녜느 그거 채에다 거르디 무순. 걸거서 구 물우 야˘ 그 물에다서 지금 탕진이랑 노오무 기램 다달:안 게 맛잇딤.

박: 네에.

- 전엔 넷날엔 탕진이라 없어서 쥴껍지[ʧulk'əpʧ'i]랑 넣엇소. 귤껍지[kyulk'əpʧ'i]랑 넣어네네느 거기서 우러나서 귤내[귤래] 나메서 감쥐 맛잇디. 땡::한 게 맛잇디. 직금 기애 그거에 감쥐 야˘ 기래 시쿠네느 거기다서 소오다랑 식초랑 죠꼼 요래서 알맞게 에 전에 탕진이랑 기래 넣어네느 거저 쨍::한 게 영 씨원하게 맛잇디. (웃음) 이거느 넣녜느 거저 사이다맛이 더 쨍::해²¹¹⁾ 난다구.

박: 탕진이란 게 무시겜둥 아매?

- 탕진 모루오?

박: 예.

- 사커린.

박: 아아! 그게 탕진임둥?

- 냐˘:, 냐˘

박: 아, 그렇슴둥? 아아!

박: 아, 그렇습니까?

― 응, 버리지 않으려고 그래 아까워서 해 먹는단 말이오.

소: 감주는 그저 그 엿기름을 갖다가 이렇게….

― 응, 엿기름을 갖다가 말, 어 전에 옥수수도 가루를 내서 어, 죽을 한 단 말이오. 걸게 이렇게 솥에다 끓여서 많이 하는 것이랑 이렇게 죽을 해서 식혀서, 식혀서 그다음에 그 엿기름을 쳐 놓는단 말이오. 엿기름을 넣어서 막 저어 놓지. 엿기름을 거기 어, 죽이 얼마나 뭐 얼마나 넣어야 되겠다 하는 것을 그래 예견해 가지고 그래 어, 저기 한 사나흘이 되면 발효되는 걸 알 수 있단 말이오. 그래 발효가 안 되면 그게 엿기름이 적어서 발효가 안 되는 것이란 말이오. 그래 몹시 괴면 그저 와글와글 구멍이 숭숭숭숭 나며 이렇게 발효된다. 그래서 발효되면 그것을 체에다 거르지, 뭐. 걸러서 그 물을 응 그 물에다 지금 사카린 따위를 넣으면 그러면 달콤한 게 맛있지.

박: 네.

― 전엔 옛날에는 사카린이라는 것이 없어서 귤껍질이랑 넣었소. 귤껍 질을 넣으면 거기서 우러나서 귤 냄새가 나면서 감주가 맛있지. 땡 한 게 (톡 쏘는 게) 맛있지. 지금 그래, 그것에, 감주가 응 그래 시면 거기다가 소다랑 식초랑 조끔 요래서 알맞게 에, 전에 사카린이랑 그래 넣으면 그저 톡 쏘는 게 아주 시원하면서도 맛있지. (웃음) 이건 넣으면 그저 사이 다 맛이 쌩 하고 난다고.

박: '탕진'이란 것이 무엇입니까 할머니?

― '탕진'을 모르오?

박: 예.

― 사카린.

박: 아아! 그게 '탕진'입니까?

― 응, 응.

박: 아, 그렇습니까? 아!

- 냐 ̃:, 냐 ̃

박: 젼 먹어 못 밧습구마.

- 아니 뇨 먹소?

박: 예, 그, 넷날에 제 어시들은 쟙샀는데 져는 모른단 말이꾸마.

- 그거 전에 이래 곰몰에랑 이래 찰떡할[찰떠갈] 적에 곰몰에랑 머 혹시 산탕갈기 없어서 많이 놓딤.

박: 옳습구마.

- 냐 ̃. 지금은 산탕갈그 많이 먹으믄 그거 슬: 먹소.

박: 즈끔 나옴두? 이게?

- 으응?

박: 즈끔두 장마당에 나옴둥?

- 나오댆구! 그게. 갠데: 사탕갈그 싸쟈문 비싸구 해:서 그거, 어 탕진 많이 먹엇딤. 기랜게 직금에는 모도 다 사람덜이 수쥰이 높아가서 거저 사탕갈그 많이 먹는단 말이오.

박: 예.

- 응, 응.

박: 저는 못 먹어 봤습니다.

- 안 넣어 먹소?

박: 예, 그, 옛날에 제 부모님은 잡수셨는데 저는 모른단 말입니다.

- 그것은 전에 이렇게 고물에나 이렇게 찰떡 할 적에 고물에나 뭐 혹시 설탕이 없어서 많이 놓지.

박: 맞습니다.

- 응. 지금은 설탕을 많이 먹으면 그거 적게 먹소.

박: 지금 나옵니까? 이게?

- 응?

박: 지금도 (사카린이) 장에 나옵니까?

- 나오잖고! 그게. 그런데 설탕을 사자면 비싸고 해서 그거, 어 사카린을 많이 먹었지. 그런데 지금에는 모두 다 사람들이 수준이 높아져서 그저 설탕을 많이 먹는단 말이오.

박: 예.

2.4. 어렸을 적 놀이

고딕체 조사자(소신애, 박진혁)
  —   제보자(김경자)

소: 아매, 그 고향이 그 어디라고 했슴두?

— 죠선이딤.

소: 죠선 어디라 했슴두?

— 죠선이 함경북도 이 젼에 아: 어 학서˘이라구서212) 지금 은, 언덕군에.

소: 네, 거기 넷날에 그 머 동미들가 하던 놀:이, 무스거 하고 놀았는디 쫌 얘:기 쫌 해 쥬시겠슴두?

— 노던 놀애?

소: 예. 그 머 돌: 같은 거로도 이렇게 하고 놀:고 여러 가지 놀이 있쟤임두?

— 하하! 젼에사 무스 아:들이 무스, 응: … 거저 흙으 가지구서 거저 이른 거 그릇으 깨애대랑 가지구서 바꿈질이라몌서 그래 놀앗디 무슨.

소: 바꿈질?

— 야ˇ, 바꿈질이라 하메서 거저 어, 어, 흑우 가지구 무스 "떡우 하오." 무스 "밥우 하오." 이라몌서 놀앗디 무슨.

박: (웃음)

— 그럼은 녯날아덜이 무순 깨끔213) 놀갯소? 고저.

박: 깨꿈 노는 게 무시겜둥?

— 으응?

박: 깨꿈 논다는 게 무시겜둥?

— 깨꿈 놀갯소. 그:: 젼에 깨까지214) 못논다는 게디무.

2.4. 어렸을 적 놀이

소: 할머니, 그 고향이 그 어디라고 했습니까?

— 조선(북한)이지.

소: 조선(북한) 어디라고 했습니까?

— 조선(북한)의 함경북도 이 전에 어 학송(鶴松)이라고 지금 은, 은덕군(恩德郡)에.

소: 네, 거기 옛날에 그 뭐 동무들과 하던 놀이, 뭐 하고 놀았는지 좀 얘기 좀 해 주시겠습니까?

— 놀던 놀이?

소: 예. 그 뭐 돌 같은 걸로도 이렇게 하고 놀고 여러 가지 놀이 있잖습니까?

— 하하! 전에야 무슨 애들이 무슨, 응 … 그저 흙을 가지고서 그저 이런 거 그저 그릇을 사금파리(까팡이)로 해서 가지고서 소꿉질이라 하면서 그렇게 놀았지 무슨.

소: 소꿉질?

— 응, 소꿉질이라 하면서 그저 흙을 가지고 뭐 "떡을 하오." 뭐 "밥을 하오." 이러면서 놀았지 뭐.

박: (웃음)

— 그러면 옛날 애들이 무슨 깨끗이 놀겠소? 뭐.

박: 깨꿈 노는 게 뭡니까?

— 응?

박: 깨꿈 논다는 게 뭡니까?

— 깨끗이 놀겠소. 그 전에 깨끗 못 논다는 거지 뭐.

박: 아아::!

　─ 음.

소: 바꿈질으 그러면은 어뚷게 했는지 쫌 더 알레쥬겠슴두?

　─ 아이! 바꿈질으 어떻기[어떠끼] 하갠? 바꿈질두 이래 집이서 사는 것터르 무스거 그르 깨애대르 이래서 놓구서 "이거는 가매오, 이건 물뚝이오." 하메서 이래메서 이래:서 무스거 해: 먹는 것터르 해서 그래 그라메 놀앗디 무슨.

소: 무스거 개:다 이룧게 가매라 함둥?

　─ 이런 그릇[그륵]**꽤:다(→깨애대)르 이래 놓구서 햇:딤.

소: 음::.

　─ 개:구 거저 이래 거 진흙으[지늘그] 이래서 괘흙으215) 니게서 거저 손에다:두 그 떡아는 것터르 이래 오구래 불군 것터르 거저 그래:두 하구 그렇기 놀앗디. 기래다나니 더럽기 노디 무슨!

소: (웃음)

박: 옳습구마! (웃음)

　─ 응, 기야구 거저 음:: 손에 흙이라 묻우네느 옷에다 이래 쓱구216) 거저 그렇디 무슨. 어어! 녯날 아덜은 무슨 깨까자갯소? 에후::! 흥! 기랴구서는 우리 달리 캐라나 가네느 온쩌낙에 집이 가서 욕으 먹갯는가:: 보쟈 하메서 칼자르[칼짜르] 가지 냐 요래 폭 디르네느 벵샐마개터르217) 따이 이래 자귀 난단 말이오. 기야네느 고 안에다서 춤우 받아218) 놓는데 춤 받아 놓구서 칼르셔 요래 뜨디. 뜨네네느 야? 고게 깨:디무 집이 가 욕우 먹구 고게 깨 안 디구219) 고대르 폭 떠디네네느 집이 가 욕 안 먹는다메 그런 놀음 다 놀앗소 으우::!

박: (웃음)

　─ 골이 둔해서 거저 미개하, 미개하기 놀앗디 무슨.

박: 와!

박: 아아!

— 음.

소: 소꿉질을 그러면은 어떻게 했는지 좀 더 알려 주시겠습니까?

— 아이! 소꿉질을 어떻게 하겠는가? 소꿉질도 이렇게 집에서 사는 것처럼 뭐 그릇 깨진 것(=까팡이, 사금파리)을 이렇게 놓고서 "이것은 솥이오, 이건 물독이오." 하면서 이러면서 이렇게 뭐 해 먹는 것처럼 해서 그렇게 그러며 놀았지 뭐.

소: 무엇을 가져다 이렇게 솥이라 합니까?

— 이런 그릇 깨진 것을 이렇게 놓고서 했지.

소: 음.

— 그리고 그저 이렇게 그 진흙을 이렇게 해서 흙을 이겨서 그저 손에다가도 그 떡 하는 것처럼 이렇게 새알심 불린 것처럼 그저 그렇게도 하고 그렇게 놀았지. 그러다 보니 더럽게 놀지 뭐!

소: (웃음)

박: 맞습니다! (웃음)

— 응, 그리고 그저 응 손에 흙이나 묻으면 옷에다 이렇게 닦고 그저 그렇지 뭐. 어어! 옛날 아이들은 뭐 깨끗하겠소? 어휴! 홍! 그러고서는 우리 달래 캐러나 가면 오늘 저녁에 집에 가서 욕을 먹겠는가 보자 하면서 칼자루를 가지고 응 요렇게 폭 찌르면 병마개처럼 땅에 이렇게 자국이 난단 말이오. 그러면 그 안에다가 침을 뱉어 놓는데 침을 뱉어 놓고서 칼로 요렇게 뜨지. 뜨면 응? 고게 깨지면 집에 가서 욕을 먹고 고게 안 깨지고 고대로 폭 떠지면 집에 가서 욕을 안 먹는다며 그런 놀이를 다 했소, 으우!

박: (웃음)

— 머리가 둔해서 그저 미개하, 미개하게 놀았지 뭐.

박: 와!

소: 그 말이 마, 맞았슴두? 이릏게.

― 모루디 기 맞는두. 무슨 맞갯ː느220). 그게.

박: (웃음)

― (웃음)

박: 야, 별에별게 다ː 있슴구마.

― 웅! 웅!

소: 또 무스거 놀이 또 머 없슴두? 놀옴?

― 놀옴 무스거 놀ː갠느. 거저 기랴구 거저 거 주뛰기두221) 놀구 거저 그랫디 무슨.

소: 쥐뛰기는 어찌함두?

― 주뛰기르 어띠게 하갠느? 어, 전에ː느 무스 전에 무슨 고모줄이 잇어 [이서]! 고모줄이 요래 요막씩안 게 넷날엔 그런 기 또 흔하댆ː구 어떻.222) 요래 쫌 약하다만ː 기 그런 고모줄 이래 잔뜩 다래밀223) 해ː서 기 래서 늘예가지구서 기래서 그거 가지구 뜰래기르 하구. 기야구 이래서 새 끼, 바이나 새끼 가지구 이래 돌구멘서 이래 띠는 게 잇댆ː구. 땐쓰에랑두 잇대니우? 기애 거기 들으가서 이래 둘씨두 마주 셔셔 띠구 서씨두 띠구 그 줄우 넘어 띠구 기랫단 말이오.

소: 녜.

― 기얘구 이래ː서 돌구메 띠는 것두 잇구.

소: 또 멋 쟤미난 거 또 머 있었슴두?

― 하하하하!

소: 봄이문 봄, 녀름이문 녀름, 머 동삼이문 동삼에.

― 에우! 무시 쟤미. 그저 그렇디 무슨.

소: 뽈은 안 챴슴두?

― 난 뽈은 안 챳스[anchási]224). 젼엔 이런 배ː구랑 이런 게 없ː어.

소: 음, 그럼 무스거 챠고 노지 앬앴슴두?

소: 그 말이 맞, 맞았습니까? 이렇게.

– 모르지 그게 맞는지. 뭐 맞겠나. 그게.

박: (웃음)

– (웃음)

박: 야, 별의별 게 다 있습니다.

– 응! 응!

소: 또 무슨 놀이 또 뭐 없습니까? 놀이?

– 놀이 뭐 놀겠나. 그저 그러고 그저 그 고무줄놀이(또는 줄넘기)도 하고 그저 그랬지 뭐.

소: 고무줄놀이는 어떻게 합니까?

– 고무줄놀이(또는 줄넘기)를 어떻게 하겠나? 어, 전에는 뭐 전에 무슨 고무줄이 있어! 고무줄이 요렇게 요만한 게 옛날에는 그런 게 또 흔하잖고 어떻소. 요렇게 좀 약한 게 그런 고무줄을 잔뜩 잇달아 매서 늘여 가지고서 그렇게 해서 그거 가지고 고무줄놀이를 하고. 그러고 이렇게 해서 새끼줄, 밧줄이나 새끼줄 가지고 이렇게 돌리면서 이렇게 뛰는 게 있잖고. 텔레비전에도 있잖소? 그래 거기 들어가서 이렇게 둘씩도 마주 서서 뛰고 셋씩도 뛰고 그 줄을 넘어 뛰고 그랬단 말이오.

소: 네.

– 그러고 이래서 돌리며 뛰는 것도 있고.

소: 또 뭐 재미난 거 또 뭐 있었습니까?

– 하하하하!

소: 봄이면 봄, 여름이면 여름, 뭐 겨울이면 겨울에.

– 어우! 무슨 재미. 그저 그렇지 뭐.

소: 공은 안 찼습니까?

– 난 공은 안 찼소. 전에는 이런 배구랑 이런 게 없어.

소: 음, 그러면 뭐 차고 놀지 않았습니까?

- 줴에기랑 찻디 무스.

소: 음, 아매두?

- 응, 여자들 줴에기랑 차구.

소: 무스걸루 만들었슴두?

- 어, 요래 전엔 넙전이락아메서 넷날 돈이 잇엇소. 거기다서 이래 죠이르 이래:서 요래 딱 싸서 고거 요래 안을르셔 요래 해서 구냐: 내리내리 눌러서 요래 싹 쫓어논단 말이오. 기랴문 요래:서 꼭 나팔이 대디. 걔 그거 가지구서 이래서 올리때리구²²⁵⁾ 이래 제기 차구. 그담에 또 오사라라구서 이래:서 그런 무스 천을르랑 기래 이룽기 하쟀:구. 또 안에다 무스 패끼나 쌀 여:서. 그런 것두 해 차 보구 기애.

박: 거 안에 패끼나 쌀으 연: 거 무시기라 했슴두?

- 오사라. 오사라.

박: 오사라?

- 오. 사. 라. 오사라.

박: 으음.

소: 아매 그거 왜 머 돌:이나 이른 걸루 손등에 올레놓고 이룷게 좨:구 이런 거 하지 않앴슴두?

- 응, 꽁기.

소: 꽁기?

- 응.

소: 그거는 머 어뚷게 하암두? 다슷개르 좨:다 놓구 하암두, 어뚷게 함두?

- 음. 다슷개르 이래 늘에 놓구서 한낙씨 줏구 어, 또 둘씨 줏구 그랫단 말이오. 그, 전에 돌주이라구두 하구:: 꽁기라구두 하구 그랫단 말이오.

소: 돌주이?

- 응. 돌주이라구두 하구. 거 많:이 가지구서 또 이래서 손드~[손뜨~]이다

－ 제기를 찼지 뭐.

소: 음, 할머니도요?

　－ 응, 여자들이 제기를 차고.

소: 무엇으로 만들었습니까?

　－ 응, 요렇게 전에는 엽전이라고 하면서 옛날 돈이 있었소. 거기다가 이렇게 종이를 이렇게 해서 요렇게 딱 싸서 고것을 요렇게 안으로부터 요렇게 해서 구멍을 내리내리 눌러서 요렇게 싹 찢어 놓는단 말이오. 그렇게 하면 요렇게 해서 꼭 나팔처럼 되지. 그래 그것을 가지고서 위로 올려 (올려뜨려) 차고 이렇게 제기 차고. 그다음에 또 오자미라고 이렇게 해서 그런 뭐 천으로 그래 이렇게 하잖고. 또 안에다 무슨 팥이나 쌀을 넣어서 그런 것도 만들어 차 보고 그래.

박: 그 안에 팥이나 쌀을 넣은 것을 무엇이라 했습니까?

　－ 오자미. 오자미.

박: '오사라'?

　－ '오'. '사'. '라'. '오사라'.

박: 으음.

소: 할머니, 그거 왜 뭐 돌이나 이런 걸로 손등에 올려놓고 이렇게 쥐고 이런 거 하지 않았습니까?

　－ 응, 공기.

소: 공기?

　－ 응.

소: 그것은 뭐 어떻게 합니까? 다섯 개를 쥐어다 놓고 합니까, 어떻게 합니까?

　－ 음. 다섯 개를 이렇게 늘여 놓고서 하나씩 줍고 응, 또 둘씩 줍고 그랬단 말이오. 그, 전에 '돌주이'라고도 하고 공기라고도 하고 그랬단 말이오.

소: 돌주이?

　－ 응. '돌주이'라고도 하고 그거 많이 가지고서 또 이렇게 해서 손등에다

올레서 이래서는 받아 줴에가지구서 그담에는 네닢쥐기락아네느226) 네 개르 쥐는 건 네닢쥐기락아구 세 개르 쥐문 세닢지기락아구. 기래 쥐는 그런 것두 노구 고저.

소: 응. 아매 몇 닢 좨앳슴두?

– 거, 여슷이랑 닐굽이랑 이렇게두 줴엣단 말이오.

소: (놀람) 그렇게 많이 좄슴두?

– 냐~

소: 음.

– 오사라 가지구두 이래 세 개르 가지구서 야~ 이래 올리때리메서 언녀227) 이거 빼:서 이래서 세 개두 이래서 언녀 네 개두 가지구 기래오 그래.

박: 야::! 그 던지무 흔채입구마.

– 응. 냐! 걔 이래 두 개르 이래 올리때리문 언녀: 어간을르 빼: 내:무 이래서 햇단 말이오. 그런 놀옴이랑 노구::. 오오::!

박: 오사라 크기가 얼마나 뎀두? 쥬먹만함두?

– 냐~. 쿠:기 맨드쟈문 쿠기 맨드구 잘기 맨드쟈문 잘기 맨드구. 그건 맘대르란 말이오. 제 하다나니꺼. 재빌르 만드다[mandida]나니.

박: 오사라 어찌 놀았슴두?

– 으응?

박: 오사라 어찌 놀았슴두?

– 어때 놀갠?

박: 져이쳐럼 무슨 던지개르, 더디개두 하지 않슴둥. 어티기 머 ….

– 그렇기두 햇:딤. 이래서, 이래 칸으 티구서 이래 어간이 이래서 오니라구228) 셔구 이래 냥짝에 이래서 이래 사램이 이래 네모꼴이 칸에 이래 셔는 거. 거 한판이 션 사램이 구거 가지구서 박을래기르 햇단 말이오.

올려서 이렇게 해서는 받아 쥐어 가지고서 그다음에는 네잎쥐기라고 하면 네 개를 쥐면 네잎쥐기라고 하고 세 개를 쥐면 세잎쥐기라고 하고. 그래 쥐는 그런 것도 놀고 그저.

소: 할머니, 몇 잎 쥐었습니까?

— 그거, 여섯 개랑 일곱 개랑 이렇게도 쥐었단 말이오.

소: (놀람) 그렇게 많이 쥐었습니까?

— 응.

소: 음.

— 오자미 가지고도 이렇게 세 개를 가지고서 응 이렇게 위로 올리면서 얼른 이것을 빼서 이렇게 해서 세 개도, 이렇게 해서 얼른 네 개도 가지고 그러오 그래.

박: 야! 그걸 위로 던지면 (잡아채는 사람이) 흔치 않습니다.

— 응! 그래 이래 두 개를 이렇게 올리면 얼른 사이로 빼 내면 이렇게 해서 했단 말이오. 그런 놀이를 하고. 오오!

박: 오자미 크기가 얼마나 됩니까? 주먹만 합니까?

— 응. 크게 만들려면 크게 만들고 작게 만들려면 작게 만들고. 그건 맘대로란 말이오. 자기가 하다 보니까. 손수 만들다 보니.

박: 오자미를 어떻게 하고 놀았습니까?

— 으응?

박: 오자미를 어떻게 하고 놀았습니까?

— 어찌 놀겠는가?

박: 저희들처럼 뭐 던지기, 던지기도 하지 않습니까. 어떻게 뭐 ….

— 그렇게도 했지. 이래서, 이렇게 칸을 치고서 이렇게 사이에 이렇게 해서 술래라고 서고 이렇게 양쪽에 이렇게 해서 이렇게 사람이 이렇게 네모꼴 칸에 이렇게 서는 거. 그 한복판에 선 사람이 그것을 가지고서 던져 맞히기를 했단 말이오.

박: 오오!

― 응. 기애 박으녜느 그 사램이 맞으문 나가구. 이래 그 사램이 이래 박쟈네느 이짝우 닫구 뎌짝우루 닫구 하다남 먹음 못 ***. 기래구 이 오닌데르229) 훅 건네뛔 이 짝 칸으루두 올 슈 잇구 그랫디 무슨.

박: (웃음) 같네. 거 머 한가지네.

― 게 무스 들어두:: 골이 도디 못해 거저 미이::하기 그룧기 놀앗소, 응.

박: 져이도 어릴 때 그렇게 놀았는데 어찌 골이 미개하겠슴두?

― (웃음)

소: 아매 글면은 그 한사람은 남고 나마지는 다: 잃게 잃게 꼼치우구 이른 놀:이, 놀음도 있었슴두?

― 응, 그런 것도 잇디. 곰치울래기라고.

소: 으음, 어티게 그거는 함두?

― 으음?

소: 어띠 함둥?

― 그거느 어티기 하는가 하무 어니[ɦni] 이래구서 "요 시까:." 하네네느 곰치운 사름 "마대요! 마대요!" 하메서 이래메서 달아가 곰치운단 말이오. 기래다서 어, 그 사람이 '마대요' 소리 없으무 이래서 눈 뜨구서 얼어본단 말이오. 기래대니문 '하나 둘 세' 이래 세에서 어, 이십 개르 센 어간에 그 사름들 가 곰치우나 이릏기도 하구 기랫단 말이오. 기애 곰치운 담:에 얻으보디 무슨.

박: 음:, 얻어본 담에 어찌함두?

― 으응?

박: 얻어보문 어찌뎀두?

― 얻어보무 구 사람이 얻어본 사램이 또 어니[ɦni]질하디 무스. 이래 이래. 기야구 또 오니질하던 사름이 또 가 꼼치우구 그렇디무.

박: 오오!

– 응. 그래 던져서 그 사람이 맞으면 나가고. 이렇게 그 사람이 이렇게 던져 맞히려고 하면 이 쪽으로 닫고(=빨리 뛰어가고) 저 쪽으로 닫고 하다 보니 ** 못 ***. 그러고 이 술래한테로 훅 건너뛰어 이 쪽 칸으로도 올 수 있고 그랬지 뭐.

박: (웃음) 같네. 그거 뭐 (한국과) 한가지네.

– 그거 뭐 들어도 머리가 돌지 못해 그저 미개하게 그렇게 놀았소, 응.

박: 저희도 어릴 때 그렇게 놀았는데 어찌 머리가 미개하겠습니까?

– (웃음)

소: 할머니 그러면은 그 한 사람은 남고 나머지는 다 이렇게 이렇게 숨고 이런 놀이, 놀이도 있었습니까?

– 응, 그런 것도 있지. 숨바꼭질이라고.

소: 으음, 어떻게 그것은 합니까?

– 으음?

소: 어떻게 합니까?

– 그것은 어떻게 하는가 하면 술래가 이러고서 "다 숨었니?" 하면 숨은 사람이 "아직! 아직!" 하면서 이러면서 달려가 숨는단 말이오. 그러다가 응, 그 사람이 '아직'이란 말이 없으면 이렇게 눈 뜨고서 찾는단 말이오. 그렇잖으면 '하나 둘 셋' 이렇게 세어서 응, 이십 개를 세는 동안에 그 사람들이 가 숨거나 이렇게도 하고 그랬단 말이오. 그래 숨은 다음에 찾지 뭐.

박: 음, 찾은 다음에 어떻게 합니까?

– 으응?

박: 찾으면 어떻게 됩니까?

– 찾으면 그 사람이 찾은 사람이 또 술래 노릇 하지 뭐. 이렇게 이렇게. 그러고 또 술래 노릇 하던 사람이 가 숨고 그러지 뭐.

박: 오니가 일본말인가?

소: 음.

박: 어, 그래?

소: 여기도 오니라고 하네. 오니라고 안 했어?

박: 우리는 술래문 술래지 먼 오니야.

소: 오니.

- 응, 오니[óni]라고.

소: 오니. 옳습구마.

- 응.

박: 그래? 오오!

소: , 박: (웃음)

- (웃음) 저네도230) 그렇게 놀앗어?

박: 예. 놀기사 놀았습구마. 어찌 아이 놀았겠습두? 져 다 해 봤단 말이꾸마. 머 바꿈재놀이 해 봤디, 꼼치울래기 해 봤디, 머, 오사라라 했습두? 던디구, 박으, 박을래기두 해 밧디. 다 해 봤다 말입구마. 놀음이 머 딴: 게 있겠습두. 아들 놀음이.

- 글쎄. 걔 우리 핵교 댕길 적에 이래서 야ˇ, 이래 숱한 사름덜이231) 모돠서[modʷásə] 야ˇ 다리르 이래 걸구서야ˇ 다리르 이래 한짝으느 이래 이 사름 다리가 내 다리 걸엇단 말이오. 걔 이래 걸구 한짝 다리르 이래서 걹른단232) 말이오 야ˇ. 걔넨 빙 돌가서 사름이 많두루비 원이 크기 대디 무스. 기야녜네느 한짝 다리르 이래서 걸구 한짝 다릴르 이래 왜발이 걸음우 하메서 이래 박수 티메서 노래르 불루메서 이랫단 말이오. 기애다서 그거 마감에 어, 어, 어떠게 대무 그 붙둘어 매던가 오니르? 그 다릴 만져 내리우는 사름이 기랫던두:: 그런 놀음두 다: 놀앗소.

박: 네::.

- 건 재밋소 정말. (웃음)

박: '오니'가 일본말인가?

소: 음.

박: 어, 그래?

소: 여기도 '오니'라고 하네. '오니'라고 안 했어?

박: 우리는 술래면 술래지 무슨 '오니'야.

소: '오니'.

- 응, '오니'라고.

소: '오니'. 맞습니다.

- 응.

박: 그래? 오오!

소:, 박: (웃음)

- (웃음) 자네들도 그렇게 놀았어?

박: 예. 놀기야 놀았습니다. 왜 안 놀았겠습니까? 저 다 해 봤단 말입니다. 뭐 소꿉놀이 해 봤지, 숨바꼭질 해 봤지, 뭐, '오사라'라고 했습니까? 던지고, 맞히기, 던져서 맞히는 놀이도 해 봤지. 다 해 봤단 말입니다. 놀이가 뭐 다른 게 있겠습니까. 아이들 놀이가.

- 글쎄. 그래 우리 학교 다닐 적에 이렇게 해서 응, 이렇게 숱한 사람들이 모여서 응 다리를 이렇게 걸고서 응 다리를 이렇게 한 쪽은 이렇게 이 사람 다리와 내 다리를 걸었단 말이오. 그래 이렇게 걸고 한 쪽 다리를 이렇게 해서 걷는단 말이오 응. 그러면 빙 둘러서 사람이 많을수록 이 원이 크게 되지 뭐. 그러면 한 쪽 다리를 이렇게 해서 걸고 한 쪽 다리로 이렇게 외발 걸음을 하면서 이렇게 박수 치면서 노래를 부르면서 이렇게 했단 말이오. 그러다가 그거 마지막에 어, 어, 어떻게 되면 그 붙들어 매던가 술래를? 그 다리를 먼저 내리는 사람이 그랬던가 그런 놀이를 다 했소.

박: 네.

- 그건 재미있소 정말. (웃음)

소: 노래도 부룸두?

— 아, 박수 티메서 돌, 돈단 말이오. 빙: 빙.

박: 무순 노래르 부룸두?

— 음, 기야 한다릴르 곲구[걸꾸] 기야 한다리 뜀 걸메서 이래서 빙: 빙 돈단 말이오. 기래 박수 티메서 노래 부루메서 이래다나니 재밋디 무슨. 그렇기 도깨빗사:[도깨비싸아]233) 다 해 밧:소.

— (웃음)

박: (웃음)

— 직금은 아아덜이 어 배구234) 티디 뽈: 차디 그얘두 전에사 그릏기 뽈이랑 무슨 남자덜뚜 뽈 차는 게 없엇단 말이오. 음.

소: 아매, 그 넷날에 꽁기놀이 할 때 편을, 펜을 갈그재임두235)?

— 응.

소: 응. 편을 갈글 때 딱 한내 남우문 이 짝 편에도 하고 져 짝 편에도 하고 이런 사람 무스거라 했슴두?

— 어간뚱띠이. 어간 뚱띠이.

소: 네?

— 어간뚱띠이라 햇소.

소: 어간뚱뚱이요?

— 응. 어간뚱뚜~이.

소: (웃음) 어간뚱뚜~임두?

— 응.

소: 으음. 어떤 사람이 그른 거 하암두?

— 개 글쎄나 전에 편이 없어 모즈라서 놀긴 놀갯는데 사람이 짝이 없 다나니꺼더나 이 짝에서 한번 아구:: 이 짝에서 한 번 아구:: 그랫디. 기얘 다나 어간뚱띠~이라하디.

박: 뚱뚜~이.

소: 노래도 부릅니까?

– 아, 박수 치면서 돌, 돈단 말이오. 빙빙.

박: 무슨 노래를 부릅니까?

– 음, 그래 한 다리로 걷고 그래 한 다리 뜀 뛰면서 이렇게 해서 빙빙 돈단 말이오. 그래 박수 치면서 노래 부르면서 이래다 보니 재미있지 뭐. 그렇게 도깨비짓을 다 해 봤소.

– (웃음)

박: (웃음)

– 지금은 아이들이 응 배구하지 공 차지 그래도 전에야 그렇게 공이랑 무슨 남자들도 공 차는 사람이 없었단 말이오. 음.

소: 할머니, 옛날에 공기놀이 할 때 편을, 편을 가르잖습니까?

– 응.

소: 응. 편을 가를 때 딱 한 사람이 남으면 이쪽 편에도 하고 저쪽 편에도 하고 이런 사람을 뭐라고 했습니까?

– '어간뚱띠이'(=깍두기). '어간뚱띠이'(=깍두기).

소: 네?

– '어간뚱띠이'라고 했소.

소: '어간뚱뚱이'요?

– 응. '어간뚱뚜~이'

소: (웃음) '어간뚱뚜~이'입니까?

– 응.

소: 으음. 어떤 사람이 그런 것을 합니까?

– 그래 글쎄 전에 편이 없어 모자라서 놀려고 하는데 사람이 짝이 없으니까 이쪽에서 한 번 하고 이쪽에서 한 번 하고 그랬지. 그러다 보니 '어간뚱띠~이'라고 하지.

박: '뚱뚜~이'.

－ 응.

소: 어간뚱따~임두? 뚱뚜~임두?

－ 뚱뚜~이. 응. 뚱뛰~이락 앳디. 모루디. 맞는두::? 사투리말 어간뚱뚜~이 거저 흟이.

박: 우리말론 이거고. (웃음) 우리말론 이거고.

소: 난 어렸을 때 아따리꼬따리라고 했습구마.

－ 아따리꼬따리?

소: 예.

－ (웃음)

소: (웃음)

소: 오빠는 머락 앳습두?

박: 깍두기.

소: 깍두김둥? 음.

박: 이게 한내 한내 얄 서이 있을 때 야슷끼리 하문 딱 맞는데 한내 남재님둥? 야 가르 이제 어디메 열까 하다가서르 보통 한내 남는 게 왠: 못하구 힘이 약한 애가 한내 있재님둥? 그러문 야르 이번에는 네 해라 다음에는 네 해라 이래가지구 어간에 한내 남는 놈이 한 번은 여기두 갔다가 여기두 갔다가 하는 놈이 있단 말이꾸마. 그러면 져이는 깍두기라 했단 말입구마.

－ 오오! 다 말이지. 저 머이락 앳다고?

소: 아따리꼬따리라고 했습구마.

－ 아따리꼬따리. (웃음) 아따리꼬따리. 거는 '왓다리갓다리' 해:두 거이 **비즉아노236).

소: 옳습구마.

－ 냐~, 냐~ 왓다리 갓다리 해두 비즛:하단[비즈타단] 말이오.

소: 왠: 못하는 것이 두닢쥐기나237) 하고 이러는 것이

― 응.

소: '어간뚱띠~이'입니까? '뚱뚜~이'입니까?

― '뚱뚜~이'. 응. '뚱뛰~이'라고 했지. 모르지. 맞는지? 사투리 '어간뚱
뚜~이' 그저 흔히.

박: 우리말로는 이거고. (웃음) 우리말로는 이거고.

소: 난 어렸을 때 '아따리꼬따리'라고 했습니다.

― 아따리꼬따리?

소: 예.

― (웃음)

소: (웃음)

소: 오빠는 뭐라고 했습니까?

박: '깍두기'.

소: '깍두기'입니까? 음.

박: 이게 한 명 한 명 열세 명이 있을 때 여섯 명끼리 하면 딱 맞는데 한 명
이 남잖습니까? 이 애, 그 애를 이제 어디에 넣을까 하다가 보통 한 명 남은
아이가 가장 못하고 힘이 약한 아이가 한 명이 남잖습니까? 그러면 이 아이를
이번에는 네가 해라 다음에는 네가 해라 이래 가지고 중간에 한 명 남는 사람
이 한 번은 여기도 갔다가 여기도 갔다가 하는 사람이 있단 말입니다. 그러면
저희는 '깍두기'라고 했단 말입니다.

― 오오! 다 그 말이지. 자네는 뭐라고 했다고?

소: '아따리꼬따리'라고 했습니다.

― 아따리꼬따리. (웃음) 아따리꼬따리. 그건 '왔다리갓다리'라고[238] 해
도 거의 비슷하고.

소: 맞습니다.

― 응, 응 '왔다리 갔다리' 해도 비슷하단 말이오.

소: 제일 못하는 사람이 두잎쥐기나 하고 이러는 사람이 (깍두기 노릇을)

막 했단 말입구마.

- 응. 옳소. 응.

박: 그 뚱뚜~이라는 게 무시게 말임두?

- 으응?

박: 어간뚱뚜~이 할 때 뚱뚜~이라는 게 무시겜둥?

- 뚱뚜~이라는 게 거저 이짝에두 와 하구:: 이짝에두 와 하구:: 하니꺼 더 뚱뚜~이라디.

박: 어원이 잘 탁 들어오질 않네.

소: 아매 이른 것도 했슴두? "감지에 싹이 나서 니파리에 …". (웃음) 이런 노래같은 거 하고 안 놀았슴두?

- 그른 거 모룬다.

박: 그문 요런 건 아이 했슴두? (시늉하면서) 요런 거. 요거, 요거.

- 그런 거사 어띠 안 했갰어! 그런 거 벨란 거 다: 햇:디.

소: 벨란 거 어뜬 거 했슴두? 같이 해 보옵소.

- 나느 모룬다. 어전 다 닞어데서.

소: 닞어뎄슴두?

- 응:. **자래느 쎄기 햇디 무스 거저 이래. 이, 이래서 둘 손 쥐구 *쎄 쎄쎄* 하다서 이래두 티구 이래두 티구 거저.239)

박: 옳습구마.

- 응. 그런 거 많디 무.

박: 그 노래, 무슨 노래 했슴두? 넷날에는?

- 노래 어전 다 닞어데 모룬다 말이다.

소: 쎄쎄쎄는 다 같:습구마.

소: (웃음)

- (웃음)

- 어저느, 어전 이게 져내 멫 해 댓느, 이으::! 어후::! 어, 팔십년이

막 했단 말입니다.

    - 응. 맞소. 응.

박: 그 '뚱뚜~이'라는 게 무슨 말입니까?

    - 으응?

박: '어간뚱뚜~이'라고 할 때 '뚱뚜~이'라는 게 무엇입니까?

    - '뚱뚜~이'라는 게 그저 이쪽에도 와서 하고 이쪽에도 와서 하고 하니까 '뚱뚜~이'라 하지.

박: 어원이 잘 탁 들어오질 않네.

소: 할머니 이런 것도 했습니까? "감자에 싹이 나서 이파리에 …". 이런 노래 같은 것을 하고 안 놀았습니까?

    - 그런 거 모른다.

박: 그러면 요런 것은 안 하셨습니까? (시늉하면서) 요런 거. 요거, 요거.

    - 그런 거야 왜 안 했겠어! 그런 거 별난 거 다 했지.

소: 별난 거 어떤 거 했습니까? 같이 해 보시지요.

    - 나는 모른다. 이젠 다 잊어버려서.

소: 잊어버리셨습니까?

    - 응. 자라면서 많이 했지 뭐 그저 이래. 이, 이래서 둘이 손을 쥐고 쎄쎄쎄 하다가 이렇게도 치고 이렇게도 치고 그저.

박: 맞습니다.

    - 응. 그런 거 많지 뭐.

박: 그 노래, 무슨 노래를 했습니까? 옛날에는?

    - 노래는 이젠 다 잊어버려 모른단 말이다.

소: 쎄쎄쎄는 다 같습니다.

소: (웃음)

    - (웃음)

    - 이제는, 이젠 이게 저기 몇 해가 됐는가, 어유! 어후! 어, 팔십 년이

으띠기 그 됏는디[tʷɛnnɨndi] 어전 내 살아 시집온 제두[240] 뉵십[nʸuksʼip] 이년이 댄단 말이오.

박: 아이고오::!

― 기애.

박: 아매, 몇 살, 몇 살 때 스집오셨슴두?

― 열아홉 세(歲)에.

박: 와::!

― (웃음) 열아홉에 스집오무 무스 셰샤˘ 알앗개. 거저 냄이 잘한다무 고저 잘하는것터으르 맥이 나는둥 모루구 하구 고저 이릏기 고디식앳단 말이오.

박: 음.

― 직금 아덜이 열아홉이문 무스 애기디 무스.

박: 옳습구마.

― 에후::! 언제 죽갠?

박: 아이구! 벨 말씀을 다 하십니다.

― 음:: 이, 이릏기 살문 일없디. 이렇기 살다 죽우문 일없는데 나: 먹어서 정신 잃어놓구 거저 해대대:: 망태기캐구[241] 거저 이래무 어띠게.

소: 에이, 아이 그렇습구마.

― 여기서 지금 살다서 후춘에[242] 직금 가서 아은여슷인 게 지금 아매 잇다. 기앤 게 무슨 바같에 나가 무실 하는가:: 하무 또˜오 노서 오구래르 해:서 (웃음) 거르마니[243] 녀가지구 집우 들온다 하오.

박: 아이구::!

― 그러니 그래 그렇기 살까바 겁이 나단 말이오.

소: 응. 아매는 아이 그럴께꾸마.

― 에이! 거 어띠 안단 말이오. 기애니 글쎄 아들이 어저느 그 집이 아들이랑 딸이랑 거저 자식이 야래오. 기랜 게 큰 메느리 한국 벌라

어떻게 그 됐는지, 이젠 내가 살아 시집온 지도 육십이 년이 된단 말이오.

박: 아이고!

– 그래.

박: 할머니, 몇 살, 몇 살 때 시집오셨습니까?

– 열아홉 살에.

박: 와!

– (웃음) 열아홉에 시집오면 무슨 세상을 알았겠어. 그저 남이 잘한다고 하면 그저 잘하는 것처럼 힘이 나는지 모르고 하고 그저 이렇게 고지식했단 말이오.

박: 음.

– 지금 아이들이 열아홉이면 뭐 아기지 뭐.

박: 맞습니다.

– 어휴! 언제 죽겠는지?

박: 아이고! 별 말씀을 다 하십니다.

– 음, 이, 이렇게 살면 괜찮지. 이렇게 살다 죽으면 괜찮은데 나이를 먹어서 정신줄을 놓고 그저 헬렐레해서 사리분별이 없이 행동하고 그저 이러면 어찌하게.

소: 에이, 안 그렇습니다.

– 여기서 지금 살다가 훈춘에 지금 가서 아흔여섯인 사람이 지금 할머니가 있다. 그런 사람이 뭐 바깥에 나가 무엇을 하는가 하면 똥을 눠서 새알심을 만들어서 주머니에 넣어 가지고 집으로 들어온다 하오.

박: 아이고!

– 그러니 그래 그렇게 살까봐 겁이 난단 말이오.

소: 응. 할머니는 안 그러실 겁니다.

– 에이! 그걸 어찌 안단 말이오. 그러니 글쎄 아들이 이제는 그 집이 아들이랑 딸이랑 그저 자식이 여럿이오. 그런데 큰며느리가 한국에 (돈) 벌러

갓답데. 기래구서 아들이, 큰아들이 칠십 넘단[넘딴] 말이오. 두째아들뚜 환갑 다:: 기난디 어전 오라구 한디 갠데 글쎄나 아들이가 지금 같이 잇는 게 그렇기 망태기캔다니 그, 그, 글쎄 그렇기 살문 어띠갯어? 으응, 거저, 살다서 깨까지 살다 깨까지 죽어야 대는데:. 어때, 어때스무 그릏기 대갯 는둥 모루갯다.

벌러 갔다고 하데. 그러고서 아들이, 큰아들이 칠십 넘었단 말이오. 둘째 아들도 환갑 다 지난 지 이젠 오래되었고 한데 그런데 글쎄 아들과 같이 있는 사람이 그렇게 사리분별 없이 군다니 그, 그, 글쎄 그렇게 살면 어찌겠어? 으응, 그저, 살다가 깨끗이 살다 깨끗이 죽어야 되는데. 어찌해, 어찌하면 그렇게 되겠는지 모르겠다.

2.5. 두만강 변의 농사

고딕체 조사자(소신애, 박진혁)
－   제보자(박남성)

소: 아바니! 베농사할 때 잇쟤임둥? 그때 그 베가 익는 그 (음) 시기에 따라서 베 품종이 좀 따쟤임둥?

－ 따오[244].

소: 예, 그 이름들을 머라구 하는지 알려쥬시갯슴둥?

－ 만숙종하구 조숙죠~이라는 게 잇는데.

소: 죠숙종요? 예. 어떤 게 만숙죵임둥?

－ 늦어서 익는 게 만숙이구 일찍이 여무는 게 조숙이라구.

소: 음. 그럼 늦어서 익는다면 언제쯤?

－ 그래닝까 시월 말일께 가문 영 영그는 게 그게 만숙이구. 구월 이십일 좌우에 다 익는게 조숙이구.

박: 오오! 그렇슴둥? 챠 마이 아이납구마.

－ 야:[245]. 그래구 또 영 이쩍이 대는게 잇는데 그건 산냥이 쟉단말이오.

소: *엇, 무슨 죵요?

－ *그접 이전에 싱구던 겐데 야. 구월초쯤::하문 다 거이 여무는 게 잇, 잇엇다구. 갠데 키 요렇기 쟉구. 산냥이 영 쟉디무. 그래서 그거느 싹 없어뎃소

박: 아:! 그렇슴둥?

소: 그게 이름이 뭐라구 했으까요?

－ 고게 … 진, 진경.

소: 진경임둥? 음.

2.5. 두만강 변의 농사

소: 할아버지! 벼농사를 지을 때 있잖습니까? 그때 벼가 익는 그 (음) 시기에 따라서 벼 품종이 다르잖습니까?

― 다르오.

소: 예, 그 이름들을 무엇이라고 하는지 알려 주시겠습니까?

― 만숙종(晚熟種)하고 조숙종(早熟種)이라는 것이 있는데.

소: 조숙종요? 예. 어떤 것이 만숙종입니까?

― 늦게 익는 것이 만숙이고 일찍 여무는 것이 조숙이라고.

소: 음. 그럼. 늦어서 익는다면 언제쯤 익는 것을 말하나요?

― 그러니까 시월 말일께 가면 아주 여무는 것이 그게 만숙이고. 구월 이십일 좌우에 다 익는 것이 조숙이고.

박: 오! 그렇습니까? 차이가 많이 안 나는군요.

― 응. 그리고 또 아주 일찍이 되는 것이 있는데 그건 산량(産量)이 적단 말이오.

소: 어(떤), 무슨 종요?

― 그저 이전에 심던 것인데 응. 9월 초쯤 하면 다 거의 여무는 것이 있었다고. 그런데 키가 요렇게 작고. 산량이 아주 적지 뭐. 그건 싹 없어졌소.

박: 아! 그렇습니까?

소: 그거 이름을 무엇이라고 했을까요?

― 고게 … 진, 진경.

소: '진경'입니까? 음.

－ 야. 밥이란느246) 맛있어. 이전에 데정때애 죠선에서 그 씨 들어왓는
데, 북죠선에서. 그 종자 없어뎃소. 그 종자르 가지구두 직금 다아 개량해
앳갯딤. 이전엔 그것밖에 또 원래 없엇단 말이오. 경신같은 데는. 그 진경
밖에. 직금은 진경이라는 그 이름두 모를 게오, 여깃사람두 다아가라. 응:
모른다니247), 누구.

소: 아바니 아니면 아무도 모르겠습구마.

－ 늙은덜이. 나아 먹은 늙은덜 알딤. 지금두 늙은덜은, '그게 밥이 맛
잇다' 이랜단 말이오. 산냥이 쟉딤. 직금 벼느 일만 한 칠천근 높위기 나
문 많이 나문 그렇기 나는데 그건 한 팔천근이나 낫단 말이오.

박: 아아! 그렇슴둥?

－ 절반두 안 낫딤.

박: 으음, 밥이 맛이 좋구.

－ 야~:!

소: 아바니!248) 그러면 이 벼농사르 이제 짓는 과정이이 어떤지 처음부터
끝까지 좀 쟈세히 풀어서 얘기를 해 쥬십시오.

－ 이전엣가 직금 그게 재배 방법이 따디.

박: 이전꺼 말씀해 주웁소.

－ 어:. 이전에는 산죠~이라는 거 원래 해앳단 말이야. 모이, 모오 아니
하구. 거저 밭갈일 하구 물으 대구 걸기두249) 놓구서 판으 고르구 물으
딱 댄 담에, 물으 요러::츰 댄단 말이야. 그담에 거기다서 씨르 뿌린단 말
이. 싹으 티워서. 이래 쥬욱쥭 뿌리딤. 고루 뿌레야 덴단 말이오 그거. 일
정하게 따악 분포돼개끔. 그담에 고: 물으 대애서 한 이틀라 둔 담에 그
물으 뚝 떼우. 물으 뚝 떼문 거게서 싹으 넛던 게니까 인차 그저 샛하얀
게 쭉 돋아 올라오는데 그담에 요러어:츰 올라왓다 할 때 글거리에다
서250) 물으 살랑 대앤단 말이오. 자라는 쪽쪽쪽쪽 물으 증가시키디.

박: 아아 그렇슴둥?

- 응. 밥은 맛있어. 이전에 제정(帝政) 때 조선에서 그 씨가 들어왔는데, 북조선에서. 그 종자가 지금은 없어졌어. 그 종자를 가지고 지금 다 개량(改良)했겠지 뭐. 이전에는 그것밖에 또 원래 없었단 말이오. 진경밖에는 없었어. 지금은 진경이란 그 이름도 모를 것이오, 여기에 사는 사람도. 음 모른다니까, 누구나.

소: 할아버지가 아니면 아무도 모르겠습니다.

- 늙은이들이. 나이를 먹은 늙은이들이 알지. 지금도 늙은이들은, '그게 밥이 맛있지' 그런단 말이오. 산량이 적지 뭐. 지금 벼는 한 1만 7천 근이 높게 나면 많이 나면 그렇게 나는데 그건 한 8천 근이나 났단 말이오.

박: 아! 그렇습니까?

- 절반도 안 났지.

박: 음, 밥이 맛이 좋고.

- 응!

소: 할아버지! 그러면 이 벼농사를 이제 짓는 과정이 어떤지 처음부터 끝까지 자세히 풀어서 자세히 이야기해 주십시오.

- 이전엣 것과 지금 그게 재배 방법이 다르지.

박: 이전 것을 말씀해 주십시오.

- 응. 이전에는 산종이라는 것을 했단 말이야. 모, 모를 아니 하고 그저 밭갈이를 아니 하고. 써레도 쓰고서 판을 고르고 물을 딱 댄 다음에 물을 요만큼 댄단 말이오. 그다음에 씨를 뿌린단 말이오. 싹을 틔우지. 쭉쭉 뿌리지. 일정하게 분포가 되게끔. 그다음에 물을 둔 다음 이틀 정도 둔 다음 그 물을 뚝 떼오. 물을 떼면 거기서 싹을 놓았던 것이 요만큼 올라왔다 할 때 그루터기에 물을 살짝 댄단 말이오. 자라는 족족 물을 증가시키지.

박: 아 그렇습니까?

－ 야~. 걘데 그게 산종이 산냥이 쟉기 난단 말이오. 그래 비각질할[251] 때 힘들구.

박: 예.

－ 이래 막 널게 잇으니까 야.

박: 옳소꾸마.

－ 음. 걘데 그늠이게 없어디구 게 또 산종이라는 거느 따이 비옥해애야 돼우.

박: 예, 옳소꾸마.

－ 화학비료 나디면서부터 야 모오 해앳는데 처얌에느 수상모이라구서 물이 물 그 논판 한 여파레다서 면으 다슬구구서 모오 쌱으 티워서 거기다서 이래 살살살살 뿌린 담에 *검 삽을르 꼭꼭꼭꼬 눌러 놓구서 야~.

박: 아 삽우르 눌룸둥?

－ 야, 야~ 살살살살 눌러놓구서 거기다서 물으 대인단 말야. 걘데 그게 병집이 헗이 가구. 직금텨러 그 박막두 못 티구 햇:단 말이오, 전에. 개서 그저 일기 냉하거나 무슨 그럴 때문 무슨 부패벼~이오 무슨 벼~이오 자꾸 벼~이 생기는데 그 방칠할 수 잇는 약두 없구. 개서 늘상 그저 실펠 해:서 애르 먹엇단 말이오. 걘데 근년에 와서는 그 비닐박막으[252] 탁 티구서 모오 자래우는데[253] 물으 치메서. 실수없디 무. 그저. 개구 빨리 자라구. 헐 헐하게[254] 한단 말이오. 개 모내기르 한다면은 전에는 그 손을르서 김으 매는데 직금은 약으 쭉 치다나니 무슨 풀이 한나투 없디무. 다 죽구 잡초느 다 죽는단 말이오. 개 논두럼이나 손질하구 물이나 조절하구 가슬에 낟으[255] 들구 가문 돼디. 전에사 언제 당초에 맥이 들기 짝이 없어. 풀이 나서 깃는다: 하면은 제 늡을[256] 자리르 못 맨다구 햇소. 어 이젼엔 그랫소. 우리 아아 때두 그 이 훈춘 방면에선 계속 논으 햇는데 우린데서는 그거 못햇디마는 신화 요기 하다문에 우리 쟉은집이 잇어서 여름에랑 방학이랑 댈 때 아아 때 놀라오문 거어 무슨 그저 남녀 그저 아덜꺼지 다아

- 그런데 그 산종(散種)이 산량(産量)이 적단 말이오. 그리고 벼를 벨 때 힘들고.

박: 예.

- 이렇게 벼 포기가 막 널려 있으니까 응.

박: 맞습니다.

- 그런데 그 놈의 것이 없어지고. 또 산종이라는 것은 땅이 비옥해야 되오.

박: 예, 맞습니다.

- 화학비료가 나오면서부터 응 모를 했는데 처음에는 수상모라고 물거 논바닥 한 옆에 이렇게 면을 판판하게 고르고 모를 싹을 틔워서 살살 뿌린 다음에 거 무슨 삽으로 꼭꼭꼭꼭 눌러 놓고서, 응.

박: 아 삽으로 누릅니까?

- 살살살살 눌러 놓고서 거기다가 물을 댄단 말이오. 그런데 그게 병집이257) 쉬 생기고. 지금처럼 비닐도 못 치고 했단 말이오, 전에. 그래서 그저 일기가 냉하거나 그럴 때면 무슨 부패병이오 무슨 병이오 하는 그런 병이 자꾸 생기는데 그 병을 방지를 할 수 있는 약도 없고. 그래 늘 실패를 해서 애를 먹었단 말이오. 그런데 근년에 와서는 비닐을 탁 치고 모를 기르는데 물을 치면서. 실수 없지 뭐. 그저 빨리 자라고. 쉬, 쉽게 한단 말이오. 그래 모내기를 한다면 전에는 그 손으로 김을 매는데 지금은 약을 치다 보니 무슨 풀이 하나도 없지 뭐. 다 죽고 잡초는 다 죽는단 말이오. 그래 논두렁이나 손질하고 물이나 조절하고 가을에 낫을 들고 가면 되지. 전에야 언제나 애당초 힘이 들기 짝이 없어. 풀이 나서 깃는다 하면 제 누울 자리를 못 맨다고 했소. 어 이전에는 그랬소. 우리 아이 때도 이 훈춘 방면에서는 계속 논을 했는데 우리는 그거 못 했지만 신화 요기 하다 문에 우리 작은집이 있어서 여름에 방학이 될 때, 아이 때 놀러가면 거뭐 남녀 그저 아이들까지 다

동원해서 매애두 그저 한 답우 못 맨단 말이오. 오분258) 시 식귀259) 다아 나갓다 몇 때르.

박: 한 답이무 얼매둥?

― 한 답이무 게 한 짐[찜]이 대는 것두 잇구 못 대는 것두 잇구. 애르 먹엇딤. 그래두 또 인차 그저 풀이 또 나구 또 나구 그래. 산냥 못냇딤 개 다나니.

소: 그면은: 그 비각질을 가슬에 함둥?

― 냐:~. 여기서 에: 헤룡봉 같은 데선 시월 일일이나 이일부터 시잭이 르 하구 이 훈춘으는 모오 점 *빠, 만저 한단 말이. 한 일쥬일 만저 하디 무. 그래다니까더 구월 이십오일께쯤:: 하문 시잭이 한단 말이오.

소: 그, 그렇기 한 다음에는요?

― 그담에 *묶, 죠옥 베에서 이래 놓구 거이 점 말랏다하 때 벳딮이 말 랏다할 때 묶운단 말이오. 요막씨 크기 단으 딱 벳단 한단 말이 야아. 그 래 해애서 오십단씨 조배기260) 맨드디무. 여기서는 삼십단 하짐, 하디 르261). 경신에서는 오십단 하구.

박: 예, 옳소꾸마.

― 웅:. 개 삼십단 하는 거느 어: 조배기라 하는, 하디라 하구. 삼십단 한 무디는 한 하디라가구. 오십단 하 한 무디는 한 도~이라가구 그렇기 부르는데. 우린데서는 그래다나니, 헤룡보~에서라느 한 도~이오 두 도~이 오 이래구. 여기서는 한 하디오 두 하디오 하구. 그랜단 말이오. **삼십단 씸 조 조배기는 거는 하디. 한전농사느 다아 삼십단씨 하오. 그래 하디딤 그것두.

소: 그러면은 음 그 말리운 다음에느 어떻기 함둥?

― 그담에 실어서 딜여온단 말이오. 집우르.

소: 무스거르 실어서?

― 지금 뜨락똘르262) 싫구.

동원해서 매도, 그저 한 답을 못 맨단 말이오. 온 식구가 다 나갔다 몇 때를.

박: 한 답이면 면적이 얼맙니까?

– 한 답이면 그게 한 짐(=1짐은 약 1,000㎡)이 되는 것도 있고 못 되는 것도 있고. 애를 먹었지 뭐. 그래도 또 이내 풀이 또 나고 또 나고. 생산량을 못 냈지 뭐. 그렇다 보니.

소: 그러면 그 벼 베는 일을 가을에 합니까?

– 응. 여기서 에 회룡봉 같으면 10월 1일이나 2일부터 시작을 하고 훈춘은 모를 좀 빠(르게), 먼저 한단 말이오. 한 일주일 먼저 하지 뭐. 그렇다 보니까 9월 25일께쯤 되면 시작한단 말이오.

소: 그, 그렇게 한 다음에는요?

– 그다음에 묶, 쪽 베어서 놓고 거의 좀 말랐다 할 때 볏짚이 말랐다 할 때 묶는단 말이오. 요만큼씩 크게 볏단을 짓는단 말이오 응. 그렇게 한 다음에 50단씩 가리를 짓는단 말이오. 여기서는 30단을 가리지 뭐, 한 '하디'를. 경신에서는 50단을 하고.

박: 예, 맞습니다.

– 응:. 그래 30단 하는 것은 어 '조배기'라 하는, '하디'라 하고 30단 한 무지는 한 '하디'라고 하고. 50단 한 무지는 한 동이라고 하고 그렇게 부르는데. 우리가 있는 곳에서는 그렇다 보니, 회룡봉에서는 한 동이오 두 동이오 이러고. 여기서는 한 하디오 두 하디오 하고. 그런단 말이오. 30단씩 가리를 짓는 것은 '하디'. 밭농사는 다 30단씩 하오. 그래 '하디' 지 뭐, 그것도.

소: 그러면 음 그 말린 다음에는 어떻게 합니까?

– 그다음에 실어서 들여온단 말이오. 집으로.

소: 무엇으로 실어서?

– 지금은 경운기로 싣고.

소: 이젼은?

— 이젼엔 소술길르 실엇디 다아.

소: 아! 소술기르.

— 야아ˇ. 지금은 소술길르 싣는게 헤룡보ˇ이라는 좀 잇디마느 다른데는 대부분 다 뜨락또를 싫소. 기랜데 작년도에 보니꺼더 헤룡봉가 벌등두 다아 그저 경운기 다 잇더라구. 음. 지금 또 그게 한 냥천언²⁶³⁾ 좌울르 주무 다 싼다는게, 기게. 값이 눅단 말이오. 쉐보다두 눅단 말이오.

박: 아 옳소꾸마.

— 쉐 한나에 한 삼천원씨 하는데. 기애니까 그거 다아 쌋디무. 게 빠르디무. 신걱질 빠르구 밭갈이두 그거 가지구 하구. 다아 농사질 그거 한단 말이오. 후치질이구 무스게구.

소: 쉐, 쉐는 그럼 안 씀둥?

— 아 그 머 쉐르 그저 안 쓴단 말이오. 걔다나 목쟝에다 다 집어 넣구 그저. 그래 길거서 팔아 먹구. 모두 모다서²⁶⁴⁾ 잡아두 먹구. 쉣값이 지금 좋단 말이오 또. 그 대신 쉐덜 쫄앗딤²⁶⁵⁾²⁶⁶⁾ 또 그게 야ˇ. 숫자 쫄니꺼더 쉣값이 좋아뎃디.

소: 다 져 나른 다음에는 어떻게 함둥?

— 그담에 집에 실어 딜에다가 가리르 가린단 말이오. 이렇게. 많디 무 그건 야 이래 산더미터르 싼단 말이오. 그담에 그 기겔 가지구서 티는데 혼자선 아니 돼딤. 걔 마을에서 그 조직한단 말이오. 한 닐아듧²⁶⁷⁾ 집이서 한 조르 맨드딤. 걔 마음이 맞구 일솜씨나 잰 사람덜이 만저 이래 뜩 꾸미문 그 채레 안딘 사람덜은, "에이 이보! 당신네 조에 나르 넣어 주우". "에이! 네 이 새끼 노래ˇ애²⁶⁸⁾ 같은 게 일두 방져ˇ이 못하는 게!". "해야대갯는데, 내 혼자 못하는 일인데." 그래두 넣어 주디무. 다 하게끔 맨든단 말이오. 기래 한집씨: 한집씨 끝으

소: 이전은?

- 이전에는 소가 끄는 수레로 하지 다.

소: 아! 소 수레로.

- 응. 지금은 소 수레로 싣는 것이 회룡봉에서는 좀 있지만 다른 데는 대부분 다 경운기로 싣소. 그런데 작년에 보니까 회룡봉과 벌등도 경운기가 다 있더라고. 음. 지금 또 그게 한 2천 위안 좌우로 주면 다 산다는데, 그게. 값이 싸단 말이오. 소보다도 값이 싸단 말이오.

박: 아 맞습니다.

- 소 하나에 한 삼천 원씩 하는데. 그러니까 그거 다 샀지 뭐. 그게 빠르지 뭐. 싣는 일도 빠르고 밭갈이도 그거 가지고 하고. 다 농사질을 그거 가지고 한단 말이오. 후치질(후치로 밭고랑을 파헤치며 째는 일. 파종을 하거나 고랑으로 빗물이 잘 빠지도록 하거나 김을 없애거나 북을 줄 때 후치질을 함)이고 무엇이고.

소: 소, 소는 그럼 안 씁니까?

- 아, 그 뭐, 소를 그저 안 쓴단 말이오. 그래 목장에다 다 집어넣고. 길러서 팔아도 먹고 모두 모아서 잡아도 먹고 소 값이 좋단 말이오, 또. 그 대신 소들이 줄어들었지. 숫자가 주니까 소 값이 좋아졌지.

소: 다 져 나른 다음에는 어떻게 합니까?

- 그다음에 집에 실어 들여다가 가리를 가린단 말이오. 산더미처럼 쌓는단 말이오. 그다음에 그 기계를 가지고 탈곡을 하는데 혼자서는 안 되지 뭐. 그래 마을에서 그걸 조직한단 말이오. 한 일고여덟 집에서 한 조(組)를 만들지. 그래 마음이 맞고 일솜씨나 잰 사람들이 먼저 이렇게 떡 꾸리면 그 차례가 안 진 사람들은, "에이 이보시오! 당신네 조에 나도 넣어 주오". 그러면, "에이! 너 이놈 자식 뺀질이 같은 것이 일도 방정하게 못하는 것이!". "해야 되겠는데, 나 혼자서 못하는 일인데." 그래도 넣어 주지, 뭐. 다 추수를 하게끔 만든단 말이오. 그래 한 집씩 한 집씩 끝을

내멘서 마감집꺼지 끝으 낸단 말이오. 개 우리거 할 때는 우리집에서 점심이라두 잘 갖춘단 말야:. 고기두 싸오구269) 다른 음셕덜으270) 맛잇기 [마시끼] 맨드디무. 푸짐:하기 맨든단 말이오. 개 정심먹구 지낙꺼지271) 먹구 또 가디 그 사름덜이. 그 **이튿낼으 다른 집꺼 하구. 어떤 거느 야 이틀씨 하오. 한 짓거[한지꺼]. 한 일백 한 이십 커우대씨, 마대씨 난단 말이오. 많이 할 때무.

소: 그 기게 나오기 젼에는 어떻게 햇슴둥?

— 기게 나오기 젼에느 야 그 돌에다서 이래 야 잡아테서 벳단으 쥐구서 야.

소: 아무 돌이나 막 잏게?

— 거 거저 그런 돌으 또 *조 재밸해 실어오는 껨. 이래 터덜터덜하거나 모이 죠끔 난 거. 맷매잔 데 테션 잘 안 떨어디딤. 그런 돌으 떡 얻어 온단 말이오. 집에 만약씨에 채석이나 그런 데 잇으무 그거 하나 뜩 빼애서 마다~애다서 탁 대애다 놓구서. 거 식귀 여래인 집으느 그런 돌으 서너어개 떡 놓구 삐잉 돌아서서. 아 그거 무 말이 없디 무. 죽을 디겡이딤.

소: 바쁘갰습구마.

— 바쁘댄구[-댕구] 그래! 그 더.

소: 돌에다 다 틸라문.

— 그래! 할럴에272) 멫 커우대르273) 못 뽑디, 맥은274) 맥대르 들디. 개 또 그렇기 하니까 많이두 못한단 말이오. 기슴매기두 바빠, 자꾸마 그: 실 패르 하디. 베농사가 그거 기후에 맞디 못하게 하거나 무 벼~이 들거나 이래다나니꺼더 약이 없디 비료 없디. 농가 비료르 소또~이나 돼지또오 한젼에다 내디 수젼엔 낼 건 벨루 없단 말이오 그게. 얼매나 모닷으무 그거 수한젼에 다아 내갯소. 기애 수젼엔 많이 못하구. 지금은 관개시설이 좋아서 야 물이 모즈라문 양수길 가져다서 물에다 대구서 공게다서 또 보충해서 하디. 무 근심이 없디 무.

내면서 마지막 집까지 끝을 낸단 말이오. 그래 우리 것을 할 때는 우리 집에서 점심이라도 잘 갖춘단 말이야. 고기도 사 오고 다른 음식들은 푸짐하게 해서 점심 먹고 저녁까지 먹고 또 가지, 그 사람들이. 그 이튿날은 다른 집 것을 하고. 어떤 것은 응 이틀씩 하오. 한 집의 것을. 한 일백 한 이십 마대(麻袋)씩, 마대씩 소출이 난단 말이오. 많이 할 때면.

소: 기계가 나오기 전에는 어떻게 했습니까?

— 기계가 나오기 전에는 응 그 돌에다 이렇게 응 잡아 쳐서 볏단을 쥐고서 응.

소: 아무 돌이나 막 이렇게?

— 거 그저 그런 돌을 또 준비를 해서 실어오는 게 뭐. 이렇게 터덜터덜하거나 모가 조끔 난 거. 표면이 매끈한 돌에다 볏단을 쳐서는 잘 안 떨어지지 뭐. 그런 돌을 찾아온단 말이오. 집에 만약에 토방이나 그런 데가 있으면 그거 하나 떡 빼서 마당에다 탁 대 놓고서. 게 식구가 여럿인 집에서는 그런 걸 서너 개 떡 놓고 삥 돌아서서. 아무 말이 없지 뭐. 털자면 죽을 지경이지 뭐.

소: 힘들겠습니다.

— 바쁘고 말고 그럼! 그 저.

소: 돌에다 털려면.

— 그래! 하루에 몇 마대를 못 하지. 힘은 힘대로 들지. 그래 또 그렇기 하니까 많이도 못한단 말이오. 김매기도 바빠 자꾸만 그 실패를 하지. 벼농사가, 그게 기후가 맞지 않게 되거나 병이 들거나 이렇다 보니까 약이 없지 비료가 없다. 농가 비료를, 쇠똥이나 돼지똥을 밭에다 내지 논에 낼 것은 별로 없단 말이오, 그게. 얼마나 모았다고 그거 논밭에 다 내겠소. 그래 논엔 많이 못 하고. 지금은 관개시설이 좋아서 응 물이 모자라면 양수기를 가져다가 물에다 대고서 고기에다 또 보충을 하지. 뭐 근심이 없지, 뭐.

소: 옛날에는 그 모내기할 때두 아쥬 바빳갯습구마.

— 바뿌대니구 그래!

소: 물으 대고 잏게 빼고 하는 거를.

— 그 물이 없는 데서느 둜으[275) 파딜에다아서느 어느 웅덩개 **물어 잇는데 그거 논밭에 들어오둔 못하문 높아서 이래 사름이[276) 두울이 서서야 이래 척척 넘기는[넹기는] 거 박 함지 같은 거 이런 거 이러::츰 큰 거야 탁 이래문 무 곕헤들[277) 때 이래 척 들엇다서 척 이래무 그저 이래매 이짝으르 넘어간단 말이오, 이짝으르. 그게 둜으이 처 넣어문 그 둜에다 물으 넹게 기게 다 흘러서 논밭으[278) 들어가래르[279). 그렇기 돼앳다. 그래네네느 이전 사름덜이 얼매나 바빳갯어. 입성이라는 게 제대르 못 닙디, 일은 이 죽게 해애두 그 팔아서 무슨 돈을 쓸것두 없디 그저. 제먹구 살기마:니 돼문 관탠닌 게구. 남이 따˘아 가지구서 농사르 짛으문 그거 또 그 밭님자에게 줘야 돼디. 쒠네게[280) 떨어디는 게 몇 글째 없단 말이오. 그래서 쥥국에서 그거 헥분햇는데 자기 따아 가지구서 자, 그 자족할 수 잇는 건 쥥노˘이구 남이 따 젛어서 절반은 디쥬게다 바티구 기래는 건 빈노˘이구 개 그것두 할 수 없는 사람은 그저 이래 떠돌아 댕기멘서 품싹이나 하는 사람은 고농이구. 개 자기가 일 까딱 아니하구 토지르 남우게 줘서 일년동안에 거둬 들이는 가지구서 사는 사람은 디쥬구 자기두 농사르 하메서 여유 따아 남 다른 사름 줘서 자기가 얼어 먹은 거는 부노˘이구 이렇기. (웃음) 성분으 이 혁분해서 계급대오라는 게 형성 대앳단 말이오 쥥국에 공산다˘에서. 응. 그래 우리라는 자급자족이 돼앳걸래 쥥노˘이거든. 게 쥥농두 야 이 사헤사˘에서 활동하는 데 그리 선진젹인 잇는 그 대열에 못 선다구. 빈농하고 고노˘이 (기침) 왜앤 그 값이 잇는 사람이디무.

소: 예.

— 개 디쥬하구 부노˘으느 그저 일쳬 사회활동에 못 참갈한다구. 군대애두

소: 옛날에는 그 모내기를 할 때도 아주 힘들었겠습니다.

－ 힘들고 말고 그럼!

소: 물을 대고 이렇게 빼고 하는 것을.

－ 그 물이 없는 데서는 도랑을 파 들이어다가 어느 웅덩이에 물이 있는데 그게 논에 들어오지도 못하면, (지대가) 높아서, 사람이 둘이 서서 웅 이렇게 척척 넘기는 거 박, 함지 같은 거 이만큼 큰 거 웅 탁 이러면 뭐 접혀질 때 이렇게 척 들었다가 척 이러면 그저 이러며 이쪽으로 넘어간단 말이오, 이쪽으로. 그게 도랑으로 이 처넣으면 그 도랑에다 물을 넘겨서 그게 다 흘러서 논으로 들어가도록. 그렇게 됐다. 그리하자면 이전 사람들이 얼마나 힘들었겠어. 옷이라는 것이 제대로 못 입지. 일은 이 죽도록 해도 그걸(＝농사지은 것을) 팔아서 없지, 그저. 제 먹고 살 만큼 되면 괜찮은 것이고. 남의 땅을 가지고서 농사를 지으면 그거 또 그 밭 임자에게 주어야 되지. 주인에게는 떨어지는 게 몇 푼 없단 말이오. 그래서 중국에서 그걸 혁파(革罷)했는데 자기 땅을 가지고 자, 그 자족할 수 있는 것은 중농이고 남의 땅을 지어서 절반은 지주에게다 바치고 그러는 것은 빈농이고 그래 그것도 할 수 없는 사람은 그저 이렇게 떠돌아다니면서 품삯이나 하는 것은 고농(雇農)이고. 자기가 일을 까딱 아니 하고 토지를 남에게 주어서 일 년 동안 거두어들이는 것을 가지고 사는 사람은 지주고 자기도 농사를 하면서 여유 땅을 남, 다른 사람에게 줘서 자기가 얻어 먹은 것은 부농(富農)이고. (웃음) 성분을 이 혁파해서 '계급대오(階級隊伍)'라는 게 형성되었단 말이오, 중국의 공산당에서 웅. 그래 우리는 자급자족이 되었기에 중농이거든. 게 중농도 사회상에서 활동하는 데 그리 선진적인 그 대열에 못 선다고. 빈농하고 고농이 (기침) 가장 그 값이 있는 사람이지 뭐.

소: 예.

－ 그래 지주하고 부농은 일체 사회활동에 못 참가를 한다고. 군대에도

못 가구. 그담에 무슨 기관단체에 들어가서 사업으 못하구. 그렇기 됐다니. 갠데 등소펴~이 쥬석이 돼매서부터 이런 거 일체 다 없앴다. 응. 다 없애구. 거저 디쥬 부노~이 자식이 자본가 자식이래두 그 사름이 자격만 잇으문 그저 아무 일라 하게끔 그런 정책으 내놔 그래 데국쥬이 국가하구두 미국하구두 수교르 맺구야. 개 한국이란 다 그래서 중국가 다 수교됐디. 등소펴~이 애니문사 원래 안즉두 적대국가디. 한국에서두 그저 중공중공 하구. 이전에는 기랫단 말이오. 한국에서 중공중공 햇단 말이오.

박: 아바니! 그 옛날에 그 모내기르 하대님둥? 모내기르 할 때 보문 그 씨, 아무 씨르 아무 데나 개애다가서르 하는게 아니대님둥?

－ 야아~!

박: 예, 어떤 씨를 골라야 댐둥?

－ 당지에 알맞는 걸르 기후에 알맞구 그 토지에 알맞구 따이 비옥해서 기내 비옥해서 야~ 그 집터에 웅덩개 같은 데 야 비룻물이 자꾸 흘러들어가구 이런 데 따으는 비옥하단 말이오. 비료르 아니 줘두 기내 성숙해서 스커맣게 그게 크메서 아니 됐단 말야. 그런데느 빨리 자라구 키 쟉기 돼는 거 그런 거 싱궈서 조숙으 시기딤. 빨리 영구는 거. 개 그런데다서는 조숙종으 싱구구 따이 좀 매마르구 이런 데다서는 오래: 크게끔 맨든단 말이오. 그래서 더 종자하구 따에, 땅하구 종자가 맞게끔 안패르 한다.

박: 그러문 씨두 아무게나 개애다가 잉게 그 뿌리구 그렇게 하는 게 애이댐둥?

－ 야: 씨두 야 종자르 그 골라서 남긴다니.

박: 어떤 걸 고룸둥?

－ 베든:: 음: 완전이 다아 여물기 전에 백분제 백을 여물기 전에 한 팔십이나 팔십오 여문다 하 때 종잣베르 따르 베에서 자알 말리와서 딸루 무데둔다구 그거. 비두 안 맞추게끔. 딱 그저 우우 봉우 잘해:서 그래서 고것 딱

못 가고. 그다음에 무슨 기관단체에 들어가서 사업을 못 하고. 그렇게 됐다니까. 그런데 등소평이 주석이 되면서부터 이런 거 일체 다 없앴다. 응. 다 없애고. 그저 지주 부농의 자식이나 자본가 자식이라도 그 사람이 자격만 있으면 그저 아무 일이나 하게끔 그런 정책을 내놓아 그래 제국주의 국가하고도 미국하고도 수교를 맺고 응. 그래 한국은 다 그래서 중국과 다 수교가 됐지. 등소평이 아니면야 원래 아직도 적대국가지. 한국에서도 중공(中共), 중공 하고 이전에는 다 그랬단 말이오. 한국에서 중공 중공 했단 말이오.

박: 할아버지! 그 옛날에 그 모내기를 하잖습니까? 모내기를 할 때 보면 그씨, 아무 씨를 아무 데나 가져다가 하는 것이 아니잖습니까?

- 응!

박: 예, 어떤 씨를 골라야 됩니까?

- 당지(當地)에 알맞은 것으로 기후에 알맞고 그 토지에 알맞고 땅이 비옥해서 너무 비옥해서 응 집터에 웅덩이 같은 데는 응 비룻물이 자꾸 흘러들어가고 이런 데 땅은 비옥하단 말이오. 비료를 안 줘도 너무 성숙해서 시커멓게 그게 크면서 안 된단 말이야. 그런 데는 빨리 자라고 키 작게 되는 거 그런 거 심어서 조숙(早熟)을 시키지. 빨리 여무는 거. 그래 그런 데서는 조숙종을 심고 땅이 좀 메마르고 이런 데에다는 오래 크게끔 만든단 말이오, 그래서 저 종자하고 땅에, 땅하고 종자가 맞게끔 안배를 한다.

박: 그러면 씨도 아무 것이나 갖다가 뿌리고 그렇게 하는 게 아니잖습니까?

- 응, 씨도 응 종자를 그 골라서 남기지.

박: 어떤 걸 고릅니까?

- 벼든, 음 완전히 다 여물기 전에 백분의 백이 여물기 전에 그러니까 팔십이나 팔십 정도 여문다 할 때 종자벼를 따로 베어서 잘 말려서 따로 쌓아 둔다고 그거. 비도 안 맞히게끔. 딱 위를 잘 봉해서 그래서 고것 딱

테서는 종잣벨르써 마대에다 넣어서 딸르 놧다가서 마감에 창꼬 꼭대게 다 이래 특 그 얹어두딤. 게 다 여무는 거느 그 껍지가 야 베 껍지 터디며서 그늠우게 그 껍지 터디나니꺼더 보호작용이 못하댆구 어떻소?

박: 예! 옳소꾸마.

— 어:. 갱:까 벵균이 침입하는 데 다른 거보다 더하단 말이오. 그래서 그거 그런 거 딱 여문 거 싱구네느 싹이 나와서 푸둘디281) 못하구서 야 빨리 이릏기 쭉 큰단 말이오. 으:. 그런다구서 그 다아 영그기 전에 백푸로 영구기 전에 빈 거 종자는 그렇기 베에서 종자르 햇소, 베종자느.

박: 그럼 그 멩년 봄에 그 무스거 그걸 다시 심쟈구 할 적에느 그냥 그대르 개애다가 심슴둥?

— 아니! 그전 자알 정선해애서. 그담에….

박: 어떻게 정선하암둥?

— 바름에 날기구282). 그담에 물에다 부룬단283) 말이오. 개 그 웃거충에 뜨는 거 떠데디구 그담에 가란는 거 또 이래 휘젓어서 거기다서 소독수라는 거 또 넣딤. 개 소독수에다서 한 사날 불궈뒀다가서 그담에 경제서 싹으 티우디.

박: 아아 그렇슴둥?

— 야. 적당한 온도에다 탁 봉해두문 싹이 나온단 말이오. 샛하얗기. 그때 싹이 딱 맞앗다 하 때 밭에다서 뿌리구서 우에 흙으 덮구 그담에 써룰 탁 씨우딤.

박: 아! 흙으 덮어줌둥?

— 야.~! 직금은 야 그 모, 모판상자라게 이런 게 잇소. 이런 게. 궁개284) 슝슝슝슝 난 게 야. 거기다서 세알 네알으 들어가게끔. 흙에다서 비렐 자알 맞추우. 그 흙에다서 그 영양 토라는 것두 한데 넣구. 그담에 그 소독 그 약두 한데 넣구 그래서 베씨 흙에 약에 탁 종합해 이러::츰 무딜쎠 한단 말이야.

쳐서는(=털어서는) 종자벼로서 마대에다 넣어서 따로 놓았다가서 마지막에 창고 꼭대기에다 이렇게 턱 그걸 얹어 두지 뭐. 그게 다 여문 것은 껍질이 응 벼의 껍질이 터지면서 그놈의 것이 그 껍질이 터지니까 보호 작용을 못 하잖고 어떻소?

박: 예! 맞습니다.

— 어. 그러니까 병균이 침입하는 데 다른 것보다 더하단 말이오. 그래서 그거 그런 거 딱 여문 것을 심으면 싹이 나와서 튼실하지 못하고 응 빨리 이렇게 쭉 큰단 말이오. 응. 그런다고 해서, 그게 다 여물기 전에 백 프로 여물기 전에 벤 거 종자는 그렇게 베어서 종자를 했소. 벼종자는.

박: 그럼 그 명년 봄에 그 뭐 그걸 다시 심자고 할 적에는 그냥 그대로 가져다가 심습니까?

— 아니! 그전에 잘 정선해서. 그다음에….

박: 어떻게 정선합니까?

— 바람에 날리고. 그다음에 물에다 담근단 말이오. 그래 그 물 위 겉에 뜨는 것은 거 떠내고 그다음에 가라앉는 것을 또 이렇게 휘 저어서 거기다 소독수라는 거 또 넣지 뭐. 그래 소독수에다 한 사날 담가 두었다가 그담에 건져서 싹을 틔우지.

박: 아 그렇습니까?

— 응, 적당한 온도에다 탁 봉해서 두면 싹이 나온단 말이오. 새하얗게. 그때 싹이 딱 알맞다 할 때 밭에다 뿌리고 위에 흙을 덮고 그다음에 비닐을 탁 씌우지.

박: 아! 흙을 덮어 줍니까?

— 응. 지금은 응 모, 모판 상자라는 것이 이런 것이 있소. 구멍이 숭숭 숭숭 난 것이 응. 거기다 세 알 네 알이 들어가게끔. 흙에다 비례(比例)를 잘 맞추오. 그 흙에다 영양토라는 것도 한데 넣고. 소독약도 한데 넣고 그래서 볍씨에 흙에 약에 탁 종합해서 이렇게 무지가 될 듯하게 한단 말이야.

그 담에 그 모판해애 논 담에 그 상자르 탁탁탁탁 이래 놓소. 요래 조로로 놓디. 한 이십메다 길이에다서 한메다 이십이나: 너빌르써 이러:츰하구서 사름이 좌우짝에서 이거 관할할 수 잇게끔. 그담에 그씨르 이래 뿌리우. 슬슬슬슬 뿌리우. 어느 칸이나 궁가에나[285] 다아 들어가래르. 잘 아니들어가는 거는 잣대 같은거 가지구 이래 밀메 댕기메서 야 어느 칸이나다 고루 들어가게끔. 그래 다아 민담에 고기에다서 어떤 집이서는 흙으좀 뿌리구 어떤 집이서느 흙으 거저 아니 뿌리구. 그담에 그 우에다서 물으 싸악 치우. 기애구 탁 덮어놓우무 그저 (쯧) 한, 한, 한 이틀이무 그저인차 쭉 ***가오다. 헐하! 지금은. 신선놀음이딤. (웃음).

소: 아바니! 그러면은 이 모내길 하거나 밭을 갈아엎거나 할 때 쓰는 쟁기는 무스거 잇슴둥? 여라 가지 쟁기가 잇쟤임둥?

— 야아. 논을 갈 때느 호리라는 게 잇구 한전 갈 때느 가대기라는[286] 게 잇구.

소: 좀 천천히 말씀해 주웁소. (웃음).

— 논갈이에는 호리, 한전가리에느 가대기.

박: 호리무, 호리가 가대기는 어찌 따암둥?

— **호릴거는: (쯧) 어: *하, 손잡이가 하 한나 이래 꼭대기 떡 쥐구 녀파리엣 거만 가지구 그저 으질하는 게 죠절만 하는 게구. 가대기라는 건 집탑이라는 게 잇는데 좌우짝 뿔 같은거 소뿔 같은 게 좌우짝에 쩍 나간 거 이래 떡 쥐구 썩 길구 따아 한짝을르 쥬욱 번데눕구 따이 보드랍게끔 맨든단 말이오. 그 가대기는. 따아 이래 푸루루 피우메서 이 이룽기 보섶이 이래 뚜디메서[287] 나가문 이짝 게 이래 구불메서[288] 밀메 나가다니까, 야, 어징간한 덩지느 싹 부쉬우매 나가서 이래 뚱:그렇게 골따~아 맨든단 말이오.

— 개 호리라는 거는 이룽기 쥬욱 넣어서 쭈르르 나가다나니꺼 그저 이룽기 그저 따이 번뎌디디.

그다음에 그 모판을 해 놓은 다음에 그 상자를 탁탁탁탁 이렇게 놓소. 한 20미터 길이에다가 1미터 20센티나 이 정도 너비로서 이만큼 하고서 사람이 좌우 쪽에서 관할할 수 있게끔. 그다음에 그 씨를 이렇게 뿌리오. 슬슬슬슬 뿌리오. 어느 칸이나 구멍에나 다 들어가도록. 잘 안 들어가는 것은 잣대 같은 것을 가지고 이렇게 밀며 다니면서 응 어느 칸이나 고루 들어가게끔. 그래 다 민 다음에 고기에다 어떤 집에서는 흙을 좀 뿌리고 어떤 집에서는 흙을 그저 안 뿌리고. 그다음에 그 위에다 물을 싹 치오. 그리고 탁 덮어 놓으면 그저 한, 한, 한 이틀이면 이내 쭉 ***. 쉽소! 지금은 (농사짓기가). 신선놀음이지. (웃음).

소: 할아버지! 그럼 이 모내기를 하거나 밭을 갈아엎거나 하는 농기구는 무엇이 있습니까? 여러 가지 연장이 있잖습니까?

− 응. 논을 갈 때는 호리라는 것이 있고 밭을 갈 때는 가대기라는 것이 있고.

소: 좀 천천히 말씀해 주십시오. (웃음).

− 논갈이에는 호리, 밭갈이에는 가대기.

박: 호리면, 호리와 가대기는 어찌 다릅니까?

− 호리라는 것은 어 손잡이가 하나인데 이렇게 꼭대기를 떡 쥐고 옆에 것만 가지고 그저 의지를 하는 것으로 조절만 하는 것이고 가대기라는 것은 '집탑'(=손잡이)이라는 것이 있는데 좌우 쪽에 뿔 같이 생긴 거, 소뿔 같은 것이 좌우 쪽으로 쩍 뻗어 나간 것을 이렇게 떡 쥐고, 썩 길고, 땅을 갈아서 한쪽으로 쭉 뒤집어 놓고 땅이 부드럽게끔 만든단 말이오. 그 가대기는. 땅을 이렇게 푸시시 일어나게 하면서 이 이렇게 보습이 이렇게 쑤셔 파며 나가면 이쪽 것이 이렇게 구르면서 밀며 나가니까, 응, 어지간한 흙덩이는 싹 부수며 나가서 이렇게 둥그렇게 고랑을 만든단 말이오.

− 그래 호리라는 것은 이렇게 쭉 넣어서 쭈르르 나가다 보니 그저 이렇게 그저 땅이 뒤집어지지.

박: 예, 예.

– 어:. 그건 물으 대애서 그저 마감에 가서 그: 걸기르 놓구서 이래 니게에서 그저 그건 일없단 말이우. 한전따으느 가대길르 이래 벋는게 그게 따이 부드럽아데사 자귀르 티구 씨르 두거든. 게 기래서 가대기가: 호리가 그게 용도가 특별한 구별이 잇디. 이젠 사람덜 골으289) 쓴 거 보문 참 잘 햇단 말이오. 그건.

박: 그럼 가대기느 무스거 ** *** 이렇게 숙어 들어서 이렇게 부순단 말임둥?

– 야. 한짝을르 이래 벋너디며서 부서디래르 맨들엇단 말이오 흙이. 기래구 보드랍운 흙이 우우르 올라오개끔. 덩지 큰 건 밑에 깔기구 이렇기 햇다니.

박: 그럼 호리는 잇게?

– 호리는 그저 번들번들하기 그저 쭉 번더만 디문 덴단 말이오 그저. 그 그렇기 번데데두 앞우루 물으 대애서 그 *번 그 써레르 놓다나니꺼더 그 덩지는 그저 물에서 흐들흐들해애서 써래르 한 번 왓다갓다 하문 기게 다아 그저 죽이 죽 돼디.

박: 어어, 그 써래만 하구 나문 일이 없슴둥?

– 써레르 하구서 또 우으 반반하게 쪽 이래 이 장판처럼 미츨하게290) 물으 대서 높구낮은 게 없게끔 맨들어야 대디.

박: 그거 어찌함둥?

– 그거 번지라는 거 놓디무.

박: 아아 그렇슴둥?

– 널으 한 발판 데는거 요롷기 딱 세워서 손잡이 또 하구 이래 뜩 대:구 나가무 야 고게 대패르 놓는 거터르 따아 대패르 놓는 거터러 이래 고루 댕긴단 말이오. 재밋디무 그거느. 쉐만 말으 잘 들으무.

박: (웃음) 그 무시겐가 그러문 수젼은 언재 가암둥?

박: 예, 예.

― 어. 그건 물을 대서 그저 마지막에 가서 그 써레를 놓고서(=써레질을 해서) 이렇게 이겨서 그저 그건 괜찮단 말이오. 밭 땅은 가대기로 이렇게 벋는 것인데(=갈아나가는 것인데) 그게 땅이 부드러워져야만 발자국을 내고 씨를 두거든(=뿌리거든). 게 그래서 가대기와 호리 그게 용도가 특별하게 구별되는 점이 있지. 이전 사람들이 머리를 쓴 것을 보면 참 잘했단 말이오. 그건.

박: 그럼 가대기는 뭐 ** *** 숙어 들어서 이렇게 부순단 말입니까?

― 응. 한쪽으로 이렇게 넘어가면서 부서지도록 만들었단 말이오, 흙이. 그리고 보드라운 흙이 위로 올라오게끔. 덩이가 큰 것은 밑에 깔리고 이렇게 했다니까.

박: 그럼 호리는 이렇게?

― 호리는 그저 번들번들하게 그저 쭉 흙이 넘어가기만 하면 된단 말이오, 그저. 그 그렇게 넘어가도 앞으로 물을 대서 그 *번(지), 그 써레질을 하니까 그 덩이는 그저 물에서 흐들흐들해서 써레를 한 번 왔다 갔다 하면 그게 다 죽이 되지.

박: 어, 그 써레질만 하고 나면 일이 없습니까?

― 써레질을 하고서 또 위를 반반하게 쪽 이렇게 이 장판처럼 미끈하게 물을 대서 높고 낮음이 없게 만들어야 되지.

박: 그거 어찌합니까?

― 그거 번지라는 것을 놓지, 뭐(=번지질을 하지, 뭐).

박: 아 그렇습니까?

― 널을 한 발 반 되는 거 요렇게 딱 세워서 손잡이를 또 하고 이렇게 떡 대고 나가면 응 대패를 놓는 것(=대패질하는 것)처럼, 땅을 대패를 놓는 것처럼 이렇게 고루 다닌단 말이오 재미있지 뭐, 그것은. 소만 말을 잘 들으면.

박: (웃음) 그 뭔가, 그러면 논은 언제 갑니까?

- 수전 밭갈이느 (쯧) 청명이 지나서 한 한 쥬일쯤 지 지나문 수전 밭
갈이르 할 따이 이만:이 녹으문 해 일없소. 갠데 그게 또 그것두 야 물이
**갭힐291)는, 인차 빠디는 따이하구, 따이라는 게 선질하구292) 늡운질이
라는293) 게 잇는데, 토 토야˘이. 이릏기 내레 선 따이 잇구 돌으 보문 야
산에 가서 돌으 보네느 돌이 이릏기 밭이 선게 잇구 이릏기 선 게 잇댆구
어떻소. 이릏기 탁탁돼 이란 데느 물이 그 추메 좀 안들어가댆구 어떻소.
이르 이릏기 인데 물이 잘 들어 안 간단 말이오. 따이두 그 밭이 이릏기
떡떡 선데느 물이 ***꺼어문 그저 인차 쑥 빠디디무 야. 이런데는 아무
때나 갈아두 일없는데.

박: 예.

- 이런 늡운질 따아느 야 아니 녹앗을 때 갈무 갈아논 따에 물이 탁
갭히구 그담에 다아 언 게 쭉 녹은 담에 우에 갭헷던 물이 다아 녹으무
빠디기 마련이거든. 밑으르 스미기 마련이란 말이오. 기애문 갈아 놓앗던
따이 그저 딴딴하게 댄단 말이 기게. 덩지 풀어 안 딘단 말이오 기게. 그
래서 그거 따아 보메서 밭갈이르 한단 말이오. 수전 밭갈이르.

박: 그럼 그 늡운 건 어찌 아암둥?

- 늡운질하구 선질따아? 그거 해변할 때, 물이 고여 잇는 거하구 보무,
오호! 이건 늡운질이다. (웃음) 그래 안단 말이오 기게. 기래구 또 자기 쥬
이에 따덜으 야 오래:: 다루누라문 기게 경험이 생게서 다아 장악하디 무.
갠데 그거 거어 그 좀 니해나 늦인 사름덜으느 그게 토야˘이 어때서 물이
아니 빠디구 그거 잘 **모랄라서, 그저 오! 이런 데는 어떻기 됏던간에
어떻기 해야돼갯구나 그저 그런 개념이디 이게 늡운질이오 선질이오 하
는 이런 거 다 분석으 못하딤 그저. 그래 내 남우게서 듣구, '어: 이건 늦
어 갈데다, 이건 빨리 갈 데다'. 거거 다른 사름가 같이 그저 이래문 대기
사 대딤.

박: 늡운질은 늦어감둥?

- 논 논갈이는 청명이 지나서 한 한 주일쯤 지나면 논 논갈이를 할 땅이 이만큼 녹으면 해도 괜찮소. 그런데 그게 또 그것도 응 물이 고이는, 이내 빠지는 땅하고, 땅이라는 것이 '선질'하고 '늡운질'이 있는데 토 토양이, 이렇게 내려선 땅이 있고 돌을 보면 응 산에 가서 돌을 보면 돌이 이렇게 발이 선 것이 있고 이렇게 선 것이 있잖고 어떻소. 이렇게 탁탁 된 이런 데는 물이 그 치밀어 좀 안 들어가잖고 어떻소. 이렇, 이렇게 되어 있는 데는 물이 잘 안 들어간단 말이오. 땅도 그 발이 이렇게 떡 선 데는 물이 *** 그저 이내 쑥 빠지지, 뭐, 응. 이런 데는 아무 때나 갈아도 괜찮은데.

박: 예.

- 이런 '늡운질' 땅은 응 안 녹았을 때 갈면 갈아 놓은 땅에 물이 탁 고이고 그담에 다 언 것이 쭉 녹은 담에 위에 고였던 물이 다 녹으면 빠지기 마련이거든. 밑으로 스미게 마련이란 말이오. 그러면 갈아 놓았던 땅이 그저 딴딴하게 된단 말이오, 그게. 덩이가 안 풀어진단 말이오, 그게. 그래서 그 땅을 보아 가면서 논갈이를 한단 말이오. 논 논갈이를.

박: 그럼 그 '늡운질'은 어떻게 압니까?

- '늡운질'하고 '선질' 땅을? 그거 해빙할 때, 물이 고여 있는 것하고 보면, '오! 이건 늡운질이다'. (웃음) 그래 안단 말이오, 그게. 그리고 또 주위에 땅들을 응 오래 다루다 보면 그게 경험이 생겨서 다 파악하지. 그런데 그거 그 좀 이해가 늦은 사람들은 그 토양이 어째서 물이 안 빠지고 하는 그런 것을 몰라서 그저, '오! 이런 데는 어떻게 됐든지 간에 어떻게 해야 되겠구나' 그저 그런 개념이지 '이게 늡운질이오', '선질이오' 하는 이런 것을 다 분석을 못하지, 그저. 그래 내 남에게서 듣고서, '이건 늦게 갈 데다', '이건 빨리 갈 데다'. 거, 거 다른 사람과 같이 그저 이러면 되기야 되지.

박: '늡운질'은 늦게 논을 갑니까?

- 늡운질은 얼음이 다 빠딘 담에 해야 돼. 늦어 해야 돼디.

박: 아:!

- 응:.

소: 얼음이 다 빠진 다음에 예?

- 으:~. 수견갈이는 (쯧) 밑에 따이 이만:이 녹으문 해앤단 말이오. 일반적[쩍]을르. 늡운질이 애닌 따아느. 갠데 헤룡보~에 그 우리 벌등 앞에 따이 좋은 게 잇대니우? 곰만294) 길역295)에 이래 벌등 나가는 데 고 앞 고게. 그게란느 안 됀단 말이오. 일쪽이 갈무.

박: 오오!

- 게 늡운질이란 말이오, 따이.

박: 아! 그렇습둥?

- 그래! 그담에 그게 밭갈이르 해애놓구서 물이 쭉 온 담에 야 다른 데는 그저 지낙에 넣언 물이 다 빠뎌나가는데 아침이문. 그 따아느 물으 챡 한번만 넣어문 일쥬일 가두 아니 없어디우. 특질이딤. 기애서 왜앤 마 감에 잇어두 그 양수기가 먼데 잇다나니까 물이 채레 안데딤. 늘쌍 모즈라서 야 게에구 얻어쓰디. 갠데 따이 또 그 대신 알맞아서 그게 물이 안 빠디다나니꺼더 또 살어 나래르 돼애 먹엇단 말이, 기게. 개 그게 특질인 게 좃[졸] 좋소. 그 우리 벌등 앞에 따이 기게.

박: 예, 옳소꾸마.

- 야~. 따이 걸디 곡식이 잘 돼디 물이 잘 아니 빠디디. 기래다나니꺼더 비료두 야 다른 데보다 효과[꽈]르 더 본단 말이오. 비룻물이 따~에 흐림 물이 쭉 스며들어가는 거느 깊우이 쓱쓱 배룻물두 같이 들어간단 말이오. 갠데 이거는 물이 오래 갭헤 잇다나니꺼더 그 녀파리에 그 흙에 그저 비료가 다아 묻어 잇딤. 영 특징 많딤. 다른 데보다 비료르 쟉게 쓰디, 개 다나니. 남은 두 때즈 쓸 때 우린데선 한 때즈나296) 한 때즈 반으 써두 돼우. 그 벌등 앞에 따~으느.

- '늡운질'은 얼음이 다 빠진 다음에 해야 돼. 늦게 해야 되지.

박: 아!

- 응.

소: '늡운질'은 얼음이 다 빠진 다음에 예?

- 응. 논갈이는 (쯧) 밑에 땅이 이만큼 녹으면 한단 말이오. 일반적으로. '늡운질'이 아닌 땅은. 그런데 회룡봉에 그 우리 벌등 앞에 땅이 좋은 것이 있잖소? 바로 길가에, 이렇게 벌등 나가는 데 고 앞 고기에. 그곳은 안 된단 말이오. 일찍이 갈면.

박: 오!

- 그게 '늡운질'이란 말이오, 땅이.

박: 아! 그렇습니까?

- 그래! 그다음에 그게 밭갈이를 해 놓고서 물이 쭉 온 담에 응 다른 데는 그저 저녁에 넣은 물이 다 빠져나가는데 아침이면. 그 땅은 물을 착 한 번만 넣으면 일주일 가도 안 없어지오. 특질이지 뭐. 그래서 맨 마지막에 있어도 그 양수기가 먼 데 있다 보니 물이 차례가 안 오지. 늘 모자라서 응 겨우 얻어 쓰지. 그런데 땅이 또 그 대신 알맞아서 그게 물이 안 빠지다 보니 또 살아나게끔 되어 먹었단 말이오, 그게. 그래 그게 특질인데 좋, 좋소. 그 우리 벌등 앞의 땅이, 그게.

박: 예, 맞습니다.

- 응. 땅이 걸지 곡식이 잘 되지 물이 잘 안 빠지지. 그렇다 보니 비료도 응 다른 데보다 효과를 더 본단 말이오. 비룻물이 땅에 흐르면, 물이 쭉 스며들어가는 땅은, 깊이 쓱쓱 비룻물도 같이 들어간단 말이오. 그런데 이것은 물이 오래 고여 있다 보니 그 옆에 그 흙에 그저 비료가 다 묻어 있지. 아주 특징이 많지. 다른 데보다 비료를 적에 쓰지 그렇다 보니. 남은 두 부대(負袋)를 쓸 때 우리는 한 부대나 한 부대 반을 써도 되오. 그 벌등 앞의 땅은.

소: 늡운질이 좋온 게….

– 좋딤. 늡운질이 좋딤. 겐데 밭갈일 맞촤 해야 돼디. 밭갈일 맞촤하디 못하네는 밭갈일 다시 해야 돼오.

박: 아아! 그럻슴둥?

– 야:. 다시 해애두 잘 풀어 안 디우 기게. 니긴 흘으 니겻던 흙으 다시 그 또 니기쟈구 해 보오. 얼매나 바뿐가.

박: 옳소꾸마.

– 어 그것가 한가지디. (조사자가 서로 의논).

소: 음 아바니! 넷날에 농새 지을 때는요 그 논에 물으 대자문 어티기 댓슴둥? 기게 나오기 젼에는?

– 개다나 지써 썩: 높은 데 수원으 따라가서 뚧으 츠디무.297) 가에 가에 물으 딜에올 때애두 이 훈춘이란두 여기다서 물으 대쟈네느 야 용겟거298) 앞엣 거 쏙 딜에 모 온단 말이오. 기래 다아 올라가서 한 이십니 한 삼십니 올라가서 거기다서 뚧으 시잭일 해서 그 물이 겅겔르 들어와서 여길 나오메서 이게 나가게끔 고렇기 맨들디. 그롷기 햇소.

소: 그때 무슨 쟁길 아이 썻슴둥?

– 이 훈춘이라는 쟁기 없이 하오. 훈춘가~아 가지구서. 더어 하대문 우에 만티보~이라는 산이 잇는데 야 그쯤안에 한짝으는: 더: 물남으로 나가는 거 강남으르 나가는 거 뎌쪽에다서 한나 수문 맨들구 한나느 이 북쪽으르 강북쪽으르 그 강북쪽으르 흐르는 대뚧으 또 거기두 수문 두 개 잇어.

소: 뚧으 치문 그냥 물이 재빌르 들어감둥?

– 재빌르299) 들어오딤. 음. 뚧으 높운데다 다아 햇단 말이. 그 뚧에 물이 다아 낮운델 내레오게끔 다 그거 또 이런 수토~오 다 맨드디 무. 이앞에 이게 요 통을르써 얼매만:한 면적에다 흘리갯다:: 하문 그거 다 알맞게끔 이 크기 쟉기 **여릏기 지어 보메서. 개 내레가메서 대뚧이라는 게 이

소: '늡운질'이 좋은 것….

— 좋지. '늡운질'이 좋지. 그런데 밭갈이를 맞추어 해야 되지. 밭갈이를 맞추어 하지 못하면 밭갈이를 다시 해야 되오.

박: 아! 그렇습니까?

— 아. 다시 해도 잘 풀어 안 지오 그게. 이긴 흙을 이겼던 흙을 다시 그 또 이기자고 해 보오. 얼마나 힘든가.

박: 맞습니다.

— 어 그것과 한가지지. (조사자가 서로 의논).

소: 음 할아버지! 옛날에 농사를 지을 때는요 그 논에 물을 대자면 어떻게 됐습니까? 기계가 나오기 전에는?

— 그래서 대충 썩 높은 데 있는 수원(水源)을 따라가서 도랑을 내지 뭐. 강에, 강에 물을 들여올 때에도 이 훈춘이라는 곳도 여기다 물을 대자면 응 요기엣 것 앞엣 것을 쑥 들여오지 못한단 말이오. 그래 다 올라가서 한 20리, 한 30리 올라가서 거기다 도랑을 시작을 해서 그 물이 거기로 들어와서 여기로 나오면서 이게 나가게끔 고렇게 만들지. 그렇게 했소.

소: 그때 무슨 연장을 안 썼습니까?

— 이 훈춘은 연장 없이 하오. 훈춘강을 가지고서. 저 하대문 위에 만티봉이라는 산이 있는데 응 그 언저리에 한 쪽은 저 물남으로 나가는 거 강남으로 나가는 거 저 쪽에다 하나 수문을 만들고 하나는 이 북쪽으로 강 북쪽으로 그 강 북쪽으로 흐르는 큰 도랑을, 또 거기도 수문이 두 개가 있어.

소: 도랑을 내면 그냥 물이 저절로 들어갑니까?

— 저절로 들어오지. 음. 도랑을 높은 데다가 다 했단 말이오. 그 도랑의 물이 다 낮은 데로 내려오게끔 다 그거 또 이런 수통(水桶)을 만들지 뭐. 이 앞에 이게 요 수통으로써 얼마 만한 면적에다 물을 흘리겠다 하면 그거 다 알맞게끔 이 크게 작게 이렇게 지어 보면서. 그래 내려가면서 큰 도랑이라는 것이 이

북산밑에 잇소, 이게. 크우. 한 대여슷 메다 너벅지 대오. 밑을르써. 우우
느 한 알메다 돼오. 강터러 내려가오. 어. 여름에 물이 많을 때문 아덜이
랑 빠뎌 죽는데. 걔 그게 또 어떤 데느 야 지금 기술적[쩍]을르서 물이 이
래 찍: 네레가다 더짝으르 올라가갯는데 야 죠꼼 더 올라가갯다문 그 물
이 이래 오던 물이 할메에300) 다 밑으르 쑥: 들어가래르 한다니. 함동이
라구서 야. 기래 들어갓다 경겔르써 눌리워서 죠꼼 높이 올라가디. 그런
게랑 맨든 게 두에 다 있어.

　소: 어터기 한다구요? 누르문 눌리와서?

　– 냐. 이 물이 쮸욱 내레오는데 이게 좀 높우단 말이오. 죠꼼 야. 죠
꼼 높운데 이거 어티기 기게르 놓올 슈두 없구. 게 이쯤안에다서 이런 거
맨든단 말이오 이래르. 땅밑에다 쑥: 들어가는 거. 걈 이래 내레오던 물이
그 밑으르 힘잇게 쑥 들어간단 말야. 걔 힘잇게 쑥 들어가다나니꺼더 이
짝은 빠데나가는 데는 죠곰 높우게 올라가디.

　– 오.오:어!

　소: 그 힘 때문에 이렇게.

　– 야:! 여기서 꽉 눌러놓오무 물이 내레와서 꽉 눌러놓구 우우르 맽기
구 올라가다나니꺼더 에부르 자꾸 내레오디. 아무래두 죠꼼 높운데라두
올라가기 생겟단 말이, 기게. 기애서 한 오십 센티씨느 돈과 올라간다. 그
런게 한 너더댓개 맨들문 한 메다 반씨나 높운 데 딱 올레 밀 밀어간다
니.

　박: 아이! 그렇슴둥? 옛날에두 그리 햇슴둥?

　– 거 일본아덜 와서 거 한:게라구, 기게. 일본에서는 그거 쬬꼬마게 햇
디무. 그때는 면적이 그리 더 … 큰 면적 아니하구. 그담엔 이게 오십팔년
도 그 좌우에 대:수리 공정이라는 거 해앳단 말이오. 훈춘 이거. 훈춘벌으
다아 거 전면 논으 하쟈구서. 그때 그거 어디메서 와서 설게르 햇는디 하
여튼 다아 기술자들이 와서 측냥하구 그 뜛으 따라서,

북산 밑에 있소, 이게. 크오. 한 대여섯 미터가 되오, 너비가. 밑으로는. 위는 한 10미터가 되오. 강처럼 내려가오. 어. 여름에 물이 많을 때면 아이들이랑 빠져 죽는데. 그래 그게 또 어떤 데는 응 지금 기술적으로 물이 이렇게 쭉 내려가다가 저쪽으로 올라가야 하겠는데 응 조끔 더 올라가겠다면 그 물이 이렇게 오던 물이 한꺼번에 다 밑으로 쑥 들어가도록 하지. '함동'이라고서 응. 그래 들어갔다 거기서 물이 눌려서 조끔 높이 올라가지. 그런 게랑 만든 게 뒤에 다 있어.

소: 어떻게 한다구요? 누르면 눌려서?

— 응. 이 물이 쭉 내려오는데 이게 좀 높단 말이오. 조끔 응. 조끔 높은데 이거 어떻게 기계를 놓을 수도 없고. 그래 이 언저리에다 이런 것을 만든단 말이오, 이렇게. 땅 밑에다 쑥 들어가는 것을. 그럼 이렇게 내려오던 물이 그 밑으로 힘 있게 쑥 들어간단 말이야. 그래 힘 있게 쑥 들어가다 보니 이쪽은 빠져나가는 데는 조끔 높게 올라가지.

— 오!

소: (물이 위에서 내리미는) 힘 때문에 이렇게.

— 응! 여기서 꽉 눌러 놓으면 물이 내려와서 꽉 눌러 놓고 위로 가도록 해서 올라가다 보니 외부로 자꾸 내려오지. 그러니까 아무래도 조끔 높은 데라도 올라가게 생겼단 말이오, 그게. 그래서 한 50센티씩은 물이 돋우어져 올라간다. 그런 것을 한 너더댓 개를 만들면 1미터 반씩이나 높은 데로 딱 물을 올려서 밀어가지.

박: 아! 그렇습니까? 옛날에도 그리 했습니까?

— 그거 일본사람들이 와서 한 것이라고, 그게. 일본에서는 그거 쪼끄맣게 했지 뭐. 그때는 면적이 그리 저 … 큰 면적을 아니 하고. 그다음에는 이게 1958년도 그 좌우에 '대수리공정'이라는 것을 했단 말이오. 훈춘의 이것을. 훈춘 벌을 다 그거 전면적으로 논을 만들자고 그때 그거 어디서 와서 설계를 했는지 하여튼 다 기술자들이 와서 측량하고 그 도랑을 따라서,

그 측냥으느 맞앗디무 기게. 고 쟉기 흘리나 많이 흘리나 그 측냥은 맞아야 대거든. 그거 따라서 그 늘쿠구 깊위기[301] 하구. 이 훈춘이 관개시설이 좋소.

박: 옳소꾸마.

— 야. 좋소. 물이 많구.

— 헤룽보~이라느 그런 데 맞갖대네서 사간바~이라는 데 올라가 그 수루바이라는 게 어제 말하대닙데? 그 벼라~이 뜩 떨어디는데. 그 기슭으 가~이 이래 흐르는데 야 그게 한 칠팔니[리] 덴단 말야, 거기꺼지 가쟈문. 거기서부터 산에다서 돐으 따라서 파가지구 내려오쟈무 그 굴곡이 훈춘터러 이렇기 **미연하댏단 어떻소. 헤룽봉 따이 게.

박: 옳소꾸마.

— 개구 산녀파리에서 돐으 츠쟈네느 이래 들어갓다 나왓다 들어갓다 나왓다 바이일르 무스 야 이런데 가뜩해서 기게 품이 많이 먹구 원래 경제격을르 얼맬 시간이 얼매갈 줄도 모른단 말이오. 그래서 와서 또 우리 더 살던 데 그 두에 집이 두호이 잇는데 그 앞으 산으 궁가 닮어서[302] 그래서 노전짝이꺼지 돐으 내애가서 그 돐에 물이 앞우르 다아 나가게끔 그릏기 (기침) 훈춘 수리국에서 설게 뜩 해:가지구 돐으 개다나무 지부두 몇 개 빼애대구. 기애구 그거 하쟈네는 몇 해는 논농사두 못 하구. 그거 다 끝날때꺼진 야. 기래 이게 아니 돼갯다. 그래디말구서 양수기르 놓쟈.

박: 으음.

— 그래서 가에다서 양수기르 놓:는데 그 당지 수세 그 정화:[303] 잘 모르다나니꺼더 강뚝에서 그저 한 두메다쯤: 데는 데다서 양수기가 기게르 동시에 놓오래르 집우 맨들구 설게르 떡 해앳단말이오. 아 이거 이래문 그저 물이 죠꼼만 뿔으문 두메다 뿔는데 그저 하 하르건네 이게 가능하게 기게에 물이 들어 기게 뜯어가지구 댕긴다문

그 측량은 맞았지 그게. 고 작게 흘리나 많이 흘리나 그 측량은 맞아야 하거든. 그거 따라서 그 늘리고 깊게 하게 하고. 이 훈춘이 관개시설이 좋소

　박: 맞습니다.

　- 응. 좋소. 물이 많고.

　- 회룡봉은 그런 데 알맞지 않아서 사간방이라는 데 올라가 그 수루바위라는 게 있는데, 어제 내가 말하지 않데? 그 벼랑이 뚝 떨어지는 데. 그 기슭을 강이 이렇게 흐르는데 응 그게 한 칠팔 리(里)가 된단 말이야, 거기까지 가려면. 거기서부터 산에다 도랑을 따라서 파 가지고 내려오자면 그 굴곡이 훈춘처럼 이렇게 미연하잖고 어떻소. 회룡봉 땅이 그게.

　박: 맞습니다.

　- 그리고 산 옆에서 도랑을 내자면 이래 들어갔다 나왔다 들어갔다 나왔다 하는데 바위다 뭐다 응 이런 데가 가뜩해서 그게 품이 많이 먹고 원래 경제적으로 시간이 얼마나 들 줄도 모른단 말이오. 그래서 와서 또 우리 저 살던 데 그 뒤에 집이 두 호(戶)가 있는데 그 앞의 산을 구멍을 뚫어서 그래서 노전 쪽까지 도랑을 내서 그 도랑의 물이 앞으로 다 나가게끔 그렇게 (기침) 훈춘 수리국에서 설계를 딱 해 가지고 도랑을 (내려고 했는데), 그렇게 하면 지부(支部, =마을을 뜻함)도 몇 개를 옮겨야 되고. 그거 하자면 몇 해는 논농사도 못 하고. 그거 다 끝날 때까지는 응. 그래 이게 안 되겠다. 그러지 말고 양수기를 놓자.

　박: 음.

　- 그래서 강에다 양수기를 놓았는데 그 당지(當地) 수세(水勢) 그 정황(情況)을 잘 모르다 보니 강뚝에서 그저 한 2미터쯤 되는 데다가 양수기와 기계를 동시에 놓을 수 있도록 집을 만들고 설계를 떡 했단 말이오. 아 이거 이러면 그저 물이 조끔만 불어도 2미터 붇는데 그저 하루건너 이게 어쩌면 기계에 물이 들어가 기계를 뜯어 가지고 다닐 수도 있는데 그렇게 되면

그저 농사두 못 짖구 페지한다 이릏기 하지 말쟈. 산굽에304) 딜에다가 기계는 높운데 놓구 양수긴 낮은데 놓구 양수긴 무슨 물에 젖엇다개두 그저 일없단 말이. 기래구 또 앞우 좀 막으문 우엣물이 뿔엇다개두 기게엔데 피대만 볼 수 잇으문 돼거든. 걔 피대르 안 쓰게 하쟈문 게 치룬으305) 쓰문 일없단 말이오. 양수기에다두 꼭대기 홀 덮에두 이 치룬이 돌문 그저 물이 그저 막 나오거든. 그래 그거 내 쥬장해서 그때 그릏기 맨들엇는데 이놈아 골이 좋다 소릴 들엇단 말이오. 그때. 그래 그거 잘 써먹엇디무.

박: 음:. 그 그게 양수기 없을 때 잇대님둥? 옛날에. 그럴 땐 뭘 어째 높운 데르다 올라냈습둥?

— 그래 못져엇디 머.

박: 아, 아예 없었습둥?

— 야:˘. 기래구서 그거 야 구렁깨르306) 파구. 개인집에서 죠곰씨 농사르 짖는 건 야 한 서너짐씨307) 하는 거 이래 우물으 파구서 그 피댓:줄 같은데다서 야 요런 바가지르 딱 다오. 요 이 요막씨 어간에 한낙씨. 걔 고게 올라왓으무 이게 우에 이런 데서 이래 계속 돌디무 게. 아래 내레갓던 게 퍼올리오문 요짝에 와서 꼭대게 넘어갈때문 쏟아디댾구 어떻소. 이래 이래 쏟아디구. 야˘ 그런 거 맨들엇는데 그건 나구재애 잇대니우? 나구재애가[까] 그거 야 돌구게끔. 그 삐잉: 돌문 그게 더 피대가 밑으르 들어갓다 우우르 올라왓다 물으 퍼서는 올리바다 쏟구 이릏기 햇소. 한 세 메다나 깊이에 우물으 파구서.

박: 나구재느 무스겜둥?

— 당나귀. 사름이 그거 어디 계속 돌구겟소. (웃음) 걔 아침부터 그저 점심때꺼지 당나귀재르 메기, 메워서 돌군단 말이오. 걔 물이 잘 올라오오 그게. 수챠라구서. 그거 수챠디무. 수챠. 그거 이전에는 나구재르 안 메우구서 (쯧) 발르서, 발르서 *논 막 눌러서 물우 퍼선 넴기는 것두 잇엇딤.

그저 농사도 못 짓고 폐지한다 이렇게 하지 말자. 산 밑에 들여다가 기계는 높은 데 놓고 양수기는 낮은 데 놓고 양수기는 뭐 물에 젖었다 해도 그저 괜찮단 말이오. 그리고 또 앞을 좀 막으면 윗물이 붙었다고 해도 기계인데 피대만 볼 수 있으면 되거든. 그래 피대를 안 쓰게 하자면 게 톱니바퀴를 쓰면 괜찮단 말이오. 양수기에다도 꼭대기를 홀 덮어도 이 톱니바퀴가 돌면 그저 물이 그저 막 나오거든. 그래 그거 내가 주장을 해서 그때 그렇게 만들었는데 이 놈이 머리가 좋다는 소릴 들었단 말이오. 그때. 그래 그거 잘 써먹었지 뭐.

박: 음. 그 양수기가 없을 때 있잖습니까? 옛날에. 그럴 땐 뭘 어찌해 가지고 높은 데로 물을 올렸습니까?

– 그래 농사를 못 지었지 뭐.

박: 아, 아예 (물을 길어 올리는 것이) 없었습니까?

– 응. 그러고서 그거 응 우물을 파고. 개인 집에서 조금씩 농사를 짓는 것은 응 이래 한 서너 짐(=1짐은 약 1,000㎡)씩 하는 거 우물을 파고서 그 피댓줄 같은 데다 응 요런 바가지를 딱 다오. 요 이 요만큼씩 사이에 하나씩. 그래 고게 올라왔으면 이게 위에 이런 데서 이렇게 계속 돌지 뭐 그게. 아래 내려갔던 것이 퍼 올려지면 요쪽에 와서 꼭대기에 넘어갈 때면 쏟아지잖고 어떻소. 이래 이래 쏟아지고. 그런 것을 만들었는데 그건 당나귀 있잖소? 당나귀가 그거 응 돌리게끔. 그게 삥 돌면 그게 저 피대가 밑으로 들어갔다 위로 올라왔다 물을 퍼서는 올려다가 쏟고 이렇게 했소. 한 3미터 정도 깊이에 우물을 파고서.

박: '나귀재'는 무엇입니까?

– 당나귀. 사람이 그거 어디 계속 돌리겠소 (웃음) 그래 아침부터 그저 점심때까지 당나귀를 메게, 메워서 돌린단 말이오. 그래 물이 잘 올라오오 그게. 수차(水車)라고 하는데. 그게 수차지 뭐. 수차. 그거 이전에는 당나귀를 안 메우고 (쯧) 발로써, 발로써 막 눌러서 물을 퍼서는 넘기는 것도 있었지.

겐데 그건 좀 개량해:서 나귈르서 그저 삐잉 돌문 그게 물이 올라오게끔. 수챠.

박: 그럼 드레는 언제 씀둥?

－ 으음?

박: 드레. 무시기 드레나 이런 건 언제 씀둥?

－ 물, 물웃 풀 때. 그거느 효과[꽈] 못 보오 그거. 그건 그저 쫌 모즈랄 때 보충할 때나. 안 돼오 그것은.

소: 피래라는건 어떤 걸 피대라 함둥?

－ 이만:이 넓운 게. 그 ⋯ 한국에서두 그 아무래 피대라 하갯는데. (웃음) 요만:이 넙소. 그건 이룽기 넙운 것두 잇구.

소: 무스걸르 맨듬둥? 뱅뱅 도는 거?

－ 그게 실으 안에다 넣구 고모로 하 한데 막 그 조합해서 맨든 게. 그 기게르 돌굴 때랑 바퀴 휘휘 도는 게 잇대니우?

박: 이룧게 쫙 메와서 뱅뱅뱅뱅 돌게 한 거 말임둥?

－ 야˘. 그 사슬피대라는 거는 그 자전거에랑 가는 게 사슬피대구. *사스, 사슬대란 말이오 그건. 이짝엣거는 가죽 피째르 쓰는 피대란 말이오. 겐데 가죽이는 애닌데 고모하구 실으 섞어서 눌러서 압축시겨 딴딴이 맨든 겐데. 겅게다서 물빠가질 단단 말이오.

소: 바르 아이 쓰구 그런 걸르 썼슴둥?

－ 음?

소: 바. 바에다 드레르 아이 달구.

－ 아니.

소: 피대애다.

－ 야.

소: 예전에느 없엇재임둥?

－ 없디무. 그것두 다 해방 후에 쓰던 게딤. 해방 해방 젼에는 그저 그저

그런데 그건 좀 개량해서 당나귀로써 (돌려서) 그저 뺑 돌면 그게 물이 올라오게끔. 수차.

박: 그럼 두레박은 언제 씁니까?

― 음?

박: 두레박. 뭐 두레박이나 이런 것은 언제 씁니까?

― 물, 물을 풀 때. 그것은 효과 못 보오 그거. 그건 그저 좀 모자랄 때 보충할 때나 쓰지. 안 되오(=물을 대기는 부족하다는 말), 그것은.

소: '피대'라는 건 어떤 걸 '피대'라 합니까?

― 이만큼 넓은 게. 그 … 한국에서도 그걸 아마도 '피대'라 하겠는데. (웃음) 요만큼 넓소. 그건 이렇게 넓은 것도 있고.

소: 무엇으로 만듭니까? 뱅뱅 도는 거?

― 그게 실을 안에다 넣고 고무를 한데 막 그 조합해서 만든 것이지. 그 기계를 돌릴 때랑 바퀴에 휘휘 도는 것이 있잖소?

박: 이렇게 착 메워서(=걸어서) 뱅뱅뱅뱅 돌게 한 것 말입니까?

― 응. 그 '사슬피대'라는 것은 그 자전거 등에 거는 것이 사슬피대(=체인)고. 사슬로 된 대(帶)란 말이오, 그건. 이쪽 것은 가죽 피 자를 쓰는 피대란 말이오. 그런데 가죽은 아닌데 고무하고 실을 섞어서 눌러서 압축시켜 단단하게 만든 것인데. 거기다가 물바가지를 단단 말이오.

소: 바를 안 쓰고 그런 걸 썼습니까?

― 음?

소: 바. 바에다 두레박을 안 달고.

― 아니.

소: 피대에다.

― 응.

소: 예전에는 없었잖습니까?

― 없지 뭐. 그것도 다 해방 후에 쓰던 것이지. 해방 해방 전에는 그저 그저

그 이래 물푸갤르서. 그 함지 *쪼끄무레:*한 함지 *요만:*한 함지르 바아 좌우 짝에다 떡 매서 둘이 서서. 탁 탁 이래문 그저 물이 탁 담앗다서 죽 번디구308) 탁 담앗다서 죽 번디구.

박: 양쪽에 바이르 매구 이렇게.

— 야ʼ. 그 한가랫줄이라는309) 게 잇대니우? 뎌기서 삽우 떡 대문 둘이서 쭉 당개문,

박: 예, 옳습꾸마.

— 흙이 쭉쭉 오는 거. 물두야 그식을르 햇단 말이오.

박: 야아! 기내 바빳갯습구마.

— 바뿌대니구 기래! 개 몇 알310) 많이 못하딤 기게.

박: 예.

소: 아바니! 모내, 모내기를 다 한 다음에 그 논에 풀이 깃으문 그 다음에는 어떻기 함둥 그 풀으?

— 사름이 손을르 매오. 손을르 그거 이래 뽑는단 말이오. 쌋다.

소: 뭐 다른 거는 **도 쟁기랑 아이 쓰둥?

— 모오 하메서부터 모오 하메서부터 야 그때두 모오 할 때 처암에는 농약이 풀우 죽이는 게 없엇단 말이오.

박: 예.

— 그래서 모오 한 담에 그 곬에 풀으 야 그 더 인녁제초기라는 게 잇엇어. 사름이 이래 밀엇다 당겟다 밀엇다 당겟다 하녜느 그 곬엣거느 [골쎄꺼느] 막 파서 번디메서 풀우 다 뽑앗소. 그담에 무둘기 사이에 잇는 것가 무들기 한데 섞인 거느 또 사름이 댕기메서 이래. 거 빠르디 또 그거느. 그래 인녁제초긴 나오구. 그담에 인녁제초길 가지구두 대형적을르 논으 하는데 미처 담당 못해서 또 충녁제초기라는 게 또 잇었어.

그 아래 물푸개로써. 그 함지, 쪼끄마한 함지 요만한 함지를 거기다 바를 좌우 쪽에다 떡 매서 둘이 서서. 탁 탁 이러면 그저 물을 탁 담았다가 쭉 뒤집어 쏟고 탁 담았다가 쭉 뒤집어 쏟고.

박: 양쪽에 밧줄을 매고 이렇게

– 응. 그 가랫줄이라는 것이 있잖소? 저기서 삽을 떡 대면 둘이서 쭉 당기면,

박: 예, 옳습니다.

– 흙이 쭉쭉 오는 거. 물을 퍼내는 것도 응 그 식으로 했단 말이오.

박: 야! 아주 힘들었겠습니다.

– 힘들잖고 그럼! 그래 몇 번 많이 못하지, 그게.

박: 예.

소: 할아버지! 모내, 모내기를 다 한 다음에 그 논에 풀이 무성하면 그다음에는 어떻게 합니까? 그 풀을?

– 사람이 손으로 매오. 손으로 그거 이렇게 뽑는단 말이오. 싹 다.

소: 뭐 다른 거는 또 연장 같은 것은 안 씁니까?

– (직파를 아니 하고) 모를 하면서부터 모를 하면서부터 응 그때도 모를 할 때 처음에는 농약이 풀을 죽이는 것이 없었단 말이오.

박: 예.

– 그래서 모를 한 다음에 그 고랑에 난 풀은 응 그 저 인력제초기라는 것이 있었어. 사람이 이렇게 밀었다 당겼다 밀었다 당겼다 하면 그 고랑에 난 풀은 막 파서 흙을 넘기면서 풀을 다 뽑았소. 그다음에 무둘기(=서너 포기의 초본이 한 자리에서 자라나 무리를 지은 것. 또는 한 뿌리에서 올라와 여러 줄기로 갈라진 것) 사이에 있는 것과 무둘기 한데 섞인 것은 또 사람이 다니면서 이렇게 뽑았지. 그거 빠르지 또. 그거는. 그래 인력제초기는 나오고. 그다음에 인력제초기를 가지고도 대형으로 논을 하는 데에서는 미처 감당을 못해서 또 충력제초기라는 것이 또 있었어.

박: 음.

　- 소게 소게다 메워가지구서 야. 소 앞에서 걸으문 거긔다 대구서 쮸욱 나가문 이래 드르르르르르 요런 거 야 요 요막씨 넙운 거 요거보다 좀 넙운 게 이만:한 뚱그레미에다서 삐잉 돌과서 다 단단 말이오. 어기까라. 어기 이릏기 그저 막 여러 가질 섞어서. 개 이르기 떡: 대:문 쉐 끄스문³¹¹⁾ 그늠우게 뜨르르르 구불래르 **맷, 돼앳단 말이오. 사름이나 손을 르 떡 잡일 잡구.

박: 예.

　- 밑엣게 뜨르르르르 구부무 그저 따아 다 파헤티구. 개 하고 한 번만 파헤티는 게 애니라 판 자릴 또 파구 또 파서 그렇기 맨들엇딤. 구부래르 붙인게. 요거 붙인 게.

박: 예. 예.

　- 개다나니까 한 번만 쮹 나갓다 하문 그저 없디 무. 그쯤안은 정말. 결단 쭐 나딤. (웃음) 기애두 포기 사이엣건 어띠디 못하디. 포기 사잇 건 사름이 댕기메서. 속도 빠르디무 그게, 또.

박: 그것두 한번으르 아니 데재임둥?

　- 그애 두 번씨 하오. 충녁제초기 두 번씨 하오.

박: 그럼 옛날에는 무스거 머 제초기 한내 없을 땐 어째 소, 사람이 다 손으로 하대넷슴둥?

　- 손을르 햇디.

박: 그럼 그거 또 풀이, 한번 딱 기슴매구 나가문.

　- 기애 두볼 세볼 이릏기 매디무. 아시 두벌 세벌 이렇단 말이오.

박: 아아, 그렇슴둥?

　- 음.

박: 근데 그때두 한가짐둥? 쓰는 게 다. 사아람이 다 뽑구.

　- 사, 사름이 뽑엇디.

박: 음.

- 소에게 소에게다 메워 가지고서 응. 소가 앞에서 걸으면 거기다 대고
서 쭉 나가면 이래 드르르 요런 거 응 요 요만큼씩 넓은 거 요거보다 좀 넓
은 게 이만한 동그라미에다서 뺑 돌라서 다 단단 말이오 서로 번갈아 가며.
서로 이렇게 그저 막 여러 가지를 섞어서. 그래 이렇게 떡 대면 소가 끌면
그놈이 뜨르르 구르게 되었단 말이오. 사람이 손으로 떡 손잡이를 잡고

박: 예.

- 밑엣 게 뜨르르 구르면 그저 땅을 다 파헤치고. 그래 하고 한 번만
파헤치는 것이 아니라 판 자리를 또 파고 또 파서 그렇게 만들었지. 구르
도록 붙인 것이. 요거 붙인 것이.

박: 예. 예.

- 그리하다 보니까 한 번만 쭉 나갔다 하면 그저 아무것도 없지 뭐.
그 언저리는 정말. 모조리 결딴나지. (웃음) 그래도 포기 사이에 있는 건
어찌하지 못하지. 포기 사이에 있는 것은 사람이 다니면서 (김을 매지).
속도가 빠르지 뭐 그게, 또.

박: 그것도 한 번으로 안 되잖습니까?

- 그래서 두 번씩 하오. 충력제초기 두 번씩 하오.

박: 그럼 옛날에는 뭐 제초기 하나 없을 땐 어째 사람이 다 손으로 하지 않
았습니까?

- 손으로 했지.

박: 그럼 그거 또 풀이, 한 번 딱 김매고 나가면.

- 그래 두 벌 세 벌 김을 매지, 뭐. 초벌 두 벌 세 벌 이렇단 말이오.

박: 아, 그렇습니까?

- 음.

박: 그런데 그때도 한가지입니까? 쓰는 것이 다. 사람이 다 뽑고.

- 사람이 뽑았지.

박: 그럼 후치는 원제 쓰는 겜둥?

- 후치는 그건 한전에.

박: 아 한전에 쓰는 겜둥?

- 이젯건 다 논에. 인녁제초기 충녁제초기 기게 다 *한, 수전에 쓰는 게. 한전에두 또 '네발귀'라는 게 잇엇딤. 잇엇소. 이렇기 좌우짝으 파게끔 이릏기 뜩 날개르 칼날 같은 거 호미 같은 뜩 대에서 야 두에다서 점 넙기하구 앞에다 요래 줍기 하구. 줍운 거는 골따잇거 흙[흑]파래르 하구 이 두엣 게 넙운 거는 좌우짝 그 둥가리 녀파리르 홅우래르 한 게. 그것 두 쉐르 탁 메워서 사름이 손잡이 쥐구서 이래 떡 쥐구 골따이 크구 작은 거는 스빠나르 가지구 댕기메서 뒤엣거 안으르 점 밀구 골따이 큰데선 좀 내애놓구 이래 죠절하메서 맨드래르 한 게오. 개 그 쉐르 메워서 이라! 하문 쮸욱: 나가디. (웃음) 기래문 고것두 포기 사잇건 어띠디 못하댆구 어떻소.

박: 예, 옳소꾸마.

- 요만:이 내놓인다니 고게. 좌우짝으 이릏기 쭉 헤베데디다나니. 그래 그 쟈그무레:한 호미르 가지구서 야 그더 손을르 이래 툭툭 티메서 풀으 쉐에데디무 속도 빠르딤. 그담에 또 그 밑으 이미 뚜데놓구 녀파릿거 긁어내려놓구 하다나니꺼더 후치질하무 후치질 또 잘 돼오. 또 꼭대게다 이래 뚱그렇게 뜩 번뎌놓오무 곡섹이 잘 돼딤. 효꽈 좋앗소 지금두 농약으 아니 쓰문사 그거 쓰디무. 겐데 지금 농약으 쓰다나니꺼더 그것두 다 들어앉았어. 옥수뀌란느 농약으 치구서는 후치질두312) 아니하구 그저 가슬에 가서 그저 낟으 가지구 가서 그저 훈 져 딜에오문 돼래르 뎄다 지금. 대단이 헐하오. 그래다나니까 많이 짛디. 우리 따이란두 우리 동네사름이 그 짛는 데 일년에 내인데르313) 단 한 오백원씨, 작년엔 칠백원 보내습데. 기앤 건 내 이백원 대비 줬소 "야! 네 짛는 게 고생이디, 내 앉우내르314) 야 무스 소꾸락 하나 까닥 아니하구 받아먹갯냐!" "에이! 남은 이보다두

박: 그럼 후치는 언제 쓰는 것입니까?

– 후치는 그건 밭에.

박: 아, 밭에 쓰는 것입니까?

– 이제 말한 것은 다 논에. 인력제초기 축력제초기 그게 다 *밭, 논에 쓰는 것이지. 밭에도 또 '네발귀'라는 것이 있었지. 있었소. 이렇게 좌우 쪽을 파게끔 이렇게 떡 날개를, 칼날 같은 거 호미 같은 것을 떡 대서 응 뒤에다 좀 넓게 하고 앞에다 요렇게 좁게 하고. 좁은 것은 고랑에 있는 흙을 파도록 하고 이 뒤엣 것 넓은 것은 좌우 쪽 등성이 옆을 훑도록 한 것이지. 그것도 소를 탁 메워서 사람이 손잡이를 쥐고서 이렇게 떡 쥐고 고랑이 크고 작은 것은 스패너를 가지고 다니면서 뒤엣 것을 안으로 좀 밀고 고랑이 큰 데서는 좀 내놓고 이렇게 조절하면서 만들도록 한 것이 오. 그래 그 소를 메워서 이랴! 하면 쭉 나가지. (웃음) 그러면 고것도 포 기 사이에 있는 풀은 어찌하지 못하잖고 어떻소.

박: 예, 맞습니다.

– 요만하게 내놓이지 고게. 좌우 쪽을 이렇게 쭉 허비어 버리다 보니. 그래 자그마한 호미를 가지고서 응 그 저 손으로 이렇게 툭툭 치면서 풀 을 쥐어 내면 속도가 빠르지. 그다음에 또 그 밑을 이미 쑤셔 놓고 옆엣 것을 긁어 내려놓고 하다 보니 후치질하면 후치질이 또 잘 되오. 또 곡대 기에다 이렇게 뚱그렇게 떡 뒤집어 놓으면 곡식이 잘 되지. 효과가 좋았 소. 지금도 농약을 안 쓰면야 그거 쓰지 뭐. 그런데 지금 농약을 쓰다 보 니까 그것도 다 들어앉았어. 옥수수는 농약을 치고서 후치질도 아니 하고 그저 가을에 가서 그저 낫을 가지고 가서 그저 훗 져서 들여오면 되도록 됐다 지금. 대단히 쉽소. 그렇다 보니 많이 짓지. 우리 당도 우리 동네 사 람이 짓는데 일 년에 나한테로 단 한 500원씩, 작년엔 700원 보냈데. 그 랜 거 200원 도로 주었소. "아! 농사를 짓는 네가 고생이지, 내가 앉은 채 로 응 뭐 손가락 하나 까딱 아니 하고 받아먹겠냐? 에이! 남은 이보다도

떡 더 더 가지는데 아바니 무스 아니 몇 해르 받갯슴둥. 받읍소! 받읍소!",
"싫다!" 비료나 한 때즈 더 싸서 멩년에 더 잘 져라 하구서. 기애문 그저
감샤하다구서 야단이다.

소: 아바니! 그러문 인제 한던밭에서 나는 옥수꾸 곡식에는 무스거 있슴둥?

— 한전에서느 콩. 코〜으느 팔아서 돈으 맨들길래 싱군다구. 옥수끼가
코오. 그담에 퐅이. 그건 집이서 먹길래애서, 찰옥수수 이건 집이서 먹길
래애서 싱구구.

소: 또 감, 감지 이런 거느.

— 야 감지라느 터우래애다 싱구우.

소: 터울애다요?

— 야. 텃밭에다가서.

박: 으음. 그럼 조이요 무시기요 다른 건 아이 심슴둥?

— 조이르 안 싱구우.

박: 넷날에는 많이 심었슴둥?

— 이전에는 수전 없을 때 그 쥬양식에 게 조이밥이거든. 조이가 피낟
으[315] 싱구딤. 겐데 피낟으느 산냥이 쟉구 그랫디. 밥이 못하구.

소: 아바니! 그러면은 (기침) 예전에요, 예전에 그 피낟이 조이 이런 거 농
사 지어 보셨슴둥?

— 보대니구 그래!

소: 예에.

— 음.

소: 그럼 그런 거르 인제 어떻게 농사르 짓는지 쳐음부터 좀 거 거둬들일
때까지 얘기르 좀 해 쥬십시오.

— 아〜:. 피낟농사느 야 밭갈이르 하, 한단 말이오.

박: 언제 함둥?

떡 더, 더 받아 가지는데 할아버지는 뭐 아니 몇 해를 더 받겠습니까. 더 받으십시오! 더 받으십시오!", "싫다!" 비료나 한 부대(負袋) 더 사서 명년에 더 잘 지어라 하고서. 그러면 그저 감사하다고 하면서 야단이지.

소: 할아버지! 그러면 이제 밭에서 나는 옥수수 곡식 외는 무엇이 있습니까?

– 밭에서는 콩. 콩은 팔아서 돈을 만들기 위해서 심는다고. 옥수수와 콩을. 그다음에 팥. 그건 집에서 먹기 위해서. 찰옥수수 이건 집에서 먹기 위해서 심고.

소: 또 감자 이런 것은.

– 응. 감자는 터 울안(＝텃밭)에다 심소.

소: 텃밭에다요?

– 응. 텃밭에다.

박: 음, 그럼 조고 무엇이고 다른 건 안 심습니까?

– 조는 안 심소.

박: 옛날에는 많이 심었습니까?

– 이전에는 논이 없을 때 그 주식에 속하는 게 조밥이거든. 조와 피를 심지. 그런데 피는 산량(産量)이 적고 그랬지. 밥이 못하고.

소: 할아버지! 그러면 (기침) 예전에요, 예전에 그 피, 조 이런 거 농사를 지어 보셨습니까?

– 지어 보잖고 말고!

소: 예.

– 음.

소: 그럼 그런 것을 이제 어떻게 농사를 짓는지 처음부터 좀 거두어 들일 때까지 얘기를 좀 해 주십시오.

– 응. 피농사는 응 밭갈이를 한단 말이오.

박: 언제 합니까?

- 곡우, 쇼만 때 왜앤 적합한[져카반] 시기오. 조이하구 피난이. 고게
문 살귀꽂이 필 때거든. 거 고거 또 싹이 연한 싹덜이 애니구 무시기오.
피난하구[피난하구] 조이는. 알이 쟉다나니꺼 싹두 연한 겐데 야. 게 일기
날이 따뜻하구[따뜨타구] 기온이 딱 맞아야 제때 나온단 말이오. 차갑거
나 무스 이러문 제때 못 나오문 안에서 씨 곤단 말이오. 부패돼디무. 그래
고 딱 쇼만 좌우에 고때 조이하구 살귀꽂이 필 때 고때 딱 싱구오.

소: 어떻게 씨르 심습둥?

- 밭갈일 해에서 자귀르 티구316).

소: 자귀르 틴다구요?

- 피낟으 싱구는게 야, 자귀르 티는 게 이릏기 더 요렇기 딱딱 틴단
말이오. 두발으 가지구서 요렇기. 게 거기다서 자귀틴 담에 댓드베라는317)
게 잇소. 이만:이 큰 박에다서 앞우르 나가는 게 이만:이 길구 두에 손잡
이 또 요마:난 게 잇구. 그 댓드베 안에다서 피낟씨르 넌다구.

박: 예.

- 걔 그저 그 드베 앞엣대애는 야 궁가 잇소. 속이 비기. 걔 끝에느 헝
겊으 딱 싼단 말이오. 천으. 걔구 그 천에다서 (쯧) 담뱃불르써 궁가 쏙
뚧소.

박: 으음.

- 그 그 요만:이 모딘 궁가 딱 낸단 말이야. 기애구 더 드베챌르써 딱
티문 긍겔르 흘러내레간 그 씨 종자가 야 그 헝겊인데 가 갭헷던 게 딱
테서 진동이 생게사 공겔르 뽈라닥 하구 나온다구.

박: 예.

- 고게 자귀에 떨어디딤. 게 다 손을르 줴에서 그거 어떠기 그으 넣소
야 딱딱딱딱딱딱따 티무 야 그건 또 눈하구

- 곡우, 소만 때가 가장 적합한 시기오. 조하고 피는. 고때면 살구꽃이 필 때거든. 거 고거 또 싹이 연한 싹들이 아니고 무엇이오. 피하고 조는. 알이 작으니까 싹도 연한 것인데 응. 그게 일기가 날이 따뜻하고 기온이 딱 맞아야 제때 나온단 말이오. 차갑거나 뭐 이러면 제때에 못 나오면 안에서 씨가 곯는단 말이오. 부패가 되지 뭐. 그래 고 딱 소만 좌우에 고때 조하고 살구꽃이 필 때 고때 딱 심소.

소: 어떻게 씨를 심습니까?

- 밭갈이를 해서 발자국을 내고.

소: '자귀를 틴다'고요?

- 피를 심는 게 응, 발자국을 내는 것이 이렇게 저 요렇게 딱딱 낸단 말이오. 두 발을 가지고서 요렇게. 게 거기다가 발자국을 낸 다음에 '댓드베'(=씨를 떨어뜨려 파종하는 기구)라는 것이 있소. 이만큼 큰 박에다 (대롱을 꽂아서) 앞으로 나가는 것이 있는데 이만큼 길고 뒤에 손잡이가 또 요만한 것이 있고. 그 '댓드베' 안에다 피 씨를 넣는다고.

박: 예.

- 그래 그저 그 '드베' 앞엣 대에는 응 구멍이 있소. 속이 비게. 그래 끝에는 천을 가지고 딱 싼단 말이오. 천을. 그리고 그 천에다 (쯧) 담뱃불로써 구멍을 쏙 뚫소.

박: 음.

- 그 그 요만한 굵은 구멍을 딱 낸단 말이야. 그리고 저 드베채로써 딱 치문 거기로 씨가 흘러내려간 그 씨 종자가 응 그 천에 가 고였던 것이 딱 쳐서 진동이 생겨야만 고기로 '뽈라닥'(=갇혔던 씨 따위가 불쑥 튀어나오는 모양) 하고 나온다고.

박: 예.

- 고게 발자국에 떨어지지. 게 다 (씨를) 손으로 쥐어서 (발자국에다 그걸) 어떻게 다 넣소. (드베를) 딱딱딱딱딱따 치면 응 그건 또 눈하고

자귀가 그거 맞구 야 속도 때리는 속도하구 이게 대가 나가는 게 여게 딱딱딱딱 맞아야 자귀마다 딱딱딱딱 떨어디디.

박: 으음.

— 겐데 그거 그거만 떨구는 게 애니라 사름이 떡 발르써 이래 그거 떨어딘다 그거 묻으매 나가야 덴다구. 흙으 이렇기 이렇기. 겐데 그거 딱딱딱딱 티메 뒤엣거꺼지 맞아 나가야는데 멋잇게 해앳소 그거. 갠데 그걸 밭갈이르 해애놓온 것가 똘기우댛구318) 하는 사름이문 그건 샹꾼이딤, 정말. 일솜씨가 대단한 게딤.

박: 으음.

— 개서 우리 그 집텔319) 할 땐데 야 이 단칸따~이 애니구 거 공쑤르320) 주는데 그 두울이 자귀꾼이 한나, 씨르 두는 게 한나, 밭으 가는 집 탑꾼이 한나 이래 서이서 피낟으 싱구는데 야 (쯧) 그저 혼자 하나 둘이 하나 그저 그 정해 놓온 겐데 원래 두울이 몫이딤 기게.

박: 예.

— 씨꾼으는 자귀꾼하구 씨르 드베질하는 사름 거 거 더 한 사름이게 한 공 두푼씩 이렇기 준단 말이오. 겐데 논단 말이오. 나라느 나가문. 둘이서 하다나니꺼더. 거 거저 절반으 놀메 하딤. (웃음) 개다가 제에끈 잇다가서 한 닐야듧 고랑씨 간 담에 시잭일해서 자귀르 티구 씨르 두구 해두 또 인차 따라잡아서 또 놀구 놀구 하디. 기애서 우리 왜사촌가 내 한 존데 식구는 야. "기래 말래르. 내 오전에 하구 네 오후에 해라." (웃음) 기래두 따라 한단 말이 야. 다른 사름덜 둘이서두 못 따라가는 거.

박: 음.

— 그애서 후에 집체에서 훼이르 하는데, 당신네 게 그렇기 해가지구 질량으 보존하는가구 이게. 아니 질량이나 무시게나 글쎄

발자국이 맞고 속도, (드베를) 때리는 속도하고 이게 대가 나가는 게 여기에 딱딱딱딱 맞아야 발자국을 낸 곳마다 씨가 딱딱딱딱 떨어지지.

박: 음.

- 그런데 그거 그것만 떨어뜨리는 것이 아니라 사람이 떡 발로써 이렇게 그 씨가 떨어진 것을 그거 묻으며 나가야 된다고. 흙을 이렇게 이렇게. 그런데 그거 딱딱딱딱 치면 뒤에 따라오는 사람까지 맞추어 나가야 하는데 멋있게[머시게] 했소, 그거. 그런데 그걸 밭갈이를 해 놓은 것과 쫓기지 않고 하는 사람이면 그건 '상꾼'(=제 몫의 일을 잘 해내는 일꾼)이지.321)

박: 음.

- 그래서 우리 그 집체(集體)를 할 때인데 응 이 단칸 땅이 아니고, 거 공수(=생산대에서 일을 한 총 일수 대 자신이 참여한 일수의 비율)를 주는데 그 둘이, 발자국을 내는 사람 하나, 씨를 두는 사람이 하나, 밭을 가는 밭갈이꾼이 하나 이렇게 셋이 한 조가 되어 피를 심는데 응 그저 혼자 하나 둘이 하나 그저 그 정해 놓은 것인데, 원래 둘 몫이지 그게.

박: 예.

- 씨를 두는 사람은 발자국을 내는 사람하고 씨를 드베로 떨어뜨리는 사람의 것(=공수)은 거 저 한 사람에게 1공 2푼씩 이렇게 준단 말이오. 그런데 논단 말이오. 내가 나가면. 둘이서 하다 보니까. 거 그저 절반을 놀면서 하지. (웃음) 그러다가 한동안 있다가 한 일고여덟 고랑씩 간 다음에 시작해서 발자국을 내고 씨를 두고 해도 또 이내 따라잡아서 또 놀고 놀고 하지. 그래서 우리 외사촌과 내가 한 조(組)인데 식구는 응. "그리하지 말지. 내 오전에 하고 네가 오후에 해라." (웃음) 그래도 따라 한단 말이야. 다른 사람들 둘이서도 못 따라가는 거.

박: 음.

- 그래서 후에 집체(集體)에서 회의를 하는데, 당신네 게 그렇게 해 가지고 일의 질(質)을 보존하는가 하고. 이게. 아니 질량이나 무엇이나 글쎄 (싹이)

나온 담에 그 평가르 해애 돼디, 여보! 나오기 전에 무슨 평가 잇소. 공쑤느 그쥬에 이따가서 커우르 하오. 아니 나오문 당신네 그 뚝 깎아 데디우. 다 나온 담엔 내 반날에 놀았던 간에 그저 내 고~오 받 받으문 대재인가구. 기랜게 제대르 다 나왔단 말이오 기게. 개두. 기애 또 쥬에 쥬덕헤란 분이, 그 자치쥬 쥬쟈~이 그게 이름이, 서기해앳는데 우리 와서 그거 하는 거 야 자동차에 찌푸챠에 떡 앉아 가다가서 떠억 서구서 보더란 말이오. 겐데 쥬쟝인두 그거 모르디 무.

박: 예.

– 엣다! 뎌놈덜이 기나가는데 한번 멋스럽게 한다구서 정말 다리각 쓱 걷우구서 뜩 처서 떽떽떽떽떽떽 티문서 문지 뽀오얗게 쥬욱 나갔다 쥬욱 왔다 하니꺼더, “이보오!” 하더구만, 아바니. “예! 어때그럼둥?” “이거 몇해르 해앳소?” “내 알다슷살부터 해앳습구마.” “즉금 몇살이우?” “스물닐굽입꾸마.” “야아! 내 이거 댕기다 내 처암이우. 야아 멋스럽기 하오.” (웃음). 아아! 그래더란 말이오.

소: 아바니! 드, 드베질을 한다는 것이 어떻게 하는 검둥?

– 게 드베라는 게 그게 씨르 넣어서 고 자거에다 떨구는 게 댓드베라구 잇소. 곽선새~이 기게 다아 새진에 다 떡어실 게오 그거.

박: 예, 옳소꾸마.

– 으. 그게 중요한 공구라구 그게. 피난이가 조이 싱굴 때.

박: 이 져번에 쟉년에 떡은 거 보니까 헝겊으 아이하구 무슨….

– 그거느 조이르 싱굴 때 다부질³²²⁾ 앞에다 단다구.

박: 아아! 그렇슴둥? 피난이하구 죠이르 하는 게 따암둥?

– 따대이그! 드베는 그 드베르 쓰는데 앞에 장치르 따게 한단 말이오.

박: 아 그럼 다부지르 쓰는 거는 그 죠이르.

나온 다음에 그 평가를 해야 되지, 여보! 나오기 전에 무슨 평가를 하오. 공수는 그 주에 좀 이따가서 계산을 하오. 아니 나오면 당신네가 뚝 공수를 깎아 버리오. 다 나온 다음에는 내가 반날을 놀았든지 간에 그저 내 공을 받으면 되지 않는가 하고. 그런 것이 제대로 다 나왔단 말이오, 그게. 그래도. 그래 또 자치주의 주덕회란 분이, 그 자치주의 주장(州長)이 되는 사람 이름인데 주의 공산당 서기(書記)를 했는데 우리에게 와서 그 거(=드베로 씨를 뿌리는 것) 하는 것을 응 자동차에, 지프차에 떡 앉아 가다가 떡 서고서 보더란 말이오. 그런데 우리는 그 사람이 주장인지 누군지 그거 모르지 뭐.

박: 예.

― 엣다! 저놈들이 지나가는데 한번 멋지게 한다고서 정말 다리갱이를 쓱 걷고서 뜩 올려서 떡떡떡떡 드베를 치면서 먼지 뽀얗게 쭉 나갔다 쭉 왔다 하니까, "여보!" 하더구먼, 그 할아버지가. "예! 왜 그럽니까?" "이거 몇 해를 했소?" "내 열다섯 살부터 했습니다." "지금 몇 살이오?" "스물 일곱입니다." "야! 이거 내 다니다 내 처음이오. 야! 멋지게 하오." (웃음). 아! 그러더란 말이오.

소: 할아버지! 드베질을 한다는 것이 어떻게 하는 것입니까?

― 게 드베라는 것이 그게 씨를 넣어서 고 발자국에다 떨어뜨리는 게 '댓드베'라고 있소. 곽 선생이 그거 다 사진을 다 찍었을 것이오, 그거.

박: 예, 맞습니다.

― 으 그게 중요한 도구라고 그게. 피와 조를 심을 때.

박: 이 저번에 작년에 찍은 거 보니까 천을 아니 하고 무슨….

― 그것은 조를 심을 때 다북쑥을 앞에다 단다고.

박: 아! 그렇습니까? 피와 조를 하는 것이 (드베가) 다릅니까?

― 다르고말고! 드베는 그 드베를 쓰는데 앞에 장치를 다르게 한단 말이오

박: 아 그럼 쑥을 쓰는 것은 그 조를 파종할 때.

- 조이르. 조이는 야 밭갈이르 어터기 하는가 하니까 밭고랑 둔던으 이룽기 ***텐텐이 덴 것두 잇소. 고거 보섶이 요마:난 걸르써 끈게 따악 때개구 나가오. 고 따에. 게 또 바뿌우 힘드우. 이룽기 딱 쥐구서 그게 밴들밴들하거든. 그게 야 자꾸만 가르나가쟈구 하구. 개서 힘으 딱 주구서 꼳꼳이[꼳꼬디] 쭉 하는데 고게 반드사게 쬬옥 나간 담에 고 요룽기 홈이 요룽기 짛인단 말이오 기게. 거기다서 씨르 떨구는데 드벨르써 떨구는데. 앞에다 다부지 이룽기 떡 다오. 그 다부지르 왜 다는가 하문 이 다부지에 씨 떨어데서 영게덩게 맞으메서 흩어딘단 말이오. 사름이 손을르서는 그렇기 고루 모 흩어디게 하디. 개 거길 걸테서 영게 걸티구 덩게 걸티구 하메 어기까라 걸티메 나가다나니까 떨어디는 게 그게 딱 고르게 떨어디딤. 그래서 다부질 달구. 피난으는 요런 자귀에다서 떨구길래서 구멍을르서 딱 테서 떨구구. 그거 묘하게 맨들엇딤 다. 이젼 사름덜이 다아 해애먹으래르.

박: 죠이는 좀 약간 이 약간 너벅지 있게.

- 야. 너벅지 점 이룽기 넙게. 그안에 너벅지 잇어사 영게덩게 씨갓이 떨어데서 그 기슴매서 딱 고루 세운단 말이오.

박: 예. 아아! 이제 알갯습구마. 그러니까 피낟아는 이제 좀 좁:게 들어가야 데구.

- 야. 자 자귀 안에 떨어데야 데디.

박: 어찌 그런지 알갯습구마. (웃음)

- *그르.

박: (웃음) 그렇기 그럼 드베르 가지구 씨르 그러문 다 뿌리구 난 뒤에 그 담에 어찌하암둥?

- 그게 다아, 조이두 그렇소. 펜펜:한 따이다서 반드산 따이 야 깨끗한 데다서 이래 떨궈보오. 딱딱딱딱 테서. 개 이 찬:찬 본단 말이야. 이거 어트기 분포가 떡 어느 어트기 됏는가. 그게 분포가 죠꼼 그래서 한 곧에 많이 두루루 떨어딜 때문 다부질 더 꽂소.

- 조를. 조는 응 밭갈이를 어떻게 하는가 하니까 밭고랑 둔덕이 이렇게 *** 된 것도 있소. 고거 보습 요만한 것으로써 곧게 딱 따개고 나가오. 고 땅에. 게 또 힘드오, 힘드오. 이렇게 딱 쥐고서 그게 반들반들하거든. 그게 응 자꾸만 옆으로 나가려고 하고. 그래서 힘을 딱 주고서 꼿꼿이 쭉 하는데 고게 반듯하게 쪽 나간 다음에 고 요렇게 홈이 요렇게 지인단(=생긴단) 말이오, 그게. 거기다 씨를 떨어뜨리는데 드베로 떨어뜨리는데. 앞에다 쑥을 이렇게 떡 다오. 그 쑥을 왜 다는가 하면 이 쑥에 씨가 떨어져서 여기저기 맞으면서 흩어진단 말이오. 사람이 손으로써는 그렇게 고루 흩어지게 못 하지. 그래 거길(=쑥) 걸쳐서 여기에 걸치고 저기에 걸치고 하며 서로서로 걸치며 나가다 보니 떨어지는 것이 그게 딱 고르게 떨어지지. 그래서 쑥을 달고. 피는 요런 발자국에다 떨어뜨리기에, (드베의) 구멍으로, 딱 (드베를) 쳐서 떨어뜨리고. 그거 묘하게 만들었지 다. 이전 사람들이 다 해 먹을 수 있도록.

박: 조는 좀 약간 이 약간 너비가 있게.

- 응. 너비가 좀 이렇게 넓게. 그 안에 너비가 있어야만 여기저기에 씨앗이 떨어져서 그 김매서 딱 고루 세운단 말이오.

박: 예. 아! 이제 알겠습니다. 그러니까 피는 이제 좀 좁게 들어가야 되고.

- 응. 발자국 안에 떨어져야 되지.

박: 어째 그런지 알겠습니다. (웃음)

- 그렇소.

박: (웃음) 그렇게 그럼 드베를 가지고 씨를 그러면 다 뿌리고 난 뒤에 그 다음에 어찌합니까?

- 그게 다, 조도 그렇소. 평평한 땅에다, 반듯한 땅이 응 깨끗한 데다 이렇게 떨어뜨려 보오. 딱딱딱딱 쳐서. 그래 찬찬이 본단 말이오. 이거 어떻게 분포가 떡 어느, 어떻게 됐는가. 그게 분포가 조끔 그래서 한 곳에 많이 두르르 떨어질 때면 쑥을 더 꽂소.

박: 아아.

― 야. 그담에 또 기내 설피기 **위기(←설뛰기) 늘기늘기 떨어뎃다 할 때문 야 거기다 더 꽂구, 할메에 무룩:이 떨어뎃다 할 때는 빼애구. 걔 고 걸르써 다부질르 죠절한단 말이오. 그래서 딱딱딱딱 두두레 보구, 아 이게 설피구나 하무 더 꽂구 그래 죠절해서 눈으르 딱 오! 어 어전 적합하다, 이 때문 고거 가지구서 딱딱딱닥 테서 씨르 떨군단 말이오. 이 피난보다 썩 헐하오.

박: 음, 옳겟습구마.

― 야. 그것두 발르 한짝을르 이래 묻기는 묻는데 그거는 이 발자귈[발짜귈] 딱딱 아니 드디구서 하다나니꺼더 그저 묻으문 됀단 말이. 늘기 그저 쭉쭉 겂는거터르323) 이래.

박: 옳소꾸마. 옳소꾸마.

― 이 피난느는 한 자귈 한번씨 딱딱 묻어야 돼는데 딱 티구서 떨어디문 묻구 떨어디문 묻구 이래 나가다나니꺼더 그 정신 눈 이 속도 핫 딱 맞아야돼오 이게. 걔 어떤 사람덜은 딱 하구 이래 묻구 딱 하구 이래 묻구 이런데 야 정말 서거푸딈324) 그런 거는. 딱딱딱딱 하구서 발이 챡챡챡챡 나가 딱딱딱딱딱 나가쟈문 그거 정말 멋재이르 해야돼오.

박: 옳소꾸마.

― 으~. 기래서 가던 사람두 야 기게 져기 상대다구[상때다구]. 기래구서 두울이 할 거 혼자 해애두 글쎄 고~오 받아 먹엇단 말이오 난. 말으 못하디 무슨.

박: 아! 그건 진짜 기술입구마!

― 그렇소. 그 그게 다른 사람 보문 정말 재미잇소. 잘하는 건.

소: 보고 싶습구마.

― 아, 잘하는 건 보고 …, 볼만하오.

박: 야! 그걸 딱 띡어서르 야!

박: 아.

― 응. 그다음에 또 너무 성기게 성기게 늘게 늘게 떨어졌다 할 때면 응 거기다 더 꽂고, 한꺼번에 무럭이 떨어졌다 할 때는 빼고. 그걸로 쑥으로 조절한단 말이오. 그래서 딱딱딱딱 두드려 보고 아 이게 성기구나 하면 더 꽂고 그렇게 조절해서 눈으로 딱 이젠 적합하다, 이 때면 고거 가지고서 딱딱딱딱 쳐서 씨를 떨어뜨린단 말이오. 이 피보다 썩 쉽소.

박: 음, 옳겠습니다.

― 응. 그것도 발로 한쪽으로 이래 묻기는 묻는데 그거는 이 발자국을 딱딱 디디지 않고서 하다 보니 그저 묻으면 된단 말이오. 늘게 그저 쭉쭉 걷는 것처럼 이렇게.

박: 맞습니다. 맞습니다.

― 이 피는 한 발자국에 한 번씩 딱딱 묻어야 되는데 탁 치구서 떨어지면 묻고 떨어지면 묻고 이래서 앞으로 나가다 보니까 그 정신 눈 이 속도가 딱 맞아야 되오, 이게. 그래 어떤 사람들은 딱 하고 이렇게 묻고 딱 하고 이렇게 묻고 이런데 응 정말 어설프지 그런 것은. 딱딱딱딱 하고서 발이 착착착착 나가 딱딱딱딱딱 나가자면 그거 정말 멋쟁이로 해야 되오.

박: 맞습니다.

― 응. 그래서 길을 가던 사람도 응 그게 저기 "상장(上長)이다"[샹댱+이다] 하고. 그러고서 둘이 할 거 혼자 해도 글쎄 (한 사람의) 공수를 받아먹었단 말이오, 나는. 말을 못 하지, 뭐.

박: 아! 그건 진짜 기술입니다!

― 그렇소. 그 그게 다른 사람이 보면 정말 재미있소. 잘 하는 것은.

소: 보고 싶습니다.

― 아, 잘하는 건 보고 …, 볼 만하오.

박: 야! 그걸 딱 찍어서, 야!

– 그거 록상기325) 잇댄? 지금 띡는 게. 그런 걸르 띡어 놓오문사 정말 야 멋습럽디 기게.

박: 야아! 그건 진짜 이 보존을 해야 덴단 말입구마. 나중에 어찌 알갯슴둥? **직금이사도 댓드베가 무시겐지 모르는 아덜이 까뜩한데.

– 그 드베두 기래길래 내라는 딱 멩심해 잘 해. 해깝기326) 맨든단 말이오. 피낭그 가져다서. 대패르 쭉 놔서 속으 끌르서 좁은 끌르 뜩 다 파구서 고거 또 안으 싹 다슬군단327) 말이오. 씨 짜르르 흐레(←흐리-+-어) 내레가래르. 그담에 우에다선 그 야 뎌 낭그328) 덮우문 그게 두두리문 그게 마감에 가 채애(←챵+-이) 나압니 그게. 자꾸 티문.

박: 옳소꾸마.

– 개서 거기다아서 양철으 딱 오레서 딱 붙이딤. 그럼 해깝구 그게 내레가는 게 좋구 또. 드베부터 티레르 해야대디. (웃음).

소: 아바니! 인제, 인제 음 한전, 한전농사를 지을 때 씨를 뿌린 다음에 거기 풀이 나구 이러문 어떻게 함둥?

– 야:~. 게 피낟기슴가 조이기슴은 야 아시기슴 두 벌 세 벌 이렇기 맨단 말이오.

박: 아아! 세벌 이상은 아니 맴둥?

– 안. 세벌 이상은. 세 벌 맬 때문 곬으 집는 높 마루 곡셕이 이러:츰 커서 좌우 닢이 이래 마주 붙으다나니 밑에서 풀이 나와두 그늠우게 맥으 못 쓴단 말이오. 그늘 밑에 눌리워서. 기랜거 거저 곡셕이 곬으 집울 때문 기슴이 끝난다니.

박: 예.

– 곡셕이 곬으 **집귀 전에 세벌으[sebəri] 매애선 쓸데없소. 곬이 편:하문 야 경게르다 풀이 또 나와서 인차 따라믿는단 말이오.

소: 그 기슴매는 방법 좀 알려쥬웁소.

– 피낟기슴으는 (쯧) 자귀르 티구서 간격이 요만:한 간격이 한 무디씨

– 그거 비디오 있잖소? 지금 (사람들이 들고 다니며) 찍는 게. 그런 것으로 찍어 놓으면야 정말 야 멋스럽지, 그게.

박: 야아! 그건 진짜 보존을 해야 된단 말입니다. 나중에 어찌 알겠습니까? 지금이야 댓드베가 무엇인지 모르는 아이들이 가뜩한데.

– 그 드베도 그러기에 나는 딱 명심해 잘 해. 가볍게 만든단 말이오. 피나무를 가져다가. 대패로 쭉 밀어서 속을 끌로 좁은 끌로 떡 다 파고서 고거 또 안을 싹 잘 다듬는단 말이오. 씨가 짜르르 흘러 내려가도록. 그다음에 위에다서는 응 저 나무를 덮으면 그게 두드리면 그게 막판에 가 구멍이 난다오 그게. 자꾸 치면.

박: 맞습니다.

– 그래서 거기다가 양철을 딱 오려서 딱 붙이지. 그럼 가볍고 그게 내려가는 것이 좋고 또. 드베부터 치례(致禮)를 해야 되지. (웃음).

소: 할아버지! 이제, 이제 음 밭, 밭농사를 지을 때 씨를 뿌린 다음에 거기에 풀이 나고 이러면 어떻게 합니까?

– 응. 게 피 김과 조 김은 응 애벌김 두 벌 세 벌 이렇게 맨단 말이오.

박: 아! 세 벌 이상은 아니 맵니까?

– 아니. 세 벌 이상은. 세 벌 맬 때면 고랑을 채우는 높은 마루의 곡식이 이만큼 커서 좌우의 잎이 이렇게 마주 붙다 보니 밑에서 풀이 나와도 그놈의 것이 맥을 못 춘단 말이오. 그늘 밑에 눌려서. 그런 거 그저 곡식이 고랑을 채울 때면 김이 끝난다니까.

박: 예.

– 곡식이 고랑을 채우기 전에 세 벌을 매서는 쓸데없소. 고랑이 훤하면 응 거기로다 풀이 또 나와서 이내 따라잡는단 말이오.

소: 그 김매는 방법 좀 알려 주십시오.

– 피 김은, (쯧) 발자국을 내고서 간격이 요만한 간격이 (생기는데) 거기서 (김이) 한 무더기씩

나온단 말이오. 요롷기. 요롷기 나온단 말이. 자귀마다 나오다 나니. 고늠 우거 내애놓구서 요막씨 줍기 요렇기 내애놓딤 요래. 요렇기 포기르 내애 놓오매서 이래 깎아 매오.

박: 으음.

― 칼등터러 요렇기 딱 맨단 말이오. 요렇기. 요렇기 딱 맨단 말이오. 요, 요쯤안에 씨르 내애놓구 요 어간에 쪽 파서 또 요롷기 씨르 내애놓우 메서 딱 내애노문 그저 요롷소. 딱 삼각을르 딱 덴단 말이오. 그담에 그거 피난이 이러:츰 자라무 야 후치질으 쮸욱 하오. 후치질 쮸 하문 깎아 놓온 그 자리 떡 메에서 또 야 이젼터러 돼딤 야. 그담에 그게 풀으 다아 덮어 놓구 하다나니꺼더 풀이 몇알[메달, =얼마] 없디 무.

박: 옳습꾸마.

― 그담에 곡셕이 이러츰 크다나니 그담 어간으 툭툭 티메서 녀파리에 붙은 풀으 호미르 뚝뚝 떼메서 또 매디. 그래 놓오문 한 메츨간 기나가문 피난이 이러:츰 크우. 곬으 집는단 말야. 좌우 그게 올라와서 이롷기 닢이 마주테서. 그담에 후치질 쮸 해노문 아무것두 없디무 그저. 조이는 이롷 기 넙운데 이만:이 넙기 내애놓온단 말이. 이짝이 깎아낸단 말이. 좌우짝 다 이롷기. 걔다나 조이씨 나온 것만 딱 잇구선 그 좌우짝은 그 녀파렌 풀이 없디. 곬엔 혹시 풀이 잇어두.

박: 예.

― 기애 조이 이러:츰 크우. 그담에. 그담에 고거 가라지하구 그거 골라 내메서 씨(=씨에서 난 싹)르 고루 세워야 대디 그거. 조이는. 시간 가오. 두 볼[329] 조이 두 볼은 시간 간단 말이오. 그 씨르 궁가 세워야 대디.

박: 으음.

― 그담에 경게 가라지라는 게 조이가 삐뚜름:한 겐데 야. 그 분별으 잘 아니 알기는 **겟두 많소. 거 다아 뽑아 데디구. 걔 그 두볼만

나온단 말이오. 요렇게. 요렇게 나온단 말이오. 발자국마다 나오다 보니. 고놈의 것을 내놓고 요만큼씩 좁게 내놓지 요렇게. 요렇게 포기를 내놓으며 이리해서 깎아 매오.

박: 음.

- 칼등처럼 요렇게 딱 맨단 말이오. 요렇게. 요렇게 딱 맨단 말이오. 요 언저리에 씨를 내놓고 요 사이에 쪽 파서 또 요렇게 씨를 내놓으면서 딱 내놓으면 그저 요렇소. 딱 삼각으로 딱 덴단 말이오. 그다음에 그거 피가 이렇게 자라면 응 후치질을 쭉 하오. 후치질을 쭉 하면 깎아 놓은 그 자리가 떡 메워져서 또 응 이전처럼 되지 응. 그다음에 그게 풀을 다 덮어놓고 하다 보니 풀이 얼마 없지 뭐.

박: 맞습니다.

- 그다음에 곡식이 이 정도로 크다 보니 그다음 사이를 툭툭 치면서 옆에 붙은 풀을 호미로 뚝뚝 떼면서 또 매지. 그래 놓으면 한 며칠간 지나가면 피가 이 정도로 크오. 고랑을 이룬단 말이야. 좌우에서 그게 올라와서 이렇게 잎이 마주쳐서. 그다음에 후치질을 쭉 해 놓으면 아무것도 없지 뭐 그저. 조는 이렇게 넓은데 이만큼 넓게 내놓는단 말이오. 이쪽을 깎아 낸단 말이오. 좌우 쪽 다 이렇게. 그리하다 보니 조 씨가 나온 것만 딱 있고서는 그 좌우 쪽은 그 옆엔 풀이 없지. 고랑에는 혹시 풀이 있어도.

박: 예.

- 그래 조가 이 정도로 크오. 그다음에. 그다음에 고거 가라지하고 그거 골라 내면서 씨를 고루 세워야 되지 그거. 조는. 시간이 가오. 두 벌. 조 두 벌 김은 시간이 간단 말이오. 그 씨를 구멍에서 세워야 되지.

박: 음.

- 그다음에 거기에 가라지라는 것이 조와 비슷한 것인데 응. 그 조와 분별이 잘 되지 않는 것도 많소. 그거 다 뽑아 버리고. 그래 그 두 벌만

매애놓오문 먹은 거나 한가지딤. 두볼에 공녁으 넣소. 개 조이 이러:츰 또 크문 또 후치질해애서 녀파르르 깎아 던진 자리르 그꺼지 메워 놓구. 그 담에 세 볼으 맬 때는 그 흙으, 올라온 흙으 속에다 슬슬 파 넣으메서 조이 글거리 이만:이 묻어 놔.

박: 으음.

— 그래메서 나마지 ***손새[손쌔]에 난 풀덜으 다 뽑아 데디구.

박: 으음.

— 붉우330) 돋과서 그래 떡 매구서 후치질 쭉 해애놓오문 그저 깨끄다 디무.

소: 그담에는 인제 어떤 일으 함둥?

— 개 후치질꺼지 떡 해 놓구선 가슬꺼지 기다리우.

박: 어 아무것두 아니함둥?

— 야˜. 그담에 집에 일으 머 니영두 하구 바람질두 하구. 그담에 이 마다˜아 손질두 해애서 야 가슬에 거더딜이문 깨끄다게 그저 일없으래르 그런 단도리 쮸욱 한 담에 낚시질두 댕기구.

소: 여름에요?

— 야. 여름에.

소: 여름이 제일 일이 없갯습구마.

— 야. 체세각, 소 중복이 말복이 끝난 담에. 말복꺼지. 말복 전에 대부분 일이 끝난단 말이오. 그담에 체세 돌아오는 *시, *시, 좀 선선:한 바름이 불대니우?

박: 옳소꾸마.

— 음. 그때부터 그 니엉 네구 야 마다˜아 손질하구 울타리두 손질하구 바름질두 하구. 가슬준비르 슬:슬 해애놓디무. 그래 백노, 츄분, 츄분, 츄분이:: 당돌하문 한전비각질, 이 이쪽이 돼는 건 시잭이 하오.

매 놓으면 먹은 것이나 한가지지. 두 벌에 공력을 넣소. 그래 조가 이 정도로 또 크면 후치질을 해서 옆을 깎아 버린 자리를 그것까지 메워 놓고. 그다음에 세 벌을 맬 때는 그 흙을, 올라온 흙을 속에다 슬슬 파 넣으면서 조의 그루터기를 이만큼 묻어 놓아.

박: 음.

— 그러면서 나머지 손 사이에 난 풀들을 다 뽑아 버리고.

박: 음.

— 북을 돋우어서 그래 떡 매구서 후치질을 쭉 해 놓으면 그저 깨끗하지, 뭐.

소: 그다음에는 이제 어떤 일을 합니까?

— 그래 후치질까지 떡 해 놓고서는 가을까지 기다리오.

박: 어 아무것도 아니 합니까?

— 응. 그다음에 집에 일을 머 이엉도 하고 바름질도 하고. 그다음에 이 마당을 손질도 해서 응 가을에 거두어들이면 깨끗하게 그저 마당질하는 데 괜찮도록 그런 단도리를 쭉 한 담에 낚시질도 다니고.

소: 여름에요?

— 여름에.

소: 여름이 제일 일이 없겠습니다.

— 처서(處暑)가, 중복이 말복이 끝난 다음에. 말복까지. 말복 전에는 대부분 일이 끝난단 말이오. 그다음에 처서가 돌아오는 *시(원) 좀 선선한 바람이 불잖소?

박: 맞습니다.

— 음. 그때부터 그 이엉을 이고 응 마당을 손질하고 울타리도 손질하고 바름질도 하고. 가을 준비를 슬슬 해 놓지 뭐. 그래 백로, 추분, 추분, 추분이 당도(當到)를 하면 밭곡식을 베는 일을, (곡식이) 일찍이 되는 건 시작을 하오.

박: 으음. ** 그때쯤 하는 거는, 어떤 거 어떻게 비각질으 하암둥?

– 조이랑.

박: 아아, 그때 조이함둥?

– 야.

박: 금 피낟이는 언제 함둥?

– 피낟으는 어 죠곰 조이보다 좀 후에 하는 것두 잇구. 피낟으 종자에 여래 가짐니.

박: 아아 그렇슴둥?

– 미영피라는 거는 빨리 돼는 겐데 야 그건 좀 만져하구. 검덩피낟이라는 건 그건 좀 늦어 돼구. 미영피라는 건 그늠우게 또 야 **밥어든 낫은데 바름이 훓이 떤다구, 그게. 바름이 불무 그 알이 낟알이 떨어딘다니. 그래서 그저 쥬이르 하딤. 아아! 대단이 오시랍소, 기게.

박: 옳소꾸마.

– 야. 가슬에 기게 거이 대애서 어전 비각질할랑말랑 할 때 바름이 거저 한 번만 막 휙: 불문 그저 쭐 떨어디문 그저 일년 농사 그저 페장한단 말이오. 기애서 어떤 집에선 채 여물기 전에 빈단 말이오. 그래두 바름 맞치기보다 썩 낫디무.

박: 옳소꾸마.

– 음.

소: 그럼 검덩피는요?

– 검덩피는 키 좀 미영피보다 쟉구 산냐~이 많이 나구 밥이 맛이 없구.

소: 맛이 없슴둥?

– 야. 밥이 못하딤.

소: 그거는 검, 검덩색임둥?

– 검덩색이오.

소: 싹, 그 피낟색이?

박: 음. ** 그때쯤 하는 일로는, 어떤 것을 어떻게 벱니까?

― 조랑.

박: 아, 그때 조를 벱니까?

― 응.

박: 그럼 피는 언제 벱니까?

― 피는 어 조금 조보다 좀 후에 하는 것도 있고. 피의 종자가 에 여러 가지지.

박: 아, 그렇습니까?

― 미영피라는 것은 빨리 되는 것인데 응 그건 좀 먼저하고. 검정피라는 건 그게 좀 늦게 되고. 미영피라는 건 그놈의 것이 또 응 밥하면 나은 데 바람에 쉬 떨어진다고 그게. 바람이 불면 그 알이 낱알이 떨어진다니까. 그래서 그저 주의를 하지. 아! 대단히 불안하고 걱정이 되오, 그게.

박: 맞습니다.

― 응. 가을에 그게 거의 돼서 이젠 비각질을 할랑말랑 할 때 바람이 그저 한 번만 막 휙 불면 쭉 떨어지면 그저 일 년 농사 그저 폐장한단 말이오. 그래서 어떤 집에서는 채 여물기 전에 벤단 말이오. 그래도 바람 맞추기보다 썩 낫지 뭐.

박: 맞습니다.

― 음.

소: 그럼 검정피는요?

― 검정피는 미영피보다 작고 산량(産量)이 많이 나고 밥이 맛이 없고.

소: 맛이 없습니까?

― 응. 밥이 못하지.

소: 그거는 검, 검정색입니까?

― 검정색이오.

소: 싹 그 피 색이?

- 알이. 겊이.

소: 음. 겉?

- 야. 겊이 꺼어먼 색이딤. 개두.

박: 미영피는 어떻게 생겼슴둥?

- 미영피는 보오앟소, 이삭이 보오앟소. 개 그저 그저 더 그 낟알이 그저 붙은 게 야 죠꼼씨 게에구 붙어 잇거든. 그렇기 배움니. 정말 바름이 불문 떨어디래르 그렇기 붙어 잇단 말이오. 아! 오시랍소.331) 그 미영피르 싱궈서 그럴 때문. 영: 오시랍소. 우리두 그거 해애 본 겐데. 집톄 때는 무슨 바람이 불개시무 불구 말개시문 떨어디게시문 떨어디구 무슨. 케이구! 그 집톄에서 무슨 내 혼자 망태기 돼갯소 하구서 그저. 거 영도 간부가 거저 생산대대쟤ㅇ이랑 간부덜이 그거 알아 해야 대디. 기애구 당지부랑 간부덜 숱한데 무슨 한나 건네 간분데 무슨. 그늠덜이 납따따꿰야 돼디. (웃음).

소: 아바니! 그러면은 그 피낟이나 죠이르 비각질할 땐 뭐 어떻기 함둥?

- 야ㅇ. 여슷고랑씨 한 줄으 하는데 야ㅇ. 여슷고라ㅇ아 베에서 단으 맨든단 말이오. 이막씨 단이 돼래르 놓는단 말이오. 딱 반드사게 베에서. 깨끄티 빈단 말이오. 이삭이 이게 야 안으르 들어와선 안 됀단 말이오. 이삭으 쭉쭉 페서 이래 자알 비디무 그거. 글거리두 낮추 비구.

박: 예.

- 거 **길거리라 높우다샇게 어글때레 비구 그 놓온 게 들어가구 나가구 들쑥날쑥 이릏기 놓오문 그건 불합격이라. 일꾼이 애니란 말이오, 게.

박: 으음.

- 게 챡 놓오문 칼르 탁탁 베엔 거터러 떡 배와사 이삭이문 이삭대르 쭉 나오구 글거리 베에먼 글거리 정말 이래 떡 놓온 게 그저 이러기 탁 배우문 그저 또 가쭌하게332) 논단 말야 그걸. 한 단 큰 단 한 단 놓온 겐데 그저 줄으 쭉 틴거텨러333). 그렇기 베에 놓온 겜 잘한 게디.

－ 알이. 겉이.

소: 음. 겉?

－ 응. 겉이 꺼먼색이지. 그래도.

박: 미영피는 어떻게 생겼습니까?

－ 미영피는 보얗소, 이삭이 보얗소. 그래 그저 그저 저 그 낟알이 붙은 것이 응 조금씩 겨우 그저 붙어 있거든. 그렇게 보인다오. 정말 바람이 불면 떨어지게 그렇게 붙어 있단 말이오. 아! 어찌 될까 불안하고 걱정이 되오. 그 미영피를 심어서 그럴 때면. 아주 불안하고 걱정이 되오. 우리도 그거 해 본 것인데. 집체(集體) 때는 무슨 바람이 불겠으면 불고 말겠으면 말고 떨어지겠으면 떨어지고 뭐. 어이구! 그 집체에서 뭐 나 혼자 엉망이 되겠소 하고서 그저. 거 영도(領導) 간부가 그저 생산대 대장이랑 간부들이 그거 알아서 해야 되지. 그리고 당(黨) 지부랑 간부들이 숱한데 뭐 하나 건너가 간부인데 뭐. 그놈들이 날뛰어야 되지. (웃음).

소: 할아버지! 그러면 피나 조를 벨 땐 뭐 어떻게 합니까?

－ 응. 여섯 고랑씩 한 줄을 하는데 응. 여섯 고랑을 베어서 단을 만든단 말이오. 이만큼씩 단이 되도록 놓는단 말이오. 딱 반듯하게 베어서. 깨끗이 벤단 말이오. 이삭이 이게 응 안으로 들어와서는 안 된단 말이오. 이삭을 쭉쭉 펴서 이렇게 잘 베지, 뭐, 그거. 그루도 낮추어 베고.

박: 예.

－ 거 그루를 높다랗게 어그러뜨려서 베고 그 놓은 것이 들어가고 나가고 들쑥날쑥 이렇게 놓으면 그건 불합격이라. 일꾼이 아니란 말이오, 그게.

박: 음.

－ 그게 착 놓으면 칼로 탁탁 벤 것처럼 떡 보여야만 이삭이면 이삭대로 쭉 나오고 그루를 베면 그루가 정말 이렇게 떡 놓은 것이 그저 이렇게 탁 보이면 그저 또 가지런하게 놓는단 말이야, 그걸. 한 단 큰 단 한 단 놓은 것인데 그저 줄을 쭉 친 것처럼. 그렇게 베어 놓은 것이면 잘한 것이지.

이 밑에 글거리두 요렇기 낮게끔. 이룽기 높우게 비문 안 돼오, 그게.

박: 옳소꾸마.

― 이듬해 밭갈이에두 바쁘디 씨르 둘 때두 바쁘디 자귀 틸때두 바쁘디. 개애서 흙으 낮추 삐구 단으 삔 거는 매끌하게[334] 놓구. 그게 또 삐에서 한 일주일 가문 마른단 말이오. 싹다, 그게. 가슬에 바름이 슬슬 불다나니 빨리 마르딤 야.

박: 옳소꾸마.

― 걔 딱 잘 말랏다 할 때 기내 마른 거는 챡 단으 묶어서 이래 턱 겝히문 툭 끄너디우, 기게. 개서 누기 잇다 할 때 아츰 일쪽ː이 나가서….

박: 아아! 누기 와서.

― 냐ˇ. 이슬이 와서 누기 잇다ː 할 때 그때 묶운다구. 기애구 또 밑으 쭉 번디넨 밑엣거는 땅에 붙은 건 누기 잇소.

박: 옳소꾸마.

― 야ˇ. 그건 그래서 밑엣 거 번뎌서 묶우쟈문 시간이 좀 더 가딤. 개다나 고거 딱 맞촤하구서느 또 다른 일이 년달아 할 게 잇으니까 적합할 때 묶우다서 기게 누기 잇구 속도 늦엇다ː 하 때문 그거 중지르 하구서 또 연속 일으 또 다른 일으 가 한단 말야. 기래 이튿날 아츰에 나가 하구. 이래 딱 맞물게서 맞촤서 하디무. 게 다 그 하게꿈 돼애 잇다구. 음. (웃음).

소: 그 다 걷어들인 다음에는 인제 그거를.

― 그 싣걱질으 또 하디. 소술기에다서 실어딜여서 그거 또 가리르 한다구. 그래 가리르 해애서 피낱으는 야, 조이가 피낱으는 음녁 그러니까 음녁 시월덜 전에 다 끝이[끄티] 나딤, 기게. 탈곡이 끝이 난단 말이오.

소: 그것두 돌에다 잏게 텼습둥?

― 아니! 도리깰르.

소: 도리깰르.

― 야ˇ. 그거는 조이하구 피낱은 도리깰르 하오.

이 밑에 그루도 요렇게 낮게끔. 이렇게 높게 베면 안 되오, 그게.

박: 맞습니다.

― 이듬해 밭갈이에도 힘들지 씨를 둘 때도 힘들지 발자국을 낼 때도 힘들지. 그래서 흙이 있는 바닥 쪽으로 낮추어 베고 단을 벤 것은 매끈하게 놓고. 그게 또 베어서 한 일주일 가면 마른단 말이오. 싹, 다, 그게. 가을에 바람이 슬슬 불다 보니 빨리 마르지, 응.

박: 맞습니다.

― 그래 딱 잘 말랐다 할 때 너무 마른 것은 착 단을 묶어서 이렇게 턱 접히면 툭 끊어지오, 그게. 그래서 누기가 있다 할 때 아침 일찍이 나가서….

박: 아! 누기(漏氣)가 있어서.

― 응. 이슬이 와서 누기가 있다 할 때 그때 묶는다고. 그리고 또 밑을 쭉 뒤집으면 밑엣 것은, 땅에 붙은 건 누기가 있소.

박: 맞습니다.

― 응. 그건 그래서 밑엣 거 뒤집어서 묶자면 시간이 좀 더 가지. 그렇다 보니 고거 딱 맞추어 하고서는 또 다른 일이 연달아 할 것이 있으니까 적합할 때 묶다가 그게 누기가 있고 속도가 늦었다 할 때면 그거 중지를 하고서 또 연속 일을 또 다른 일을 가서 한단 말이야. 그래 이튿날 아침에 나가 하고 이렇게 딱 맞물려서 맞추어 하지 뭐. 게 다 그 하게끔 되어 있다고 음 (웃음).

소: 그 다 거두어들인 다음에는 이제 그것을.

― 그 싣는 일을 또 하지. 소 수레에다 실어 들여서 그거 또 가리를 한다고. 그래 가리를 해서 피는, 조와 피는 음력 그러니까 음력 시월 달 전에 다 끝이 나지, 그게. 탈곡이 끝이 난단 말이오.

소: 그것도 돌에다 이렇게 쳤습니까?

― 아니! 도리깨로.

소: 도리깨로.

― 응. 그건 조하고 피는 도리깨로 하오.

소: 음.

－ 피난으는 실어 딜에오면서 (쯧) 아시르 이삭짝으 탁 틴다구 야. 게 그저 딮으 가리딤 그거.

박: 옳소꾸마.

－ 으:. 조이는 이삭채르 가리구. 그담에 딮우 피난으 가레 딱 두구 피 난으는 알으 빼서 발쎠 뚜졔 넣엇소 야. 그담에 조이르 가린 거 그담에 또 조이 탈곡 시쟉하는데 그건 이삭으 짜르우. 이래 단으 쵹 풀어서 이짝 에다 탁 놓구 그담에 한 줌 이래 뜩 쥐구 이래, 이래 쥐구서 그 칼이라는 게 잇어. 낭글르335) 맨드는데 야.

박: 아아! 낭글르 맨듬둥?

－ 낭글르 하오. 낭그 딴딴한 낭그 이래 정말 날챵터러336) 이러:츰 길 기.

박: 예.

－ 손잡이 이래 쥐기 좋게끔 하구. 좌우짝에다 다 날이 나게끔한단 말 이오. 등가리는 요러:츰 두껍기 하구 좌우짝으는 여에 다 얇기[얍끼] 요렇 기. 기래 이러:츰 길기 하딤. 낟 그 *수, **숨우, 한 줌 맞촤가메 쥐딤 그 거. 이래 쥐에서 턱 들문 이삭가 이삭이 맞물게시 기게 떨어안딘다니. 한 물, 한데 묻어올라오메서. 기애서 그걸 칼르서 뚝 이삭짝으 누루메서 쭉 당게무 그게 떨어데 나오디. 기애 척 들메서 이래문 조이이삭이 이릏기 덴다구. 딮은 꿋꿋한데 이삭은 이릏기 돼딤. 그담에 여기르 그 낭그칼으 가지구 타악 티무 야 거 목에 목이 이삭목이 가는 짝이 야 이 칼에 맞아 서 뚝 떨어디우 따에.

박: 그러문 인제 해 놓구서 베구 탁 걷구 베구 탁 걷구 한담에 탁탁탁탁 친 단 말임둥?

－ 아니! 것 또 들딤 이래. 조이단으 풀어놓온 거 조이 한 줌우 쥐에서 이래 꾹 누룬 담에 쭉 들문 이릏기 척 들기우.

소: 음.

– 피는 실어 들여오면서 (쯧) 애벌로 이삭 쪽을 탁 친다고 응. 그래 그
저 짚을 가리지(=쌓지), 그거.

박: 맞습니다.

– 어 조는 이삭채로 가리고. 그다음에 짚을 피를 가려 딱 두고 피는
알을 빼서 벌써 (자루에) 쑤셔 넣었소, 응. 그다음에 조를 가린 것, 그다음
에 또 조 탈곡을 시작하는데 그건 이삭을 자르오. 이렇게 단을 툭 풀어서
이쪽에다 탁 놓고 그다음에 한 줌 이렇게 떡 쥐고 이렇게, 이렇게 쥐고서
그 칼이라는 것이 있어. 나무로 만드는데 응.

박: 아! 나무로 만듭니가?

– 나무로 하오. 나무를, 딴딴한 나무를 이렇게 정말 대검(帶劍)처럼 이
정도로 길게.

박: 예.

– 손잡이를 이렇게 쥐기 좋게끔 하고. 좌우 쪽에다 다 날이 나게끔 한
단 말이오. 등은 요 정도로 두껍게 하고 좌우 쪽은 오려 내어 다 얇게 요
렇게. 그래 이 정도로 길게 하지. 낟(=곡식의 알)이 있는 그 줌을, 한 줌
을 맞추어 가며 쥐지, 그거. 이렇게 쥐어서 턱 들면 이삭과 이삭이 맞물려
서 그게 떨어지지 않는다오. 한 무리가, 한데 따라올라오면서. 그래 그걸
칼로써 뚝 이삭 쪽을 누르면서 쭉 당기면 그게 떨어져 나오지. 그래 척
들면서 이러면 조이삭이 이렇게 덴다고. 짚은 꿋꿋한데 이삭은 이렇게 되
지. 그다음에 여기를 그 나무칼을 가지고 탁 치면 응 거 목에, 목이 이삭
의 목이 가는 쪽이 응 이 칼날에 맞아서 뚝 떨어지오, 땅에.

박: 그러면 이제 해 놓고서 베고 탁 걷고 베고 탁 걷고 한 다음에 탁탁탁탁
친단 말입니까?

– 아니! 그거 또 들지 이렇게. 조단을 풀어 놓은 것을, 조 한 줌을 쥐
어서 이렇게 꾹 누른 다음에 쭉 들면 이렇게 척 들리오.

박: 옳소꾸마.

— 기애문 조이이삭은 이릏기 척 겜헤디구 대는 내 손에 쥐우내르337) 잇구. 에 여기르 틴단 말이오. 여기르. 여게 이삭이 그게 모가지 잇댄니우? 목이. 고거 틴단 말이우. 긔래구서 혹시 늦어 자라서 *밑 글거리 채 올라못가구 이삭이 요렇게 쟉은 게 요런 게 또 녀파레 또 잇단 말이오 야~. 그건 이래 번디메서 녀파릴 네레 툭툭툭툭 티디. 게 그게 다아 짤갓다338) 할 때 고거 딸루 놓구 또 이짝 거 줴에서 하구. 한 단은 그저 에렵디 애니우. 짜르는 게. 솜씨 빠르 사름은 빨리 하구. 그 녀자덜은 아무래 못하구. 그야 한 단 다 한 다음엔 제매끼르339) 가지구 훌 묶어서 쭐 내때리디. 게 그거 다아 짤가서 놓:구서 무디 이릏기 크기돼디 않구 어떻소, 야. 이삭으 짜른 게. 그거 죠옥 페오. **써글, 써그렛340) 거 살각재르341) 가지구서 쮸욱 펜다구 이래. 골으 또옹고랗게. 기애구 조잇단으 **녀파리다다 삐잉 돌과놓딤. 낟알이 뛔에나가디 말게끔. 이삭이 흩어디디 않게. 그담에 도리깨 탁 틱틱 하구 탁 틴단 말야. 개 사람이 서이나 너이서 그거 티는데 맥이 드우 그게. 잘 떨어안딘다니. 개 선소리 티메서 구 구령 부르며서 그래 도리깨질하는데.

소: 어떤 구령을 긇게 함둥?

— 어어~? "영게르 테라! 덩게르 톄라!" 야~. "나사서면 테라! 물러서면 톄라!" 그 쥐 쥐휘란 말이오, 기게. 한 곧으 계속 테두 안 됀단 말이오. 티는 사람이 그 그 왜앤 선줄꾼이 야 탁 서서, 부두~이디무 야~. 이게 어전 돼앳다 할 때 그 자리르 계속 티문 안 돼디. 그럼 또, "물러서면 톄에라!" 하구. 야~. 개문 그 사름 뎌짝 물러선단 말이오. 개 거 한참 내 이짝으 딱 티거든 "영게르 톄라!" 한단 말야. 또, 야. 그 사름 또 영게르 기래문 영게르 티구. "덩게르 톄라!" 하문 딱 티구 여 덩게르 티구. 거 내 샤오르342) 할 땐, "나사들문 톄라!" 하문 뎨짝으 오메 티구 그렇기 하메 한단 말이오.

박: 맞습니다.

- 그러면 조이 이삭은 이렇게 척 접혀지고 대(=줄기)는 내 손에 쥐인 채로 있고 에 여기를 칼로 친단 말이오 여기를. 여기에 이삭이 그게 모가지 있잖소? 목이. 고거 친단 말이오 그러고서 혹시 늦게 자라서 그루가 채 못 올라가고 이삭이 요렇게 작은 것이 요런 것이 또 옆에 있단 말이오, 응. 그건 이렇게 뒤집으면서 옆을 내려 툭툭툭툭 치지. 그래 그게 다 잘렸다 할 때 고거 따로 놓고 또 이쪽 거 쥐어 그렇게 하고 한 단은 그저 어렵지 않소 자르는 게. 자르는 것이. 솜씨 빠른 사람은 빨리 하고 그 여자들은 아무래도 좀 못하고 그래 한 단 다 한 후에는 제매끼(=제 것으로 만든 매끼)를 가지고서 홀 내던지오 그래 그거 다 잘라 놓고서, 무지가 이렇게 크게 되지 않고 어떻소, 응. 이삭을 자른 게. 그거 쭉 펴오 '써그래기'(=곡식의 알이 채 털리지 않은 이삭의 부스러기), '써그래기'의 그것을 갈퀴를 가지고 쭉 편다고 이렇게. 골을 뚱 그렇게. 그리고 조단을 옆에 삥 돌려 놓지 뭐. 낟알이 튀어 나가지 말게끔. 이삭이 흩어지지 않게. 그다음에 도리깨를 가지고 탁 틱틱 하고 탁 친단 말이야. 그래 사람이 셋이나 넷이서 그거 치는데 힘이 드오 그게. 잘 떨어지지 않는다오 그래 선소리를 치면서 구 구령을 부르면서 그렇게 도리깨질을 하는데.

소: 어떤 구령을 그렇게 합니까?

- 음? "여기를 쳐라! 저기를 쳐라!" 응. "나아서면 쳐라! 물러서면 쳐라!" 그 지, 지휘란 말이오, 그게. 한 곳을 계속 쳐도 안 된단 말이오. 치는 사람이 그 그 맨 앞 줄 일꾼이 응 탁 서서, 부동(不動)이지 뭐, 응. 이게 이젠 되었다(=타작이 되었다) 할 때 그 자리를 계속 치면 안 되지. 그럼 또 "물러서면 쳐라!" 하고. 응. 그러면 그 사람이 저쪽으로 물러선단 말이오. 그래 거 한참 내 이쪽을 딱 치거든 (그러면) "여기를 쳐라!" 한단 말이야. 또, 응. 그 사람 또 여기를 그러면 여기를 치고. "저기를 쳐라!" 하면 딱 치고 여, 저기를 치고. 거 내가 뒤로 후진할 때는, "나아들면 쳐라!" 하면 저쪽을 오며 치고 그렇게 하며 한단 말이오.

소: 곡죠가 잇슴둥?

－ 곡조잇대이 그래!

소: (웃으며) 한번 해애 쥬웁소.

－ "헤이:: 야!" 한단 말야. 시잭이할 때, 야. 탁 테. "헤이::야! 어::이 야!" 기래구 딱 맞촤서 순서가 잽힌단 말이야, 이래. "에이구! 에이야!, 에 이구! 에이야! 영게르 톄에라! 덩게르 톄에라!" 이라매 한단 말이야, 기게. 곡조르 멕이는 게야 거 또 잘 해야 돼아. 아무 사람, 수죽한[수쥬간]343) 사람은 안 돼오. 어. 그 음성두 좋구 야. 그런 사람이 한단 말이오. 또 일 두 잘하딤. 그 사름은, 또.

소: 아바니 같은 분이 잏게.

－ 나는 집톄때 한 얄이 야 좌우짝에 얄씨 두 줄르 선단 말이오. 게 그 저 씽 씽 씽씽 소리가 난단 말이오. 코ᄋ이랑 두두릴 땐. 그때문 내 한단 말이오, 그거.

소: (웃음) 한번 해 주웁소.

－ 아, 그렇기, 그렇기 햇딤, 그저.

소: 한번 그 곡죠를.

－ 기래문 얄이 야래 할 때문 아니 맞는단 말이 기게. "돌아셔면 톄에 라! 나사셔면 톄에라! 물러셔면 톄에라! 영게르 톄에라! 어이구, 어차!" 이 래메서 하는데, 야 그게 빙::빙 돈단 말이오. 어떤 때는 또. 이래 나가메 티구 들어오메서두 티구 녀파리 틸 때는 빙:빙 돌메서 틴단 말이오. 게 도 는 게 야 속에 사람덜으는 제자리에서 티구 먼데 사람덜은 빙:빙 돌아라 하구 그사람덜은 발으 늘기 드데야 댄단 말이오. 이래 삐잉: 도다나니꺼 더. 거 지휘를 하는 게 그게 맞촤떨궈야 돼오. 개 한 돌개씨344) 쥬우 하구 나문 땜이 쭉 난다.

소: 영게르 톄라니까 영게르 톄라.

－ 낫아…

소: 곡조가 있습니까?

- 곡조가 있고말고 그래!

소: (웃으며) 한번 해 주십시오.

- "헤이 야!" 한단 말이야. 시작할 때, 응. 탁 쳐. "헤이 야! 어이 야!" 그러고 딱 맞추어서 순서가 잡힌단 말이야, 이래. "에이구! 에이야! 여기를 쳐라! 저기를 쳐라!" 이러며 한단 말이야, 그게. 곡조를 먹이는 것이 응 거 또 잘 해야 돼. 아무 사람, 수줍은 사람은 안 되오. 어. 그 음성도 좋고 응. 그런 사람이 한단 말이오. 또 일도 잘하지. 그 사람은, 또.

소: 할아버지 같은 분이 이렇게.

- 나는 집체 때 한 열이 응 좌우 쪽에 열씩 두 줄로 선단 말이오. 게 그저 씽 씽 씽씽 소리가 난단 말이오. 콩이랑 두드릴 때는. 그 때는 내가 한단 말이오, 그거.

소: (웃음) 한번 해 주십시오.

- 아, 그렇게, 그렇게 했지, 그저.

소: 한번 그 곡조를.

- 그러면 열이 여럿이 할 때면 안 맞는단 말이오, 그게. "돌아서면 쳐라! 나아서면 쳐라! 물러서면 쳐라! 여기를 쳐라! 어이구, 어차!" 이러면서 하는데, 응 그게 빙빙 돌면서 친단 말이오. 어떤 때는 또. 이렇게 나가면서 치고 들어오면서도 치고 옆을 칠 때는 빙빙 돌면서 친단 말이오. 게 도는 게 응 속에 사람들은 제자리에서 치고 먼데 사람들은 빙빙 돌아라 하고 그 사람들은 발을 늘게 디뎌야 된단 말이오. 이렇게 삥 도니까. 거 지휘를 하는 게 그게 맞아떨어져야 되오. 그래 한 차례씩 쭉 하고 나면 땀이 쭉 난다.

소: 여기를 치라 하니까, 여기를 쳐라.

- 나아….

소: 노래르 다 기억함둥?

— 으응?

소: 노래르 다 기억함둥, 아바니?

— 노래, 그게 재밀르써 그저 딱 맞촤하는 게문, 거긔 쟝소르 보메서.

소: 오오:! 거기 즉석에서 잋게.

— 야. 즉석에서, '돌아서메 테라'. 무슨 '빙:빙 돌아라'.

소: 쟤미나압꾸마.

— 허어. 도리깨질이 재밋소. 한참씨. 맥이 들다 그저. 게 도리깨질두 잘하는 사름이 잇소. 도리깨 게 이래 뜩 들어서 도리깨아들이³⁴⁵⁾ 쭉 페뎃다서 **내레가거 핼[알]때 뻐잉 돌아서 쭉 내레오문 맥이 없이 내레온다는 게. 맥은 그 사름이 많이 넣는데 이게 떨어디는 게 도리깨아들이 탁 떨어지는 게 야 그 맥이 잇게 떨어디쟈문 쭉 펫다서 이게 도리깨질 탁 이랫다 (엇) 꼭대기 올라갓다 죠꼼 멈추는 거터르 됏다서 떡 내레와야 기게 잘 맞는데 거 또 뚜두렛다 뼁 돌과서 이래 티는 건 야 맥이 없단 말이. 그사름은 맥으 많이 넣는데.

박: 으음.

— 탄서이 우이 꼭대기에서 죠절한다니. 어:. 꼭대게서 그 탄서~으 죠절해 가지구 내레와서 맞는게 기게 힘잇게 맞는데.

박: 으음.

— 그저 이래 그저 힘 넣어서 이래서는 안 돼오 기게. (웃음) 쭉 올라가서 도리깨아들이 쭉 이릏기 선단 말이오 이릏기. 그래 쭉 내레와야 앞두 엣게 기게 이만:이 긴 게 야 져짝게가 이짝게 동시에 힘잇게 내려오디. 그 요려~이 잇디 무, 기게.

박: 으음.

— 에 그거 모르구 안깐덜이랑³⁴⁶⁾ 그 부녀덜이랑 티는 거는 그저

소: 노래를 다 기억합니까?

 - 응?

소: 노래를 다 기억합니까, 할아버지?

 - 노래, 그게 재미로서 그저 딱 맞추어 하는 게라면, 거기 장소를 보면서.

소: 오! 거기 즉석에서 이렇게.

 - 응. 즉석에서, '돌아서며 쳐라'. 뭐 '빙빙 돌아라'.

소: 재미납니다.

 - 허어. 도리깨질이 재밌소. 한참씩. 힘이 들지 그저. 게 도리깨질도 잘하는 사람이 있소. 도리깨 그게 이래 떡 들어서 도리깻열이 쭉 펴졌다가 내려가게 할 때 삥 돌아서 쭉 내려오면 힘이 없이 내려온다는 게지. 힘은 그 사람이 많이 넣는데 이게 떨어지는 것이 도리깻열이 탁 떨어지는 것이 응 그 힘이 있게 떨어지려면 쭉 폈다가 이게 도리깨질을 탁 이랬다가 꼭대기로 올라갔다 조끔 멈추는 것처럼 됐다가서 떡 내려와야 그게 잘 맞는데 거 또 두드렸다 삥 돌려서 이렇게 치는 건 응 힘이 없단 말이오. 그 사람은 힘을 많이 넣는데.

박: 음.

 - 탄성(彈性)은 위 꼭대기에서 조절한다니까. 어. 꼭대기에서 그 탄성을 조절해 가지고 내려와서 맞는 것이 그게 힘 있게 맞는데.

박: 음.

 - 그저 이렇게 그저 힘을 넣어서 이래서는 안 되오. 쭉 올라가서 도리깻열이 쭉 이렇게 선단 말이오 이렇게. 그래 쭉 내려와야 앞뒤엣 것이 그게 이만큼 긴 것이 응 저쪽 것과 이쪽 것이 동시에 힘 있게 내려오지. 그 요령이 있지, 뭐, 그게.

박: 음.

 - 에 그거 모르고 아낙네들이랑 그 부녀(婦女)들이랑 치는 것은 그저

이래 올라가서 챡 한 번 이래야 대는데. 탁 팔목으 챡 이래야 대는데 그
저 올라갓다서 이래 거저 내려온단 말이. 탁 이래야 기게 쭉 페디는데.

소: 아바니! 그러면은 그 도리깨질까지 다 한 다음에느 어떻게 함둥?

－ 도리깨질 다아 해서 알이 다아 뽑아뎃다 할 때 그 이삭거츠래기르
(쫏) 처암에는 그 깍젤르써 슬슬슬 끌어내구 그담에 거 또 번딘다구 그거.
그래 번디문 밑에 혹시 또 이삭덜이 잇디무. 그거 빌르 쓸어서 또 한 곧
에 모두우. 그담에 그거 또 다시 나백이라구³⁴⁷⁾ 틴다구. 나백이르.

소: 나백이르 틴다구.

－ 야:. 나마지르 틴다구. 그래 테서 경게 다아 알이 다아 **빠뎟으따
할 때 그거 우엣거 검부레기 싹 다 담아내딤. 비질 자꾸 하오. 걔 마감에
거저 샛노란 그저 알만 딱 남디 머. 그거 그때애 가래르 가지구서 모두우.
그래 모다서 알만 이룽기 축 모다놓딤. 그담에 바름이 불 때 디각질해:
서³⁴⁸⁾ 창꼬에다 넣딤.

박: 예.

소: 디각딜, 디각질하는 것두 좀 알케주웁소.

－ 야아. 디각질으는 야 집첼 할 때는 대부분 다 가랠르써, 가래 잇대
니우? 이래 쭉 뿌레서 하구. 쭉 떠서 뿌리구. 이젼에 개인농사질할 때느
디각질함지라구서 요만:이 길기 요만:이 좁기 얇기[얍끼] 맨든, 낭그 파서
그거 가지구서 담아서 이래 들구서 슬슬슬 흐리무[hirímu] 바름에 날게
나가구 알이 쪼르르 **컥 떨어딘단 말이. 깨끝하디[깨끄타디] 무 요게.

박: 옳소꾸마.

－ 으. 걔 쟉은 비르 하나 곁에다 놓구서 그 서그래기라구서 그 죠꼼씨
더 … 알이 묻은 송이

이렇게 올라가서 착 한 번 이래야 되는데. 탁 팔목을 착 이래야 되는데 그저 올라갔다가 그저 내려온단 말이야 이렇게. 탁 이래야 그게 쭉 펴지는데. (도리깨질을 하는 시늉) 힘은 힘대로 넣고 효력이 없잖소? 그게. 알려 줘도 쓸데없어, 그런 것들은. (웃음) 요령을 모르는, 모르는 사람은 쓸데없어. 자기 혼자 그 요령을 알아야 되지.

소: 할아버지! 그러면 그 도리깨질까지 다 한 다음에는 어떻게 합니까?

— 도리깨질을 다 해서 알이 다 뽑혔다 할 때 그 거칠게 된 이삭을 (쯧) 처음에는 그 갈퀴로써 슬슬슬 끌어내고 그다음에는 거 또 뒤집는다고 그 거. 그래 뒤집으면 밑에 혹시 또 이삭들이 있지 뭐. 그거 비로 쓸어서 또 한 곳에 모으오. 그다음에 그거 또 다시 마지막 것을 친다고. 마지막 것을.

소: 마지막 것을 친다고.

— 응. 나머지를 친다고. 그래 쳐서 거기에 다 알이 다 빠졌다 할 때 그 거 윗것 검부러기를 싹 다 담아 내지. 비질을 자꾸 하오. 그래 마지막에 그저 샛노란 그저 알만 딱 남지, 뭐. 그거 그때 가래를 가지고서 모으오. 그래 모아서 알만 이렇게 축 모아 놓지. 그다음에 바람이 불 때 '디각질'(=탈곡한 곡식을 아래로 내려 바람에 날리는 일)을 해서 창고에 넣지.

박: 예.

소: '디각딜', '디각질' 하는 것도 좀 가르쳐 주십시오.

— 응. '디각질'은 집체(集體)를 할 때 대부분 가래로써, 가래가 있잖소? 그 가래로 곡식을 쭉 뿌려서 하고. 쭉 떠서 뿌리고 이전에 개인농사를 할 때는 '디각질함지'라고 요만큼 길게 요만큼 좁게 얇게 만든, 나무를 파서, 그걸 가지고서 담아서 이렇게 들고서 슬슬 밑으로 흘리면 바람에 검불이 날려 나가고 알이 쪼르르 떨어진단 말이오. 깨끗하지 뭐, 요게.

박: 맞습니다.

— 음. 그래 작은 비를 하나 곁에다 놓고 그 '서그래기'(=곡식의 알이 채 털리지 않은 이삭의 부스러기)라고 그 조금씩 저 … 알이 딸린 송이가

잇단 말이오. 고거 빌르 살살 쓸어서 한쪽에다 모다놓는단 말이오. 기래 모두무 할럴 디각질하네느 한 마대냐: 돼딤 야. 그놈우거 도리깰르 두두 레서 챌르 홀 처서 밤에 또 다시 날구문 아무 일두 없디 무.

소: 디각질은 남, 남쟈덜이 함둥?

— 야. 녀자덜두 하긴 하디 무.

소: 음. 요령이 없이 함둥?

— 겐데, 으음?

소: 그것두 요령이 있어야 데쟤임둥?

— 요려~이 잇대이구 그래. 그거 할메에 뭉청뭉청 떨구문 기게 야 잘 빠 안 딘단 말이오. 걔구 또 바름 형세르 보아가메서 두껍기 떨굴 때 잇구 얇기[얍끼] 떨굴 때 잇다. 바름이 쎌 때는 좀 두껍기 떨궈두 일없단 말이오. 쭈르르르 내레와두. 걔 바름이 작을 때애 그렇기 뭉치르 떨구무 거저 그 바름이 통과르 못해서 그저 그 한데 떨어디디 않구 어떻소. 그 찌 끄래기.

박: 예.

— 걔 그럴 때 얇기[얍끼] 그저 살살살살 그저 얇기 떨궈야 돼디. 바름 통과가 좋으래르. 걔 그거 바름 형세르 보아가메서. 게 그거느 야 사람이 이 낯이나 감각을르써 발써 그거 바람이 어느 정도라::는 거 … (웃음) 게 그 다 알아서 한다구.

소: 그문 디각, 디각질까지 다 한 다음에는 뭐 무스거 함둥?

— 그담에 디각질으 **할, 해애서 그거 무디르 깨끗한[깨끄탄] 거 두지 에다서 잘게다 넣어서 메에딜에다서 창꼬에다 썩 넣디 무. 기램 그저 일 년농사 끝이[끄티] 난단 말이오.

소: 일년 농사가 아주 복잡하구마.

— 어엉!

소: 베농사 따로, 딸로 하구 또….

있단 말이오. 고거 비로 살살 쓸어서 한쪽에다 모아 놓는단 말이오. 그래 모으면 하루 '디각질'을 하면 한 마대쯤 되지 응. 그 놈을 도리깨로 두드려서 체로 쳐서 밤에 또 다시 바람에 날리면 아무 일도 없지 뭐.

소: '디각질'은 남, 남자들이 합니까?

– 응. 여자들도 하기는 하지 뭐.

소: 음. 요령이 없이 합니까?

– 그런데, 음?

소: 그것도 요령이 있어야 되잖습니까?

– 요령이 있고말고 그럼. 그거 한꺼번에 뭉텅뭉텅 떨어뜨리면 그게 응 잘 안 빠진단 말이오. 그리고 또 바람 형세를 보아 가면서 두껍게 떨어뜨릴 때가 있고 얇게 떨어뜨릴 때가 있지. 바람이 쎌 때는 좀 두껍게 떨어뜨려도 괜찮단 말이오. 쭈르르 내려와도. 그래 바람이 적을 때 그렇게 뭉치를 떨어뜨리면 그저 그 바람이 통과를 못 해서 그저 그 한데 떨어지지 않고 어떻소. 그 찌끄러기.

박: 예.

– 그래 그럴 때 얇게 그저 살살살살 그저 얇게 떨어뜨려야 되지. 바람 통과가 좋도록. 그래 그거 바람 형세를 보아 가면서. 게 그거는 응 사람이 이 낯이나 감각으로써 벌써 그거 바람이 어느 정도라는 거 … (웃음) 게 그 다 알아서 한다고.

소: 그러면 디각, '디각질'까지 다 한 다음에는 뭐 무엇을 합니까?

– 그다음에 '디각질'을 할, 해서 그거 무지를 깨끗한 뒤주에다가 자루에다가 넣어서 메어 들여서 창고에다 썩 넣지 뭐. 그럼 그저 일 년 농사가 끝이 난단 말이오.

소: 일년 농사가 아주 복잡하군요.

– 응!

소: 벼농사 따로 하고 또….

- 그래.

소: 밭, 한전농사 따로 하구.

- 그래.

소: 아바니! 여기는 보리나 밀같은 건 아니 짓슴둥?

- 밀은 이젼에 한 번은 싱궛소.

박: 아아! 그렇슴둥?

- 야. 밀으 싱궛는데 그 바뿌다구 그것두 *싱. 밭갈이란느 헐한데. 개구 그 기슴두 무스 야` 그 일쪽이 싱군단 말이오 밀으 보리터르 일쪽 싱구디무. 개서 녀름에 그거 야 거저 듕복이무 비는데 그거. 어저느 보린 어전 베엣갯소. 개 비는데 이때 이게 탈곡한다는 게, 도리깨질 한다는 기게 힗대니우.

박: 도리깨르 하암둥?

- 야:~. 그때 머 기게 잇엇소? 그 왜앤 그저 그저 나서구 잇어두 그저 땜이 쭐쭐 나는데. 햇벹에 나서서 도리깨질하쟈두 두두리쟈문. 맥이 나오. 진땀으 흘리디무. 그래서 숧에서 안 싱구디. 산낭두 안 나디. 또 조선사름이 무스 가루임석 그리 좋아 아니한단 말이오, 밀가르음셕이랑. 개서 그건 정부에서 수굴하길래³⁴⁹⁾ 싱구라구 햇어. 집체 때. (쯥) 한 개 생산대애서 한 이틀가리씨 싱궛는데, 야아! 죽을 디게엣소[띠게:쏘]. 개 보리는 죠구막씨 싱구는데 그 싹으³⁵⁰⁾ 쓰길래애서. 감질 할 때나 수울할 때나.

박: 으음. 옳소꾸마.

- 어:~. 그 증편한다던거나 무스 야 쉬움떡³⁵¹⁾할 때 그 쓰길래애서. 보리는 죠그막씨 싱궛어. 밥우 먹쟈구 싱군 게 애니구, 여기는. 여기 양식은 건 별루 고상 아니하구 살앗거든. 우리 헤룽보~에서라는. 밥이 떨어디거나 그런 법은 없었단 말이오. 죠매.

박: 예.

소: 그러면은 그 보리농사나 밀농사 짓는 방법두 아바니 알구 게심둥?

- 그래.

소: 밭농사 따로 하고.

- 그래.

소: 할아버지! 여기는 보리나 밀 같은 것은 안 짓습니까?

- 밀은 이전에 한 때는 심었소.

박: 아! 그렇습니까?

- 응. 밀을 심었는데 그 힘들다고 그것도 *심(는 것이). 밭갈이는 쉬운데. 그리고 그 김도 뭐 야 그 일찍이 심는단 말이오, 밀을. 보리처럼 일찍 심지 뭐. 그래서 여름에 그거 응 그저 중복이면 베는데 그거. 이제는, 보리는 이젠 베었겠소. 그래 베는데 이때 이거 탈곡한다는 게, 도리깨로 탈곡한다는 것이 쉽지 않소.

박: 도리깨로 합니까?

- 응. 그때 뭐 기계가 있었소? 그 가장 더울 때 그저 그저 나와 있어도 그저 땀이 쭐쭐 나는데. 햇볕에 나서서 도리깨질하자 해도, 두드리자면. 힘이 나오. 진땀을 흘리지 뭐. 그래서 싫어서 안 심지. 산량도 안 나지. 또 조선사람이 뭐 가루음식을 그리 좋아 아니 한단 말이오, 밀가루음식이랑. 그래서 그건 정부에서 수매(收買)를 하기에 심으라고 했어. 집체 때. 한 개 생산대에서 한 이틀갈이씩 심었는데, 야! 죽을 지경이었소. 그래 보리는 조금씩 심는데 그 싹을 쓰기 때문에. 감주를 할 때나 술을 할 때나.

박: 음. 맞습니다.

- 어. 그 증편을 한다든가 뭐 응 증편을 할 때 그걸 쓰기 때문에. 보리는 조금씩 심었어. 밥을 먹으려고 심은 것이 아니고, 여기는. 여기서는, 양식 그건 별로 고생을 아니 하고 살았거든. 우리 회룡봉에서는. 밥이 떨어지거나 그런 법은 없었단 말이오. 좀처럼.

박: 예.

소: 그러면 그 보리농사나 밀농사 짓는 방법도 할아버지는 알고 계십니까?

─ 야~:.

소: 음, 그것두 쫌 한번 씨뿌릴 때부터 말씀애 쥬웁소.

─ 야~:. 그거는 밀 싱구는 게나 보리 싱구는 게나 한가진데 야~. **콩
밭티 같은데다서 야 작년에 코~오 싱궜던 데다서 야 그 밀이나 보리 싱구
는데. 보리느 밭갈이르 제, 제밭갈이르 하오. 기래구서 그 자귀르 티구서
자귀느 야 거 저 목자귀꺼지352) 티다나니꺼더 그저 금우 끄슨 거터르 이
칸이 없게끔 쮸욱 끄서놓온 거터르 자귀 테서 그렇기 한단 말이오. 어간
이 떡 드디구 나가문 어간이 잇땧구 어떻소. 고거 또 드데에서 그저 이래
그저 다아 그저 그저 홈이 쭉 지래르 맨들구서 거기다아서 보리르 그 손
을르써.

박: 아아! 손을르 함둥?

─ 손을르서 이래 쉐에서 슬슬슬 늘인다구. 개:구 쮸욱 묻어놓디무.
개대니문 또 골따~에다가서 보리르 늘인단 말이, 이래. 개구 등가리에다
선 감지르 싱구나 코~오 싱구나 개 보리르 베에내구서 후치질하메서 기슴
매애서 그 코~온 콩대로 먹구 보리는 보리대르 먹구. 보리는 이쯱이 베땧
구 어떻소. 어전 벤단 말이오, 보리르. 그래서 거 쟉기 싱구다나니 그건
일없디 그거는.

박: 보리는 언제 심슴둥?

─ 보리 … (생각하면서) 곡우 곰만 지나문 싱구우.

박: 아아! 곡우 지나서 심슴둥?

─ 야:~.

소: 그 씨, 그담에 씨를 뿌린 다음엔 무스거 함둥?

─ 씨르 뿌린 담에 보리 기슴으 그저 간단이 매앰니 그거는. 개 보리
다른 풀이 나오기 전에 발써 쭉 나온다니 그늠우게. 개다나니꺼더 다른
풀이 나올 때애무 발써 그건 이러:츰 큰다구 기게. 개애서 대수간 기슴매
구.

- 응.

소: 음, 그것도 좀 한번 씨를 뿌릴 때부터 말씀해 주십시오.

　- 응. 그거는 밀 심는 것이나 보리 심는 것이나 한가진데 응. 콩밭 같은 데다 응 작년에 콩을 심었던 데다 응 그 밀이나 보리를 심는데. 보리는 밭갈이를, 보리를 파종하기 위한 밭갈이를 하오. 그리고 그 발자국을 내고서, 발자국은 응 거 저 목자귀까지 치다 보니까 그저 금을 그은 것처럼, 이 칸이 없게끔 쭉 그어놓은 것처럼 발자국을 내서 그렇게 한단 말이오. 사이가, 떡 디디고 나가면 사이가 있잖고 어떻소(=발자국 사이가 떠서 또 발자국을 낼 자리가 있다는 말). 고거 또 디뎌서 그저 이렇게 그저다 그저 그저 홈이 쭉 지도록 만들고서 거기다 보리를 그 손으로써.

박: 아! 손으로 합니까?

　- 손으로 이렇게 씨를 쥐고 슬슬슬슬 늘인다고. 그러고 쭉 묻어놓지 뭐. 그렇지 않으면 또 고랑에다 보리를 늘인단 말이오, 이렇게. 그리고 등성이에다는 감자를 심거나 콩을 심거나 그래 보리를 베어 내고서 후치질하면서 김을 매서 그 콩은 콩대로 먹고 보리는 보리대로 먹고. 보리는 일찍 베잖고 어떻소. 이젠 벤단 말이오, 보리를. 그래서 거 적게 심다 보니 보리 베는 일은 할 만하지. 그거는.

박: 보리는 언제 심습니까?

　- 보리는 … (생각하면서) 곡우(穀雨) 금방 지나면 심소.

박: 아! 곡우 지나서 심습니까?

　- 응.

소: 그 씨, 그다음에 씨를 뿌린 다음에는 무엇을 합니까?

　- 씨를 뿌린 다음에 보리 김을 그저 간단히 매지, 그거는. 그래 보리는 다른 풀이 나오기 전에 벌써 쭉 나오지, 그놈의 것이. 그렇다 보니까 다른 풀이 나올 때면 벌써 그건 이 정도로 큰다고, 그게. 그래서 대충 김매고.

박: 아아! 빨리 쟈라는구나!

– 야˘. 빨리 자라우. 호밀르써 그저 슬슬슬슬 그저 대수간 풀으 떼애데딤. 풀이 좀 잇어두 일없소, 기게. 그담에 그 보리르 뿍 베, 빈 다음에 코˘오 싱구거던 거기다. 감지나 코˘오 싱군단 말이. 등가리에다서는. 개 그 거 맬 때 깨끄티 매애 치우다나 거 보리 싱궛던둥 안 싱궛던둥 모르딤 그저. 그 베에낸 담엔. 개 그거 헗이 먹디.

박: 야, 그럼 보리는 거 곡우에 심어서르 언제 베엠둥?

– 중복이문 삐우.

박: 와! 그러면.

– 어전 삐 뻬에시 께우.

박: 한 석달이나: 이러문 다 자란단 말임둥? 야아!

– 야아˘. 인차 그저. 그래걸래 그게 보릿고개라는 게 그 더 건 고철만 지나문 인차 머거리 생긴다구. 가슬꺼지 **그기 연, 연명한단 말이오. 양식이 없는 사름덜으는. 게 그렇게 빨리 대다나니.

소: 보릿고개라는 말두 이 동네 썻슴둥?

– 여기서두 보릿고개라구 쓰대이구 그래! 그거 보릿고개 넘기기 그 빠르대이구 어떻소. 인차 돼니까. '보릿고개꺼지 넴기무[넹기무] 댄다', 개 그저 뉴월 거저 한 스무날께문 음녁 뉴월스무날께문 보리르 먹는단 말이오.

소: 보리는 잋게 비각질 한 다음에 것도 알으….

– 야˘. 도리깨, 도리깰르 티우. 겐데 그거 티이기, 지금 왜앤 덥운 때애니구 무시기우. 요새애란 말이오 기게.

소: 그 그거는 어떻게 팀둥?

– 도리깨질해애서.

소: 똑같이[똑가티].

– 야아˘. 긔애 그것두 디각질해애서.

소: 밀두 한가지갰네요?

박: 아! 빨리 자라는구나!

– 응. 빨리 자라오. 호미로 그저 슬슬슬슬 그저 대충 풀을 뜯어야 되지. 풀이 좀 있어도 괜찮소, 그게. 그다음에 그 보리를 베어, 벤 다음에 콩을 심거든 거기다. 감자나 콩을 심는단 말이오. 등성이에다서는. 그래 그거 맬 때 깨끗이 매 치우다 보니 보리를 심었던지 안 심었던지 모르지, 그저. 그 베어 낸 다음에는. 그래 그거 쉬 먹지.

박: 야, 그럼 보리는 거 곡우에 심어서 언제 뱁니까?

– 중복이면 베오.

박: 와! 그러면.

– 이젠 베 베었을 것이오.

박: 한 석 달이나 이러면 다 자란단 말입니까? 야!

– 응. 이내 그저. 그러기에 그게 보릿고개라는 것이 그 저 그건 고 철만 지나면 이내 먹을거리가 생긴다고. 가을까지 그 그래 연명한단 말이오. 양식이 없는 사람들은. 그게 그렇게 빨리 되다 보니.

소: 보릿고개라는 말도 이 동네에서 썼습니까?

– 여기서도 보릿고개라는 말을 쓰잖고 그럼! 그거 보릿고개를 넘기기 빠르잖고 어떻소. 이내 되니까. ‘보릿고개까지 넘기면 된다’ 그래 그저 유월 그저 한 스무날께면 음력 유월 스무날께면 보리를 먹는단 말이오.

소: 보리는 이렇게 베는 일을 한 다음에 그것도 알을….

– 응. 도리깨, 도리깨로 치오. 그런데 그거 치기가, 지금이 가장 더울 때가 아니고 무엇이오. 요새란 말이오, 그게.

소: 그 그거는 어떻게 탈곡합니까?

– 도리깨질해서.

소: 똑같이.

– 응. 그래 그것도 ‘디각질’을 해서.

소: 밀도 한가지겠네요?

– 밀두 한가지. 그저 그 식을르 다 하디. 밀두 기게 야 다른 풀이 나오기 전에 발써 곬으 거이 집는다니. 빨리 자라디 그늠우게. 일쪽이 싱구디.

박: 곬으 집는다는 게 이렇게 쟈라서 딱 맞닿아서.

– 야아~.

박: 빛이 아이간단 말임둥?

– 이게 이짝 것가 이짝게 나와서 야 이러:츰 높우기 하문 이짝닢이 건네오구 이짝닢이 건네오구 하다나니꺼더 이게 우운 고라~아느 발써 그늘이 잽히단 말이오. 개 그늘이 턱 잽힌 담에는 게 이슬이 와서 떨어디디 햇빛으 못 보디. 나온 풀씨덜이 야 연약해디메서 꼭대깃게 올라와버리디 못한단 말이오. 기래다니꺼더 헐하디무, 기게.

박: 곬으 짓는다 함둥?

– 곬으 집는다구.

소: 그 옆에 쟈란 풀으 이렇게 쨜라 내는게….

박: (조사자 대담) … 으음. 농사질을 할 때 핵심은 풀이 덮여가지구 죽게끔 만드는 게 핵심이야, 어쨌든간에. 햇빗을 못 봐야 대. 게 이게 쟈라서 빛이 들어올 때는 풀이 막 쟈라니깐 얘덜두 위에 올라와 없애야 데거든 이거를. 근데 이게 쟈라가지구 밑에 풀쪽에 그늘만 져 버리문 그때부터는 풀은 신경 안 써두 덴단 말이야.

– 그리 맥은 못 쓴단 말이오, 음.

박: 곬으 짓는다는 거는 이게 쟈라가지구 이게 그늘을 만들만큼 서로 맞닿아서 밑에 풀이 쟈랄 수 없는 상황.

소: 아 그러면 돼는거에요?

박: 그렇지. 그니까는 머 작물이 빨리 쟈라서 풀이 작물보다 키가 크문 작물이 죽는 거구 작물이 풀보다 빨리 쟈라서 그늘을 드리우문 풀이 못 크는 거구. (웃음).

– 그렇디. 음.

－ 밀도 한가지. 그저 그 식으로 다 하지. 밀도 그게 응 다른 풀이 나오기 전에 벌써 고랑을 거의 채운다오. 빨리 자라지 그놈의 게. 일찍이 심지.

박: '곬을 집는다'는 것이 이렇게 자라서 딱 맞닿아서.

－ 응.

박: 햇빛이 안 들어간단 말입니까?

－ 이게 이쪽 것과 이쪽 것이 나와서 응 이 정도로 높게 되면 이쪽 잎이 건너오고 이쪽 잎이 건너오고 하다 보니까 이게 위는 고랑은 벌써 그늘이 잡힌단 말이오. 그래 그늘이 턱 잡힌 다음에는 거기에 이슬이 와서 떨어지지 또 햇빛을 못 보지. (그래) 나온 풀씨들이 응 연약해지면서 꼭대기의 것이 올라와 버리지 못한단 말이오. 그렇다 보니 쉽지 뭐, 그게.

박: '곬으 짓는다'고 합니까?

－ '곬으 집는다'고.

소: 그 옆에 자란 풀을 이렇게 잘라 내는 게….

박: (조사자 대담) … 음. 농사를 지을 때 핵심은 풀이 덮여 가지고 죽게끔 만드는 것이 핵심이야, 어쨌든 간에. 햇빛을 못 보게 해야 돼. 그러니까 이게 자라서 빛이 들어올 때는 풀이 막 자라니까 이 풀들도 위로 올라와 없애야 되거든 이것을. 그런데 이게 자라가지고 밑에 풀 쪽에 그늘만 지면 그때부터는 풀은 신경을 안 써도 된단 말이야.

－ 그리 맥을 못 쓴단 말이오, 음.

박: '곬을 짓는다'는 것은 이게 자라 가지고 이게 그늘을 만들 만큼 서로 맞닿아서 밑에 풀이 자랄 수 없는 상황.

소: 아 그러면 되는 거예요?

박: 그렇지. 그러니까 뭐 작물이 빨리 자라서 풀이 작물보다 키가 크면 작물이 죽는 것이고 작물이 풀보다 빨리 자라서 그늘을 드리우면 풀이 못 크는 것이고. (웃음).

－ 그렇지. 음.

박: 져히는 어티기 하는가 하면은 후치질이라는 게 없대님둥?

— 으음.

박: 이 골을 딱 내놓먼은 삽을러 쫙 다 깎는단 말이꾸마. 잋게 가지구.

— 어어. 어.

박: 깎아 놓오면 그 도로 퍼서 덮고, 퍼서 덮고. 풀이 밑을르 가게서.

— 그래! 옳소.

박: 그래 가지구 덮어 놨는데 얼매나 맥이 들갯슴둥? 쉐없는데. 사람이 하는데.

소: (조사자 박:을 가리키며) 여기 쉐 있쟤임둥. 쉐. (웃음).

— 맥이 드디무, 기게.

박: 아이! 그걸 그래도 져히 먹쟈구서 쬬꼬맣게 지으니까 그렇지. 무스거 하쟈구 해보옵소. 아이구!

— 많은 게사 못하디.

소: 아바니! 보리 밟기라는것두 하암둥?

— 으음?

소: 보리를 밟우는거. 보리밟기.

박: 으음. 보리를 밟을 이유가 없지.

— 아니, 거 씨르 둔 다음에 '덧자귀 티는 거'353) 보리밭 밟는다디.

소: 예?

— 보리밭으 밟는, 밟는다구서354).

박: 언제 밟슴둥?

— 어? 그거 곰만 더 밭갈이르 해애서 씨르 놓구서.

박: 예.

— 긔게 따이 섬기문. 거저 거저 덮어놓우문 따~이 섬기댆구 어떻소.

박: 옳:소꾸마.

박: 저희는 어떻게 하는가 하면 후치질이라는 것이 없잖습니까?

－ 음.

박: 이 골을 딱 내놓으면 삽으로 쫙 다 깎는단 말입니다. 이렇게 해 가지고.

－ 어. 어.

박: 깎아 놓으면 그 도로 퍼서 덮고, 퍼서 덮고. 풀이 밑으로 가도록 하기 위해서.

－ 그래! 옳소.

박: 그래 가지고 덮어 놓았는데 얼마나 힘이 들겠습니까? 소가 없는데. 사람이 하는데.

소: (조사자 박:을 가리키며) 여기 소가 있잖습니까? 소. (웃음).

－ 힘이 들지 뭐. 그게.

박: 아이! 그걸 그래도 저희가 먹으려고 쪼끄많게 지으니까 그렇지. 뭐 본격적으로 농사를 짓자고 해 보십시오. 아이구!

－ 많은 것이야 못하지.

소: 할아버지! 보리밟기라는 것도 합니까?

－ 음?

소: 보리를 밟는 것. 보리밟기.

박: 음. 보리를 밟을 이유가 없지.

－ 아니, 거 씨를 둔 다음에, 씨를 둔 자리와 자리가 늘 때 그 사이에 발자국을 내고 씨를 뿌리는 것을 보리밭을 밟는다고 하지.

소: 예?

－ 보리밭을 밟, 밟는다고.

박: 언제 밟습니까?

－ 어? 그거 금방 저 밭갈이를 해서 씨를 놓고서.

박: 예.

－ 그게 땅이 성기면. 그저 그저 덮어 놓으면 땅이 성기잖고 어떻소.

박: 맞습니다.

－ 공기두 막 들어가디. 개서 고거 꼭 다졔놓오무 수분이 횛이 아니 빠데나가구. 그담에 보리싹이란 다 게 뾰쪽싹인데³⁵⁵⁾ 야ˇ. 그 뾰쪽싹으른 뽊아[porba] 놔야 잘 올라온단 말이오. 수분으 보장하메서. 개 코이라는 야ˇ게 더 … 딱지싹이란³⁵⁶⁾ 말이오. 이 대가리 한데 나오댕구 어떻소. 대가리 한데 나오는 거 뽊아 놓오문 그 더대르 께구 나오기 힘드단 말이오. 뽊아 논게 비 맞구 또 이래문 우이 그 더대 앉는단 말이오. 개서 그거는 뽊댕디. 코이라는.

박: 성격이 다르구나.

　－ 음.

소: 코ˇ이는 아이 뽊고 보리는….

　－ 보리 뾰쪽싹은 다 뽊아야 대오. 보리, 조이, 피난.

박: 아아, 아아.

　－ 야. 그건 다 뽊아야 돼오. 옥수끼. 다 뽊아, 뽊우문 다 잘 올라온다구.

박: 한국에서는 보리르 잋게 봄에 아이 심는단 말입꾸마.

　－ 옳소. 아, 가슬에 심디.

박: 벼르 다아 베대님둥? 베에 놓구서르 다시 밭갈이르 해가지구서르 그 씨를 홀홀 뿌려서 또 딱 뿌레놓구 동삼을 기낸단 말입구마. 동삼을 기내무 이게 여름, 겨울에 동삼에 얼음이 언 땅이 들뜨쟤임둥? 들뜨문 이 싹이 죽는단 말입구마. 그래서 이제 녹을 때애쯤 해 가지구서르 사람들이 쭉 나가서 보리를 심은 데 가서 딱딱 뽊아 준단 말입구마. 이래야 이게 떴던 게 도로 붙대님둥? 기케야 싹이 나는 겐데.

　－ 여기서, 여기서 더 흑룡강성이란 밀으 싱구는 게 그래오. 가슬에 싱구디무.

박: 아아! 그렇습둥?

- 공기도 막 들어가지. 그래서 그거 꼭 다져 놓으면 수분이 쉬 안 빠져 나가고. 그다음에 보리싹이라는 것은 다 그게 뾰족싹인데 응. 그 뾰족싹은 다 밟아 놓아야 잘 올라온단 말이오. 수분을 보장하면서. 그래 콩이라는 것은 응 그게 저 … 딱지싹이란 말이오. 이 대가리가 한데 나오잖고 어떻소. 대가리가 한데 나오는 것을 밟아 놓으면 대가리 위에 앉은 흙 딱지를 꿰고 나오기 힘들단 말이오. 밟아 논 것이 비 맞고 또 이러면 위에 그 싹 위에 딱지가 앉는단 말이오. 그래서 그건 밟지 않지. 콩이라는 것은.

박: 성격이 다르구나.

- 음.

소: 콩은 안 밟고 보리는….

- 보리 뾰족싹은 다 밟아야 되오. 보리, 조, 피.

박: 아! 아!

- 응. 그건 다 밟아야 되오. 옥수수. 다 밟아, 밟으면 다 잘 올라온다고.

박: 한국에서는 보리를 이렇게 봄에 안 심는단 말입니다.

- 옳소. 아, 가을에 심지.

박: 벼를 다 베잖습니까? 베어 놓고서 다시 밭갈이를 해 가지고서 그 씨를 훌훌 뿌려서 또 딱 뿌려 놓고 겨울을 지낸단 말입니다. 겨울을 지내면 이게 여름 겨울에 겨울에 얼음이 언 땅이 들뜨잖습니까? 들뜨면 이 싹이 죽는단 말입니다. 그래서 이제 녹을 때쯤 해 가지고 사람들이 쭉 나가서 보리를 심은 데 가서 딱딱 밟아 준단 말입니다. 이래야 이게 떴던 것이 도로 붙잖습니까? 그렇게 해야 싹이 나는 것인데.

- 여기서, 여기서 저 흑룡강성은 밀을 심는 것이 그러오. 가을에 심지 뭐.

박: 아! 그렇습니까?

– 야`. 가슬에 싱구구 봄에 나가서 그거 군재르357) 놓는단 말이오. 야 군재라구서. 한족말로서 야군주라구서 야.358) 이만:이 둑한 낭그 이러:츰 길기. 이러:츰 모디기 탁 해애서. 좌우짝에다서 쇄때꼬재르 뜩 꽂구 여기 다 뜩 매서 기게 뜨르르 구불래르359). 그 봃는 것가 한가지란 말이오.

박: 옳소꾸마. 효꽈는 한가지지.

– 그 많은, 면적이 많으니까. 그 밀밭이. 가슬에 싱군 거 봄에 가서 야 군주르 한단 말이오.

박: 옳소꾸마.

– 여기 흑룡강성에서 대형격을르 심는 거 그거 쓰디. (마이크 조정 소음).

박: 아이구, 한국에 담뱃값이 많이 올랏습구마.

– 그랍데. 쎄기 올랏답데. 개 값이 올레서 담배르 끊으라구 그래지.

박: 그건 말이 아이 덴단 말입꾸마. 누기 끊겠슴둥? (웃음). 담배 훯이 끊 어짐둥?

– 글쎄 말이오.

소: 서방재 담배 아이 끊습구마.

– 저어360) 서방재 담배 피우?

소: 예. 쎄기 피웁구마.

– 쎄기 피우? 음.

박: 할릴에 요거르 요거르 두 갑을 피우는데. 사람들이 보통 한갑 반이나 한갑이나. 그럼 여깃돈으로 얼매야. 삼십원으 쓴단 말입니다.

– 야아! 그게 어디 담당하겟소?

박: 아이구! 할릴에 담뱃값 삼십원이면 적은 돈임둥?

– 음∴.

소: 아바니! 넷날에 그 남에 집 그 밀이나 콩이나 닭 같은 거를 잃게 돌라 다361) 먹구 이런 것두 했슴둥? 몰래 가져다 먹구.

- 가을에 심고 봄에 나가서 그거 작은 연자매를 놓는단 말이오. '야군자'라고. 한어로 '야군주'라고 응. 이만큼 굵은 나무를 이 정도로 길게. 이정도로 굵게 탁 해서. 좌우 쪽에다 쇠꼬챙이를 떡 꽂고 여기다 떡 매서 그게 뜨르르 구르도록. 그건 밟는 것과 한가지란 말이오.

박: 맞습니다. 효과는 한가지지.

- 그 많은, 면적이 많으니까. 그 밀밭이. 가을에 심은 거 봄에 가서 '야군주'로 땅을 다진단 말이오.

박: 맞습니다.

- 여기 흑룡강성에서 대규모로 심는 거 그걸 쓰지. (마이크 조정 소음).

박: 아이구, 한국에 담뱃값이 많이 올랐습니다.

- 그러데. 몹시 올랐다데. 그래 값을 올려서 담배를 끊으라고 그러지.

박: 그건 말이 안 된단 말입니다. 누가 끊겠습니까? (웃음). 담배가 쉽게 끊어집니까?

- 글쎄 말이오.

소: 신랑이 담배를 안 끊습니다.

- 자네 신랑이 담배를 피우오?

소: 예. 몹시 피웁니다.

- 몹시 피우오?

박: 하루에 요것을 요것을 두 갑을 피우는데. 사람들이 보통 한 갑 반이나 한 갑이나. 그럼 여기 돈으로 얼마야. 30위안을 쓴단 말입니다.

- 야! 그거 어디 감당하겠소?

박: 아이고! 하루에 담뱃값이 30위안이면 적은 돈입니까?

- 음.

소: 할아버지! 옛날에 남의 집 밀이나 콩이나 닭 같은 것을 이렇게 훔쳐다 먹고 이런 것도 했습니까? 몰래 가져다 먹고.

- 야. 그 양식은 그, 그런거 도독질하는 건 슬하구. 닭으라느 도독질하는 게 잇는데 그거 닭으 홰라구 하는데 야 닭으도독질이라 아니하구. 닭으 홰르 한다디. 게 닭으 도독질은 닭으도독질이라 아니하구. 닭으 홰.

박: 아아! 닭으홰라구 함둥?

- 야. 홰르 한다디.

박: 홰라는게 무시기 말임둥?

- 홰라는 게 머 어때 나온 말인두 몰라. 그게 무슨.

박: 오오! 그러문 그 남엣거르 몰:래 개애다가서르 먹는 거르 닭으홰한다 함둥?

- 야˘. 닭으홰라 하디.

소: 그건 어띠 도, 도독질이 애임둥?

- 도독질이 옳디무. 모르게 밤에 가서 가만:이 벼어다서 밤에 끓에 먹구서 훌: 헤에디는데 야. 도독질이 옳는데 그건 또 이름이 닭으홰라 하더란 말이오.

박: 아바니두 그런 젹 있습둥?

- 나는 그 내 딕접가서 줴에는 아니왓는데. 동미덜이, "오놀지냐³⁶²⁾ 우리집에 오나라!" 하더란 말이 야. 개 가니꺼던 사람 둘이 잇습데. 그 더 **아무소릴나 하구 정말 밀접한[밀져반] 친구덜이딤. 기앤데 가니까 심심해 잇습데. 야˘. 기래던겐데 불으 때이더구만³⁶³⁾. 그 동삼이다나니꺼더³⁶⁴⁾ 그 젼날 지냑에 닭으[다기] 남우 거 두 개르³⁶⁵⁾ 가졔다가서 세졔˘해³⁶⁶⁾ 뒷다가서 내 가니꺼더 그담부터 불우 때이더란 말이오. "네 무스거 끓이나?" 하니꺼더. (쯧) "닭으 홰르 해앗다 엊지냐에." (웃음) "네 그거 해앗나?" 더 아래 아매³⁶⁷⁾ 한내 혹재³⁶⁸⁾ 잇습네. 헤룡봉부락에. 그 혹재 아매네 거 기졔왓다구. 기랜데 이늠 아매 야 첫날지낙에 그거 닭으 잃어뿌린 거 알앗단 말이오.

박: 예.

- 소리 겡장이 나니꺼더 안에서 닭이 우시시하디³⁶⁹⁾. 그 닭으 문이 열게

－ 응. 그 양식은 그, 그런 거 도둑질하는 일은 드물고. 닭은 도둑질하는 경우가 있는데 그거 '닭으 홰'(＝닭서리)라고 하는데 응 닭의 도둑질이라고 아니 하고. '닭으 홰'를 한다고 하지. 그게 닭 도둑질은 '닭 도독질'이라 아니 하고 '닭의 홰'라고 하지.

박: 아! '닭으 홰'(＝닭서리)라 합니까?

－ 응. '홰'르 한다고 하지.

박: '홰'라고 하는 것이 무슨 말입니까?

－ '홰'라는 것이 뭐 어째 나온 말인지 몰라. 그게 무슨.

박: 오! 그러면 남의 것을 몰래 가져다가 먹는 것을 '닭으홰'한다 합니까?

－ 응. '닭으홰'라 하지.

소: 그건 어찌 도, 도둑질이 아닙니까?

－ 도둑질이 맞지 뭐. 모르게 밤에 가서 가만히 훔쳐다가 밤에 끓여 먹고서 홀 헤어지는데 응. 도둑질이 맞는데 그건 또 이름이 '닭으홰'라 하더란 말이오.

박: 할아버지도 그런 적이 있습니까?

－ 나는 그 내가 직접 가서 집어 오지는 않았는데 동무들이, "오늘 저녁 우리 집에 오너라!" 하더란 말이야. 그래 가니까 사람 둘이 있데. 그저 서로 아무 소리나 하는, 정말 친밀한 친구들이지. 그런데 가니까 심심해 하데. 응. 그랬는데 불을 때더구먼. 그 겨울이다 보니까 그 전날 저녁에 닭을 남의 것을 두 개를 가져다가 세정(洗淨)해 두었다가 내가 가니까 그다음부터 불을 때더란 말이오. "너 무엇을 끓이니?" 하니까, "닭서리를 했다, 엊저녁에." "네가 닭서리를 했나?" 저 아래 할머니 하나 혹부리가 있다네. 회룡봉 마을에. 그 혹부리 할머니네 것을 가져왔다고. 그런데 이 할머니가 응 첫날 저녁에 그거 닭을 잃어버린 것을 알았단 말이오.

박: 예.

－ 소리가 굉장히 크게 나니까 안에서 닭이 우시시하지. 그 닭장의 문이 열려

잇디. 그래서 그 앞산에 열사탑이 잇댆구 어떻소. 경게 떡: 올라가서 뉘집에서 내굴이 나는가구 디케엣단 말이오. (웃음) 걔 디켓:는데 그날 그날 지냑에 아니 끓엣단 말이오. 세제해서 떡 뒷단 말이우. 걔구서 이튼날져 낙에 떡 끓엣거든 그거. 내 간 날에 끓엣단 말이오. 걔다나 발견이 안 됏디. 후에 말하는 게, 닭으 홰르 맞헷는데370) 암닭으 두 개르 떡 닭으홰르 맞헷는데. 뎌 열사탑인데 올라가서 떠억 눼에네 내굴이 나는가 보니 종시 내굴 나는 집이 없더라는 게디. 아 이늠덜이 뎌 벌등이나 혜에대 놈덜이 가쟈 채왓갯다구서. 그 아맨 기래구서 그 이튼날에 시름으 낯단 말이오. 겐데 우리는 그거 또 그 이튼날에 먹다나니꺼더 감쪽같이 몰랏는데 그 아매 말하다나니꺼더 그거 들엇디. 아, 그 가져온날 지냑에 먹엇다라문 그 저 꼼짝 못하게 붙들켓갯는데.

박: 그거 붙들기문 어찌뎀둥?

　- 붙들기문 어띠갯는가. 그저 미안하디. 돈 줘야 돼디. 아! 이거 안됏습구마! 빌구서. 아 이거 우리 또 장난이 심햇는데 이거 소문 내 주디 마압소, 예에? 제발 부탁입구마. 돈으 더 주딤 닭값이보다. 그 주구서 더 무마시게야 데디. 갠데 안 붙들겟디. 걔구서 한 사날 후에 또 그집으 또 놀라갓단 말야. 기래 가니까 야 시 남우 닭으 두 개르 홰르 해애먹엇더만 엊저녁에 우 우리 닭으 네개나 무시기 도둑질갓다구. (웃음) "쌔애기 햇다!" 남우 거 채와시문371) 제거 잃어뿌레야 돼디. 그때는 야 그런 현상이 많앳소. 어기까라.

박: 그렇슴둥?

　- 음. 나는 직접 가서는 줴에 못 봣는데. **그레기 남이 홰르 해온 거 몇번 먹어 봣단 말이오.

소: 어째 암닭으 두 마리나, 두 개나 가져감둥?

　- 그러, 무스 아니 사름이 서너이서 먹는데 그 머 같디 무슨.

박: 옳소꾸마.

있지. 그래서 그 앞산에 열사탑이 있잖고 어떻소. 거기에 떡 올라가서 뉘 집에서 연기가 나는가 하고 지켰단 말이오. (웃음) 그래 지켰는데 그날 그 날 저녁에 안 끓였단 말이오. 세정(洗淨)해서 떡 두었단 말이오. 그리하고 서 이튿날 저녁에 떡 끓였거든 그걸. 내가 간 날에 끓였단 말이오. 그래서 발견이 안 되었지. 후에 말하는 것이 닭서리를 당했는데 암탉을 두 마리 를 떡 닭서리를 당했는데. 저 열사탑이 있는 곳에 올라가서 떡 뉘 집에서 연기가 나는가 보니 끝내 연기가 나는 집이 없더라는 게지. 이 놈들이 저 벌등이나 헤에대 놈들이 가져다 먹었겠다고서. 그 할머니는 그리고서 그 이튿날에 시름을 놓았단 말이오. 그런데 우리는 그거 또 그 이튿날에 먹 다 보니까 감쪽같이 몰랐는데 그 할머니가 말하다 보니까 그거 들었지. 아, 그 가져온 날 저녁에 먹었더라면 그저 꼼짝 못하고 붙들렸겠는데.

박: 그거 붙들리면 어찌 됩니까?

— 붙들리면 어찌하겠는가. 그저 미안하지. 돈을 줘야 되지. 아! 이거 안 됐습니다! 빌고서. 아 이거 우리 장난이 심했는데 이거 소문 내지 말아 주십시오, 예? 제발 부탁입니다. 돈을 더 주지 닭값보다. 그렇게 주고서 무마시켜야 되지. 그런데 안 붙들렸지. 그리고서 한 사날 후에 또 그 집을 또 놀러갔단 말이야. 그래 가니까 응 시 남의 닭을 두 마리를 서리를 해 먹었더니만 엊저녁에 우리 닭을 네 마리나 무엇이 도둑질해 갔다고. "너 무 했다!" 남의 것을 가져다 먹었으면 제 것도 잃어버려야 되지. 그때는 응 그런 현상이 많았소. 서로서로.

박: 그렇습니까?

— 음. 나는 직접 가서는 남의 닭을 잡아는 못 봤는데. 그렇게 해서 남 이 서리를 해 온 것을 몇 번 먹어 보았단 말이오.

소: 어째 암탉을 두 마리나, 두 마리나 가져갑니까?

— 그러, 뭐 아니 사람이 서넛이서 먹는데 그 뭐 먹고도 남지 뭐.

박: 맞습니다.

- 음.

박: 그럼 머 닭으 뺀 닭으 내놓구서르 다른 거는 잏게 아이해먹엇습둥?

- 달리 무 양식이나 그런 건 아니하오. 게 혹시 야 과실도독질은 아덜이 하딤, 그저.

박: 아아! 그렇습둥?

- (쯧) 야:.

박: 그건 무시게라 이름이 없습둥?

- 으 ***코시 도독질은 딸르 이름이 없습데.

박: 아아!

소: 아바니! 그 보리:나 밀 같은 거 거둔 다음에 딮울 어디다 씀두?

- 밀딮우느 야 이 니어~으 네는데. 니엉 그거 야 한족사름덜이 하는식 을르서 두껍기 한단 말이오, 그거 밀, 밀, 밀니엉. 오래: 가오, 기게.

소: 보릿딮은 아이 쓰구요?

- 보리딮은 안 써. 것도 보릴 또 그렇기 니엉하게끔 그렇게 많이 싱구 디 못했단 말이오.

소: 니어:~, 이런 데만 쓰구 딴 데는 안 쓰구?

- 딴 데는 안 썼어.

소: 으음. 그럼 아바니! 여기 고치, 옥수꾸 머 이런 거 다 심재임둥? 감지, 디과…

- 야:~.

소: 고런 거는 어떻게 싱궈서 먹는지 그 농사짓는 방법을 좀 알쾌주웁소.

- 감지란느 그 다 이쪽이 싱구는데 야.

소: 예.

- 청명이 지나서 그저 곡우 견에 싱군단 말이오. 대부분. 이쪽이 싱구 문 이쪽이 먹는다구, 그거.

소: 예.

－ 음.

박: 그럼 뭐 닭을 빼고 닭을 제외하고서 다른 것은 이렇게 안 해 먹었습니까?

－ 달리 뭐 양식이나 그런 건 아니 하오. 게 혹시 응 과일 도둑질은 아이들이 하지. 그저.

박: 아! 그렇습니까?

－ (쯧) 응.

박: 그건 무엇이라 이름이 없습니까?

－ 음. ** 도둑질은 따로 이름이 없데.

박: 아!

소: 할아버지! 그 보리나 밀 같은 것을 거둔 다음에 짚을 어디다 씁니까?

－ 밀짚은 응 이 이영을 이는데. 이영 그거 응 한족사람들이 하는 식으로써 두껍게 한단 말이오, 그거 밀, 밀, 밀 이영. 오래 가오, 그게.

소: 보리짚은 안 쓰고요?

－ 보리짚은 안 써. 그것도 보리를 또 그렇게 이영을 할 수 있을 정도로 그렇게 많이 심지 못했단 말이오.

소: 이영, 이런 데만 쓰고 딴 데는 안 쓰고?

－ 딴 데는 안 썼어.

소: 음. 그럼 할아버지! 여기 고추, 옥수수 뭐 이런 것을 다 심잖습니까? 감자, 디과….

－ 응.

소: 고런 것은 어떻게 심어서 먹는지 그 농사짓는 방법을 좀 가르쳐 주십시오.

－ 감자는 그 다 일찍이 심는데 응.

소: 예.

－ 청명이 지나서 그거 곡우 전에 심는단 말이오. 대부분. 일찍이 심으면 일찍이 먹는다고, 그거.

소: 예.

- 개 밭갈일 그거 제대르 하구. 쉐르 메워서. 그래 해애서 그 감지씨르 떨굴 데르 호밀르 파고 고담에 한짝 녀파리에다단 두엄 놓구.

박: 예.

- 그담에 또 고 한짝 녀파리에 씨르 놓구 그담에 묻는다구. 그 심울 때 품우 넣소 그거는.

박: 옳소꾸마.

- 포기에다 비료르 탁탁 탁탁 다아 준단 말이오. 기애 나온담에 기슴 매애서 그 후치질두 제대르 하구. 개 다 될 때문 그 완전이 아니 빼구 야어저는 이러:츰 컷다::키 생각할 때 게 알긴단 말이오. 꽂이 피구 꽂이 디구 요 때문 야. 닢은 스퍼렇디만 기래문 밑으 파서 먹음즉한 거 떼에내오.

박: 예.

- 개 떼에내서 쟈ᵃ아 끓에두 먹구.

박: 예.

- 그 삶아서는 그때 맛이 없단 말이오. 갈기 안 나구.

박: 으음.

- 개 쟈ᵃ아 끓에 **먹은 거느 요막씨 크문 뜯어내서 먹소. 개 그게 다 아 성숙할 때무 닢이 싹 죽을 때 애니우? 그래 가슬이 됐단 말이오. 그담에 다아 파서, 그저 모조리 파서 움우 파구서 넣디 무. 개 동삼에 져쟝햇다 먹는데.

소: 디과는?

- 그게 디과라는게 기게 고구마디무.

소: 네에.

- 어. 고구마르 우리 경신에서느 안 싱궈. 그건 싹으 싱구는데. 싹으.

소: 싹을.

- 야:. 고구마르 거 따에다 파문는다던가나 거저 놓오녜느 그게 싹이 나오.

- 그래 밭갈이를 그거 제대로 하고. 소를 메워서. 그래 해서 그 감자 씨를 놓을 데를 호미로 파고 고 다음에 한쪽 옆에다는 두엄을 놓고.

박: 예.

- 그다음에 또 고 한쪽 옆에 씨를 놓고 그다음에 묻는다고. 그 심을 때 품을 넣소, 그건.

박: 맞습니다.

- 포기에다 비료를 탁탁 탁탁 다 준단 말이오. 그래 나온 다음에 김매서 그 후치질도 제대로 하고. 그래 다 될 때면 그 완전히 알을 안 빼고(=캐 내고) 응 이제는 이 정도 컸다 하고 생각할 때 그게 알 수 있단 말이오. 꽃이 피고 꽃이 지고 요 때가 되면 응. 잎은 시퍼렇지만 그러면 밑을 파서 먹음직한 것을 떼어 내오.

박: 예.

- 그래 떼어 내서 장을 끓여도 먹고.

박: 예.

- 그 삶아서는 그때 맛이 없단 말이오. 가루가 안 나고.

박: 음.

- 그래 장을 끓여 먹는 거는 요만큼씩 크면 뜯어내서 먹소. 그래 그게 다 성숙할 때면 잎이 싹 죽을 때가 아니오? 그래 가을이 된단 말이오. 그 다음에 다 파서, 그저 모조리 파서 움을 파고서 넣지 뭐. 그래 겨울에 저 장했다 먹는데.

소: 고구마는?

- 그 '디과'라는 것이 그게 고구마지 뭐.

소: 예.

- 어. 고구마를 우리 경신에서는 안 심어. 그건 싹을 심는데. 싹을.

소: 싹을.

- 응. 고구마를 거 땅에다 파묻는다거나 그냥 놓으면 그게 싹이 나오.

이막씨 길기. 그 싹으 짤가서 따에다 파묻디무. 곬으 맨든 다음에. 개 거
저 감지텨러 자란단 말이오.

박: 옳소꾸마.

– 이 경신에서란 안 싱구 이 훈춘에서란두 고구마르 싱구긴 싱구는데
맛이 없다니. 기온 탓인디:.

박: 옳소꾸마. 남쪽에서는 **쳘쳘**이 덴단 말입구마.

– 야ˉ:. 거게서 싱구는 건 맛잇는데. 갈기두 잘 나구 달구. 여기꺼느
물이 이르르하메서372) 맛이 없단 말이오. 크기는 다아 이룽기 크우 여기
두. 맛이 없어.

박: 죵재 좀 따압구마.

– 죵자두 딴디. 이룽기 길구. 이룽기 모든 게 크기는 잘 크는데 맛이
영 없어. 그 고구마 쟝사덜이 하는데 지금 다른 뎃거 딜여다서 굽어 팔구
생 생것두 팔구. 당디엣거는 알문 안 싸오.

소: 아바니! 마늘두 심재임둥?

– 야ˉ~.

소: 그건 어떻게 심습둥?

– 마늘으느 곬으 좀 쟉기 하구 그 따 아니 뚜디구 그저 마늘 싱굴 마:
니 호미나 꽉지르 가지구서 쮸욱 끄슨단 말이오. 그담에 끄슨 담에 거기
다서 비료르 많이 안 넣소. 구둘고랫재나 머 인분비료 같은 거 흙에다 섞
어서 딱 시워서 개 사르르 거저 죠꼼 주디 무.

소: 시운다구요?

– 그저 그 곬에다 늘인단 말이오. 마늘 싱굴 데다. 그담에 마늘 한낙
씨 요래 딱딱딱 세워 놓디 요래. 그담에 흙으 좀 묻어 놓구. 개 우우 살살
살살 눌러논다구.

소: 으음.

– 그래서 그게 마늘이 쌕이 재빨갛게 나온단 말이오. 기래 나온 담에

이만큼씩 길게. 그 싹을 잘라서 땅에다 파묻지 뭐. 골을 만든 다음에. 그래 그저 감자처럼 자란단 말이오.

박: 맞습니다.

– 이 경신에서는 안 심고 이 훈춘에서도 고구마를 심기는 심는데 맛이 없다오. 기온 탓인지.

박: 맞습니다. 남쪽에서는 철철이 된단 말입니다.

– 응. 거기에서 심는 건 맛있는데. 가루도 잘 나고 달고. 여기 것은 물이 많아서 맛이 없단 말이오. 크기는 다 이렇게 크오, 여기도 맛이 없어.

박: 종자가 좀 다릅니다.

– 종자도 다른지. 이렇게 길고. 이렇게 모든 게 크기는 잘 크는데 맛이 아주 없어. 그 고구마 장사꾼들이 하는데, 지금 다른 데 것을 들여다가 구워서 팔고 생 생것도 팔고. 당지(當地)엣 것은 알면 안 사오.

소: 할아버지 마늘도 심잖습니까?

– 응.

소: 그건 어떻게 심습니까?

– 마늘은 고랑은 좀 작게 하고 그 땅을 아니 쑤시고 그저 마늘 심을 만큼 호미나 괭이를 가지고서 쭉 끈단 말이오. 그다음에 끈 다음에 거기다 비료를 많이 안 넣소. 구들 고랫재나 뭐 인분 비료 같은 것을 흙에다 섞어서 딱 띄워서 그래 사르르 그저 조끔 주지 뭐.

소: 띄운다고요?

– 그저 그 고랑에다 늘인단 말이오. 마늘 심을 데에다. 그다음에 마늘을 하나씩 요렇게 딱딱딱 세워 놓지 요렇게. 그다음에 흙을 좀 묻어 놓고. 그래 위를 살살살살 눌러 놓는다고.

소: 음.

– 그래서 그게 마늘이 싹이 새빨갛게 나온단 말이오. 그래 나온 다음

풀이 많으문: 죠그만 손으르 뽑아 데디구 개 크문 홈미르 가지구서 설설 설설 매애서 그담에 그 마늘이 쪽이 더 앉아서 씨랑 보관하기 위해서는 야 게 누기 습기 많으무 마늘이 그게 썩는다구 안에서. 쪽이 나구 대 터 디구 이래매서 그래서 그거 따아 파서 쪽이 절반 내놓이래르.

박: 오오!

─ 야. 그래놓우문 야 그게 건조해디메서 밑에 뿌리, 그 뿌리는 그게 영야으 받아서 여물군단 말이오. 개 씨르 하구 오래 보관할 거는 파서 싹 다 그게 한 절반씨 내놓이래르 해야대.

박: 으음! 먹을 건 일없슴둥? 그냥 먹자구 하는 건.

─ 야. 그냥 먹는 건 그저 그대르 뒈서 거저 망태기 된 거 만저 뽑아먹구. 그담에 또 그거 짠지르 맨드는 게 절구대니우? 절구는 게라는 점 푸를 때 하니까. 어저부터느 마늘으 거 쬬곰 잇으무 막 뽑아서 절굴 때 절군마늘이 나올때 대앳소. 씨르 둔다거나 동삼에 먹을 거는 거 싹 다 파놔야 돼.

소: 옥수꾸두 여기서 많이 심쟤임둥?

─ 야.~.

소: 어떻게 기름둥?

─ 옥수꾸두 밭갈이르 해애서 자귈 티구. 자귈 티구서 씨앗으 떨구구. 개 그저 그것두 아시 두볼으 매애서 후치질 두 번 하구. 그램 가슬에 나가서 비각질해애서 이삭으 뜯어 실어딜에다서 수숫덕이란느373) 맨든단 말이오.

소: 수숫덕이요?

─ 야.~. 게 이삭이 마르게끔. 밑으 이만:이 높우기 비게 하구. 그담에 말 말댜아:[말땅] 네 개르 떡 세우거나 많으문 여슷개르 세우구. 밑에다서 어 가름대르 떡떡 놓구서 거기다 옥수숫대나 무슨 다른 거 이삭이 흐르디 말게끔 하구

에 풀이 많으면 조그만 것은 손으로 뽑아 버리고 그래 크면 호미를 가지고서 설설설설 매애서 그 담에 그 마늘이 쪽이 더 앉아서 씨랑 보관하기 위해서는 응 게 누기(漏氣) 습기 많으면 마늘이 그게 썩는다고 안에서. 쪽이 나고 대가 터지고 이러면서 그래서 그거 땅을 파서 쪽이 절반이 내놓이도록.

박: 오!

– 응. 그렇게 해 놓으면 응 그게 건조해지면서 밑에 뿌리, 그 뿌리는 그게 영양을 받아서 여문단 말이오. 그래 씨를 하고 오래 보관할 것은 파서 싹 다 그게 한 절반씩 내놓이도록 해야 돼.

박: 음! 먹을 것은 괜찮습니까? 그냥 먹자고 하는 것은.

– 응. 그냥 먹는 건 그저 그대로 두어서 그저 엉망이 된 것을 먼저 뽑아 먹고. 그다음에 또 그거 짠지를 만드는 것은 절이잖소? 절이는 것은 좀 푸를 때 하니까. 이제부터는 마늘을, 거 쪼금 있으면 막 뽑아서 절일 때가, 절인 마늘이 나올 때가 되었소. 씨를 둔다거나 겨울에 먹을 것은 거 싹 다 땅을 파서 묻어 놓아야 돼.

소: 옥수수도 여기서 많이 심잖습니까?

– 응.

소: 어떻게 키웁니까?

– 옥수수도 밭갈이를 해서 발자국을 내고. 발자국을 내고 씨앗을 떨어뜨리고. 그래 그저 그것도 초벌 두벌을 해서 후치질을 두 번 하고. 그럼 가을에 나가서 베는 일을 해서 이삭을 뜯어 실어 들여다가 옥수수 덕을 만든단 말이오.

소: 옥수수 덕요?

– 응. 게 이삭이 마르게끔. 밑을 이만큼 높게 비게 하고. 그다음에 말뚝 네 개를 떡 세우거나 많으면 여섯 개를 세우고. 밑에다 어 가름대를 떡떡 놓고 거기다 옥수숫대나 무슨 다른 거 이삭이 흐르지 않도록 하고

녀파리에다서 이막씨 모딘 거 야 낭그 떡어다서 뚜르르 사쳑에374) 엮어서
뜩 울타리 맨든단 말이오. 걔 그 안에다 옥수꾸 이삭채르 쏟아 넣딤. 기램
바름에 잘 마른단 말이오. 꼭대기르 이래 딮이나 탁 덮어놓구. 비안맞으
래르.

소: 옥수꾸를 말리와야 뎀둥?

— 으으~? 옥수꾸 잘 아니 마르네느 야 게 이삭이 잘 떨어두 안디거니
와 변질한단 말이오. 부우엏기. 줄가 줄 어간에 게 습, 습기 막 이 나온단
말이오, 기게. 걔 가슬에 바름이 쏭쏭쏭쏭 불구 그랠 때문 그게 야 수, 수
수허덕이 게 통풍이 잘 돼게끔 얇기[얍끼]하구 길기 해:서.

박: 수수허덕이라 함둥?

— 야~. 수수허덕이라 하디. 수수덕이. 허자를 빼구 그저 수수덕이라 하
디.

소: 여기, 고치도 길거 먹슴둥?

— 나아~. 고치르, 고츠: … 밭갈이르 해애서 고거. 따아 자알 다듬아375)
피우구 그담에 호밀르써 쮸욱 끄스구서 거기다 씨르 손을르써 떨군단 말
이오. 그담에 쮝 묻구. 그담에 살살살살 그야~ 손을르 누루던디 기래논다
구. 발르 꽉 밟댔구 그저. 기래무 고게 딱 나온다 말이. 걔 씨가 어떤 데
는 많이 떨어딘 거느 뽑아 데디구, 기슴맬 때. 걔 알뜰이 다루딤 그거. 고
치 보통 이막씨 크우. 걔 닉는 족족 뜯, 뜯어서 말리우구.

소: 어, 말리와요?

— 야:~. 어떤 집이서는: *여 말리우는 덕으 맨들어서 야 쮸욱 널어말리
우구. 어떤 집이서는 이 기왓집이랑 같은 데는 야 지붕꼭대게다 쮸욱 널
어말리우디. 게 많이 아니하는 집이서는: 실르서 껜다구 그거. 고춧다래
밀376) 맨든다구. 이막씨 길기. 실에다 꼐에서. 걔서 이런데다서 내애걸어
말리우딤. 비올땐 딜에놓구. 게 깨끗하딤[깨끄다딤]. 집이서 먹을 거사 그
렇기 하딤. 고칫갈그 파는 거느 그 더 맷매잔 따에다랑 야 쮝 널어놓구서

옆에다 이만큼씩 굵은 거 응 나무를 찍어다 뚜르르 사방에 엮어서 떡 울타리를 만든단 말이오. 그래 그 안에다 옥수수 이삭째로 쏟아 넣지. 그러면 바람에 잘 마른단 말이오. 꼭대기를 이렇게 짚이나 탁 덮어 놓고. 비를 안 맞도록.

소: 옥수수를 말려야 됩니까?

– 응? 옥수수가 잘 안 마르면 응 그게 이삭이 잘 떨어지지도 않거니와 변질이 된단 말이오. 부옇게. 줄과 줄 사이에 게 습기가 막 나온단 말이오, 그게. 그래 가을에 바람이 숭숭숭숭 불고 그럴 때면 그게 응 옥수수 덕이 그게 통풍이 잘 되게끔 얇게 하고 길게 해서.

박: 옥수수 덕이라 합니까?

– 응. '수수허덕'이라 하지. '수수덕'. '허'자를 빼고 그저 '수수덕'이라 하지.

소: 여기서는, 고추도 길러 먹습니까?

– 응. 고추를, 고추 … 밭갈이를 해서 고거. 땅을 잘 다듬어 일으키고 그다음에 호미로 쭉 긋고서 거기다 씨를 손으로 떨어뜨린단 말이오. 그다음에 쭉 묻고. 그다음에 살살살살 그냥 손으로 누르든지 그렇게 해 놓는다고. 발로 꽉 밟지 않고 그저. 그러면 고게 딱 나온단 말이오. 그래 씨가 어떤 데는 많이 떨어진 것은 뽑아 버리고. 김맬 때. 그래 알뜰히 다루지 그거. 고추가 보통 이만큼씩 크오. 그래 익는 족족 뜯어서 말리고.

소: 어, 말려요?

– 응. 어떤 집에서는 말리는 덕을 만들어서 응 쭉 널어 말리고. 어떤 집에서는 이 기와집 같은 데는 응 지붕 꼭대기에다 쭉 널어 말리지. 많이 아니 하는 집에서는 실로서 꿴다고 그거. 고추 두름을 만든다고. 이만큼씩 길게. 실에다 꿰서. 그래서 이런 데다가 내걸어 말리지. 비가 올 때는 들여놓고. 게 깨끗하지. 집에서 먹을 것이야 그렇게 하지. 고춧가루를 파는 것은 그 저 바닥이 매끈한 땅에다 응 쭉 늘어놓고서

그저 빌루 쑥:쑥 쓸어모닺다서 그저 대슈간 거저 툭툭툭 털어서는 갈그
쭐 내애서 팔아먹니 점 더럽딤.

소: (웃음) 한국에서는 다 그렇게 말리우던데요.

— 으음. 집이서 할, 집이서 먹는 고치쟝이랑 김치랑 맨 하쟈구서 하는
거느 야 다아 께에 달아매오.

박: 아아! 그렇슴둥?

— 야. 그 쮸욱 너는 덕으 기양 긴 낭그 이라 이릏기 떡 세워놓구서 거
기다서 고칫다래밀 더러 매구 어떤 집이서는 낭간기슭에다서 그 낭간 이
릏기 쭉 나오문 여기다 벽쪽에다 건단 말이오. 즛뻴겋기 그저 몣십다래씨
쭈르르 걸어놓딤. 깨끝하게[깨끄타게] 마르디 무 기게. 걔 그거 쪽지르 뜯
어데디구서 습기르 영 빼쟈네느 이 온돌방 같은데다서 밑에다서 무슨 하
불니불 같은 거 쮸욱 페구서 땍 말른 담에 기게에다 갈그내디377). 기게
없을 때느 셕매[셩매]애다서378) 갈그내앴어. 셕매, 셕매애 붙일 나시379)
없는 건 바이에다서 드딜빵아라는 게 있어 또 녯날에. 이래. 거기다서 떻
어서 갈그내구.

소: 옛날부터 그럼 고칫갈그 많이 먹엇슴둥?

— 야ˇ. 여기서 고치쟝이라는 거 다 한단 말이 야. 대부분 집이. 노인
덜이라 잇는 집은 꼭 하디무. 졂은사람덜은 그 무슨 잘 할 줄도 모르거니
와 해애두 맛이 없다구서 하댏:구. 고치쟝이 없이는 안 돼오. 여기 이 경
신 같은 데는 홰르 많이 해먹댏구 어떻소. 물고기홰르. 고치쟝에다서 한
거, 메워, 메운단380) 말이오. 고치쟝이 없으무 홰 맛이 없디무.

박: 옳소꾸마.

소: 뭐 가지 이런 것도 하재임둥?

— 까질 싱구댄구[댕구] 그래! 그 헐하오 그거느 그건 모오 붓엇다가서 야
그 모 이러::츰 자랄 때 따아 샵울르 하던디 꽉질르 하던디 골따ˇ아 맨들구
많이 안 싱구니까. 집에서 먹는 거. 골따ˇ아 맨들구서 그 모오[móo] 온길381).

그저 비로 쓱쓱 쓸어 모았다가 그저 대충 그저 툭툭 털어서는 가루를 쭐 내서 팔아먹으니 좀 더럽지.

소: (웃음) 한국에서는 다 그렇게 말리던데요.

- 음. 집에서 먹는 고추장이랑 김치랑만 하려고 말리는 고추는 응 다 꿰어서 달아매오.

박: 아! 그렇습니까?

- 응. 그 쭉 너는 덕을 그냥 긴 나무를 이래 이렇게 떡 세워 놓고서 거기다 고추 두름을 더러 매고 어떤 집에서는 처마기슭에다 그 처마가 이렇게 쭉 나오면 여기다 벽쪽에다 건단 말이오. 시뻘겋게 그저 몇 십 두름씩 쭈르르 걸어 놓지. 깨끗하게 마르지 뭐, 그게. 그래 그거 고추의 꼭지를 뜯어내고 습기를 아주 빼자면 이 온돌방 같은 데다가 밑에다 무슨 홑이불 같은 것을 쭉 펴고서 딱 마른 다음에 기계에다 가루를 내지. 기계 없을 때는 연자방아에다 가루를 내서. 연자방아, 연자방아에 찧을 나위가 없는 건 방아에다, 디딜방아라는 것이 있어 또 옛날에. 이렇게. 거기다 찧어서 가루를 내고.

소: 옛날부터 그럼 고춧가루를 많이 먹었습니까?

- 응. 여기서 고추장이라는 것을 다 한단 말이오 응. 대부분 집에서. 노인들이 있는 집은 꼭 하지 뭐. 젊은 사람들은 그 뭐 잘 할 줄도 모르거니와 해도 맛이 없다고 하지 않고. 고추장이 없이는 안 되오. 여기 이 경신 같은 데는 회(膾)를 많이 해 먹잖고 어떻소. 물고기 회를. 고추장에다 한 거, 무쳐, 무친단 말이오. 고추장이 없으면 회 맛이 없지 뭐.

박: 맞습니다.

소: 뭐 가지 이런 것도 하잖습니까?

- 가지를 심고말고 그럼! 쉽소 그건. 그건 모를 부었다가 응 그 모가 이 정도 자랄 때 땅을 삽으로 하든지 괭이로 하든지 고랑을 만들고 많이 안 심으니까. 집에서 먹는 거. 고랑을 만들고 그 모를 옮길.

그래 모오 온긴 담에 거기다 비료나 늘에놓구 기슴이나 몇번 매문. 그거 또 흙이 죽디 앓디.

박: 옳소꾸마. **흙이 아이 죽습구마.**

– 음. 흙이 안 죽소. 짖기 헐한게우. 똑같이 열기라구 두네느 몇 낭기[382] 애녜두 식귀 작은 집에서는 산다구.

박: 옳소꾸마.

– 우리란 벌드~에서 왜르 야 아홉 무들기나 앝 무들길 싱구는데 그 울타리 녀파리에다서 드문두문 나가메서 이래 왜르 싱궈놓. 갬 그 울타리르 너출이 올라가메서 여는데. 그 무슨 딸루 밭으 아니, 없딤. 그래두 왜 길어서 마감에 누우렁기 시왜대서 그저 쉐랑 막 뜯어다서 멕이디. (웃음).

– 호박이란두 야 다아 잘 여물구 잘 닉은 거 그저 한 여라무개씨 이십 개씨 보관해 두구서 그 나머지는 돼애지 칠 때는 돼질 멕이구 돼애질 안 칠 땐 쉐르 멕이구 그랫소. 야아! 쉐 잘 먹소.

박: 아아! 그렇슴둥?

– 야. 잘 먹소. 뜩뜩 때개서 이래 칼르 뜩뜩 때개서 탁 주무 그저 탁 물구서 그저. 그저 막 사름 그저 막 따라댕긴다니. 먹갯다구서. (웃음).

소: 호박이 소원임둥, 돼지?

– 돼애지 거 살이 지디 머 원래. 먹으무. 쉐두 그거 먹으무 좋소.

소: 호박두 잋기 너출이 잋기 막 올라가재임둥?

– 야. 호박으 더 내 그 양수기르 보메서 강역에다서 그 더 채석쟝 잇엇는데 그 채석쟝 집우 허문 자리 기게 너른 데다 호박 싱궈서 호박 이리 큰 거 두 술기 실어왓단 말이오.

박: 으음.

– 그래 동네르 좋온 거 농과서 가재다 먹어 보라구 주구 그 나머지는 떡 마당에다서 쌓아놓구서, 그 머 동삼에 어띠 보관하갯소 거.

그래 모를 옮긴 다음에 거기다 비료나 죽 늘이어 놓고 김이나 몇 번 매면. 그거 또 잘 죽지 않지.

박: 맞습니다. 잘 안 죽습니다.

― 음. 잘 안 죽소. 농사짓기가 쉬운 것이오. 똑같이 열리라고 두면은 몇 나무가(=그루가) 아니어도 식구가 작은 집에서는 산다고.

박: 맞습니다.

― 우리는 벌등에서 오이를 응 아홉 무들기나383) 열 무들기를 심는데 그 울타리 옆에다 드문드문 나가면서 이렇게 오이를 심어 놓지. 그럼 그 울타리를 덩굴이 올라가면서 여는데. 그 무슨 따로 밭을 아니, 없지(=밭을 따로 내서 심지 않지, 없지). 그래도 오이가 남아서 마지막에 누렇게 늙은 오이가 되어서 그저 소랑 막 따다가 먹이지. (웃음).

― 호박이란 것도 응 다 잘 여물고 잘 익은 것을 그저 한 여남은 개씩 이십 개씩 보관해 두고 그 나머지는 돼지 칠 때는 돼지 먹이고 돼지를 안 칠 때는 소를 먹이고 그랬소. 야! 소가 잘 먹소.

박: 아! 그렇습니까?

― 응. 잘 먹소. 떡떡 쪼개서 이렇게 칼로 떡떡 쪼개서 탁 주면 그저 탁 물고서 그저. 그저 막 사람을 그저 막 따라다닌다니까. 먹겠다고서. (웃음).

소: 호박이 소원입니까? 돼지가?

― 돼지 그게 살지 찌지 뭐 원래. 먹으면. 소도 그거 먹으면 좋소.

소: 호박도 이렇게 덩굴이 이렇게 막 올라가잖습니까?

― 응. 호박을 저 내 그 양수기를 보면서 강가에다 그 저 채석장이 있었는데 그 채석장 집을 허문 자리 그 너른 데다가 호박을 심어서 호박이 이리 큰 거 두 수레를 실어왔단 말이오.

박: 음.

― 그래 동네 사람들에게 좋은 것을 나누어서 먹어 보라고 주고 그 나머지는 떡 마당에다 쌓아 놓고서, 그 뭐 겨울에 어찌 보관하겠소 그거.

가슬에 쉐르 멕이는 데 떼 그저 지냑때무 그거 두 개씨 그저 떡 싸알아 멕이는데 그거 먹쟈구서 그저 탁 마다〮아로384) 오문 막 어부작티구서385) 사람 막 밀구 들어오는데 그렇더란 말이오, 기게. 호박만 보문 디랄우라디386) 머. 걔다나니 (웃음) 걔 남우 집 길역에랑 호박이 잇으녜느 그늠 쉐느 야 그거 먹갯다구 그저 막 들어가구. 애르 먹엇소. 멕에 놔서.

소: 그 호박이서 잋게 어떤 호박 말씀하시는 검둥?

― 떡호박이.

소: 예?

― 떡호박으.

소: 떡호박이? 큰거요?

― 이릏기 큰게 잇디.

소: 이릏게 큰거요? 그거를 먹쟈구 아주 돼지덜이⋯. (웃음).

― 야〮. 으 쉐 원래 그으 돼:지 멕이기보다 더 재밋디 무. 쉐르 멕이기.

박: 쉐가 호박을 쟐 먹는구나!

― 아아! 쟐 먹소. 사름이두 맛잇는데 쉐 기게 맛이 없을 택이 잇소?

박: 매호박이 아이 먹슴둥?

― 매호박이 맛이 없구. 또 큰데두 못하단 말이오. 떡호박보다.

박: 쉐는 아이 먹슴둥?

― 쉐는 먹소. 매호박두 쉐 먹소. 쉐느 그저 그놈으건 그저 호박이문 그저.

소: 호박이문 아주 디랄으 하구. (웃음).

― 야〮. 디랄하오. (웃음) 직금은 이 *시, 여기서느 거저 무스거 내다 파디 못해서 그러는데 야〮. 긑으문387). 우린데서라다 어:다 팔겠어. 동네 사람덜 거저 주는데 그 좋온 거 준단 말이오, 그것두. 모쓰 꺼 줘선 그거 무슨 그 집이서 데디디. 먹디 못해서. 당신 보구서 좋온거 골라가오. 이래.

가을에 소를 먹이는데 떡 그저 저녁때면 그 호박을 두 개씩 그저 떡 썰어 먹이는데. 그 호박을 먹자고 그저 탁 마당으로 오면 막 아우성을 치고서 사람을 막 밀고 들어오는데. 호박만 보면 지랄 발광이지 뭐. 그렇다 보니 (웃음) 그래 남의 집 길가에 호박이 있으면 그 놈 소는 응 그거 먹겠다고 그저 막 들어가고. 그래서 애를 먹었소. 호박을 먹여 봐서.

소: 호박 중에서 이렇게 어떤 호박을 말씀하시는 것입니까?

－ 동아.

소: 예?

－ 동아를.

소: 동아? 큰 거요?

－ 이렇게 큰 것이 있지.

소: 이렇게 큰 거요? 그것을 먹자고 돼지들이 아주…. (웃음).

－ 응. 어 소가 원래 그 돼지 먹이기보다(=사육하기보다) 더 재밌지 뭐. 소를 먹이기가.

박: 소가 호박을 잘 먹는구나!

－ 아! 잘 먹소. 사람도 맛있는데 소 그게 맛이 없을 턱이 있소?

박: '매호박'은 안 먹습니까?

－ '매호박'이 맛이 없고. 또 큰데도 못하단 말이오. 동아보다.

박: 소는 안 먹습니까?

－ 소는 먹소 '매호박'도 소가 먹소 소는 그저 그놈은 그저 호박이면 그저.

소: 호박이면 그저 지랄을 하고. (웃음).

－ 응. 지랄을 하오. (웃음) 지금은 이 *시(내), 여기서는 그저 뭐 내다 팔지 못해서 그러는데 응. 남으면. 우리가 있는 데서야 다 어디다 팔겠어. 동네 사람들에게 거저 주는데 그 좋은 것을 준단 말이오, 그것도 못쓸 것을 줘서는 그거 뭐 그 집에서 버리지. 먹지 못해서. 당신이 보고서 좋은 것을 골라가오. 이래.

소: 인심이 아주 **좋습구마**.

— 어, 팔아먹을 대두[때두] 없는데 그래 머 어띠갯느. 그거 또 많디. 그게 또.

소: 호박으로 죽은 아이 끓여 먹슴둥?

— 야:. *떠, 떡호박죽으 하는데 삶아먹기보다 못하단 말이오. 게 귀할 때 그거 더 그렇디. 그 흔해 쟈빠뎃는데 왜앤 좋온 걸르 골라 삶아먹디.

박: 옳소꾸마. (웃음) 언젠가 한, 한 삼년전인가 와서라문 허 동삼에 먹어 봤었는데. (웃음).

— 걔 그거 호박으 야 오가리라는 거 맨드는데, 꺼풀으 깎아 데디구 요 막씨 얇게[얍게] 싸알어서 이 길기 뎬단 말이오. 그 뜨르르르 오리문 야. 사과꺼풀으 깎는 거터러.

소: 예.

— 그래 길기 뒌 거 그거 바줄으388) 티구서는 말리우. 그래 말리윗다서 고게 아침에 누기 좋올 때 다: 말라스때, 아츰이문 또 누기 나서 그게 조곤조곤하단 말야. 그때 고거 요렇기 따바릴389) 맨들어서 한판으 딱 묶어서 이래 뜩 두문. 그담에 바그테 내애두문 또 인차390) 마르딤, 기게. 그거 오분동삼우 보관햇:다서 그 국이랑 끓여먹을 때 맛있어 그것두. 흥트지레: 한391) 게. 거기다 사카린이나 산탕갈기[깔기]나 죠꼼 떠넣으문 먹을만 하딤. 직금은 무슨 고기타ᅌ이 매일 잇디 그런거 먹쟈오?

소: 아바니! 여기 뭐 슈박이나 참왜나 사과, 뭐 복슈왜 이런 것두 심어서 먹슴둥?

— 다아 재빌르 싱궈 먹디무. 사과배392), 사쾌, 복숭아, 포도, 왜애지393), 살귀. 여기 다아 잘 돼오. 맛잇구 여깃게. 과실은 여기 과실이 다아 맛잇어.

소: 예에. 그렇습구마. 살귀 이런 것두 쟤빌루 심어서 해 보셧슴둥?

— 그렇대닝구 그래!

소: 인심이 아주 좋습니다.

– 어, 팔아먹을 데도 없는데 그래 뭐 어찌하겠나. 그거 또 많지. 그게 또.

소: 호박으로 죽은 안 끓여 먹습니까?

– 응. 동아로 죽을 하는데 삶아 먹기보다 못하단 말이오. 그게 귀할 때 그거 저 그렇지. 그 흔해 빠졌는데 가장 좋은 것으로 골라 삶아 먹지.

박: 맞습니다. (웃음) 언젠가 한, 한 3년 전인가 와서 겨울에 먹어 보았는데. (웃음).

– 그래 그거 호박을 응 호박고지라는 것을 만드는데, 껍질을 깎아 내고 요만큼씩 얇게 썰어서 이 길게 된단 말이오. 그 또르르 오리면 응. 사과 껍질을 깎는 것처럼.

소: 예.

– 그래 길게 된 거 그거 빨랫줄을 치고서는 말리오. 그래 말렸다가 고게 아침에 누기(漏氣)가 좋을 때 다 말랐을 때, 아침이면 또 누기가 나서 그게 조곤조곤하단 말이야. 그때 고거 요렇게 똬리를 틀어서 한가운데를 딱 묶어서 이렇게 떡 두면. 그다음에 바깥에 내두면 또 이내 마르지 그게. 그거 온 겨울을 보관했다가 그 국이랑 끓여 먹을 때 맛있어, 그것도. 약간 달착지근한 것이. 거기다 사카린이나 설탕가루나 조끔 떠 넣으면 먹을 만하지. 지금은 뭐 고깃국이 매일 있지 하니 누가 그런 것을 먹으려고 하오?

소: 할아버지! 여기 뭐 수박이나 참외나 사과, 뭐 복숭아 이런 것도 심어서 먹습니까?

– 다 자기 스스로 심어 먹지 뭐. 사과배, 사과, 복숭아, 포도, 자두, 살구. 여기 다 잘 되오. 맛있고, 여깃 것이. 과일은 여기 과일이 다 맛있어.

소: 예. 그렇습니다. 살구 이런 것도 스스로 심어서 길러 보셨습니까?

– 그렇고말고 그래!

소: 음 어떻게 심어서 길렀슴둥?

— 살귀 낭기 잇디 무. 그 살귀낭기 기게 씨 떨어데서 나옵니, 그 밑에서. 살귀씨 기게. 게 나온 거 그거 요막씨 큰 거 야 그거 온긴단[옹긴단] 말이오. 기애구 또 봄에 그 살귀씨르 따이라 파다서 보네느 야 뿌우죽한 싹이 나와. 살귀씨 따에서 쭉 나온다니. 기래 그거 또 잘 어디메 뚜디구서 보드랍게 해갖구 고거 딱 파묻으무 공게서두 나오오. 그래 그거 자래와서 한 삼사년이무 여는데.

박: 어어! 그렇슴둥?

— 으음.

박: 그럼 살귀하구 사과배는 어찌함둥?

— 사과배느 묘목으 파는 게 잇어. 전문 자래와서.

박: 아아! 그렇슴둥?

소: 집에서 기르는, 집에서 키우는 그런 과실에 또 어떤 게 잇갰슴둥?

— 내애 우리집에 벌등에 잇는 거느 왜앤 일쪽이 먹는 게 앵두. 앵두낭기 한 너더댓 개 잇엇소. 그담에 복수˜애낭기 대애여숫개 잇구. 그담에 왜애지낭기 그건 많구, 그거는.

박: 예! 많슴구마.

— 야:. 그담에 사과배 **박배하구 그저 사과배 잇구. 살귀낭기 한해르 딱 열구서 우리 오다나니꺼더 이듬해[이드매]부턴 머 여는두 어땐두 모른단 말이오. 살귀 이막씨 큰게.

소: 제대루 있으문 이번에 가서 다 좀 따먹갰슴구마.

— 게 음습해서 풀이 가뜩하디 그게 제대르 가꾸댢구 잘 안 됀단 말입구마. 내 이듬애 가보니꺼더 야 복슈˜애낭기랑 열기는 열엇는데 야 밑엣 굴의[꾸리] 가꾸댢구 그 아치르394) 전지두 아니하구 하다나니꺼더 복슈애 이젼텨러 크디 못햇디. 열기는 열엇는데 못하더란 말이오. 사름이 잇어서 그거 손질으 해애 돼디.

소: 음 어떻게 심어서 길렀습니까?

─ 살구는 나무가 있지 뭐. 그 살구나무 그게 씨가 떨어져서 나온다오, 그 밑에서. 살구 씨 그것이. 게 나온 거 그거 요만큼씩 큰 거 응 그거 옮긴단 말이오. 그리고 또 봄에 그 살구 씨를 땅을 파다가 보면 응 뾰족한 싹이 나와. 살구 씨가 땅에서 쭉 나온다니까. 그래 그거 또 잘 어디를 쑤셔 파고 흙을 보드랍게 해서 고거 딱 파묻으면 고기서도 나오오. 그래 그거 길러서 한 삼사 년이면 열매가 여는데.

박: 어! 그렇습니까?

─ 음.

박: 그럼 살구하고 사과배는 어찌합니까?

─ 사과배는 묘목을 파는 것이 있어. 전문으로 길러서.

박: 아! 그렇습니까?

소: 집에서 기르는, 집에서 키우는 그런 과일에는 또 어떤 것이 있겠습니까?

─ 내 우리 집에 벌등에 있는 것은 가장 일찍이 먹는 것이 앵두. 앵두나무가 한 너더댓 그루가 있었소. 그다음에 복숭아나무가 대여섯 그루가 있고. 그다음에 자두나무 그건 많고, 그것은.

박: 예! 많습니다.

─ 응. 그다음에 사과배, **하고 그저 사과배가 있고. 살구나무 한 해를 딱 열고서 우리가 오다 보니까 이듬해부터는 뭐 여는지 어쨌는지 모른단 말이오. 살구가 이만큼씩 큰 것이.

소: 제대로 있으면 이번에 가서 다 좀 따먹겠습니다.

─ 그게 음습해서 풀이 가뜩하지 또 그게 제대로 가꾸지 않고 하니 잘 안 된단 말입니다. 내가 이듬해 가 보니까 응 복숭아나무랑 열기는 열었는데 응 밑엣 그루를 가꾸지 않고 그 가지를 전지(剪枝)도 아니 하고 하다 보니까 복숭아가 이전처럼 크지 못했지. 열기는 열었는데 전보다 못하더란 말이오. 사람이 있어서 그거 손질을 해야 되지.

소: 어터게 손질함둥?

― 그거 곁아지르 죽은 거 죽은 가지 따 데디구. 그담에 곁에 붙어서 그런 것두 따데디구. 전지라는 게야 아채기 따 데디는 게 꼬옥 필요하오. 어떤 과실낭긴던디. 왜애지두 전지르 해애사 굵은 게 열구 맛잇구. 어떤 과실이든디 다 그게 전지 없이는 안 돼우.

박: 야아! 일이 많습구마, 그거. 벼농사두 저야데구 밭에 무스거 싱궈야 데구.

― 그런 거느, 과, 과실낭그느 그 품이 안 드느니. 아츰에 닐어나서두 하구 지냑에 일할라 갓다와서두 하구. 비와서 무스 다른 일으 못할 때 삿간이랑 떡 쓰구 나가서 심심:하무 낟이랑 톱이랑 가지구 나가서 떡: 보구서 모쓸 게무 쓱쓱 베에 데디구. 그건 품이 안든단 말이오. 그담에 녀파레 풀우느 홈미르 가지구서 그저 매고 그 먼뎃거느 낟을르서 쭉쭉 뻬어데디구.

박: 놀이 그것두 아이 뎃슴둥?

― 음?

박: 놀이.

― 놀이. 맛잇소.

박: 닉을 때가 덴거 같은데?

― 애니 됐어. 아즉은.

박: 아직 멀엇슴둥?

― 아직은 멀엇소.

소: 아바니! 일렁감 이런 것두 집에서 기르재임둥?

― 아 그거야 머 좀 헗이 기르디무.

소: 음:. 그건 어터게 함둥?

― 그것두 더어 … 모오 옮긴다구. 모오 요롷기 해애서 붓어놔서 그게 모이 나온단 말야. 게 이마악씨 클 때 간격으 맞촤서 다른 밭에다서 옮기구서. 개 이러::츰 클 때문 순우 따구. 꽃이 피무 이러:츰 큰단 말야.

소: 어떻게 손질합니까?

- 그거 곁가지를 죽은 거, 죽은 가지를 따 내고. 그다음에 곁에 붙어서 그런 것도 따 내고. 전지라는 것이 응 가지를 따 내는 것이 꼭 필요하오. 어떤 과일나무든지. 자두도 전지를 해야만 굵은 것이 열고 맛있고. 어떤 과일이든지 다 그게 전지가 없이는 안 되오.

박: 야! 일이 많습니다, 그거. 벼농사도 지어야 되고 밭에 뭐 심어야 되고.

- 그런 거는, 과, 과일나무는 키우는 데 품이 안 든다오. (가지치기를) 아침에 일어나서도 하고 저녁에 일하러 갔다 와서도 하고. 비가 와서 다른 일을 못할 때 삿갓을 떡 쓰고 나가서 심심하면 낫이랑 톱이랑 가지고 나가서 떡 보고서 못 쓸 것이면 쓱쓱 베어 버리고. 그건 품이 안 든단 말이오. 그다음에 옆의 풀은 호미를 가지고서 그저 매고 그 먼 데 있는 풀은 낫으로 쭉쭉 베어 버리고.

박: 놀(＝자두의 일종) 그것도 아니 되었습니까?

- 음?

박: 놀.

- 놀. 맛있소.

박: 익을 때간 된 것 같은데?

- 안 됐어. 아직은.

박: 아직 멀었습니까?

- 아직은 멀었소.

소: 할아버지! 토마토 이런 것도 집에서 기르잖습니까?

- 아, 그거야 좀 쉬 기르지, 뭐.

소: 음. 그건 어떻게 합니까?

- 그것도 저 … 모를 옮긴다고. 모를 요렇게 해서 부어 놓아서 그게 모가 나온단 말이야. 그게 이만큼 클 때 간격을 맞추어서 다른 밭에다 옮기고. 그래 이 정도로 클 때면 순을 따고 꽃이 피면 이 정도로 큰단 말이야.

그때 꼬재르 탁 셰우구서 게 이룽기 늙디[늑띠] 못하게끔 매애놓딤. 개 또 더 올라가문 또 우에 올레다 매애 놓구.

박: 음.

– 그담에 어전 이 이상 아니 열구갯다 할 때 꼭대기 뚝 움우 패애데디디. 기램 그저 다슷소~이나 여슷소~이. 개 밑엣거부터 만져 닉는데 야 닉는 족족 뜯어 먹구 마감에 꼭대깃게 마감에 다 닉어서 뜯어먹으문 끝난단 말이오. 갠 다 못 먹엇어. 우리란느. 다 못 먹어서 마감에 그저 서리 올때꺼지 그저 밭에 즈뻘개 잇디. (웃음) 시내 같음사 그거 내다서 거저 줘두 그렇거니와 돈으 받구 팔쟈문사 눅기 그저 "훼: 가져다 먹소!" 하구서 그저 "생각해서 얼매간 주웁궤!395)" 그저 이래문 돼는데. 그거 버스타구 왓다갓다 그거 무시기. 그 또 많두댏디. (웃음) 그래 뿌레데딘 게 엘매갯소. 과실이랑 복슈~아랑 그저 밑에 떨어데서 그저 이만:이 두껍게 쌓이우.

박: 아이구!

– 복슈~애 또, 야! 잘 일엇소396) 이막씨 *모[='모딜기'(=알이 굵게)라는 말을 쓰려다 만 것] 큰:게. 맛은 또 얼매 좋갯소.

박: 옳소꾸마.

– 여기서 싸먹는 복슈~애 난 원래 입에 넣대니오. 맛이 없어서. (웃음) 아아! 그 (쯧) 우리 혜룡봉 벌등 복슈~애딜이 맛이 좋소.

그때 꼬챙이를 탁 세우고 그게 이렇게 늙지 못하게끔 매놓지. 그래 또 더 올라가면 또 위에 올려다 매놓고.

박: 음.

- 그다음에 이젠 이 이상 안 열리겠다 할 때 꼭대기를 뚝 새움을 쳐내지. 그럼 그저 다섯 송이나 여섯 송이가. 그래 밑엣 것부터 먼저 익는데 응 익는 족족 뜯어 먹고 마지막에 꼭대기엣 것이 마지막에 다 익어서 따 먹으면 끝난단 말이오. 그런데 다 못 먹었어. 우리는. 다 못 먹어서 마지막에 그저 서리가 올 때까지 그저 밭에 시뻘겋게 있지. (웃음) 시내 같으면야 그거 내다가 그저 줘도 그렇거니와 돈을 받고 팔자면야 싸게 그저, "휘 가져다 먹소!" 하고서 그저, "생각해서 얼마간 주게!" 그저 이러면 되는데. 그거 버스를 타고 왔다 갔다 그거 무엇 때문에. 그 또 많지도 않지. (웃음) 그래 내버린 것이 얼마겠소. 과일이랑 복숭아랑 그저 밑에 떨어져서 그거 이만큼 두껍게 쌓이오.

박: 아이고!

- 복숭아가 또, 야! 잘 결실을 맺었소. 이만큼씩 큰 것이. 맛은 또 얼마나 좋겠소.

박: 맞습니다.

- 여기서 사먹는 복숭아를 난 원래 입에 넣지 않소. 맛이 없어서. (웃음) 아! 그 (쯧) 우리 회룡봉, 벌등 복숭아들이 맛이 좋소.

2.6. 집짓기

고딕체 조사자(소신애, 박진혁)
－   제보자(박남성)

소: 다시 복습하겠습구마.

－ (담배 피우는 소리) 집우 짛쟈문….

소: 예.

－ 한 이년, 일년 준비 게단이 들어가야 댄단 말이오.

박: 예.

－ 목재 준비, 석재 준비 그 담에 문재료 준비 그게 다아 갖추어딘 담에 시잭이르 하는데 첨에 터 처서[츠-＋-어서].

박: 예.

－ 걔 비오문 좋구 비 아니오문 다다걸루써397) 야ˇ 비 와도 다다걸 한단 말이오.

소: 다다귀요?

－ 야ˇ. 다다귀라는게 긔게 쥬츳돌으 앉히는 데르 따아 이래 야[壓, 한어]르 한다는, 누른단 말이오. 걔 긔게 누루대니문 그 쥬츳돌으 딜인 담에 그기 우그러들어가문 일져ˇ하기 한내 우그러들어가구 한난 제대르 잇구 하문 이룽기 데댷구 어떻소.

박: 옳소꾸마.

－ 기래길래 다아 같이[가티], 다아 같이[가티] 눌러서 그래 그거 다다걸 딜인 담에 쥐츳돌으 딜일 때애 바름이 아니 부는 날에 야 아침에 일찌가니 닐어나서, 조용::하때 그 난딧줄이라는게398) 긔게 야ˇ 실으 늘인단 말이오, 기게.

박: 예.

2.6. 집짓기

소: 다시 복습하겠습니다.

– (담배 피우는 소리) 집을 짓자면….

소: 예.

– 한 2년, 1년 준비 계단이(=준비 단계) 들어가야 된단 말이오.

박: 예.

– 목재 준비, 석재 준비 그다음에 문 재료 준비 그게 다 갖추어진 다음에 시작을 하는데 처음에 터를 고르고 다듬어서.

박: 예.

– 그래 비가 오면 좋고 비가 안 오면 달구로써 응 비가 와도 달구질을 한단 말이오.

소: '다다귀'요?

– 응. 달귀라는 게 그게 주춧돌을 앉히는 데를 땅을 이렇게 누른단, 누른단 말이오. 그래 그게 누르지 않으면 그게 주춧돌을 들인 다음에 그게 우글어 들어가면 일정하게 하나가 우글어 들어가고 하나는 제대로 있고 하면 이렇게 되잖고 어떻소.

박: 맞습니다.

– 그러기에 다 같이, 다 같이 눌러서 그래 그거 달구를 들인 다음에 주춧돌을 들일 때에 바람이 안 부는 날에 응 아침에 일찌감치 일어나서, 조용할 때 그 난덧줄이라는 거 그거, 응, 실을 늘인단 말이오, 그거.

박: 예.

- 바름에 흔들흔들하문 거 수운자[수운째] 보고 수펴~어 보기 바뿌댾고 어떻소.

박: 옳소꾸마.

- 그래서 그 돌 우에다 올레놓고서 야~ 슈운자[슈운째] 딱 본단 말이오. 그건 딱 붙이무 안대디무. 거게다서 표시 딱 한단 말이오. 낭그 끄네에서[399]. 그래 실에다서 고낭기 딱 댄 녀파레:서 요래 딱 본단 말이오. 그래 뎌짝엣 게 높운가 이짝게 높운가 하는 건 야~ 좌우짝에 앉은 사름덜이 낮출 겐 낮추구 높일건 높이구 슈운자[슈운째]에 가온데에 딱 설 때문 고대르 떡 둔단 말이오. 고대르 딱 두고서 어 쥐춧돌이 더 **높으문, 낮으문 그것 뜩 죠꼼 돋구고서 밑에다 흙으 넣소 또.

박: 예.

- 흙으 넣구서 이래 또 막 다제 쑤셔넣소. 기애 쪼꼼 높운거느 야~ 멜르 테서 웅굴게 딜에 뗄에뜨리구 **자꾸 요만::이 나아 높운건 야~ 이러:츰 높으문 그건 테서 안대거든. 갯다 밑으 또 흙으 파내구서 그만:이 주잖히우. 그래구서 딱 대앳다 할때 다시 딱 재보오. 기애 그 돌가 돌이 네개나 다슷개 기두~이 쥐춧돌이 그 높이가 떡 일정하문 선이 맞는게 한가지라구. 그 담에 대앳다 하구서 거기다아서 각자 떡 돌에다 놓는단 말이 야~. 이 더 줄으 딱 틴 다음에. 각자 딱 놓구서 그 각에 맞게끔 쮸욱 선으 그 껌정줄 잇대니우 그.

박: 옳소꾸마.

- **먹조, 먹토~. 먹토~ 탁 들엇다서 탁 놓오무 돌이 다슷개 여슷개 할메에 맞는다구.

박: 옳소구마.

- 야~. 그담에 이래 가로, 세로, 중간꺼 다 그, 그, 그거 그식을르서 쥬춧돌이 떡 같애야 대디 그저. 높이 딱 같애야 댄단 말이오. 그래 그거

– 바람에 흔들흔들하면 그거 수준기(水準器)를 보고 수평을 보기가 힘들잖고 어떻소.

박: 맞습니다.

– 그래서 그 돌 위에다 올려놓고서 응 수준기를 딱 본단 말이오. 그건 딱 붙이면 안 되지 뭐. 거기다 표시를 딱 한단 말이오. 나무를 끊어서(=잘라서). 그래 실에다 고 나무를 딱 댄 옆에서 요렇게 딱 보단 말이오. 그래 저쪽엣 것이 높은가 이쪽 것이 높은가 하는 건 응 좌우 쪽에 앉은 사람들이 낮출 건 낮추고 높일 건 높이고 수준기의 (수평을 표시하는 기포가) 가운데에 딱 설 때면 고대로 떡 둔단 말이오. 고대로 딱 두고서 어 주춧돌이 더 **높으면, 낮으면 그것을 떡 조금 돋우고서 밑에다 흙을 넣소 또

박: 예.

– 흙을 넣고서 이렇게 또 막 다져서 쑤셔 넣소. 그래 조금 높은 건 응 메로 쳐서 '옹굴게'(=내려치는 힘을 받아 조금씩 움츠리게) (밑으로) 들여 (높이를) 떨어뜨리고 자꾸 요만큼 나와(=내밀어) 이 정도로 높으면 그건 메로 쳐서 안 되거든. 그랬다 밑을 또 흙을 파내고서 그만큼 주저앉히오. 그렇게 하고서 딱 됐다 할 때 다시 딱 재 보오. 그래 그 돌과 돌이 네 개나 다섯 개 기둥이, 주춧돌이 그 높이가 딱 일정하면 선이 맞는 게 한가지라고. 그다음에 됐다 하고서 거기다 각자(=각(角)이 진 자)를 떡 돌에다 놓는단 말이오, 응. 이 저 줄을 딱 친 다음에 각자를 딱 놓고서 그 각(角)에 맞게끔 쭉 선을, 그 검정 줄이 있잖소, 그.

박: 맞습니다.

– 먹통, 먹통을. 먹통을 탁 들었다가 탁 놓으면 돌이 다섯 개, 여섯 개 한꺼번에 맞는다고.

박: 맞습니다.

– 응. 그다음에 이렇게 가로, 세로, 중간 것 다 그, 그, 그거 그 식으로 주춧돌이 딱 같아야 되지 그저. 높이가 딱 같아야 된단 말이오. 그래 그거

측랴ˇ 딱 해애서 먹토ˇ 사바ˇ에다서 다 놓오문 열십재르 다 틴단 말이 야ˇ.

박: 옳소꾸마.

– 그담엔 쥐춧돌 딜이무 그저 그건 져엇, 한절반 져엇다 하오. 응. 그담에 기두:[kituú] 쥐춧돌에 개애다서 한낙씨400) 딱딱 놓디무. 개애다 늡혜 논다구 고거느. 낭그 다드문거. 개애다 놓구서 한낙씨 한낙씨 거기다서 딱 셰우 야ˇ 금에 맞게.

박: 예.

– **쥐춧도, *짓, 기둥에다두 야ˇ 열십재 그거 티댆구 어떻소. 줄으 줄으 다 틴다구. 그애서 그 줄가 돌에 열십재가 낭게 열십재 뜩 맞아야 대오. 고때 진재리401) 금으 이래가지구서 한데 삐:: 돌메서 턱 돌에다 한나 대애구서 야ˇ 한나느 낭개다 대앤단 말이오. 돌이 낮은데문 낭게두 *낸자 내레오고 돌이 높운데문 낭게도 높이 올라가고 그모야ˇ, 돌 모형대로 금 쫏구서. 개 사바ˇ에서 진재리 줄으 다:: 티우. 기둥대르 기두ˇ이 얄, *얄쓰, 열 멫개르 야ˇ. 기애 다:: 고 자리에다 늡혜놓구 그 기둥두 야ˇ 남우 향하는게문 남우 향하는게라구서 남재르 다 써놓소. 야ˇ.

박: 아….

– 어느짝에402) 향하는게 다 잇단 말이, 기게. 북이 향하는게구 서짝이 향하는게구 그것 다 좌웃녀파리에[좌운녀파리에] 그것 다 그 글재르 한재씨 다 써놓소. 기애구 열십재에 맞촤서 진재리 다아 앗은 다음에 고거 향하는 방향 고대르 딱 놓구서. 고래 놓구서 (쯧) 진재리 금으 끌르서 꺼내오. 그 금에 따라서 쬬옥 꺼내서 탁 올레놓오무 혼자 처부인다구 그다음부터느. 딱 선다구 거저. 밀어 이래 살라살랑 밀어선 대왜두 안 디우.403) 딱 맞아서. 그램 기게 기두ˇ이 어전 바슴이 다아 댓소. 그담엔 웃바슴일 하는데 야ˇ 개 다 먹금으 다:: 틴게 잇다나니 야ˇ 앞 사면으 어, 한 이센 치시 옥인다고. 기두 야ˇ 이릏게 옥인다구.

측량을 딱 해서 먹통을 사방에다 다 놓으면 열십자로 다 친단 말이오, 응.

박: 맞습니다.

– 그다음엔 주춧돌을 들이면 그저 그건 지었, 한 절반을 지었다 하오. 응. 그다음에 기둥을 주춧돌에 가져다가 하나씩 딱딱 놓지 뭐. 갖다 눕혀 놓는다고 그거는. 나무를 다듬은 거. 그래 놓고서 하나씩 하나씩 거기다 딱 세우오 응 금에 맞게.

박: 예.

– 주춧돌, 주(춧돌), 기둥에다도 응 열십자 그걸 치지 않고 어떻소. 줄을. 줄을 다 친다고. 그래서 그 줄과, 돌에 열십자와 나무에 열십자가 딱 맞아야 되오. 고때 '진재리' 금을 이래 가지고서 한데 뻥 돌면서 턱 돌에다 하나 대고서 응 하나는 나무에다 댄단 말이오. 돌이 낮은 데면 나무에도 ** 내려오고 돌이 높은 데면 나무에도 높이 올라가고 그 모양, 돌 모형대로 금을 쪼고서. 그래 사방에서 '진재리' 줄을 다 치오. 기둥대로 기둥이 열, 열, 열 몇 개를 응. 그래 다 고 자리에다 눕혀 놓고, 그 기둥도 응 남쪽을 향하는 것이면 남쪽을 향하는 것이라고 남(南)자를 다 써 놓소 응.

박: 아….

– 어느 쪽으로 향하는 게 다 있단 말이오, 그게. 북을 향하는 것이고 서쪽을 향하는 것이고 그것을 다 좌우 옆에 그것을 다 그 글자를 한 자씩 다 써 놓소. 그리고 열십자에 맞춰서 '진재리'(=기둥의 밑 부분)를 다 앗은(=깎아낸) 다음에 고거 향하는 방향 고대로 딱 놓고서. 고렇게 놓고서 (쯧) 진재리 금을 끌로써 끄어 내오. 그 금에 따라서 쪽 끄어 내서 탁 (기둥을 주춧돌 위에) 올려놓으면 혼자 위로 쳐다보인다고, 그다음부터는. 딱 선다고 그저. 밀어서는, 이렇게 살랑살랑 밀어서는 쓰러지지도 않소. 딱 맞아서. 그럼 그게 기둥이 이제 바심이 다 됐소. 그다음엔 윗바심(=기둥의 윗부분을 다듬는 일)을 하는데 응 그래 다 먹금을 다 친 게 있다 보니 응 앞 사면(四面)을 어, 한 2센티미터씩 옥인다고 기둥을 응 이렇게 옥인다고.

갠데 안으르 향하는 면에다가서 어느 기두이던디 싹 다 삼센치르 표시르 하고 이센치르 표시르 하고서 글거리 먹금에다 대애구 거 이센치 짝에다 댈, 이센치르 안을르 딜여놓은 짝에다 대구서 먹줄으 딱 맞힌다구 또 야ˇ. 그래 맞헤서 그게 옥운 표실르서 서랠 하디. 고만::이 옥운거르 세운단 말이오. 그담에느 그거 야ˇ 그 옥인 ㅅ, 선이 슈운자[슈운짜]에 맞게끔 맨든단 말이오.

박: 예.

― 응. 긔래놓우문 그저 어느 게나 다 고만:이 딱 왔다구. *척초두[←척춘두] 옥이다나니꺼더 그저 사면으 다아 그저. 그래 옥인 게꺼지 완성대문 (쫏) 에 도리르 얹:는다구. 도리르 듕두리404) 더, 듕두리, 듕도리부터. 듕도리부터 한데 낭기 재료가 그게 좋은게문 어간에 기두ˇ우느 바팀기두ˇ 울로서 그저 우우 싹 베에구 궁가 요만::이 요래 올라오만 젖으 맨드디 그저. 그건 헐한게구 야ˇ. 그담에 기게 그런 낭기 없어서 두개르 쓸 때무 좌우면에다 구, 궁가 끈단 말이오. 이만:이 넙기 이렇기 야ˇ. 기애 이짝에다서 하나 올레놓구 기두ˇ에다 올레놓구 이 궁가에다 맞차서 그래 꺼꾸망도리르 하디405). 꺼끄망도리르, 기애두 기게 자심한 같애두 그게 좀 좋단 말이오, 기게. 낭그ˇ 야ˇ 아무래두 하나 쓰쟈네는 꼬리짝에 가는덴 가늘어 디댏구 어떻소.

박: 옳소꾸마.

― 응. 기애서 꺼꾸망기두ˇ으느 밭은 거리에서느 좌우짝이 다

그런데 안으로 향하는 면에다가 어느 기둥이든지 싹 다 3센티미터를 표시를 하고 2센티미터를 표시를 하고서 기둥의 밑 부분 먹금에다 대고 그거 2센티미터 쪽에다 대고, 2센티미터를 안으로 들여놓은 쪽에다 대고서 먹줄을 딱 맞힌다고 또 응. 그렇게 맞혀서 그게(=기둥이) 안으로 옥은 표시에 따라 서도록 하지. 고만큼 안으로 옥은 것을 세운단 말이오(=지붕의 무게를 지탱하기 위해 마주 보는 기둥을 똑바로 세우지 않고 약간 안쪽으로 기울게 세운다는 뜻으로 한 말). 그다음에는 그거 응 그 옥인 선이 수준기에 맞게끔 만든단 말이오.

박: 예.

- 응. 그렇게 해 놓으면 그저 어느 것이나 다 고만큼 딱 왔다고. 고 치수도 옥이다 보니까 그저 사면을 다 그저. 그렇게 옥이는 일까지 완성되면 (쯧) 도리를 얹는다고. 도리를 중도리, 중도리, 중도리부터. 중도리부터 하는데 나무 재료가, 그게 좋은 것이면 중간의 기둥은 받침기둥으로써 그저 위를 싹 베고 구멍이 요만하게 요렇게 올라오면 장부(通枘)를 만들지 그저. 그건 쉬운 것이고 응. 그다음에 그게 그런 나무가 없어서 두 개를 쓸 때면 좌우 면에다가 구, 구멍을 끈단 말이오. 이만큼 넓게 이렇게 응. 그래 이쪽에다 하나 올려놓고 기둥에다 올려놓고 이 구멍에다 맞춰서 그렇게 꺼꾸망도리(=기둥이 짧을 때, 그와 같은 나무를 잇대어 만든 기둥. 연결할 나무의 한쪽에는 장부를 다른 나무에는 구멍을 파서 결합함)를 하지. 꺼꾸망도리를, 그래도 그게 번거로운 것 같아도 그게 좀 좋단 말이오, 그게. 나무를 응 아무래도 하나를 쓰자면 꼬리 쪽(=나무의 끝 부분)으로 가면 가늘어지지 않고 어떻소(=기둥으로 쓰는 나무는 위로 올라가며 점차 가늘어지므로 굵기가 일정한 나무 두 개를 이어서 꺼꾸망도리를 만들어 쓰는 것이 좋다는 말).

박: 맞습니다.

- 응, 그래서 '꺼꾸망기둥'은 밭은 거리에서는 좌우 쪽이 다 (굵기가)

비뜨름::하단 말이오. 글거리구 그게. 그래서 우리집이란느 짛는거느 대부분 다 글거리 짝을르서 이릏기 모딘게 비뜨름안거 꺼꾸망기두~ 다아 했어. 개 꺼끄망기두~ 하쟈네느 중간 기둥덜이 좀 실해야 대오. 그래서 좌우, 좌우짝 궁가~께 사, 엇, 더 샙406), 궂방꺼는407) 네궁가 끈단 말이오 이게. 네 면을르 들어오니까, 기게. 그래서 도리르 다아 앉히구 도리르 다아 앉힌 담에 바아 채운다구. 바이라는거느 그 밑에다아서 문, 문특이408) 대는 낳기디 기게.

박: 옳소꾸마.

– 그거 할 때애는 헐하오. 톱울루 쓱 베에서 얼매만:이 들어가갰다는 것 떡 어여내구서409) 좌우짝으 좀자귈르410) 탁타타닥 톄데디구서 끈 척 촌만:이 살살살 다슬궈서 그 궁가에다 탁 맞추구 쇄애기 떡 티무 뜬뜬해디우. 그담에 그 도리르 얹구 바아 채우구 다시 슈운자[슈운짜]아 놓구서 제대로 섯는가 하는거 야~ 그다음부터느 쇄애길르 죠절한단 말이오. 쇄애길 박아서 죠절한단 말이오. 죠꼼 벋어딘거느 밑쌔애기 티구 그래서 옥앗는가 지내411) 뻗엇는가 그 쇄애길 톄서 딱 먹금에 맞게끔 한 담에는 뿌빠르 주오. (쯧) 뽀빠르란게 이게 아무짝두 가디 못하게끔 하는게란 말이오, 이래. 버빠르란게 이게디. 대배디디 못하래르. 걔 그거 동셔남북에 ㅅ, 사바~에 안에다도 하오. 그 안에 듕두리에다 대애구두, 칸칸이 그저 다하디무.

소: '버빠르'라구요?

– 버빠르.

소: 예.

– 응. 버팀목인데 기게 야~. 그래 좌우짝 버팀목이. 그거느 몰으 틴단 말이오. 잇다가서 뽑아데딜께니까. 아니 쓴다니, 기게.

박: 예. 옳소꾸마.

비슷하단 말이오. 밑 부분이고 (아랫부분이고) 그게. 그래서 우리 집은, 짓는 거는 대부분 다 밑동 쪽으로써 이렇게 굵기가 비슷한 것으로 '꺼꾸망기둥'을 다 했어. 그래 '꺼꾸망기둥'을 하자면 중간 기둥들이 좀 실해야 되오. 그래서 좌우, 좌우 쪽 구멍의 것이 사(잇방), 저 … 샛(방), 굿방(＝함경도의 양통식 가옥구조에서 부엌으로부터 맨 뒤에 위치한 방)의 것은 네 구멍을 끌로 끈단 말이오, 그게. 네 면으로 들어오니까, 그게. 그래서 도리를 다 앉히고, 도리를 다 앉힌 다음에 '바'를 채운다고. '바'라는 것은 그 밑에다가 (대는), 문턱이 되는 나무지, 그게.

박: 맞습니다.

— 그거 할 때에는 쉽소. 톱으로 쓱 베어서 얼마만큼 들어가겠다는 거 떡 도려내고서 좌우 쪽을 조그마한 자귀로 탁타타닥 쳐 버리고서 끄어 낸 척촌(尺寸, ＝치수)만큼 살살살살 다듬어서 그 구멍에다 탁 맞추고 쐐기를 떡 치면 뜬뜬해지오. 그다음에 그거 도리를 얹고 '바'를 채우고 다시 수준기를 놓고서 제대로 섰는가 하는 거 응 그다음부터는 쐐기로 조절한단 말이오. 쐐기를 박아서 조절한단 말이오. 조끔 벋은 거는 밑 쐐기를 치고 그래서 옥았는지, 너무 뻗었는지 가늠해서 그 쐐기를 쳐서 먹금에 맞게끔 한 다음에는 버팀목을 주오. (쯧) '뻐빠르'라는 게 이게 어느 쪽에도 가지 못하게끔 하는 것이란 말이오, 이렇게. 버팀목이라는 것이 이게지. 쓰러지지 않도록. 그래 그거 동서남북 사방에 (다 세우고), 안에다가도 하오. 그 안에 중도리에다 대고도, 칸칸이 그저 다하지 뭐.

소: '버빠르'(＝버팀목)라고요?

— 버팀목.

소: 예.

— 응. 버팀목인데 그게 응. 그래 좌우 쪽에 받치는 버팀목. 그거는 모두 못을 친단 말이오. 있다가 뽑아 버릴 것이니까. 아니 쓴다오, 그것은.

박: 예. 맞습니다.

- 응. 다 산재르[412] 엮구 그담에느 뽑아데딘다구. 바름질할때랑 게 필요없디무. 우엣것 다 없을 때꺼지 그거 쓴다고, 그저. 응.

소: 그러면 그….

- 그래고서 어 네, 네귀르 다 쨌어. 방, 도리, 그담에 대고~, 마룻대르 없을거 듕두리하구 마룻대르 없을 대공바슴이라 한다구.

박: 예.

- 그거느 듕대고~이는:: 길구 그담에 듕두리 대고~오느 좀 짧게[짭께]. 그담에 다 척촌에 맞게. 기게 낭기 일정하디 못한데 딱 같이[가티] 베무 아니 대오 그것두. 낭기 더짝에 대고~오느 이릏기 잘 하온데 쭉 살앗단 말이오. 이릏기 홀어서[413]. 쬬꼼 홀어두 기게 이삼센치 차는 잇대니우? 이게 낭기.

박: 옳소꾸마.

- 쬬꼼 모딜어두[414] 또 차잇거든. 갠데 그거느 야~ 그 밑에 먹금이 딱 잇단 말이오, 기게. 밑에 먹금가 그 더 우에다이서 없을 낭기 또 금이 잇다구, 그게. 그 금이 사이가 앞에것가 두엣게[415] 딱 같이[가티] 한다구. 걔다나니까 거저거저 그 금 해가지구서 '이건 얼맬 짜르멘 덴다, 몇 센치 테데디문 덴다.' 요래 딱 맞는다 그게. 그 금이 없으문 못 하오.

박: 옳소꾸마.

- 어. 자알르서 거 한낙씨 재애선 아니 댄단 말이오. 이미 맨들어논 금이, 경게다[416] 대애구서 그저 떡떠뜨덕 자아 놓오무 그저 언매[417] 기대~이다[418]. 기램 그저 그만::이 금으 쭉 그서서 톱울로 뚝 케데디구 이르기 젲으 하나 탁 맨들어서, 밑으르 들으가는 궁가~아 발써 이미 다 파아놔앗거든 그 도리르 맨들 때.

소: 그런걸 젲이라 함둥?

- 야~.

소: 공강, 공가~아 젲이라 함두~?

- 응. 다 산자(橵子)를 엮고 그다음에는 뽑아 버린다고. 미장할 때에는 그게 필요 없지, 뭐. 위의 것을 다 얹을 때까지 그거 쓴다고, 그저. 응.

소: 그러면 그….

- 그리하고서 어 네, 네 귀를 다 짰어. 방, 도리, 그다음에 대공을, 마룻대를 얹을 거, 중도리하고 마룻대를 얹을 대공 바심이랑 한다고.

박: 예.

- 그거는, 중대공은 길고 그다음에 중도리를 받치는 대공은 좀 짧게. 그다음에 다 치수에 맞게. 그게 나무가 일정하지 못한데 똑같이 베면 안 되오, 그것도. 나무가, 저쪽의 대공은 이렇게 잘, 가운데가 쭉 살았단 말이오. 이렇게 휘어서. 쪼끔 휘어도 그게 2~3센티미터 차(差)는 있잖소? 이게, 나무가.

박: 맞습니다.

- 조금 굵어도 또 차가 있거든. 그런데 그거는 응 그 밑에 먹금이 딱 있단 말이오, 그게. 밑의 먹금과 그, 저 … 위에다가 얹을 나무에도 또 금이 있다고, 그게. 그 금의 사이가 앞의 것과 뒤의 것이 똑같게 한다고 그렇다 보니까 그저, 그저 그 금을 가지고 '이건 얼마를 자르면 된다, 몇 센티미터를 쳐 내면 된다.' 요렇게 해 가지고 떡 맞는다, 그게. 그 금이 없으면 못 하오.

박: 맞습니다.

- 어. 자로 그거 하나씩 재서는 안 된단 말이오. 이미 만들어 놓은 금, 거기에다 대고서 그저 '떡떠뜨덕'(=자가 나무에 닿을 때 나는 소리) 자를 놓으면 그저 '기장(=길이)이 얼마다' 그러면 그저 그만큼 금을 쭉 그어서 톱으로 뚝 켜 버리고 이렇게 장부를 하나 탁 만들어서 (구멍에 맞추지), 밑으로 들어가는 구멍을 벌써 이미 다 파 놨거든 그 도리를 만들 때.

소: 그런 걸 '젖'이라고 합니까?

- 응.

소: '공강', '공강'을 '젖'이라 합니까?[419)]

- 아니. 이 뚝 빼에디는게 이거 이거 젖이라구 하구. 이거느 낭게서 요롱기.

소: 아….

- 요롱기.

박: 예에.

- 이래기 댄거느 이건 젖이라가구. 이거 야ˇ 요게 쏙 들어갈 때애꺼는 그궁가이딤, 이게. 이게 딱 여기다 딱 맞추래르 한단 말이오. 그래 대고ˇ 그 기두ˇ에 따라서 기둥만::이 기둥만 좀 쟉기 드디마는 기둥바심만 못지 않게 좋은 낭그 써서 그거 하디. 그담에 그거 다 세운 다음에 그 대고ˇ이 왔다갓다 한단 말이오, 기게. 이짝을르두 왔다갓다 할 수두 잇구. 암만 그 거 궁개애 딱 격다ˇ이 해앳다구 해두 야ˇ.

박: 옳소꾸마.

- 걔 내레누른 다음에는 일없단 말이오. 그거 방질하기 위해서 또 그 재취가: 대고ˇ에다 대애구서, 낭그 또 야ˇ 요만:이 모딘거 싹 베에서 대고 ˇ이, 더 대고ˇ에다 대구서 하나 몰으 딱 티구 이짝 **채, 등두리에다 대구 서 몰으 딱 티구. 걔 이짝을 건네가는 것두 또 뎌짝에서 이래 방지르 해 서 그게 이짝뎌짝 못가래르 한단 말이오. 그담에 뎌짝 칸에가 이짝 칸은 **극씨아무개(←글쎄 아무래) 세메다 반이나 네메다 대디 그저. 네메다도 안댄단 말이오. 또 지금은.

박: 옳소꾸마.

- 긔애 뎌짝 그: 대고ˇ에 어, 져짝 그 등두리에다아서 이 대공 글으 꼬, 꼭대기 짝으 이룽기 몰 우에 이래 가르썰:기 이래 뜩 박아준단 말이 야ˇ. 기앰 또 뎌짝 모 오구러들어가구 이짝 번뎌 못 디우.

박: 옳소꾸마.

- 아 이거 다아 가설해 놓구 그래문 대고ˇ이 아니 움직이우, 어저느 야ˇ.

– 아니. 이렇게 뚝 빠지는 게 이거를, 이거를 '젖'이라고 하고. 이거는 나무에서 요렇게.

소: 아….

– 요렇게.

박: 예.

– 이렇게 된 것은 이것은 '젖'(=장부)이라고 하고. 이거 응 요기에 쏙 들어갈 때 그것은 그 구멍(=장부가 들어가는 홈)이지, 이게. 이게 딱 여기다 딱 맞추도록 한단 말이오. 그래 대공을, 그 기둥에 따라서 기둥만큼, 기둥보다 좀 작게 들지마는 기둥 바심에 못지않게 좋은 나무를 써서 그것을 하지. 그다음에 그것을 다 세운 다음에 그 대공이 왔다 갔다 한단 말이오, 그게. 이쪽으로도 왔다 갔다 할 수도 있고. 암만 그거 구멍에 딱 맞게 적당히 했다고 해도 응.

박: 맞습니다.

– 그래 내려 누른 다음에는 괜찮단 말이오. 그거 방지를 하기 위해서 또 그 재취(=용마루와 마룻대를 합쳐 이르는 말)와 대공에다 대고서, 나무를 또 응 요만큼 굵은 걸 싹 베어서 대공, 저 대공에다 대고서 못을 하나 딱 치고 이쪽 중도리에다 대고 못을 딱 치고. 그래 이쪽으로 건너가는 것도 또 저쪽에서 (건너오는 것도) 이래서 방지를 해서 그게 이쪽저쪽 못 가도록 한단 말이오. 그다음에 저쪽 칸과 이쪽 칸은 글쎄 아무래도 3미터 반이나 4미터가 되지 그저. 4미터도 안 된단 말이오. 또 지금은.

박: 맞습니다.

– 그래 저쪽 그 대공에, 어 저쪽 그 중도리에다가 이 대공 끝을 꼭대기 쪽을 이렇게 못을 위에 이렇게 비스듬히 이렇게 떡 박아 준단 말이오, 응. 그러면 또 저쪽이 못 오그라들어 가고 이쪽이 못 넘어가오.

박: 맞습니다.

– 아 이거 다 가설해 놓고 그러면 대공이 안 움직이오, 이제는 응.

'어! 대공 준비 다 대앳다!' 하오. '뇽말그 없자:!' 걔 뇽말그420) 대부분 다
모딘 것, 꼳꼳안것 쓰디. 그건. 왠: 좋은걸르서. 그래 그거 바알르서 매애
올리는데 야̃ 그 밑에서 츠구421) 우에서 바알르 당개구. 긔애서 그 뇽말
그 *잇, 놓올 그쯤안애사다 님시 (쯧) 요만:한 그 낙엽솔422) 같은게 꼳꼳
안게 잇으문 또 이래 착 고정시긴단 말이오. 왠: 꼭대게 높운거. 다아 버
빠르 줫디마느. 걔 경게꺼지 녀파릴르서 그 섹, 세까리 같은 작용할 수 잇
는 낭그 또 대공 녀파리에다 대애구서 야̃.

박: 예.

− 세깔은 두울 합해서 이만::이 넙운거. 걔 달아놓소. 몯우 박아서. 그
랴구 여, 여납(橡壓) 기슭에서부터 올라가는데 기게. 이래 턱 긍게꺼지 사
름이 받들어 올레놓오무 그 우에서 바아 당게오. 걔 구불에423) 올레간다
거기꺼지. 그 세까달424) 같은델르서 구불어 올라가. 긔래 올라간 다음에
느 앞두에 사름이 두울이 서문 어징간한거느 다 들어 그 우에 올레논다
구.

소: '밑에서 츤다'는 게 무슨 말임둥?

− 아, 이래 받들어 츤다, 츤다고.

소: 아, 우우루?

− 야̃. 그래 뇽말그 없히구, 그담에 또 듕두리두 좌우짝에서. 한나는
남짝에서 올리구 한나는 북짝에서 올리구. 그식을르서 대공인데꺼지 가게
다아서 놓구서 대고̃에서 그건 들어서, 고건 좀 낮으니까, 사름 들어 얼매
든 올리우. 그래 그 뜩 들어서 탁 올리무 그게 기두̃이 또 또 마룻대가 왓
다갓다 못하래르 또 그거 긍게다 대구서 몯우 티는게 있어. 보빠르 이래
대:는게 이래. 가르. 그거 떡 대오. 긔앰 그저 사방에다 그거 다 해 나무
마룻대도 그저 움직이디 못합니.

박: 옳소꾸마.

− 응. 이 대공두 움직이디 못하구. 그래 다 해 논: 다음에 그게 야̃ 에:

'어! 대공 준비 다 됐다!' 하오. '용마룻대를 얹자!' 그래 용마룻대를 대부분 다 굵은 것, 꼿꼿한 것을 쓰지. 그건. 가장 좋은 걸로. 그래 그거 밧줄로 매어 올리는데 응 그 밑에서 추고(=밀어올리고) 위에서 밧줄로 당기고. 그래서 그 용마룻대 있, 놓을 그 언저리에다 임시로, 요만한 그 낙엽송 같은 것이 꼿꼿한 것이 있으면 또 이렇게 착 고정시킨단 말이오. 맨 꼭대기에 높은 거. 다 버팀목을 받쳤지만. 그래 거기까지 옆으로 그 서(까래), 서까래 같은 작용을 할 수 있는 나무를 또 대공 옆에다 대고서, 응.

박: 예.

— 서까래는 둘을 합해서 이만큼 넓은 거. 그래 달아 놓소. 못을 박아서. 그리하고 처맛기슭에서부터 올라가는데, 그게. 이렇게 턱 거기까지 사람이 받들어 올려놓으면 그 위에서 밧줄을 당기오. 그래 굴리어 올리어 간다 거기까지. 그 서까래 같은 데로서 굴러 올라가. 그래 올라간 다음에는 앞뒤에 사람이 둘이 서면 어지간한 거는 다 들어 그 위에 올려놓는다고.

소: '밑에서 츤다'는 게 무슨 말입니까?

— 아, 이렇게 받들어서 위로 올린다, 올린다고.

소: 아, 위로?

— 응. 그래 용마룻대를 얹히고 그다음에 또 중도리도 좌우 쪽에서 하나는 남쪽에서 올리고 하나는 북쪽에서 올리고. 그 식으로 대공 있는 데까지 가져다 놓고서, 대공에서 그건 들어서, 고거는 좀 낮으니까, 사람이 들어서 얼마든 올리오. 그래 그거 뜩 들어서 탁 올리면 그게 기둥이 또 또 용마룻대가 왔다 갔다 하지 못하도록 또 그거 거기에다가 대고서 못을 치는 게 있어. 버팀목을 이렇게 대는 게, 이렇게. 가로로. 그거 떡 대오. 그러면 그저 사방에다 그거 다 해 놓으면 마룻대도 그저 움직이지 못하지.

박: 맞습니다.

— 응. 이 대공도 움직이지 못하고. 그래 다 해 놓은 다음에 그게 응 에,

내레누르라고서 야˘ 마룻대애다아서 바아 두가달라 세가, 보통 그저 네가 달이 내레온단 말, 한짝에 두가달씨. 긔랴구 근 바아 이러게 뜩 좌우짝 마주 매구 널으 이만:: 넙운거 이러::츰 두껍운거 그 줄에다서 또 이래 가르 놓소. 거에다 돌으 목돌 해서 야˘ 가제다 그 널 우에다 척 올레논단 말이오. 긔래문 그 바이 그 농말그 쮸룩[č'uruk] 눌구 잇어. 뜩 누루구 잇는단 말이오.

박: 예.

― 기래서 다른 일으 할 때두 그게 야˘ 농말기 오시랍거나 무 *떠는 안 디디.

박: 옳소꾸마.

― 개두 그게 자리르 잡으라구서. 그래 안전하게 딱 한단 말이오. 그 듷두리두 그런 돌으 기즐구구⁴²⁵⁾. 마룻대두 돌으 기즐구구.

소: 돌으 기준다는 게….

― 기줄군다.

소: 아:!

― 응. 그래 떠억 기즐궈 놓온 담에 세까달으 건다구. 그래 한짝을르 세까달으 걸 때문 문골으 딜인다구 또.

박: 예.

― 문골으 야 이래 가꾸모꾸(かくもく) 이룽기 넙기하고. 그거느 뎌 자귈로 깎은거 한짝에서 태패르 놔:서 그 자아 재애서 우에다서 그 문골으 들이대가 또 궁가 요롱기 딱 하오. 우우느 궁갈르 맞추구 아래느 톱으 싹 베에서 미, 밉, 미, 그 방, 바아 잇대누?

박: 옳소꾸마.

― 바아 싹 어이구 고게 쑥 들어가래르 하구서 야˘

내려 누르라 하고서 응 마룻대에다가 밧줄 두 가닥이나 세 가닥, 보통 그저 네 가닥이 내려온단 말이오. 한 쪽에 두 가닥씩. 그리고 그건 밧줄을 이렇게 떡 좌우 쪽을 마주 매고 널을 이만큼 넓은 것을 이 정도로 두꺼운 것을 그 줄에다가 또 이렇게 가로로 놓소. 거기에다 돌을 목도를 해서 응 가져다가 그 널 위에다 척 올려놓는단 말이오. 그러면 그 밧줄이 그 용마룻대를 쭉 누르고 있어. 떡 누르고 있는단 말이오.

박: 예.

― 그래서 다른 일을 할 때에도 그게 응 용마룻대가 불안하거나 뭐 떨어지지는 않지.

박: 맞습니다.

― 그래도 그게 자리를 잡으라고. 그렇게 안전하게 딱 한단 말이오. 그 중도리도 그런 돌을 가져다 지지르고. 용마룻대도 돌을 가져다 지지르고.

소: 돌을 '기준다'는 게….

― 지지른다.

소: 아!

― 응. 그래 떡 지질러 놓은 다음에 서까래를 건다고. 그래 한쪽으로 서까래를 걸 때면 문설주를 들인다고 또.

박: 예.

― 문설주를 응 이렇게 각목(角木)으로 이렇게 넓게 하고. 그거는 저 자귀로 깎은 것을 한쪽 면에 대패를 놓아서(=대패질을 해서) 그 자로 재서 위에다가 그 문설주를 들이대 가지고 또 구멍을 요렇게 딱 하오. 위는 구멍으로 맞추고(=문설주와 만나는 위 중방(中枋)에 홈을 내어 문설주를 거기에 맞춘다는 말) (문설주의) 아래는 톱으로 싹 베어서 미, 밉, 미, 그 방(房)(의), 문지방이 있잖소?

박: 맞습니다.

― 문지방을 싹 파 내고 고게(=문설주의 장부가) 쑥 들어가도록 하고서

몯우 딱 티우. 기애구서 그 우에다서 문툭우 요러:츰 얇조레::한[얍조레
안]426) 가꾸모꾸르 땍 깎아서 어엄우427) 좌우짝에 내구서 이래 탁 딜이밀
구 좌우짝으 몯우 딱 티무 그저 문골[뭉꼴]이 대디. 그래 한낙씨: 한낙씨
문골[뭉꼴]이 다 댄다구. 문골[뭉꼴]으 다 딜에놓온 담에 (쯧) 오도바리428)
세우딤. 어 도리에서 방 사이르 야~ 요만:이 가는 낙엽솔으 꼳꼳안거. 거
그거 이미 궁가 넓어논 데다서 한 글거리 축 올레밀구서 견저서 쓱 배우.
그담에 바아 톱으르 이런 혀~을르서 이래 썩 베엔단 말이오, 이런 혀~을
르. 긔애구서 (쯧) 이짝으 이거 야~ 딱 티우. 긔랴구 딱 티구 뚝 대무 이
만:이 ***여져져 나감니, 긔게. 고 깊이만:이 쌱 베에서 공게 들어가 맞으
래르. 끄떡거레두 일없소 그거느. 쓱 밀어넣구서 그 따 데딘거 거기다 대
애구서 망치르 뚝 티넨 그 자리에 들어가 뜩 맞는다구 그게. 응. 걔 몯우
안 테두 그게 빠데 안 나온다구 기게. 그래 오도바리르 그릏기 한낙씨 한
낙씨 다아 채워 삥:: 돌과서 간벽두 다 채우구. 그저 열십재르 쌱 다 벽으
바를 때느 다 그거 다 오도발르 채우구 그담에 오도바이르 다 채우문 그
이튿날부터 산재르 엮구 산재르 엮는 날부터 또 야~ 그 우에 집 단도리르
그거 없는거, 텬반재르429) 그거 없구 한짝으느 벽 새이르 그 벽 그거 산
재르 엮구 텬반재르 없구 그거 폐구 또 그게 다 폐엣다하네느 일부 사름
덜이 또 나서서 긍게다서 흙으 바르거나 흙으 퍼 올레. 그래 그기 끝이
[끄티] 나문 밑에 산재꺼지 또 다 이 끈는단 말이 야~. 이게 다 끝난 담은
아침에 비올기 위험성이 잇으나 없으나 바름만 불기 전에 몇이 동원해서
지부~우 네오. 걔 지부~이 다 댓다하무 아츰 먹구서 사름덜 모다든단 말
이오. 그날부터 큰일으 시잭이르 하는데 구둘돌으 놓구 초벽 바람질으 한
짝을르 하구 구새르 세우구 목수덜은 그저 (쯧) 문이나 달아주구 야~, 그
저 그저 헐하디 그때애느. 토역으 아니한단 말이오. 기애구 버빠르 대앳
던거 필요

못을 딱 치오. 그러고서 그 위에다가 문턱을 요 정도로 좀 얇은 각목을 딱 깎아서 홈을 좌우 쪽에 내고서 이렇게 탁 들이밀고 좌우 쪽을 못을 딱 치면 그저 문설주가 되지. 그래 하나씩 하나씩 문설주가 다 된다고. 문설주를 다 들여놓은 다음에 (쯧) 벽산자를[430] 세우지. 어 도리에서 방 사이를 응 요만큼 가는 낙엽송을 꼿꼿한 것으로. 거 그거 이미 구멍을 뚫어 놓은 데다 한 밑 부분을 축 올려 밀고서 견주어서 쓱 베오. 그다음에 문지방을 톱으로 이런 형(型)으로서 이렇게 썩 벤단 말이오. 이런 형(型)으로서. 그러고서 (쯧) 이쪽을 이거 응 딱 치오. 그러고 딱 치고 뚝 대면 이만큼 *** 나가지 그게. 고 깊이만큼 싹 베어서 고기에 들어가 맞도록 하지. 끄떡거려도 괜찮소, 그거는. 쓱 밀어넣고서 그 따 낸 거기다 대고서 망치를 뚝 치면 그 자리에 들어가 딱 맞는다고, 그게. 응. 그래 못을 안 박아도 그게 안 빠져 나온다고. 그래 벽산자를 그렇게 하나씩 하나씩 다 채워 뺑 둘러서 간벽(間壁)도 다 채우고. 그저 열십자(=가로 세로 엮어 짠 벽산자가 十 모양임을 말한 것)로 된 것을, 싹 다 바를 때는 다 그거 다 벽산자로 채우고 그다음에 벽산자를 다 채우면 그 이튿날부터 산자를 엮고 산자를 엮는 날부터 또 응 그 집의 위쪽을 단속(團束)을 하는데, 그거 얹는 거, 반자를 얹고 한쪽은 벽 사이를 그 벽에 들어가는 그 산자를 엮고 반자를 얹고. 산자를 지붕에 펴고 또 그게 다 펴졌다 하면 일부 사람들이 또 나서서 거기다(=지붕의 고미 위에 올려 펴 놓은 산자) 흙을 바르거나 흙을 퍼 올려. 그래 그게 끝이 나면 밑에 산자까지 또 다 이 끝낸단 말이오, 응. 이게 다 끝난 다음에는 아침에 비가 올 위험성이 있으나 없으나 바람만 불기 전에 몇 명을 동원해서 지붕을 이오 그래 지붕이 다 됐다 하면 아침을 먹고서 사람들이 모여든단 말이오. 그날부터 큰일을 시작하는데 구들돌을 놓고 초벽(初壁) 바름질을 한 쪽에서 하고 굴뚝을 세우고 목수들은 그저 (쯧) 문이나 달아 주고 응 그저 그저 일이 쉽지, 그때에는. 토역(土役)을 안 한단 말이오. 그리고 기둥을 받치기 위해 댔던 버팀목 중에 필요

없는거 뜯어두 주구. 그래 그저 빙빙 돌메서 헗, 헗이 한단 말이오. 걔 나
마지 사름덜은 토역으 해야 대오. 돌으 날가딜이구 구둘돌 켜구 덮쾟돌으
덮구 거미줄은 늘이구우 가매 후런이 맨들어서 가매르 걸구 구새르 세우
구. 기래메는 한 볼으 거이 바루우 아시벽으.

박: 예.

- 구둘돌으 놓는 건 구둘돌으 놓구 바름질하는 건 바름질하구 구샐 세
우는거는 구샐 세우구 야˘ 이 강냐˘ 놓는거느 강냐˘ 놓구. 그 다 분가˘해야
하는게무. 그담에 이 단골 밑이라[미티라], 단골이라는게 게 도리방 밑이
[미티] 잇댏구 어떻소. 방 밑이[미티].

박: 예.

- 기게 헝:하댏구 *어떠. 거기다 돌으 딱딱딱딱딱딱 받테야 데오. 그애
구서 그쯤인데르 ㅅ, 쇄애깃돌으 끼우구서 흙으 니게서 따악 막아야 대디.
걔 기게 다 안 막앗대문 그 밑으두 한 볼으 쭉 바른단 말이오. 그담에 세
까달이 이런거 *몬, 이리 모딘거 돌 우에다 떡떡떡떡 올레놓앗는데 경겐
산재도 없이 이막씨 큰 칸이 비는기 잇다고. 그건 더, 볏딮이나 새르 흙에
다아서 이래 주물궈서 뻑:: 탈아서431) 그 기대애 맞으리마:니 흙으, 꿍데
미디무432) 결국 야˘. 이래 뻑:: 탄거 거기다 대고 딱 끼워 넣소. 기래 떡
말리와 붙인단 말이오 그 꿍데미. 새르 같이[가티] 섞은게. 기애 마른 다
음에 거기다 바름질 쭉 하문 일없으래르. 이릏기 집으 다 쯤우433) 막는다
구. 그래 그 아시벽이 다 마르문 … 응 바름질으 재벌바름질하는데 야˘
그때는 왜손이르434) 가지구 곱게 하우. 곱게 하오. 맷맺하기[맴매자기]435)
다 한단 말이오. 긁어데딜덴 긁어데디구. 아시벽으 바를때 뚝뚝 뻬에딘
데두

없는 것을 뜯어내 주고. 그래 그저 빙빙 돌면서 쉽, 쉽게 한단 말이오. 그래 나머지 사람들은 토역을 해야 되오. 돌을 날라 들이고 구들돌을 켜고(=구들돌을 줄을 지어 세워 놓고) 구들장을 덮고 거미줄은 늘이고 '후런'(=솥이 놓이는 빈 공간)[436]을 만들어서 솥을 걸고 굴뚝을 세우고. 그러면은 한 벌을 거의 바르오, 초벽(初壁)을.

박: 예.

－ 구들돌을 놓는 건 구들돌을 놓고 미장하는 건 미장하고 굴뚝을 세우는 거는 굴뚝을 세우고 응 이 집채 주변의 토방을 놓는 건 토방을 놓고. 그 다 분간해야 하는데 뭐. 그다음에 이 단골(=여기서는 서까래 아래의 빈 공간을 말한 듯함) 밑은, 단골이라는 게 그게 도리방(--枋, =도리가 되는 긴 나무) 밑이 있지 않고 어떻소. 방(枋) 밑이.

박: 예.

－ 그게 휑하지 않고 어떻소 거기다 돌을 딱딱딱딱딱딱 받쳐야 데오. 그리고서 그 틈이 있는 데를 쇄깃돌(=구들장 사이에 난 구멍이나 틈새를 메우는 데 쓰는 작은 돌)을 끼우고서 흙을 이겨서 딱 막아야 되지. 그래 그게 다 막아졌다면 그 밑도 한 벌을 쭉 바른단 말이오. 그다음에 서까래 이런 거 굵, 이리 굵은 것을 돌 위에다 떡떡떡떡 올려놓았는데 거기에는 산자도 없이 이만큼씩 큰 칸이 비는 것이 있다고. 그건 저, 볏짚이나 새[草]를 흙에다 이래 주물러서 삥 틀어서 그 기장에 맞을 만큼 흙을, 꿍데미(=여러 가지가 뒤섞여 뭉쳐진 것. 여기서는 볏짚이나 새를 섞은 진흙을 손으로 주물러 뭉친 것을 말함)지 뭐 결국 응, 이래 삥 튼 것을 거기다 대고 딱 끼워 넣소 그래 떡 말려 붙인단 말이오 그 '꿍데미'를. 새를 함께 섞은 것. 그래 마른 다음에 거기다 미장질을 쭉 하면 괜찮게. 이렇게 집을 다 틈을 막는다고. 그래 그 초벽이 다 마르면 … 응 바름질을, 재벌 바름질을 하는데 응 그 때는 흙손을 가지고 곱게 하오. 곱게 하오. 맷맷하게 다 한단 말이오. 긁어낼 데는 긁어내고 초벽을 바를 때 뚝뚝 흙이 비어져 나온 데도

잇다구, 기게. 그래 그 궁챌(←긁는 채-르)르 툭툭 테데디, 그건 테데디구 왜손은 그때꺼지 이래 테데디메서 잘 바르오. 비교적 비스:름이. 그담에 세 번쨋번에 모새에다서 개흙으[437] 섞어서 야ᵔ 그 일본아덜 말로 나까노리라[438] 하는데 야ᵔ, 그건 정말 깨끄티 해야대디. 그래 다 한 담에 마른 담에 그거 또 헤칠으 쭉 하문 거저 벽이 완성돼오. 개 안엣거느 그 장판으 구 둘이 말를때까지 게:속 불으 때 메츨으. 개 다 말랐다 할때 개흙에다 모새르 섞어서 장판 논단 말이오, 매츨하기. 벽 바른 것터르. 그래 그게 마르무 그 우에다가서 쥬애나[439] 써료불[440] 페구. 그 우에다서 장판 놓는게 지금 잇대니우? 그 우리집에서란 그 놓온게 기게 누우런것두 잇구 곶이 핀 것도 잇구. 그거 *쳐 자아 떡 재애서 상덤에 가 싸다서 썩 베에놓디무. 기래무 대디. 전에느 내 몇, 몇 자 반 한다, 내 집우 짚인데 몇자 반 한다는기 다 척수 다 잇다나니꺼더 그 척수에 맞차서 뎜제(簟子)르[441] 겷어[442] 둔다구.

박: 음::.

— 응. 깔으 뻬에가서. 그래 집이 다 대앳다 하때느 창꼬에 가서 그 뎜제르 가져다아서 툭 털어서 타악 놓오무 새집이딤. 새 뎀제에다아서. 그렇기 완서하(←완서하아←완성하오).

소: 그:: 지붕에는 그러면 무스거를…?

— 지부ᵔ우느 야ᵔ 볫닢이 흔한데서는 볫닢으 두구.

소: 음.

— 이젼에는 볫닢이 없을 때느 피낟닢이 많앳소.

소: 음.

— 그 불우 때앳으니까.

박: 예.

— 긁어서 불두 때애기 좋소.

소: 음.

있다고, 그게. 그래 그 긁어내는 채로 툭툭 쳐 내고, 그건 쳐 내고 흙손은 그때까지 이렇게 쳐 내면서 잘 바르오. 비교적 비스름히. 그다음에 세 번째로 모래에다가 진흙을 섞어서 응 그 일본 사람들 말로는 '나까노리(なかぬり)'라 하는데 응, 그건 정말 깨끗이 해야 되지. 그래 다 한 다음에, 벽이 마른 다음에 그거 또 회칠을 쭉 하면 그저 벽이 완성되오. 그래 방 안엣 것은 그 장판을, 구들이 마를 때까지, 계속 불을 때, 며칠을. 그래 다 말랐다 할 때 진흙에다 모래를 섞어서 장판을 놓는단 말이오, 매끈하게. 벽을 바른 것처럼. 그래 그게 마르면 그 위에다가 주애나 비닐 장판을 펴고. 그 위에다 장판을 놓는 게 지금 있잖소? 그 우리 집에서는 그 장판을 놓은 것이 누런 것도 있고 꽃이 핀 것도 있고. 그거 처(음에) 자로 떡 재서 상점에 가 사다가 썩 베어 놓지, 뭐. 그러면 되지. 전에는 내가 몇, 몇 자 반을 한다, 내가 집을 짓는데 몇 자 반을 한다는 게 다 그 척수(尺數, =잣수)가 있으니까 그 잣수에 맞추어서 샷자리를 결어 둔다고.

박: 음.

– 응. 갈대를 베어 가지고 가서. 그래 집이 다 됐다 할 때는 창고에 가서 그 샷자리를 가져다가 툭 털어서 탁 놓으면 새집이지. 새 샷자리에다. 그렇게 완성하오.

소: 그 지붕에는 그러면 무엇을…?

– 지붕은 응 볏짚이 흔한 데서는 볏짚을 두고.

소: 음.

– 이전에는 볏짚이 없을 때는 피 짚이 많았소.

소: 음.

– 그 불을 때었으니까.

박: 예.

– 짚이 굵어서 불도 때기 좋소.

소: 음.

− 이막씨 모딘겐데. 기게. 한 길씨 대는거. 그거 가지구서 지부~우 녜 녠 좀 보기슳다. 벳닢우 녠것보다라느. 그렇디만[그러티만] 비느 안샌다 구. 두껍기 녜다나니까. 네기 헐하구 바름에 죠매 흜이 날게 안 가구. 사 름게느 헐한데 좀 보기에 거츨어 배우딤443). 이전에느 그거 녜엣소.

박: 예: .

− 걔 그게 귀할[küfial] 땐 (쯧) 새르 팠는데444) 이 근래느 새판으445) 싹 다 양어장으 **맨들어다나446) 새두 없어뎃어. 걔 부둑불 그저 양철집 하구[양철집하구] 기왜집하구[기왜지바구] 벳닢 니여~하구 그저 그렇디. 새는 어전 못 파오. 어디서 얻어 못 보오.

소: 그럼 니영 녜는 방법을 쪼끔 자세히 얘기해 쥬웁소.

− 야~. 니여~ 녜는게 야~ 새르 녜나 벳닢우 녜는 거느 다 요만:한 기댱 ~이란 말이 야~. 긔애서 요막씨 줴에서 많이 쥐문 잘 아니 돼는데. 요막씨 줴에서 한볼으 딱 놓온다구. 처암에 놓온거느 글거리르 여납기슭에짝에다 가 일져하기[일쩌하기] 같이[가티] 쪼르르르 놓소. 들어갓다 나갓다 이게 없이. 들어가구 나가구 하무 여 널판을르 테서 일딕션이 돼야 돼오.

박: 예.

− 고게 다아 대앳다 하때느 (쯧) 다음번우느 야~ 끝에 이기 이삭짝이 아래르 내레가래르. 그 글거리짝을 영 내레가오, 그게. 첫긑은 야~. 기래 두껍어디거든 기게.

박: 옳소꾸마.

− 그래 두껍아딘단 말이오. 걔 그 두껠르서 다음쭈~ 다음쭈~ 게속 이 래 층대층대 올라가는데 요막씨 간격하고 이거 이렇기 늘기 하무 이 어간 이 또 이만:이 늘어디다나니꺼더 비가 와서 이쯤안에 와서 떨어데서 이게 이그 대비 침투랄(←침투를 할) 가능서~이 잇다. 요게 받아사 덧놓이는게 밭을쑤록 내레와서느 이짝에 이내 만나구 이내 만나구 가고.

– 이만큼 굵은 것인데. 그게. 한 길씩 되는 거. 그거 가지고 지붕을 이면 좀 보기 싫지. 볏짚을 인 것보다는. 그렇지만 비는 안 샌다고. 두껍게 이다 보니까. 지붕에 이기 쉽고 바람에 좀처럼 쉬 날리어 안 가고. 사람에게는 쉬운데 좀 보기에 거칠어 보이지. 이전에는 그 피 짚을 지붕에 이었소.

박: 예.

– 그래 그게 귀할 때는 (쯧) 새를 베었는데 이 근래는 새밭을 싹 다 양어장을 만들어서 새도 없어졌어. 그래 부득불(不得不) 그저 양철집을 하고 기와집을 하고 또 볏짚으로 이엉을 하고 그저 그렇지. 새는 이젠 못 베오. 어디서 못 찾아보오.

소: 그럼 이엉을 이는 방법을 쪼끔 자세히 이야기해 주십시오.

– 응. 이엉을 이는 것이 응 새를 이나 볏짚을 이는 거는 다 요만한 기장이란 말이오 응. 그래서 요만큼씩 쥐어서, 많이 쥐면 잘 안 되는데. 요만큼씩 쥐어서 한 벌을 딱 놓는다고. 처음에 놓은 것은 밑 부분을 처맛기슭 쪽에다가 일정하게 같이 쪼르르 놓소. 들어갔다 나갔다 함이 없이. 들어가고 나가고 하면 요 널판으로 쳐서 일직선이 돼야 되오.

박: 예.

– 고게 다 되었다 할 때면 (쯧) 다음번은 응 끝에 이 이삭 쪽이 아래로 내려가도록. 그 그루(=짚의 아래 밑동을 말함) 쪽으로 아주 내려가오, 그게. 짚의 처음 머리 부분은 응. 그래 두꺼워지거든, 그게.

박: 맞습니다.

– 그래 두꺼워진단 말이오. 그래 그 두께로 다음 층 다음 층 계속 이렇게 층층이 올라가는데 요만큼씩 간격을 하고 이거 이렇게 사이를 늘게 하면 이 사이가 또 이만큼 늘어지다 보니 비가 와서 이 언저리에 와 떨어져서 이게 이 그 오히려 침투를 할 가능성이 있지. 요기에 받아야만, 덧놓이는 게 받을수록 내려와서는 이쪽에 이내 만나고 이내 만나고 가고.

이래야 비 새댄는단447) 말이오. 밭우 네에사. 그릏기 꼭대기꺼지 쮸욱 마
주불[majubul] 때꺼지 뻥:: 돌과 올라가오. 개 꼭대기 올라가서 다 마주
붙엇다 하때무 어기 덧놓는다고 이래. 두볼이나 세볼 어, 세볼, 네볼으 덧
놓소. 덧놓온 담에 우에다서 일매지게 그저 쮸욱 그저 이만:한 두껠르서
떡 주물러줴서 딱 같이[가티] 딱딱딱딱 밀어서 딱 붙인다고[부틴다고]. 그
담에 이기 우부럭구부럭 들어갓다나갓다 하는게 잇으믄 널으가지구 딱딱
딱딱딱딱 이래 테서 그 쮸 보무 그저 한일재(一)[하닐째] 쮸 데래르. 그담
에 그 우에다서 널또매 같은거 떡 놓고서 사름이 서서 여납대르 이미 매
앳거든 발써 야~. 여납대애다서 샃으 매애서 (쯧) 여긔다 쥐구서 이짝에다
넹기무 이짝에서 매고 뎌짝에다 넹기무 뎌짝에서 매구 '늘다! 밭에라!',
'눅어라!' 이래메서 좌우짝으 딱 간격으 같이[가티] 한볼으 쮸 나가오.

　박: 예.

　― 그담에 기쟈~을르서 또 누른단 말이오, 이렇기. 기애 마감줄으 탁 띠
우무 완서~이딤. (쯧) "새닥다리 가찹이 가져다 놔라! 내레가갯다!" (웃음)

　박:, 소: (웃음).

　― 음. 그래 끝내딤.

　소: 지붕 왠〔왱〕 꼭대기에 얹는 그게 무스거라고 했슴둥? 그 니엉 왠: 꼭
대기에….

　― 아, 농말기라고 하디무.

　소: 예. 그 우게 니엉을 넸쟤임두~?

　― 야~.

　소: 양짝에서 녠 다음엔 웬 우게다가….

　― 야~. 야~, 야~. 건: 이젼에느 말그 튼 집이 잇구. 말그 안친다딤 그저.
음. '왠:, 말그 마무리르 잘 해:라.',

이래야 비가 새지 않는단 말이오. 밭게 지붕을 이어야. 그렇게 꼭대기까지 쭉 마주 볼 때까지 뺑 돌라 올라가오. 그래 꼭대기 올라가서 다 마주 붙었다 할 때면 어긋나게 덧놓는다고 이렇게. 두 벌이나 세 벌 어, 세 벌, 네 벌을 덧놓소 덧놓은 다음에 위에다가 일매지게 그저 쭉 그저 이만한 두께로 떡 주물러 쥐어서 똑같이 딱딱딱딱 밀어서 딱 붙인다고 그다음에 이게 울퉁불퉁 들어갔다 나갔다 하는 게 있으면 널을 가지고 딱딱딱딱딱딱 이렇게 쳐서, 그걸 쭉 보면 그저 한 일 자가 쭉 되도록. 그다음에는 그 위에다가 널토막 같은 것을 떡 놓고서 사람이 서서, '여납대'(=이엉이 바람에 날리지 않도록 지붕의 아래 부분에 댄 긴 막대)를 이미 매었거든 벌써 응. 여납대에다가 새끼를 매어서 (쯧) 여기다 쥐고서 이쪽에다 넘기면 이쪽에서 매고 저쪽에다 넘기면 저쪽에서 매고, '사이가 늘다! 밭게 해라!', '느슨하게 해라!' 이러면서 좌우 쪽을 딱 간격을 같게 한 벌을 쭉 나가오.

박: 예.

— 그다음에 가로 길이로 또 (새끼로 지붕을) 누른단 말이오, 이렇게. 그래 마지막으로 두르는 줄을 탁 띠우면 완성이지. (쯧) "사다리를 가깝게 가져다 놔라! 내려가겠다!" (웃음)

박:, 소: (웃음).

— 음. 그렇게 끝내지.

소: 지붕의 가장 꼭대기에 얹는 그게 무엇이라고 했습니까? 그 이엉 맨 꼭대기에….

— 아, 용마름이라고 하지 뭐.

소: 예. 그 위에 이엉을 이었잖습니까?

— 응.

소: 양쪽에서 인 다음에 맨 위에다가….

— 응, 응, 응. 그 이전에는 용마름을 튼 집이 있고. 용마름을 지붕에 안친다고 하지, 그저. 음. '맨 위의 용마름을 마무리를 잘 해라.'

'말그 마무리르 잘 해:라.' 하는 게 기게란 말이 야. 얄아홉 볼으 덧놓오무 좋디 무. 기게. 거 좋긴 좋온데 비 아니 새구 든든해 좋긴 좋온데 이게 이래 왠: 마감에 놓는게 이만::이 긴게 어느짝을르 쓸긴단 말이오, 이게.

박: 옳소꾸마.

— 응. 그거 쥬이르 해야 댄단 말이오. 그래서 그게 쓸기디 못하게끔 널으 이만: 넙운거 한벌[hambəɾ] 쪼옥 꼭대게다 까오. 기야구 사름이 댕기는데 긍게 그 널으 **닫 드디메 댕긴다구. 걔 많이 아니 올라가디. 한 자 딱 올라가서 숯으 닐인단 말이오. 이 숯으 늘이는데 처암에 그 먼뎃 거 긋는 거 그 숯을르서 이래 이룽기 대래르는 그 벳딮우 못 누른다구. 기래서 이래 뚝 눌러놓구 가름줄으 이렇기 띠워서 누르기두 하디마느 안, 잘 안 눌게디임니, 이게.

박: 옳소꾸마.

— 기애 비 오구 젖구 누기들구 하메서 절루써 이게 홀어서 붙는다니. 이런 식을르서 이래. 이래 붙는단 말이오. 기래 다 붙운 담에 다 붙기 전에 쪼끔 처엄보다 이러:츰 대앳다 그랠때문 이짝 녀파리에 가서 숯 당게구 이짝에서두 한번 당게구. 이래 떡 쫄가맨단 말이오, 좌우짝에서. 앞에, 뚜에, 앞두엣거. 기애 다 붙울 때꺼지 멫번으 역세질하무⁴⁴⁸⁾ 다 붙소. 한 서너덜이⁴⁴⁹⁾ 지나가면 다 붙는다구. 걔 다 붙운 담엔 뚝 쫄가매문 그저 다시 안 본단 말이오, 이듬해꺼지. 그저.

소: 아바니! 구둘에 또 놓는 방법이 여러, 여라가지 있쟤임두?

— 온돌으 놓는거.

소: 예.

— 야. 온돌이란게 그게 야 고래르 켜는 거하구 **서그렁, 허트렁고래 라는게 잇딤⁴⁵⁰⁾.

소: 예.

'용마름을 마무리를 잘 해라.' 하는 게 그거란 말이오, 응. 열아홉 벌을 덧 놓으면 좋지, 뭐. 그게. 그거 좋기는 좋은데 비 안 새고 든든해서 좋긴 좋 은데, 이게 이렇게 맨 마지막에 놓는 게 이만큼 긴 게 어느 쪽으로 쏠린 단 말이오, 이게.

박: 맞습니다.

　－ 응. 그거 주의를 해야 된단 말이오. 그래서 그게 쏠리지 못하게끔 널을 이만큼 넓은 거 한 벌을 쪽 꼭대기에다 까오. 그리고 사람이 댕기는 데 거기에 그 널을 디디며 다닌다고. 그래 많이 안 올라가지. 혼자 딱 올 라가서 새끼를 늘인단 말이오. 이 새끼를 늘이는데 처음에 그 먼뎃 거 긋 는 거 그 새끼로 이래서 이렇게 되게끔 해서는 그 볏짚을 못 누른다고. 그래서 이렇게 뚝 눌러 놓고 가름줄(=가로로 길게 댄 줄)을 이렇게 띠워 서 누르기도 하지만 그게 안, 잘 안 눌러지지, 이게.

박: 맞습니다.

　－ 그래 비 오고 젖고 누기(漏氣)가 들고 하면서 저절로 이게 휘어서 붙지. 이런 식으로, 이렇게. 이렇게 붙는단 말이오. 그래 다 붙은 다음에 다 붙기 전에 조끔 처음보다 이 정도로 되었다 그럴 때면 이쪽 옆에 가서 새끼를 당기고 이쪽에서도 한 번 당기고. 이렇게 떡 졸라맨단 말이오, 좌 우 쪽에서. 앞에, 뒤에, 앞뒤엣 것을. 그래 다 붙은 때까지 몇 번을 일을 하면 다 붙소. 한 서너 달이 지나가면 다 붙는다고. 그래 다 붙은 다음에 뚝 졸라매면 그저 다시 안 본단 말이오, 이듬해까지. 그저.

소: 할아버지! 구들에 또 놓는 방법이 여러, 여러 가지가 있잖습니까?

　－ 온돌을 놓는 거.

소: 예.

　－ 응. 온돌이란 게 그게 응 고래를 켜는 거 하고 **서그렁, 허튼고래 라는 게 있지.

소: 예.

- 고래르 켜는 거는: 구샛목돌에다아서 곧은 줄으 한나 쮸욱: 두곱, 두 판엣거, 두 바~안엣 거 곧은줄 한나 쮸욱 내구 그 곧은줄 모혀~이에다 대구서 구둘고래[꼬래]르 켜는데 칼으 이래 떡떡 맨든단 말이오. 괫돌으 바틴단 말이오. 한낙씨 딱딱딱딱 놓오무 고 간격에 따라서 그 줄으 따라서 쮸욱: 나가오. 졍짓간꺼지. 우리집 같으무 굿바~이 잇대니우? 굿바~서부터 시잭일 해서 졍짓간꺼지451) 기게 곧은 굴 쬬옥 나가서 졍짓간에 가서 곧은 굴이 나무 문툭에다 대애갯소 그거? 가맷묵을452) 향해야대디.

박: 옳소꾸마.

- 기애서 거기 나가서 이래 돌군다고. 기앤데 가찹운뎃거 돌구기는 일 없는데 가맛묵에 가찹운뎃거 돌구기는, 왠: 우굴이453) 그 뎌 창문 밑에 경게꺼느 야~ 까뿌작 돌구두 무 안 대오. 그게 또. 개구 또 잘 들대앓디. 걔뚜 죠끔 이래 휘유셩::기 이래 원으 져어서 돌군다고. 기애 귀때기느 그게 썩구둘이454) 대는데 구둘. 화기 아니 미치구. 기래 이래 삐잉: 돌과오는데 그거 한나마느 야~ 독(獨)굴안으 채질하오. 가매 **굴욱, 가맷 더 후런에서 한 궁가 독채질하오. 좌우짝 녀파리에 안짝에 것가 바깥엣게 그 안엣게 기게 긔애니까 우리게란:: 에:, 너:개, 네:개 야듧줄[야듭쭐]이 한판에 모두기 댄단 말이오. 가매인데르 오는데에. 그애 두엣게 둘쓰, 두울 합해야, 그 너이, 두울 합해서 한나 맨들구 또 곁에 와서 또 두울 합해 한나 만들구. 그래서 좌우짝엣게 한판을르서 나가오. 다 방법이, 그릏기 맨들엇소.

소: 아바니! 썩구둘이라고 했슴두~?

- 고래를 켜는 것은, 굴뚝이 놓일 자리의 돌에다(=돌로부터) 곧은 줄을 하나 쭉 두 곱, 두 판엣 거, 두 방안엣 거(=방안을 통과하는 두 줄의 고래를 말한 것으로 보임) 곧은 줄 하나 쭉 내고 그 곧은 줄 모형(=고래를 켤 자리를 미리 줄을 쳐 표시한 것)에다 대고서 구들 고래를 켜는데 칼을 이렇게 떡떡 만든단 말이오. 굄돌을 받친단 말이오. (굄돌을) 하나씩 딱딱딱딱 놓으면 고 간격(=마주 보는 굄돌 사이의 간격)에 따라서 또 (미리 쳐 놓은) 줄을 따라서 쭉 나가오. '정짓간'까지. 우리 집 같으면 '굿방'이 있잖소? '굿방'에서부터 시작을 해서 '정짓간'까지 그 곧은 '굳'(=갱(坑))이 쭉 나가서 '정짓간'까지 (가서) 곧은 갱(坑)이 나면 문턱에다 대겠소 그 갱을? 부뚜막을 향해야 되지.

박: 맞습니다.

- 그래서 거기 나가서 이렇게 돌린다고. 그런데 가까운 데의 것을 돌리기는 괜찮은데 부뚜막에 가까운 데의 것을 돌리기는, 맨 윗목 그 저 … 창문 밑 거기의 것은 응 밋밋하게 완만하게 돌리기는 뭐 안 되오. 그게 또. 그리고 또 (불이) 잘 들지 않지. 그래 또 조금 이렇게 휘어진 듯하게 이렇게 원을 지어서 돌린다고. 그래 귀퉁이는 그게 '썩구들'이 되는데, 구들. 화기(火氣)가 미치지 않고. 그래 이렇게 삐잉 돌려서 오는데 그거 하나만은 독굴(獨窟, =하나의 구들) 안을 응 차지하오. 솥이 놓이는 굴의, 솥의(=을 거는) 저 '후런'(=솥을 거는 자리 및 그 아래의 공간)에서 한 구멍을 독차지를 하오. 좌우 쪽 옆에 안쪽엣 것과 바깥의 것이 그 안의 것이 그게, 그러니까, 우리 집의 것은 에, 네 개, 네 개 여덟 줄이 한가운데에 모이게 된단 말이오. 솥이 걸린 곳까지 오는데. 그래 뒤의 것 둘을 합해야, 그 넷이, 둘을 합해서 하나를 만들고 또 곁에 와서 또 둘을 합해 하나를 만들고. 그래서 좌우 쪽엣 것이 한가운데로 나가오. 다 방법이, 그렇게 만들었소.

소: 할아버지, '썩구들'이라고 했습니까?

- 응:?

소: 불이 아이 미치는….

　- 썩구들이.

소: 썩구들이?

　- 야. 그 귀때기. 정짓간 귀때기. 바당짝에[455] 붙는 귀때기 그게 돌이 화기 못가래르 돼앳단 말이오 기게. 그래 화기 아니 미치는 데르 그걸 썩구들이 돼앳다딤.

소: 허트렁고래라는 것은…?

　- 허트렁고래라는 거느 돌이 생긴대르 덮팻돌이, 우에다서 놓는 덮팻돌이 생긴대르 야 세 귀에다서 돌으 탁 놓구 야 그 돌으 하나 척 논다구. 기래무 영게도 궁개 잇구 덩게도 궁개 잇구 영게도 궁개 잇구 그렇다고.

박: 예.

　- 그 굿바에서부터. 기앤데 그게 특지이 무시겐가 하니까. 그 골쎄, 고래르 켜는것보다 담팡 그저 더 굿바에서부터 인차 그저 거 두룸고래 없이, 두룸고래 없이 거저 돌으서 탁 놔가지구 나온단 말이오. 쬠은 그저 여길 들어가든디 뎌길 들가든디 일없소.

박: 예.

　- 겐데 돌이 좋아야, 덮팻돌이 좋아야 돼오. 기애서 한나 떡 개애다 놓구서 (쯧) "영게다 받테라!" 하구서 따아 파구서 마촙::안 돌으 이런거 개애다 떡 놓구서 그기 쬠끔 또 까딱거리무 거기다 한나 또 받틴다구[바틴다구] 이래. 그애메서 떠그덕떠그덕 이릏기 말게끔 또, "이짝에도 또 한나 받테라!" 그 돌으 받티는데[바티는데] 기게 다아 점려하래르

－ 응?

소: 불이 안 미치는….

－ '썩구들'.

소: '썩구들'?

－ 응. 그 귀퉁이. '정짓간' 귀퉁이. '바당' 쪽에 붙은 귀퉁이 그게 구들장에 화기가 못 가게끔 됐단 말이오, 그게. 그래 화기가 안 미치는 데를, 그걸 '썩구들'이 됐다고 하지.

소: '허트렁고래'라는 것은…?

－ '허튼고래'라는 것은 돌이 생긴 대로 구들장이, 위에다가 놓는 구들장이 생긴 대로 응 세 귀에다가 돌을 탁 놓고 응 그 돌을 하나 척 놓는다고. 그러면 여기에도 구멍이 있고 저기에도 구멍이 있고 여기에도 구멍이 있고 그렇다고.

박: 예.

－ 그 '굿방'에서부터. 그런데 그게 특징이 무엇인가 하면. 그 고(래), 방고래를 켜는 것보다는 그 자리에서 당장 그저 저 '굿방'에서부터 이내 그저 그거 '두름고래'(=통로로 되어 있는 고래) 없이, '두름고래' 없이, 그저 (고래를 켜지 않은 채로) 돌을 탁 놔 가지고 나온단 말이오. 틈은 그저 여기에 들어가든지 저기에 들어가든지 괜찮소(=고래를 켠 것이 아니고 굄돌을 여기 저기 놓아 만든 고래이므로 연기나 불길이 여기 저기 자유롭게 드나들 수 있다는 말).

박: 예.

－ 그런데 돌이 좋아야, 구들장이 좋아야 돼오. 그래서 하나를 떡 가져다 놓고서 (쫏) "여기에다 받쳐라!" 하고서 땅을 파고서 마침맞은 돌을 이런 거 가져다 떡 놓고서 그게 조금 또 까딱거리면 거기에다 돌을 하나 또 받친다고 이렇게. 그러면서 떨그덕떨그덕 이렇게 하지 않게끔 또 "이쪽에도 또 하나 받쳐라!" 그 돌을 받치는데 그게 다 점령을 하도록(=차지를 하도록)

안놓소 그거. 개 이짝 돌으 또 놓을 자리르 내애 놓디 그거 바팀돌이[바팀또리]. 그애 좌우짝에 또 받팀돌이[바팀또리] 두개 내:놓인 데 또 다른 돌으 한나 가제다서 거기다 두울 걸떼 놓소. 기애구서 또 "여기다 한나 받테라!" 하무 (쯧) 여기다 또 그런거 한나 받티구[바티구]. 떠끄덕거림 쇄애기 떡 끼구. 이러면서 정지꺼지 그 식을르 나간단 말이오. 곬이 이 없단 말이오.

박: 예. 알갰습구마.

― 그저 그저 막 허크랑고래 그래 허크랑고래딤.

박: 음.

― 온돌이.

소: 그럼 그 내굴이는 어틱기, 어떻게 해서 나감둥?

― 내굴이 나는 거는 목젲으느 ***이연이 가매 밑에 이게 네개 잇단 말이오, 이렇기.

소: 목젲이요?

― 야ⵟ. 내굴이 나가는 거 그거 목젲이라 하는데 야ⵟ. 거기에는 그저 아무 궁갈르나 나가다나이 헐디 기게. 어느거 합한 것두 없이 그저 가맷묵꺼지 거저 허트렁돌으 쭉 내서 목젲 궁가에 쑥 들가서 그 구, 어느 칸에던디 한칸에만 붙으문 덴단 말이오, 그저. 그 목젲 궁가ⵟ이.

소: 목젲이랑 불이 이릏게….

― 야ⵟ. 내굴우 부수깨에서 불으 때애메느 그거 끄서 들어가는 궁개 야ⵟ아, 네개, 다숫개, 여숫개 이릏기 하오. 가맬 서어 거넨 여숫개르 하구. 가매르 둘으 거넨 네갤 하구. 개 우리라느 가매르 서어 거다나니꺼더 여숫개르 해앳디. 개 여숫개르 한거 두름고래르 한낙씨 주구서 한판에사서 목젲우 한 가매 두개씨 더 잇디.

소: 두름고래는 잃케 두르, 둘러가지고,

안 놓소 그거. 그래 이쪽 돌을 또 놓을 자리를 내놓지, 그거 받침돌. 그래 좌우 쪽에 또 받침돌이 두 개 내놓인 데다 또 다른 돌을 하나 가져다가 거기다 둘을 걸쳐 놓소. 그러고서 또 "여기다 하나 받쳐라!" 하면 (쯧) 여기다 또 그런 거 하나 받치고. 떨그덕거리면 쐐기를 떡 끼우고. 이러면서 '정지'까지 그 식으로 나아간단 말이오. 허튼고래는 고랑이(=갱도가) 이게 없단 말이오.

박: 예. 알겠습니다.

 — 그저 그저 허튼고래, 그래 허튼고래지.

박: 음.

 — 온돌이.

소: 그럼 그 연기는 어떻게, 어떻게 해서 나갑니까?

 — 연기가 나는 것은, 부넘기는 *** 솥 밑에 이게 네 개가 있단 말이오, 이렇게.

소: 부넘기요?

 — 응. 연기가 나가는 곳, 그곳을 부넘기라 하는데 응. 거기에는 그저 아무 구멍으로나 나가다 보니 (연기가 빠져 나가기가) 쉽지 그게. 어느 거 합한 것도 없이 그저 부뚜막까지 그저 허튼구들을 쭉 내서 부넘기 구멍에 이렇게 쑥 들어가서 그 구멍, 어느 칸에든지 한 칸에만 붙으면(연기가 길을 잡으면) 된단 말이오, 그저. 그 부넘기 구멍이.

소: 부넘기랑 불이 이렇게….

 — 응. 연기를, 부엌에서 불을 때면은, 그 연기를 끌어서 들어가는(=빨아들이는) 구멍이 응, 아, 네 개, 다섯 개, 여섯 개 이렇게 하오. 솥을 셋을 걸면 여섯 개를 하고. 솥을 둘을 걸면 네 개를 하고. 그래 우리는 솥을 셋을 걸다 보니까 여섯 개를 했지. 그래 여섯 개를 한 거 '두름고래'를 하나씩 주고서 한가운데에서야 부넘기는 한 솥에 두 개씩 더 있지.

소: 두름고래는 이렇게 두르, 둘러 가지고,

－ 역새리르 삥 돌아나간게 두름고래고 야ˇ.

소: 둘러나가는 게 두름고램둥?

－ 야. 허쿠렁고래라는 거느 거저 그게 없이 그저 어느, 어느 구멍에던디 야ˇ 그 목젖 궁가ˇ이가 *갓 붙으문 덴단 말이오, 그저. 그저 또 절루 붙어잇게끔 댕긴단 말야. 아, 아무래 아니 맥히기 대디, 그저. 이릏기 너른데 가서 그저 한내만 턱 대임 **두. 불길[불낄]두 그게 또 잘 드우, 기게. 구둘두 잘 덥구. 겐데 그 돌이 좋아야 돼디.

박: 옳소꾸마.

－ 야ˇ.

박: 돌이 좋아야 대.

－ 돌이 좋아야 대오.

박: 돌이 전도가 잘 대야 대.

－ 음. 기앤데 기겟 왠: 나뿐 점으느 야ˇ 구둘 온돌 고틸때애 바뿌단 말이오.

박: 어째 그렇슴둥?

－ 기게 불으 오래 때무 야ˇ 한 이년 때이네느 야ˇ 내굴으 끄서 당개갈때애 재 날게 들으간단 말이오, 구둘고래 안으르.

박: 예.

－ 걔 구둘고래 재 찬다구. 그게.

박: 예. 옳소꾸마.

－ 야. 그거 파내대니무 내굴은 끄스디 못하니까.

박: 예.

－ 그 덮패르 홀 열문 이 궁가두 재 차구 뎌 궁가두 재 차구 그저 막 그 영계덩게 파내기 힘드단 말이오.

박: 옳소꾸마.

－ 야. 너르기 떼야 데구, 또.

- 가장자리를 삥 돌아나가는 것이 '두름고래'고 응.

소: 둘러 나가는 게 두름고래입니까?

- 응. 허튼고래라는 거는 그저 그게 없이 그저 어느, 어느 구멍에든지 응 그 부넘기 구멍과 붙으면 된단 말이오, 그저. 그저 또 저절로 붙게끔 당긴단 말이오, 응. 아, 아무튼 안 막히게 되지, 그저. 이렇게 너른 데 가서 그저 하나만 턱 닿으면. 불길도 그게 또 잘 드오, 그게. 방구들도 잘 더워지고. 그런데 돌이 좋아야 되지.

박: 맞습니다.

- 응.

박: 돌이 좋아야 돼.

- 돌이 좋아야 되오.

박: 돌이 전도가 잘 돼야 돼.

- 음. 그런데 그게 가장 나쁜 점은 응 구들 온돌을 고칠 때에 힘들단 말이오.

박: 어째 그렇습니까?

- 그게 불을 오래 때면 응 한 2년 때면 응 연기를 끌어 당겨 갈 때에 재가 날리어 들어간단 말이오, 구들 고래 안으로.

박: 예.

- 그래 구들 고래에 재가 찬다고. 그게.

박: 예. 맞습니다.

- 응. 그거 파내지 않으면 연기는 끌지 못하니까.

박: 예.

- 그 뚜껑을 열면 이 구멍도 재가 차고 저 구멍도 재가 차고 그저 막 그 여기저기 파내기가 힘들단 말이오.

박: 맞습니다.

- 응 너르게 떼야 되고, 또.

박: 두름고래가 길이 있다나니까 쥬욱 긁어내면 데겠는데.

─ 그거느 야~ 이래 더 … 고등고래느 야~ 한판이 요만:이 딱 좁기 딱 데오. 개 공게다 놓는 돌으느 또 야~ 구둘 *골티기 헐하쟈구서 잘구 해깝구 얇운거 딱 논다구. 기애서 고거 흙으 훌 파낸 담에 고 돌으 ***석고재 같으문 옇어서[여어서] 그 뜨들어 훌 들어내구서 구둘호깨르456) 요만:이 길기 낭기 후는 거 야~. 잘기 후는 거 그 그테기다 널으 요런 거 딱 대:서 몬우 딱 대서 이래 그거 이래 번데 넣어서 턱 이래 내레누르게 하고서 쮸욱 당개오고 이래. 그래 이짝을 당개오고. 기야무 사름 팔에다가서 그 낭게다 합애서 정지칸으 마음대로 그저 훑어내디무. 그애 가맷목짝으느 목젖을르서 훑어내구. 그 떼까닥 고티딤. 그저. 음. 그게 한가지 좋디무.

박: 옳소꾸마.

─ 야. 우리란 그래서 거 고등고래르 해앤디 야~ 구둘 고티기느 아침해애 먹구서 담배르 쓰윽 피우구서 흙으 다아 니게 놓구 그담에 곡깰르서 흙으 쮺쮺쮺쮺 뚜더 데디구서 그 무 해마당 하나 다름이 없이 하는데 그 돌짜기르 버뜰버뜰버뜰457) 번디구서458) 더 우리 노친네르 재르 파낸 거 날가 내다 쏟아 데디라 하구 나느 그저 언녕 파내서 놓오무 그거 담아내다데디딤 그저. 담배 한대 먹엇음 떼까닥 하구서 쮹 메워 데디구서. 그래 그거 말리우느라구두 한 반나래씨 불우 때애 ***데것어.

박: 아:, 그렇슴둥?

─ 응. 그래 구둘돌이두 고테 먹구 구둘돌두 놓구.

박: 예.

─ 촌사람이 사는게 그리 바뿌대닙니, 일은. (웃음) 야. 다 알구 하무 아니 바뿌다구. 모루구 해애선 남우 신셰르 지멘서 기래쟈문 좀 힘드디.

박: 두름고래가 길이가 있다 보니까 쭉 긁어내면 되겠는데.

— 그거는 응 이렇게 저 … '고등고래'는 응 한가운데가 요만큼 딱 좁게 딱 되오. 그래 고기다 놓는 돌은 또 응 구들을 고치기 쉽게 하려고 잘고 가볍고 얇은 것을 딱 놓는다고. 그래서 고거 흙을 훌 파낸 다음에 고돌을 ***석고재 같으면 넣어서 그 떠들어(=쳐들어) 훌 들어내고서 '구들호깨'(=구들 고래를 청소하는 기구)를 요만큼 길게, 나무가 휘어지는 것을 응. 손으로 쥐는 자루가 휘는 거 그 끝 부분에 널을 요런 것을 딱 대서 못을 딱 쳐서 이렇게 그거 이렇게 뒤집어 넣어서 턱 이렇게 내려 누르게 하고서 쭉 당겨 오고 이렇게. 그래 이쪽으로 당겨 오고. 그러면 청소하는 사람의 팔에다가 그 나무를 합해서(=기구가 길다는 뜻으로 한 말) '정짓간'을 마음대로 그저 훑어내지 뭐. 그래 부뚜막 쪽으로는 부넘기를 통해서 훑어 내고. 그거 금방 (구들 고래를) 고치지(=수선하지). 그저. 음. (고등고래는) 그게 한 가지 좋지 뭐.

박: 맞습니다.

— 응. 우리는 그래서 거 고등고래를 했는데 응 구들 고치기는 아침 해 먹고서 담배를 쓱 피우고서 흙을 다 이겨 놓고 그다음에 곡괭이로 흙을 쭉쭉쭉쭉 쑤셔 내고서 그 뭐 해마다 하는 일이나 다름없는데, 그 '돌짝'(=넓적한 큰 돌)을 버쩍버쩍 뒤집고서 저 우리 안노인에게 재를 파낸 것을 날라 내다 쏟아 버려라 하고 나는 미리 파내어 놓으면 그거 담아 내다 버리지, 그저. 담배 한 개비 피웠으면 제격 하고서 쭉 메워 버리고서. 그래 그거 말리느라고도 한 한나절씩 불을 때 ***.

박: 아, 그렇습니까?

— 응. 그렇게 구들돌도 수선해 보고 구들돌도 놓고.

박: 예.

— 촌사람이 사는 게 그렇게 힘들지 않다오, 일은. (웃음) 응. 다 알고 하면 안 힘들다고 일을 모르고 해서는 남의 신세를 지면서 그러자면 좀 힘들지.

박: 예.

소: 아바니! 그 왜 집집마다 예 문을 다는 것도 다 따재임두? 머 쌍닫이 문….

― 야.

소: 그런 것도 좀 설명해….

― 거 좀 집으 티레르 하구우. 초집이디마느 칸, *안, 칸덜이 다 야라개 잇구.

박: 예.

― 걔 사름이 모둔 일이 많은 집덜에서느 야 그 문은 너른 문으 쌍닫이르[쌍다디르] 해애서 쭉 열어 노문 앞듯바~에 사름덜에게 너른 칸으르 닫아나니까 좋단 말이오. 기애구 머 군일이나459) 없구 쫌 세간살이나 막막하구 한 집덜은 문 한나만 잇어두 무슨. 가 사름이 드나들문 데는데. 걔 큰 집 같은 거느 그 번, 번성한 집덜으느 팔간집이에야 대구 첫째르. 그담에 문으 다는 것두 쌍닫이르460) 해애사 덴단 말이오.

소: 아바니네 집은 어띠 달았슴둥?

― 우리라 굿방 쌍닫이[쌍다디] 알방[알빵][aɾp'aŋ](←아룻방) 쌍닫이이딤[쌍다디이딤]. 그 (쯧) 인사랑 할 때 사름덜 사, 사둔네랑 와서 머 혼셀, 약혼식이랑 하느라고 야 사둔네 와서 인사르 하때 안손님네 하구 바깥손님네 그 문이 요만:한 데서 한칸에 들어간 아니한다구 다. 안깐덜은 뎌짝 방안에 서구 바깥스, 사둔네 이짝 칸에 서구. 걔 그 문우, 문툭으 사이르 두구서 절인사르 이래 하는데 요만:한 문으 사이르 두구서 대가리들이 배우나 마나 한데서 야 인사르 한다는게 그게 안 대디. 기애무 또 다 대가리 배우게 멘묵(面目)으 보게끔 하자네느 고 문에 딱따따닥 마주서서 한낙씨 해야 댄단 말이오. 기애 우리집 같은거느 쌍닫임 이릏게 너르쟁구 어떻소. 기애 두서너이 그저 이래 턱 서구 이짝에두 두서너이 서두 한 칸가 한가지디. 문툭이 **따구운데. (쯧) 긔애 동시에 그저 절으 탁 하메서,

박: 예.

소: 할아버지! 그 왜 집집마다 예 문을 다는 것도 다 다르지 않습니까? 뭐 쌍닫이문….

― 응.

소: 그런 것도 좀 설명해….

― 거 좀 집을 단장을 하고. 초가집이지만 칸(=방), 칸들이 다 여러 개가 있고.

박: 예.

― 그래 사람이 모인 일이 많은 집들에서는 응 그 문은 너른 문을 쌍닫이로 해서 쭉 열어 놓으면 앞뒤 방의 사람들에게 너른 칸으로 닫아 놓으니까 좋단 말이오. 그리고 뭐 큰일이나 없고 좀 살림살이나 막막하고 한 집들은 문이 하나만 있어도 뭐 (족하지). 가서 사람이 드나들면 되는데. 그래 큰 집 같은 거는 그 번, 번성한 집들은 팔칸집이어야 되고, 첫째로. 그다음에 문을 다는 것도 쌍닫이로 해야만 된단 말이오.

소: 할아버지네 집은 문을 어찌 달았습니까?

― 우리는 굿방도 쌍닫이, 아랫방도 쌍닫이지. 그 (쯧) 인사를 할 때 사람들이 사, 사돈네랑 와서 뭐 혼사를, 약혼식이랑 하느라고 응 사돈네 와서 인사를 할 때 안손님네하고 바깥손님네가 그 문이 요만한 데서 한 칸에 들어가서는 아니 한다고, 다. 아낙네들은 저쪽 방안에 서고 바깥사돈네는 이쪽 칸에 서고. 그래 가지고 문을, 문턱을 사이에 두고서 절인사를 이렇게 하는데 요만한 문을 사이에 두고서 대가리들이 보이나 마나 한 데서 응 인사를 한다는 게, 그게 안 되지. 그러면 또 다 대가리를 보이게 낮을 보게끔 하자면 고 문에 딱따따닥 마주 서서 하나씩 해야 된단 말이오. 그래 우리집 같은 곳은 쌍닫이라 이렇게 너르잖고 어떻소. 그래 두서너 명이 그저 이렇게 턱 서고 이쪽에도 두서너 명이 서도 한 칸과 한가지지 문턱이 다른데. (쯧) 그래 동시에 그저 절을 턱 하면서

"에, 큰사둔댁임도[dɔ]?" 허:! 이러구 "두째사둔댁임두?" 이래메서 다 한다, 동시에 한다구. 그럴때 쓴단 말이오. 그 쌍달이르.

소: 아바니! 팔간집 같은 데는 방 이름두 다 따재임둥?

― 야ˇ.

소: 그 방이 무스거 무스거 있는지 쫌 알려쥬웁소.

― 음. 그 쥬바ˇ이라는게 정지칸이라가구 하래ˇ이라구두 하구 야ˇ. 그애왠: 옛날에는 조앙간이라구두 하구. 그담에 왠: 샹바ˇ으느 사잇방 하는거 샛방. 원래 사잇바ˇ이디. 갠거 샛방. 왠: 막굽에 가 잇다구 해서 굿방. 그담에 안방[안빵]. 그담에 고방. 그게 팔간집이란 말이오. 그담에 아랫간, 오양깐. 정지칸 동짝에 두칸 잇댏구 어떻소. 걔 즉금 소르 안 넣다나니꺼더 그게 한내 창꼬 대구 한내 그저 다른 시시한 거 공구랑 넣는 칸 댄다구.

소: 일곱칸 아임두?

― 야. 닐굽칸이디무.

소: 닐굽칸인데 팔간집이라 하암~?

― 팔간집이라 하는 거느 정지르 두칸을르 센단 말이오.

박: 옳소꾸마.

― 야ˇ. 게 척촌을른 두칸 대는 게란, 자알르느 두칸이 댄단 말이오 기게. 두칸두 넘는단 말이오.

박: 옳소꾸마.

― 기래서 팔간이라 하디. 그 간이라는게 기게 자아 세는 게요, 기게. 간. 칸이 애니란 말이오, 원래. 간이란 말이오. 그 간이라는거느 자아 표실 하는 게요, 기게.

소: 아바니! 그러면은 이 초개집 말구 기왜집 짓는 방법은 어터게 땀둥?

"에, 큰사돈 댁입니까?" 허! 이러고. "둘째사돈 댁입니까?" 이러면서 다 한다, 동시에 한다고. 그럴 때 쓴단 말이오. 그 쌍닫이를.

소: 할아버지, 팔칸집 같은 데는 방 이름도 다 다르지 않습니까?

— 응.

소: 그 방이 무엇 무엇이 있는지 좀 알려 주십시오.

— 음. 그 주방이라는 게 '정짓간'이라고 하고 '하랑'이라고도 하고 응. 그래 아주 옛날에는 '조앙간'이라고도 하고. 그다음에 가장(＝으뜸이 되는) 상방(上房)은 '사잇방'이라 하는 것인데, '샛방'. 원래 사잇방이지. 그런데 샛방. 맨 마지막 밑에 가 있다고 해서 굿방. 그다음에 안방. 그다음에 고방. 그게 팔칸집이란 말이오. 그다음에 아랫간, 외양간. 정짓간 동쪽에 두 칸이 있잖고 어떻소. 거긴 지금 소를 안 넣다 보니까 그게 하나는 창고가 되고 다른 하나는 그저 다른 시시한 것이나 공구를 넣는 칸이 된다고.

소: 일곱 칸이 아닙니까?

— 응. 일곱 칸이지 뭐.

소: 일곱 칸인데 '팔간집'이라 합니까?

— '팔간집'이라 하는 거는 정지를 두 칸으로 세기 때문이란 말이오.

박: 맞습니다.

— 응. 그게 치수로는 두 칸이 되는 것은, 자로는 두 칸이 된단 말이오, 그게. 두 칸도 넘는단 말이오.

박: 맞습니다.

— 그래서 팔 칸이라 하지. 그 '간'이라는 게 그게 자를 세는 것이오, 그게. '간'. '칸'이 아니란 말이오, 원래. '간'이란 말이오. 그 '간'이라는 것은 자를 표시를 하는 것이오, 그게.

소: 할아버지! 그러면 이 초가집 말고 기와집 짓는 방법은 어떻게 다릅니까?

- 그 기왜집이 우리집께 잇는 그 기왜집이란느 야˘ 한 사오년 준비르 해서 짛은다구 그거. 응. 모든 쥰비르 하쟈문 사오년 걸럇다구, 그게. 갠데 게 기술 구조두 야˘ 이 그저 녀 초가집 짛는거보다 썩 세밀하고 복잡아구. 기애르 네는 방법을르 그 퉤마루르 앉히는 걸르 까치형 맨드는 걸르 야˘. 그 우리 짛는거 못밧단 말이오. 우리 어마니 탄생핸 해애 그게 짛인461) 집인데….

박: 아:! 그렇슴둥?

- 야˘. 우리 어마니 올해 백열 … 백열살이오.

소: 살아계셨다면.

- 야˘. 우리 어만 딱 **백역살이란 말이오.

소: 그럼 아바니! 기왜집은 어터게 짓는지 모르시갰습구마. 예.

- 근데 그 목, 낭그 다루는 거느 기두˘ 진재릴 앛어서 기두˘ 셰우구 도리르 얹구 농마루 얹구 퉷마루 빼구 이랜거는, 낭그 다루는건 다 그식을르 하는데 그담에 꼭대기르 할때 도리, 방 여기꺼진 다 거 이짝에 집가 한가지우. 기앤데 그 우 올라가서 야 그 까치형 그거 내는 게 덧도리를 대애구 무슨 덧말그 얹구 그랜다구 하압데.

박: 예.

- 응:. 거보다 한건지씨 더 들디무. 긔래서 그거 이릏기 쭉 나가게 하오. 져짝것두 또 이래 쭉 나가서 그테기462) 쫌 들기래르하구. 또 이래 나오다서 또 쭉 끄너서[kʼɨnəsə] 뚝 꾸네뎌서 또 이래 나가게. 응. 우이 구조 따디무.

소: 다른 집은 또 뭐 무슨 집, 무슨 집이 있을까요?

- 그다음에 토담집이라는게 또 잇다. 그거는 낭기 귀해서 야˘ 그거 갖출 힘두 없구. 개서 거 ㅅ, 새얌우463), 새나 벳딮으 싸알어서 야˘ 흙으 막 돼기 니긴다구.

– 그 기와집이, 우리 집께 있는 그 기와집은 응 한 4~5년 준비를 해서 짓는다고 그거. 응. 모든 준비를 하자면 4~5년 걸렸다고, 그게. 그런데 그게 기술 구조도 응 이 그저 저 초가집을 짓는 것보다 썩 세밀하고 복잡하고. 기와를 이는 방법으로 그 툇마루를 앉히는 걸로 까치형을 만드는 걸로 응. 그 기와집은 우리가 짓는 것을 못 봤단 말이오. 우리 어머니가 탄생한 해에 그게 지은 집인데….

박: 아! 그렇습니까?

– 응. 우리 어머니가 올해 백 열 … 백 열 살이오.

소: 살아 계셨다면.

– 응. 우리 어머니 딱 백 열 살이란 말이오.

소: 그럼 할아버지! 기와집은 어떻게 짓는지 모르시겠습니다. 예.

– 그런데 그 목(木), 나무를 다루는 것은 기둥 진재리(=주춧돌에 닿는 기둥의 밑 부분)를 앗아서 기둥을 세우고 도리를 얹고 용마루를 얹고 툇마루를 빼고 이래는 것은, 나무를 다루는 건 다 그 식으로(=초가집 식으로) 하는데 그다음에 꼭대기를 할 때 도리, 방 여기까지는 다 거 이쪽에 집(=초가집)과 한가지오. 그런데 그 위로 올라가서 응 그 까치형 그거 내는 게 덧도리를 대고 무슨 덧마루를 얹고 그런다고 하데.

박: 예.

– 응. 그것보다(=초가집보다) 한 벌씩 더 들지 뭐. 그래서 그거 이렇게 쭉 나가게 하고. 저쪽 것도 또 이렇게 쭉 나가서 끝 부분이 좀 들리도록 하고. 또 이렇게 나오다가 또 쭉 끊어서 뚝 끊어져서 또 이렇게 나가게. 응. 위가 구조가 다르지, 뭐.

소: 다른 집은 또 뭐 무슨 집, 무슨 집이 있을까요?

– 그다음에 토담집이라는 게 또 있지. 그거는 나무가 귀해서 응 그거 갖출 힘도 없고. 그래서 거 '새앰' 즉, 새[草]나 볏짚을 썰어서 응 흙을 막 되게 이긴다고.

박: 예, 예.

- 돼기 니게서 가제다서 이래 담으 쌓는 것터르 야~ 그래 하구서 사면
으 다아 그렇게 하오. 문골[뭉꼴]으 넣얼 때만은 이만:이 비우구서 문골
[뭉꼴]으 넣어매 하디 그것도. 문골으 이래 해애 세우구서.

박: 예, 예.

- 이래 받티갤 벌, 버빠르 주구서 문골으 떡 달구. 그담에 문골인데꺼
지 쌓구 문골에다 *올, 대애구서 또 우에다서 또 흙으 쌓안단 말이오. 그
래야 그게 문골 우에 벽이 좀 높아지쟎구 어떻소. 그래 벽으 다아 쌓구
문골꺼지 다 딜인 다음에 낭그 얻어서 그 벽에다 대애구서 야~ 도리 놓온
단 말이오. 크기 못 짛디무.

박: 옳소꾸마.

- 음. 도리두 땨른거 거저 가져다서 어간에다 받팀기두~ 세우구서 꺼
꾸만재춰 넣얼 수 잇구. 그애서 쟈그만:이 토담집우 짛는다는게 그래 짛
디. 그애 그저 그 셰까리르 걸구 그 산재르 페구서 흙으 얹구 지부~ 네구.
기애 거 쪼끔맣게 짛딤. 크기 못짛인단 **말이끄.

박: 구둘 옇는 거는 구둘….

- 구둘 놓는 거느 한가지딤. 갠데 도리 없구 야~ 바~이 없구. 셰까달으
느 해애 댄단 말이오.

박: 예. 옳소꾸마.

- 응.

소: 바~이 없습둥?

- 야~. 방, 아니! 도리바~이라는게 잇어. 도리하고 밑방. 응.

소: 그게 없다구…?

- 야~. 그게 없소.

박: (조사자 소:에게) 없지. 토담집이니까.

박: 예, 예.

─ 되게 이겨서 가져다가 이렇게 담을 쌓는 것처럼 응 그렇게 하고서 사면을 다 그렇게 하고 문설주를 넣을 때만은 이만큼 비우고서 문설주를 넣으면서 하지 그것도. 문설주를 이렇게 해서 세우고서.

박: 예, 예.

─ 이렇게 받치개를 버팀목을 주고서(=받치고서) 문설주를 떡 달고. 그 다음에 문설주가 있는 데까지 쌓고 문설주에다 대고서 또 위에다가 또 흙을 쌓는단 말이오. 그래야 그게 문설주 위에 벽이 좀 높아지지 않고 어떻소. 그래 벽을 다 쌓고 문설주까지 다 들인 다음에 나무를 얻어서 그 벽에다 대고서 응 도리를 놓는단 말이오. 크게는 못 짓지 뭐.

박: 맞습니다.

─ 음. 도리도 짧은 걸 그저 가져다가 사이에다 받침기둥을 세우고서 '꺼꾸만재취'(=나무를 잇대어 만든 재취. '재취'는 용마루와 마룻대를 아울러 이르는 말.) 넣을 수 있고. 그래서 자그만하게 토담집을 짓는다는 게 그렇게 짓지. 그래 그저 그 서까래를 걸고 그 산자를 펴고서 흙을 얹고 지붕을 이고. 그래 그 쪼끄맣게 짓지. 크게는 못 짓는단 말입니다.

박: 구들을 넣는 거는 구들….

─ 구들을 놓는 거는 한가지지. 그런데 도리가 없고 응 방이 없고. 서까래는 해야 댄단 말이오.

박: 예. 맞습니다.

─ 응.

소: 방이 없습니까?

─ 응. 방(房), 아니! 도리방이라는 게 있어. 도리하고 밑방. 응.

소: 그게 없다고…?

─ 응. 그게 없소.

박: (조사자 소:에게) 없지. 토담집이니까.

– 응. 토담집에 없소 이게. 응. 흙을르[흐글르] 하니까. 흙벽[흑빽]이라 구 기게. 걔 즉금으느 그거 형식을르 벽돌로서 그릏게 하니까.

박: 아! 그릏슴둥?

– 야. 벽돌으 기소르 다 파구서 쎄멘으르서 정면이 딱 반드샇다 할때 고게서부터 시작애 벽돌으 쌓단 말이오. 문꼴으 딜이메서 야.

박: 예.

– 기애 벽돌으 일치하게 다 쌓안 담에 그 우에다 가시오르 얹댆구 어 떻소. 기앤데 그거느 가시오두 아니 얹구 그저 죠그만:이 져서서 가름낭 그 그거 듕두리르 척 놓구서 듕두리두 그저 반: 한나 하거나 반이 없이 그저 통칸 하는 게 잇딤, 그저. 반 죠꼼 할:랴면 어간에다 듕두리르 한나 놓구서 기애구 두칸 맨든단 말이오. 기앰 아릇방, 셋방, 정지 그저 이릏게 그저.

박: 어:, 그럼 무시겐가? 그 아까 그 무시기오 벽돌집으 얹으문 우이 무시 게 한, 없는다 하쟂넸슴둥?

– 에, 가시오란게 잇다.

박: 가시오가 무시겜둥?

– 가시오란게 이게 낭그 이릏기 하야서464) 야 이릏기 이러기 하는 게 잇댆구 어떻소. 이래.

박: 아::! 아::!

– 아치형, 그거.

박: (그림을 보여 주며) 이거 말하는게임둥? 잀게 낭기, 지부 있으무는 이 막자고서 잀케 해논겐데.

– 그 야라개르 놓는거. 가시오느 그거. 모야 으느 어떻기 **댕긴, 맨드 는가 하니까 야 이릏기 긴 낭기란 말이, 이게.

박: 예.

– 이게 긴 낭기 없으네느 여기다 글거리르 한나 내보내구 여기르

- 응. 토담집에 없소 이게. 응. 흙으로 하니까. 흙벽이라고 그게. 그래 지금은 그 형식으로 벽돌로서 그렇게 하니까.

박: 아! 그렇습니까?

- 응. 벽돌을 기소(基所)를 다 파고서 시멘트로 정면이 딱 반듯하다 할 때 고기서부터 시작해 벽돌을 쌓는단 말이오. 문틀을 들이면서 응.

박: 예.

- 그래 벽돌을 일치하게 다 쌓은 다음에 그 위에다 트러스(truss)를 얹지 않고 어떻소. 그런데 그거는 트러스도 아니 얹고 그저 조그맣게 지어서 가름대를 그 중도리를 척 놓고서, 중도리도 그저 방 하나를 하거나 방 없이 그저 통간(通間)을 하는 것이 있지, 그저. 방을 조금 하려면 사이에다 중도리를 하나 놓고서 그리고 두 칸을 만든단 말이오. 그러면 아랫방, 사잇방, 정지 그저 이렇게 그저.

박: 어, 그럼 무엇인가? 그 아까 그 뭐 벽돌집을 지으면 위에 무엇이 한, 얹는다고 하지 않았습니까?

- 에, 가시오라는 게 있지.

박: '가시오'가 무엇입니까?

- '가시오'라는 게 이게 나무를 이렇게 해서 응 이렇게, 이렇게 하는 것이 있잖고 어떻소. 이렇게.

박: 아! 아!

- 아치형, 그거.

박: (그림을 보여 주며) 이거를 말하는 것입니까? 이렇게 나무가, 지붕이 있으면 이 막자고서 이렇게 해 놓는 것인데.

- 그건 여러 개를 놓는 것인데. 트러스는 그건. 모양은 어떻게 생긴, 만드는가 하니까 응 이렇게 긴 나무란 말이오, 이게.

박: 예.

- 이게 긴 나무가 없으면 여기다 나무의 밑동을 하나 내 보내고 여기

글거리르 한나 **내보구. 이래 합한다구[hap.handagu].

박: 예, 예, 예.

- 이래 합해서[háp^{h}ɛsə] 이거 모두 떡떡 테서 이 통낭그 맨드거든. 기애구서 여기다아서 한나 이런거 세운다구 야~.

박: 예.

- 이건 이릏기 짤 게디. 잇다가, 이게.

박: 예.

- 이릏기 짤 게란 말야. 기앤데 이거 받팀이[바티미] 이게 잇소, 이게. 이래. 이래 다 잇다구, 이릏기. 이르기 다 잇단 말이오, 이게. 이게. 이릏기 맨든게오, 이. 이 가시오라는게오. 이런거 야라갤 해애서 야~ 한 메다 사십이나 한 메다 오십 어간에 이거 한낙씨 떡떡떡떡 놓소.

박: 그러게 데문 길게 한내 두울 이릏게 해가쥬고 요 위에다가 이제 지부~ 을 얹는단 말임둥?

- 야~. 그 꼭대게다서 이렇게 간쪼:산거 고정시겨서 떠억 놓구서 한낙씨한낙씩 몬으 따악 틴다구. 기애문 이게 가시오 대디무. 그다음에 이 우에다가서 칸칸이 또 요렿기 이게 이런데 이게 야~ 이게 요막씨 이릏기 야라개 놓이댛구 어맷소.

박: 예. 옳소꾸마.

- 기앤데 이 칸에 이거 이런거 떡떡 막는 게 잇어사, 잇다가 야~.

박: 예.

- 거 기애르 넨다던가나 양털 넨다거나 기랜데 야~ 그거 놓기 전에 이 밑에다서 널으 페오. 이 밑이[미티] 비, 비댛구 어떻소.

박: 옳소꾸마.

- 이 허마~이 대기 환:이 배우무 안대디. 널으 쭉 페구 여기다서 톱밥이나 석탄재르 탁 올레 채운다구. 바름이 께디 말라고서. 그담에 그 가시오 우에 어 여기다서, 이 밑이[미티] 이게 즉금 그 톱밥우 펜 자리오 이게 야~.

로 나무의 밑동을 하나 내 보내고. 이렇게 합한다고.

박: 예, 예, 예.

- 이렇게 합쳐서 이거 모두 떡떡 쳐서 이렇게 통나무를 만들거든. 그러고서 여기다가 하나 이런 거를 세운다고 응.

박: 예.

- 이건 이렇게 짤 것이지. 있다가, 이게.

박: 예.

- 이렇게 짤 것이란 말이야. 그런데 이 받침이 이게 있소 이게. 이렇게. 이렇게 다 있다고, 이렇게. 이렇게 다 있단 말이오 이게. 이게. 이렇게 만든 것이오, 이. 이게 트러스라는 것이오. 이런 것을 여러 개를 해서 응 1미터 40센티미터나 1미터 50센티미터 사이에 이걸 하나씩 떡떡떡떡 놓소.

박: 그렇게 되면 길게 하나, 둘 이렇게 해 가지고 요 위에다가 이제 지붕을 얹는단 말입니까?

- 그 꼭대기에다가 이렇게 가느단 것을 고정시켜서 떡 놓고서 하나씩 하나씩 못을 딱 친다고. 그러면 이게 트러스가 되지 뭐. 그다음에 이 위에다가 칸칸이 또 요렇게 이게 이런데 이게 응, 이게, 요만큼씩 이렇게 여러 개가 놓이지 않고 어떻소.

박: 예. 맞습니다.

- 그런데 이 칸에 이거 이런 거 떡떡 막는 게 있어서 아 있다가 응.

박: 예.

- 거 기와를 인다든가 양철을 인다거나 그러는데 응 그거 놓기 전에 이 밑에다가 널을 펴오. 이 밑이 비, 비지 않고 어떻소.

박: 맞습니다.

- 이렇게 허공이 되게 환히 보이면 안 되지. 널을 쭉 펴고 여기다가 톱밥이나 석탄재를 탁 올려 채운다고 바람이 꿰지(=통하지) 말라고 그다음에 그 트러스 위에 어 여기다가, 이 밑이 이게 지금 그 톱밥을 편 자리오 이게 응.

박: 예, 예.

– 이게 톱밥우 펜 자리오. 기애 잇다 듕텬반 하겟는데 여기다서 이릏기 또 한낙씨 낭기 내레가래르 해애 놓습니.[465] 이릏기.

박: 예, 예.

– 이릏기 내레가래르 해애놓습니, 이릏기. 이 넙죽넙죽안게 이런게. 이거 듕천반 할 때애 여기다 대애구서 일어난 거 떡떡떡떡 티구서 그 무슨 석면 바르다던디 야.

박: 예, 예. 무스건지 알갯습구마.

– 야. 붙인단[부틴단] 말이오 그거. 그거 하기 위해서 이거 이거 내애 놓인 게 잇소. 기애 이게 벽으느 연결으 이릏기 떡 올라오디무.

박: 예. 옳소꾸마.

– 야. 이런게 야래, 이게 **축축축축축축** 서구. 기애 이게 음: 이 기애르 없는다거나 양쳘으 엱기 위해서 야~ 이 *가름뚜리 좋온 낭글르서 각목으 따악 페오. 그담에 양쳘으 싸다가서 고 낭그 엱은데다 대구서 몯우 딱딱딱딱 톄서 녜디무. 헐하딤.

박: 그러문 두번 막는 셈이 데겟습구마.

– 야. 두번 막는 셈이….

박: 위에다가 한번 해서 여기다가 한번 막고 거기다가 톱밥이나 탄재 엱고 밑에는 나무를 한내 냈으니까 거기다 듕텬반 또 치니까는 이때 한, 우에 한….

– 그담에 양쳘꺼지. 양쳘꺼지 하무 세벌이 덴단 말이오.

박: 옳소꾸마.

– 응.

소: 벽돌집까지 다 지었나?

박:, 소: (웃음).

소: 아바니! 또 무스거 집이 잇슴두?

– 그담에 돌집이 잇디.

박: 예, 예.

　- 이게 톱밥을 편 자리오. 그래 있다가 반자를 하겠는데 여기다가 이렇게 또 하나씩 나무가 내려가도록 해 놓지. 이렇게.

박: 예, 예.

　- 이렇게 내려가도록 해 놓지, 이렇게. 이 넓죽넓죽한 게 이런 게. 이거 반자를 할 때에 여기다 대고서 일어난 것도 떡떡떡떡 치고서 그 무슨 석면을 바른다든지 응.

박: 예, 예. 무엇인지 알겠습니다.

　- 응. 붙인단 말이오 그거. 그거 하기 위해서 이거, 이거 내놓인 게 있소. 그래 이 벽은 연결을 해서 이렇게 떡 올라오지 뭐.

박: 예. 맞습니다.

　- 응. 이런 게 여럿, 이게 축축축축축축 서고. 그래 이게 음 이 기와를 얹는다거나 양철을 얹기 위해서 응 이 가름대 도리 좋은 나무로써 각목을 딱 펴오. 그다음에 양철을 사다가 고 나무를 얹은 데다 대고서 못을 딱딱딱딱 쳐서 이지 뭐. 쉽지.

박: 그러면 두 번 막는 셈이 되겠습니다.

　- 응. 두 번 막는 셈이….

박: 위에다가 한 번 해서 여기다가 한 번 막고 거기다가 톱밥이나 탄자를 넣고 밑에는 나무를 하나 냈으니까 거기다 반자를 또 치니까 이때 한, 위에 한….

　- 그다음에 양철까지. 양철까지 하면 세 벌이 된단 말이오.

박: 맞습니다.

　- 응.

소: 벽돌집까지 다 지었나?

박:, 소: (웃음).

소: 할아버지! 또 무슨 집이 있습니까?

　- 그다음에 돌집이 있지.

박: 아, 도올집이 있슴두?

— 야. 돌집두 토담집터러 야˘ 크기 못 짛인다구. 그 개흙으 니게서 돌으 실어다서 야˘ 어떤 돌, 아무 돌이나 그저 쓰우, 그거는. 개 그저 져짝면가 이짝면으 그저 좀 반드사게 하디. 안으르 들어가는거느 그저 아무게 들어가두 일없어. 기애 개흙으 착 놓구 거기다 돌으 맞차서 벽이 곱게끔 야˘ 면이 좋온 짝으 바깥으르 내애보내메서 새애기르 받티메서[바티메서] 바르 셰운다구.

박: 예, 예.

— 그게 그저 이릏게 셰워서 안대오. 다음돌이 들어가서 그 돌으 눌러사 긔게 어드메 달아 안 나디.

박: 옳소꾸마.

— 꿰에데466) 나가는 녀파리 미기뎬단 말이오. 그, 그 눌름돌이[눌름또리] 잘대게끔 안칫 한단 말이오. 그 딱딱 어기까랑. 이 돌가 이 돌이 어: 드티기 확 말기 위해서느 그 어뚷기 돌으 놓는다는게 다 긔 하는 사름덜이 그 알아해야대디.

박: 예.

— 그러게 하면 두, 네면으 삥:: 돌과서 다아 하디무. 기애 꼭대기꺼지다 반드사게 한 담:에 그 토담집 짛는거터러, 또 그 마룻대르, 마룻대앤 게 애니라 그 더 그 가르낭그 야˘ 재취르, 재취르 놓온다구. 두칸이나 세칸. 기애 그게 흙집보다서사 썩 좋디무.

박: 옳소꾸마.

— 음. 개 재취르 놓구서 안으 제 좋오래르 그 재취에 따라서 칸으 꾸밀 슈 잇다구, 그거느. 받팀기둥[바팀기둥] 하나 하구서 거기다서 궁가 끄구서 돌으 한나 뿍 빼:내구서 거기다 쑥 밀어넣구 바름질 쭉 하문 그 낭게다아서 머 줴에꽂는것보다 못하댾:디, 기게.

박: 옳소꾸마.

박: 아, 돌집이 있습니까?

― 응. 돌집도 토담집처럼 응 크게 못 짓는다고. 그 진흙을 이겨서 돌을 실어다가 응, 어떤 돌이나, 아무 돌이나 그저 쓰오, 그거는. 그래 그저 저쪽 면과 이쪽 면을 그저 좀 반듯하게 하지. 안으로 들어가는 거는 그저 아무 것이나 들어가도 괜찮소. 그래 진흙을 착 놓고 거기다 돌을 맞춰서 벽이 곱게끔 응 면이 좋은 짝을 바깥으로 내보내면서 쐐기를 받치면서 바로 세운다고.

박: 예, 예.

― 그게 그저 이렇게 세워서는 안 되오. 다음 돌이 들어가서 그 돌을 눌러야만 그게 어디로 달아나지 않지.

박: 맞습니다.

― 꿰져 나가는 옆이 미어지게 된단 말이오. 그, 그 누름돌이 잘 되게끔 안치(=돌을 안정적으로 잘 놓는다는 말)를 한단 말이오. 그 돌을 딱딱 서로서로. 이 돌과 이 돌이 어 확 움직이지 말게 하기 위해서는 그 어떻게 돌을 놓는다는 것을 다 그래 하는 사람들이 그 알아서 해야 되지.

박: 예.

― 그렇게 하면 두, 네 면을 삥 돌라서 다 하지 뭐. 그래 꼭대기까지 다 반듯하게 한 다음에 토담집을 짓는 것처럼, 또 그 마룻대를, 마룻대가 아니라 그 저 그 가름대를 응 '재취'를, '재취'를 놓는다고. 두 칸이나 세 칸. 그래 그게 흙집보다야 썩 좋지 뭐.

박: 맞습니다.

― 음. 그래 '재취'를 놓고서 안을 제 좋도록 그 '재취'에 따라서 칸을 꾸밀 수 있다고, 그건. 받침기둥을 하나 하고서 거기다가 구멍을 끄고서 돌을 하나 쑥 빼내고서 거기다가 쑥 밀어 넣고 미장을 쭉 하면 그 나무에다가 잡아 꽂는 것보다 못하지 않지 그게.

박: 맞습니다.

- 음. 그래애 한다. 돌집운.

박: 그래도 크게는, 쿠게는 못 짓겠습구마.

- 크기사 못해. 팔간집우 우리집터르 그렇게 못한다구. 음. 토~이 어때 좁아야대오. 돌집이라구서 야~ 잇엇소. 우리 어마니, 뉴춘오래비 집이 돌 집인데. 직금두 그 집으 돌집이, 돌집아. 집은 없어던 데 오란데 할아버지 때 그런 집우 지어가주구 살앗는데. 우리 왜갓집 마알에 돌집이라군 눼에 네집이란 지금두 그 집 돌집. 돌지[돌찌] 둘째네구 돌지[돌찌] 셋째네 구.467) 직금두 이릏기 부루우.

박: 그, 그 집이 그문 이 무시기 일반 그 뭐 경상적으로 진: 집에, 집에 대: 놓구 그거 품이 많:이 먹 먹겠습구마.

- 야~. 돌으 실음 대딤. 개흙은 금당 같은데 그게 흔하단 말이오.

박: 예.

- 개 낭기 귀한데 그런 낭그 그저 몇대만 구하디.

소: 그, 그 도롱비나 벌등은 쥬로 어떤 집이 예전부터 많이 있었슴둥?

- 그저 우리집 같은 집이. 기앤데 우리집만:이 크게 아니 짛구. 굿방, 샛바~이 없는 집우. 뉵간집이라, 그거는.

박: 예, 예.

- 샛방가: 앞바이 잇구 정짓간이 잇구 아랫간이 잇는거 그거 뉵간집이 라구 하구 굿방가 고바~이 잇는거 팔간집이라고 하는데 쟉디무 팔간집보 다. 전에는 팔간집이 더 많앳구 지금으는 육간집이 더 많구. 즉금 짛는게 팔간집우 안 짛소.

박: 옳소꾸마. 보니까 전부다 그렇습더구마.

- 응. 원래 어저느 짛두두 않거니와 우리란 집으 짛이때 동네서 야라 집이 져엇는데 도롱비 두집이 시잭이르

- 음. 그렇게 한다. 돌집은.

박: 그래도 크게는, 크게는 못 짓겠습니다.

- 크게야 못해. 팔칸집을 우리 집처럼 그렇게 못 짓는다고. 음. 통이 어쨌든 좁아야 되오. 돌집이라고 응 있었소. 우리 어머니의 육촌오라비 집이 돌집인데, 지금도 그 집을 '돌집', '돌집' 하오. 집은 없어진 지 오랜데 할아버지 때 그런 집을 지어 가지고 살았는데 우리 외갓집 마을에서 돌집이라고는 누구네 집인가 하면, 그 집이 돌집이라고 하지. 돌집의 둘째네고 돌집의 셋째네고. 지금도 이렇게 부르오.

박: 그, 그 집이 그러면 이 무슨 일반 그 뭐 일반적으로 지은 집에, 집에 비해 그거 품이 많이 들었겠습니다.

- 응. 돌을 실으면 되지. 진흙은 금당촌(金塘村) 같은 데에 그게 흔하단 말이오.

박: 예.

- 그래 나무가 귀한데 그런 나무를 그저 몇 대만 구하지.

소: 그, 그 도롱비(='회룡봉촌'의 별칭)나 벌등은 주로 어떤 집이 예전부터 많이 있었습니까?

- 그저 우리 집 같은 집이. 그런데 우리 집만큼 크게 짓지 않고. 굿방, 사잇방이 없는 집을. 육칸집이라, 그거는.

박: 예, 예.

- 사잇방과 앞방이 있고 정짓간이 있고 아랫간이 있는 거 그거를 육칸집이라고 하고 굿방과 고방이 있는 것을 팔칸집이라고 하는데 작지 뭐. 팔칸집보다. 전에는 팔칸집이 더 많았고 지금은 육칸집이 더 많고. 지금 짓는 것은 팔칸집을 안 짓소.

박: 맞습니다. 보니까 전부 다 그렇더군요.

- 응. 원래 이제는 짓지도 않거니와 우리는 집을 지을 때 동네에서 여러 집이 집을 지었는데 도롱비(=회룡봉촌의 다른 이름)에서 두 집이 시작을

하구 벌드~에 세집이 시잭이르 해서 같이[가티] 짛엇는데 야~ 팔간집으 서어 짛엇소. 개 뇩간집으 두, 두개 짛구. 네갤 어, 세 개 옳소. 세개, 네개 르 가끔 닐굽개를 짛엇는데 팔간집으 너어 젓소. 그때까지는 그 팔간집이 우세햇단 말이오.

소: 낭기는 다 재빌루 해 와야 댐둥?

— 야~. 자지바~이께 그땐 댓소. 지금두 자지방꺼 가지구 나우. 집으 얼매든지 짛소 우린데는. 솔낭기 이르기 모딘게 잇는데. 그 더 우리 다 그 마을에 쥐위에서 다 떡엇소. 우리 두에 그 골안에 들어가서 다 떡엇소.

소: 그 뭐 지붕이 쫌 따다고 해서 또 뭐 어떤 다른 집 없었슴두~?

— 그 무스 양텰집, 기왜집 그저 그룽기 부르는게 잇디무.

박: 예.

— 음. 돌집으 짛는것가 흙집으 짛는 건, 토담집으 짛는거느 공녁으느 돌집으 짛는게 더 들디무.

박: 예.

— 고거 쌓는 데 명심해야 하니까. 토담집은 그저 대는대르 그저 흙으 니게서 탁탁 쌓구서 삽울르써 탁탁탁탁 깎아데디무 메슬이 댄단 말이오. 대부분 비, 미ㅅ, 비, 비즈름::이[piẓiri:mi]. 그담에 쭉 바르무 그저 응 일 없는데 돌집은 아니 바릅니, 그거.

박: 아, 바르대님두?

— 야~. 발라두 아니 견딘단 말이오.

박: 아! 옳갯습고마.

— 야~. 비 올 *가, 흙이 누기 쭉 들문 그저 쭉 내레앉는단 말이오.

박: (웃음) 그러문 그때가 새(로 발라야).

하고 벌등에서 세 집이 시작을 해서 같이 지었는데 응 팔칸집을 셋을 지었소. 그래 육칸집을 두, 두 채를 짓고 네 채, 어, 세 채가 옳소. 세 채, 네 채를 서둘러 일곱 채를 지었는데 팔칸집을 넷을 지었소. 그때까지는 그 팔칸집이 우세했단 말이오.

소: 나무는 다 스스로 해 와야 됩니까?

– 응. 자기 지방의 것이 그땐 됐소(＝자기 고장에서 나는 나무로 집을 지을 수 있었소). 지금도 자기 지방의 것을 가지고 나오. 집을 얼마든지 짓소, 우리 사는 데에서는. 소나무가 이렇게 굵은 게 있는데. 그 저 우리 다 그 마을 주위에서 나무를 다 찍었소. 우리 마을 뒤에 그 골짜기에 들어가서 다 찍었소.

소: 그 뭐 지붕이 좀 다르다고 해서 또 뭐 어떤 다른 집은 없었습니까?

– 그 무슨 양철집, 기와집 그저 그렇게 부르는 게 있지, 뭐.

박: 예.

– 음. 돌집을 짓는 것과 흙집을 짓는 건, 토담집을 짓는 거는, 공력(功力)은 돌집을 짓는 게 더 들지 뭐.

박: 예.

– 고거 쌓는데 명심해야 하니까. 토담집은 그저 되는대로 그저 흙을 이겨서 탁탁 쌓고서 삽으로써 탁탁탁탁 깎아 내면 말끔하게 된단 말이오. 대부분 비, 비, 비스름히. 그다음에 쭉 바르면 그저 응 괜찮은데 돌집은 안 바르지, 그거.

박: 아, 바르지 않습니까?

– 응. 발라도 오래 가지 않는단 말이오.

박: 아! 옳겠습니다.

– 응. 비가 올 가(능성이 있으면) 흙이 누기(漏氣)가 쭉 들면 그저 쭉 내려앉는단 말이오.

박: (웃음) 그러면 그때 가서 새로 발라야.

- 아니 바, 아니 바르오. 아니 바르구서 고 쯤이 싹 딱딱딱딱 생긴게 잇재느? 흙이 내놓인데르.

박: 예, 예.

- 고런데르 흙으 니게가지구서 요래 ᄉ, 소꼬락을르 할때두 잇구 야 널또매르 할때두 잇구. 요래서 일년이나 냥년에 한번씨 흙이 패와 나온데르 개흙으 니게서 이래 발라놓온단 말이오. 응. 기앰 칩대얂구 견구하구 견디구 오래: 가구. 그 전면으 안 바르오. 돌에 흙이 붙, 붙긴 처암엔 잘 붙소. 개다 ᄉ, 돌 습기가 그게 야 뎌 이짝 흙이 습기 들기 전에 만저 돌 습기 든다구.

박: 옳소꾸마.

- 응. 기야무 흙으 내받아 제ᄉ, 젲헤서 축 무너져 떨어디구. ***공기 쭐 내레앉소. 개 아니 바르오, 그.

박: 그 집으 짓는데 무스거 쟁기를 많이[마이] 씀둥?

- 초가집으 짛는데는 톱, 자귀. 자귀가 그게 큰 작용한다구. 낭그 깎는데. 자귀, 톱, 끌, 좀자귀, 망치, 수운자[수운째], 각자 그담에 먹통. 이게문 돼오.

박: 아, 그 이 내놓구는 필요없슴둥?

- 끌이, 끌이 잇어야 대디.

박: 예.

- 갠:데……

박: 몯으 박자문 무시기 아이 하겠슴둥?

- 몯으 박는데 망치 한내 잇어야 대구. 기앤데 망치 그거 야 좀자귈 르두 하는 게구.

박: 아! 그렇슴둥?

- 야. 좀자귀 두에 또 망치 달긴단 말이오, 그게.

박: 그럼 그 뭐 나중에 바름질으 하자문 무시기…?

- 안 바르오. 안 바르오. 안 바르고 그 틈이 쑥 딱딱딱딱 생긴 게 있잖소? 흙이 내놓인 데를.

박: 예, 예.

- 고런 데를 흙을 이겨 가지고서 요렇게 손가락으로 할 때도 있고 응 널 토막으로 할 때도 있고. 요래서 1년이나 2년에 한 번씩 흙이 패어 나온 데를 개흙을 이겨서 이렇게 발라 놓는단 말이오. 응. 그럼 춥지 않고 견고하고 견디고 오래 가고. 그 전면을 안 바르오. 돌에 흙이 붙긴 처음에는 잘 붙소. 그러다 돌에 습기가 그게 응 저 이쪽 흙이 습기가 들기 전에 먼저 돌에 습기가 든다고.

박: 맞습니다.

- 응. 그러면 흙을 냅다 젖 젖혀서 (바른 흙이) 축 무너져 떨어지고. *** 쭐 내려앉소. 그래 안 바르오, 그.

박: 그 집을 짓는 데 무슨 연장을 많이 씁니까?

- 초가집을 짓는 데는 톱, 자귀. 자귀가 그게 큰 작용을 한다고. 나무를 깎는 데. 자귀, 톱, 끌, 좀자귀, 망치, 수준기, 각자(角-) 그다음에 먹통. 이것이면 되오.

박: 아, 그 이것을 제외하고는 필요 없습니까?

- 끌이, 끌이 있어야 되지.

박: 예.

- 그런데…….

박: 못을 박으려면 무엇을 안 쓰겠습니까?

- 못을 박는 데 망치가 하나 있어야 되고. 그런데 망치 그거 응 못을 박는 것은 좀자귀로도 하는 것이고.

박: 아! 그렇습니까?

- 응. 좀자귀 뒤에도 망치가 달린단 말이오, 그게.

박: 그럼 그 뭐 나중에 미장을 하자면 무엇이…?

– 바름질 하쟈문 왜손이판하구 왜손이 잇어야 대구. 전에 언제 왜손이 다 잇엇갯어? 그 손바람질이 쥬간468) 하디무.

박: 아, 그렇슴둥?

소: 손으로요?

– 야ˉ. 손으로.

박: 야:! 손으로 어찌 합니까?

– 그 일없습니.

박: 아, 그렇슴둥?

– 야ˉ. 흙으 자알 니게서 보드랍게 니게가주구서.

박: 으음. 그게 매츨하게 뎀둥 그게?

– 그래 왜손이 바르는 것텨름 매츨하기 못하디무.

박: 예.

– 그게 매츨하디 못하다구서 야ˉ 흙물으 한단 말이오 그담에. 흙물으 거게다서 쉐또ˉ오 섞어서.

박: 예.

– 흙물으 해애서 야ˉ 다부지비나469) 집에서 쓰는 비 잇대니우?

박: 예, 예. 옳소꾸마.

– 그게다서 탁 묻헤서 손자귀 아니 알기래르 흙물으 올린다구, 이렇기 쓸어서. 이래 올리무 손자귀라구 아니 알기오.

박: 아! 그럼 그게 싸악 이제….

– 야ˉ. 짝: 이래 옳에놓다나니꺼더 그저 그게 또 야ˉ 한 일미리씨는 흟이 붙는다니 그거 흙물이 기게.

박: 아! 그렇슴둥?

– 야ˉ. 기야구 뚝뚝 뻬에젯던 게 얇기[얍기] 요렇게 쯤이 낫던거 *** 저짜운 게구 두두러뎃던 것두 다 싫기몐서 같이[가티] 댄다구 기게.

－ 미장을 하자면 흙손하고 흙칼이 있어야 되오. 전에 언제 흙칼이 다 있었겠어? 그 손으로 바르는 일을 주로 하지, 뭐.

박: 아, 그렇습니까?

소: 손으로요?

　－ 응. 손으로.

박: 야, 손으로 어찌 합니까?

　－ 그 괜찮소.

박: 아, 그렇습니까?

　－ 응. 흙을 잘 이겨서 보드랍게 이겨 가지고서.

박: 음, 그게 매끈하게 됩니까 그게?

　－ 그래 흙칼로 바르는 것처럼 매끈하게는 못하지 뭐.

박: 예.

　－ 그게 매끈하지 못하다고 해서 응 흙물을 한단 말이오 그다음에. 흙물을. 거기다가 쇠똥을 섞어서.

박: 예.

　－ 흙물을 해서 응 다북쑥으로 만든 비나 집에서 쓰는 비가 있잖소?

박: 예, 예. 맞습니다.

　－ 거기에다가 탁 묻혀서 손자국이 드러나지 않도록 흙물을 올린다고, 이렇게 쓸어서. 이렇게 올리면 손자국이 아니 드러나오.

박: 아! 그럼 그게 싹 이제….

　－ 응. 짝 이렇게 옮겨 놓다 보니까 그저 그게 또 응 한 1밀리미터씩은 쉽게 붙지, 그 흙물이, 그게.

박: 아! 그렇습니까?

　－ 응. 그리고 뚝뚝 비어졌던 것이, 얇게 요롷게 틈이 났던 거 *** 것이고, 두드러졌던 것도 흙물에 씻기면서 같이 된다고(＝벽면이 똑같이 고르게 된다는 말).

소: 그건 무스거로 바름두~ 흙물을?

– 그, 그거? 비.

소: 아, 비::.

– 야~. 집 구둘비470) 잇대니우? 그건 구둘빈 또 파안난다구 안쓰구 다 부지라는 쑥이 잇소.

박: 옳습구마.

– 야~. 그 쑥우 단으 탁 묶어서 이만:이 붕매르471) 탁 맨들어서 이룽기 툭 퍼디래르하구. 거 야라개르 써야 대디. 흚이 파안납니472), 게. 흙질하 재녜느 물맷473), 물매르 티쟈무.

박: 옳소꾸마. 그 물매를 틴다 함둥?

– 야~. 물맬 논다딤. 물매르 틴다구두 하구.

박: 음. 왜손을르 했을 적엔 이런 거 아이 하겠습구마.

– 왜손을르 해애두 야~ 야라해 지나넨 그게 끗기구474) 떨어디구 이렇 소.

박: 예.

– 긔래서 그거 또 물매르 틴다구.

박: 아, 그렇습둥?

– 음, 흙물으 해애서 씨운다구 이렇기. 게 품이, 시간이 아니 가는겜. 맥이 안 드는게.

소: 아바니! 그 혹시 집을 인제 짗쟈믄 그 터를 다지거나 이렇게 할때 무슨 제를 지낸다거나 그런건 없었습두~?

– 이전에느 해앳소.

박:, 소: 음::.

– 터 츠는 날에 새박에 가서 사~에다서 수울으 갖촤가주구.

소: 수우, 수울으 갖챠서 어떻게 했습두~?

– 개 사~에다 받테 가주구 가서 수울 석잔으 붓구서 이래 빈다구,

소: 그건 무엇으로 바릅니까, 흙물을?

– 그, 그거? 비.

소: 아, 비.

– 응. 집에 방비가 있잖소? 그 방비는 또 흠집이 안 생긴다고 안 쓰고 (=발화 실수. '파난다구 안쓰구'(흠집이 생긴다고 안 쓰고)라고 해야 옳음). 다북쑥이라는 쑥이 있소.

박: 맞습니다.

– 응. 그 쑥을 단을 탁 묶어서 이만하게 '붕매'를 탁 만들어서 이렇게 툭 퍼지도록 하고. 그거 여러 개를 써야 되지. 흠집이 잘 나지 않지. 흙질을 하려면, 물매, 물매를 치려면.

박: 맞습니다. 그것을 '물매를 친다'고 합니까?

– 응. '물매를 놓는다'고 하지. '물매를 친다'고도 하고.

박: 음. 흙칼로 했을 적에는 이런 걸 안 하겠습니다.

– 흙칼로 해도 응 여러 해가 지나면 그게 그어지고 떨어지고 이렇소.

박: 예.

– 그래서 그거 또 물매를 친다고.

박: 아, 그렇습니까?

– 음, 흙물을 해서 씌운다고 이렇게. 게 품이, 시간이 안 드는 게, 뭐. 힘이 안 드는 게지.

소: 할아버지! 그 혹시 집을 이제 짓자면 그 터를 다지거나 이렇게 할 때 무슨 제사를 지낸다거나 그런 건 없었습니까?

– 이전에는 했소.

박:, 소: 음.

– 터를 파고 고르는 날에 새벽에 가서 상에다 술을 갖춰 가지고.

소: 술을, 술을 갖춰서 어떻게 했습니까?

– 그래 상에다 받쳐 가지고 가서 술 석 잔을 붓고서 이렇게 빈다고,

이래. 손 썩썩썩썩 빌메 절으 이래이래이래메서 뎌 딱 덩개르475) 꿀구476) 절은 아니하구.

박: 아::.

― 그저 이래 손으 비비구서 이래구. 이래이랜단 말이오. 이래.

소: 무스거라고 잃게 빔두~?

― 말 아니하디무 그저.

소: (웃음) 암말 아이하구.

― 응. 아니하디무.

소: 어느 짝을 보고 이릏게…?

― 만약에 내 남짝으 향하는 집으 짛쟈무 야~ 북짝으 향해:서. 어, 북짝 으 향해서 사~아 차레, 그 사~아 받는거는 남짝에 향하는게 대구 야~.

박: 예.

― 졔르 기내는477) 짝으느 북짝으 향해 하는데 어. 귀신으는 남짝에 향 해 앉은단 말이오.

박: 아! 그렇슴둥?

― 야~. 토지신으는 이릏기 남짝으 향해 앉구 (쯧) 졔르 기내는 짝은 북 짝으 향해다나니꺼더 그저 마주하는게 대디. 내 정면이 어떻게 하레녠 내 북짝으 향한 집으 짛이레네는 또 남짝으 향해:서 사~아 놓구서 이래야 대 디.

소: 그 기두~ 세울때나 머 이럴때도 또 제살 지냄두~?

― 어, 없소.

소: 없슴두?

― 야~. 거 어느게 잇는가 하니깐 뇽말그 없으때 샹냐~이라는게 잇소 샹냥. 그 뇽말그 없으때, 왠: 꼭대게 낭그 없으때.

소: 그때는 뭐 또 어뚷게 하암두?

이렇게. 손을 싹싹싹싹 빌며 절을 이렇게, 이렇게, 이렇게 하면서 저 딱 무릎을 꿇고 절은 안 하고.

박: 아.

― 그저 이러고 손을 비비고서 이러고. 이러고, 이러고 한단 말이오. 이러고.

소: 뭐라고 하면서 이렇게 빕니까?

― 말을 아니 하지, 뭐, 그저.

소: (웃음) 아무 말 안 하고.

― 응. 안 하지, 뭐.

소: 어느 쪽을 보고 이렇게…?

― 만약에 내가 남쪽을 향하는 집을 짓자면 응 북쪽을 향해서. 어, 북쪽을 향해서 상을 차려 놓고, 그 상을 받는 거(=귀신)는 남쪽을 향하는 게 되고 응.

박: 예.

― 제(祭)를 지내는 쪽은 북쪽을 향해 하는데 어, 귀신은 남쪽을 향해 앉는단 말이오.

박: 아! 그렇습니까?

― 응. 토지신은 이렇게 남쪽을 향해 앉고 제를 지내는 쪽은 북쪽을 향하다 보니까 그저 마주하는 게 되지. 내가 정면이 어떻게 되도록 하려면, 내가 북쪽을 향한 집을 짓는다면 또 남쪽을 향해서 상을 놓고서 이래야 되지.

소: 그 기둥을 세울 때나 뭐 이럴 때도 또 제사를 지냅니까?

― 어, 없소.

소: 없습니까?

― 응. 거 어느 것이 있는가 하니까, 용마룻대를 얹을 때 상량(上樑)이라는 게 있소. 상량. 그 용마룻대를 얹을 때, 맨 꼭대기에 나무를 얹을 때.

소: 그때는 뭐 또 어떻게 합니까?

－ 그때애 어 수울으 가지구 와서 네귀르 돌아댕기메서 졔르 지내구 왜앤 마감 그 더 할 때 그 왜앤 큰기두이 잇어, 복판기두이 겅게다서 사ᆞ아 놓구서, "샹냥입구마. 오놀은 샹냥하압구마." 이래구서 또 이랜다구 이래. 게 샹냥이라는 게야 게 뉘 냥, 량. 한국에서느 량이라구 아니하갯디. 그저 냥. '들보[들쁘] 량' 하는가? 들보[들쁘]대디 기게. 야ᆞ. 들보[들뽀]라는 말이 그짝에 뜻이 그렇단 말야. 들보[들뽀]르 올린다. 샹(上). 기애 '들보르 올린다' 기게 중요하디 기게. 이 모딘 거 올린다는 게. 그거 사고 없이 잘 돼달라구서 샹냥한단 말이오. 개두 지금은 없소. 아니하오 야ᆞ. 우리란두 집 짫일 때 아니햇소. 그 젼에 우리 클아반네란478) 집우 짫일 때느 샹냥이라느 게 꼭 잇엇소. 걔 그날 아츰에느 큰집 쟈은집 아반네 부모 모다서 야 그 샹냥으 지내구서 같이 술으 마신다구. (쯧) "어젼 대앳소 샹냥꺼지 해애시니 오늘 아츰에느 사람덜 모다들거든 (쩍) 농말그 올리구. 큰일 해앳소. 어젼 셩갈 해앳소."

소: 아바니! 그럼 집 지을 때는 무슨 해서는 아이대는 일이, 그런건 없슴두?

－ 야ᆞ. 별로 없습데. 무, 무슨 신식 다 하다나니꺼더. 내꺼지두 **대뷔분 아니 **밎엇단 말이오 그저. 그저 이젼에 늙은이덜 집에서 자랏으니까 보고 듣구 한게 잇엇으니 그렇디. 우리 삼춘네 집으 짫으때느 내 고 아홉살엔두 열살엔두 한대 샹냥ᆞ하더라구.

소: 아바니! 그, 이 지붕 있으면은 그 받티고 있는 그: 그런 부분들 있쟤임두?

－ 야ᆞ.

소: 그런 것들을 다 따로 뭐라고 하는지 쫌 알려주셨으면 좋겠습니다.

－ 야ᆞ. 내 아께 다 말핸:데 야ᆞ. 기둥, 그다음에 이 ***체우는 게디, 대부분 다 야ᆞ. 가르 눕히는 거느 그게 용말기. 그다음에 재취, 도리, 방. 이건 다 가르 대는 게구. 단 눕어서 받는 짐이구 야ᆞ. 그다음에

- 그때 에 술을 가지고 와서 네 귀를 돌아다니면서 제를 지내고 맨 마지막에 그 저 (상량을) 할 때 그 가장 큰 기둥이 있어, 복판기둥이. 거기다가 상을 놓고서, '상량입니다. 오늘은 상량합니다.' 이러고서 또 이런다고 이렇게. 그게 상량이라는 게 응 냥(梁), 량(梁). 한국에서는 '량'이라고 아니하겠지. 그저 냥. '들보 량(梁)'이라고 하는가? 들보 되지 그게. 응. 들보라는 말이 그 쪽의 뜻이 그렇단 말이야. 들보를 올린다. 상(上). 그래 '들보를 올린다' 그게 중요하지 그게. 이렇게 굵은 것을 올린다는 것이. 그거 사고 없이 잘 되어 달라고서 상량한단 말이오. 그래도 지금은 없소. 아니 하오 응. 우리도 집 지을 때 아니 했소. 그전에 우리 할아버지네가 집을 지을 때는 상량이라는 것이 꼭 있었소. 그래 그날 아침에는 큰집 작은집 할아버지네가 모여서 응 그 상량을 지내고서 같이 술을 마신다고. "이젠 됐소. 상량까지 했으니 오늘 아침에는 사람들이 모여들거든 용마루를 올리고. 큰일 했소. 이젠 성가(成家)를 했소."

소: 할아버지, 그럼 집 지을 때는 무슨 해서는 안 되는 일이, 그런 건 없습니까?

- 응. 별로 없데. 뭐 무슨 신식으로 다 하다 보니까. 나까지도 대부분 안 믿었단 말이오, 그저. 그저 이전에 늙은이들 집에서 자랐으니까 보고 듣고 한 게 있었으니 그렇지. 우리 삼촌네 집을 지을 때는 내가 고 아홉 살엔지 열 살엔지 했는데 상량을 하더라고.

소: 할아버지! 그, 이 지붕이 있으면 그것을 받치고 있는 그, 그런 부분들이 있지 않습니까?

- 응.

소: 그런 것들을 다 따로 뭐라고 하는지 좀 알려 주셨으면 좋겠습니다.

- 응. 내가 아까 다 말했는데 응. 기둥, 그다음에 이렇게 *** 것이지, 대부분 다 응. 가로로 눕히는 거는 그게 용마룻대. 그다음에 '재취', 도리, 방(枋). 이건 다 가로로 대는 것이고. 단, 누워서 받는 짐이고 응. 그다음에

세운: 거느 어 기둥, 그다음에 거 머여 또 자꾸 넞어딘다. … 도리, 아니 … 아니면 여게 쓴게 잇으께야.

박:, 소: (웃음).

— 아, 헒이 넞어디우.

박: 대공 말임둥?

— 응? **대오, 대공. 세우는게 야~ 기둥, 대공, 문골, 오도바리. 그렇딤. 셔, 셰우는 거느.

박: 오도바이가 무시게라 했슴둥?

— 오도바리 벽으 산재르 엮기 위해서 요러:츰 가는거 요막씨. 그 산재 지지목이라구.

박: 예. 옳소꾸마.

— 맨 산재만 하문 펄렁펄렁하디.

박: 예. 옳소꾸마.

— 기애서 그거 깐, 강대르 한낙씨 넣어사 든든해딘다구. 기애 게 오도 바리란 말이오.

소: 그 우에 그 지붕에서 막 물이 뚝뚝 떨어지구 그러재임두~?

— 야~.

소: 기왜, 기왜집이든 무슨 집이든….

— 야~.

박: 초개집이든간에.

— 야~.

소: 근데 보면은 무슨 **물을 떨어진다고 아이함두. 그런거는?

— 경계선 낭간기슭을르 떨어디지. 낭간수.

소: 낭간기슭이라 하암두 그거를?

— 야~. 낭간기슭으르 떨어디는 물으, 낙숫물이문 낭간수구.

세운 거는 어 기둥, 그다음에 거 뭐야, 자꾸 잊힌다. … 도리, 아니 … 아니면 여기(=조사자의 노트)에 쓴 게 있을 거야.

박:, 소: (웃음).

― 아, 쉬 잊히오.

박: 대공 말입니까?

― 응? 대공, 대공. 세우는 게 응 기둥, 대공, 문틀, '오도바리'. 그렇지. 서, 세우는 거는.

박: '오도바리'가 무엇이라 했습니까?

― '오도바리'는 벽의 산재를 엮기 위해서 요만큼 가는 거, 요 정도. 그 산자의 지지대라고.

박: 예. 맞습니다.

― 맨 산자로만 하면 펄렁펄렁하지.

박: 예. 맞습니다.

― 그래서 그거 깐, 강대를 하나씩 넣어야 든든해진다고. 그래 그게 '오도바리'란 말이오.

소: 그 위에 그 지붕에서 막 물이 뚝뚝 떨어지고 그러잖습니까?

― 응.

소: 기와, 기와집이든 무슨 집이든….

― 응.

박: 초가집이든 간에.

― 응.

소: 그런데 보면 무슨 물이 떨어진다고 안 합니까. 그런 거는?

― 거기에서는 처맛기슭으로 떨어지지. 낙숫물.

소: '낭간기슭'이라 합니까, 그거를?

― 응. '낭간기슭'(=처맛기슭)으로 떨어지는 물을, '낙숫물'이면 '낭간수'라 하고.

박: 예.

― 걔 그저 지부~이 부파해애서 이런데서 새는거는 '비 샌다'.

박: 예. 옳습구마.

― 아, 그렇디. 아무깨네 집이 어전 지붕 꼭대기 부파해서 비 새앱데. 그 비르 새와서479) 거 어띠갯소. '그 어느날 가서 좀 역세질 해 주래르.' 그래구.

박: 또 무시겐가 그:: 문으 끼와엏쟈면은 뭐가 있어야데대님둥?

― 문우 다는거?

박: 예.

― 야~. 에:: 문우 다는게 야라가지우.

박: 예.

― 직금으느 텹샐르서480) 다는데 야~. 이래 넓운게 이룽기 이거 텹, 문 텹새락하구. 그다음에 이전에는 그런것두 없으때느 야~ 낭그 문 틀에다아서 야~ 문골에다아서 꼭대게다 궁가 한나 딱 딟구[딥꾸]. 그거 딟는[딤는] 것두 다른 낭글르서 그 문에, 안에다서 대애구서 긔래넨 그게 잘 아니 맞는다구. 덧낭그 대애구서 궁가 딱 딟소[딥쏘]. 딱 척척 맞차서. 기애 아래다서도 또 이룽기 이게 밑바이 이룽기 떡 잇으레네 영게다서 이러::츰 이래구서 영게다서 궁가 딱 맨든다구. 요만:이 궁가 딱 요만:이 궁가 하고서 또 요렇게 딱 들어가서 돌래르. 우엣것두 또 고렇게 해서 그게 돌래르. 기래서 그걸르서 이래 닫앗다 열엇다하문 궁게서 우엣것가 아랫게 동시에 같이[가티] 돌메서. 그런 문, 그게 잇구 야~. 그대앰에: 또 쇄때르 맨들어서 요롷기 딱 한나 맨들구 이만:이 낭게다 박아 넣어래르 이래 하구 영게다서 꼬재르 또 이래 딱 한나스, 새줄으 요만::이 모딘 거 야 딱 꽂소. 한 요거보다 가느디 썩 가느디. 기애서 우엣거는 거저 궁가만 내구 낭게다 박으래르 하구. 개 고게 둘이 딱 맞으래르 딱 박아놓구서 문으 고게다

박: 예.

− 그래 그저 지붕이 부패(腐敗)해서, 이런 데서 새는 거는 '비 샌다'고 하지.

박: 예. 맞습니다.

− 아, 그렇지. 아무개네 집이 이젠 지붕 꼭대기가 부패해서 비가 새데. 그 비를 새게 해서 그거 어떡하겠소. '그 어느 날 가서 좀 일을 해 주지.' 그러고.

박: 또 무언가 그 문을 끼워 넣자면 뭐가 있어야 되지 않습니까?

− 문을 다는 거?

박: 예.

− 응. 에, 문을 다는 게 여러 가지오.

박: 예.

− 지금은 경첩으로써 다는데 응. 이렇게 넓은 게, 이렇게, 이거 경첩이라고 하고. 그다음에 이전에는 그런 것도 없을 때는 응 나무를 문 틀에다가 응 문설주의 꼭대기에다 구멍을 하나 딱 뚫고. 그거 뚫는 것도 다른 나무로써 그 문에, 안에다가 대고서 그러면 그게 잘 안 맞는다고. 덧나무를 대고서 구멍을 딱 뚫소. 딱 척척 맞춰서. 그래 아래에다도 또 이렇게 이 문지방이 떡 있다면 여기에다 이 정도로 이러고서 여기에다 구멍을 딱 만든다고. 요만하게 구멍을 딱 요만하게 구멍을 만들고서 또 요렇게 딱 들어가서 돌도록. 위의 것도 또 고렇게 해서 그게 돌도록. 그래서 그걸로, 이렇게 닫았다 열었다 하면 거기에서 위의 것과 아랫 것이 동시에 같이 돌면서. 그런 문, 그게 있고 응. 그다음에 또 쇠로 만들어서 요렇게 딱 하나를 만들고 이만하게 나무에다 박아 넣을 수 있도록 이렇게 하고 여기에다가 꼬챙이를 또 이렇게 딱 하나 쇠줄을 요만큼 굵은 것을 응 딱 꽂소 한 요것보다 가늘지, 썩 가늘지. 그래서 위엣 거는 그저 구멍만 내고 나무에다 박도록 하고 그래 고게 둘이 딱 맞도록 딱 박아 놓고서 문을 고기에다

대애구서 우엣거부터 아래다서 딱 맞차 똑 떨구오. 아래우에다 다 고렇게 하니까. 건 쇄때 나딘481) 다음에, 선진적이지 비교적.

박: 예.

소: 그거는 무스거라 불리움두?

- 그거? 음 …(기억을 해 내려고 애씀). 아하! 이게 정말 야~.

소: '덩귀'라 함두~?

- 응?

소: '덩귀'라 함두~?

- 뎌, 아! 뎌귀. 문뎌귀[문떠귀]. 야~ 문뎌귀[문떠귀]. 쇄뎌귀라구 그거는. 뎌귀.

박: 그럼 그 하는 거는 그 ** 속에다 쇄때나 탁 훌∷ 내리와 놓는거는 그 무시게라 했슴둥? 맞차놓구서.

- 기에 두 개디무 그게.

박: 예.

- 문에다 다는 게 그저 훌 내려놓는게 대구, 그건 야~.

박: 예, 예.

- 개 그 또 문으 받아서 빠디디 말게끔 하는거 문골에다 박는다고 그거.

박: 예. 옳소꾸마.

- 기애 *뎌꽤집. 받을 뎌꽤지하구 씨울 뎌꽤지. 문뎌귀. 게 뎌꽤지. 어 그저 뎌꽤질 어띠 티어와라. 애쟝간에 가 티어온다고 그거. 응.

박: 그때 제가 ㅅ 아바님께 한, 한 양년 전에 배왔을 적에, 그 내리고지라는 게 있었다는 거 배왔습구마. 그 내리고진 무시김둥?

- 어디메다 쓰는 내리고진가?

대고서 위엣 것부터 아래에다 딱 맞춰 똑 떨어뜨리오. 아래위에다 다 고렇게 하니까. 그거는 쇠가 나온 다음에, 선진적이지 비교적.

박: 예.

소: 그거는 무엇이라 불립니까?

― (기억을 해 내려고 애씀). 아하! 이게 정말 야ˉ. 그거? 음 …(기억을 해 내려고 애씀). 아하! 이게 정말 응.

소: '덩귀'라고 합니까?

― 응?

소: '덩귀'라 합니까?

― 돌쩌귀, 아! 돌쩌귀. 돌쩌귀. 응 돌쩌귀. 쇠로 된 돌쩌귀라고 그거는. 돌쩌귀.

박: 그럼 그 하는 거는 그 ＊＊ 속에다 쇠를 탁 내려놓는 것은 무엇이라 했습니까? 맞춰 놓고서.

― 그게 두 개지 뭐, 그게.

박: 예.

― 문에다 다는 게, 그저 홀 내려놓는 것이 되고, 그거는 응.

박: 예, 예.

― 그래 그 또 문을 받아서 빠지지 않게끔 하는 것을 문설주에다 박는다고 그거.

박: 예. 맞습니다.

― 그래 '뎌괘지'. '받을 뎌괘지'(=암톨쩌귀)하고 '씌울 뎌괘지'(=수톨쩌귀). 돌쩌귀의. 그게 '뎌괘지'. 어 그저 돌쩌귀를 어찌해서 (불에 쇠를 달구어 쳐서) 만들어 와라. 대장간에 가 만들어 온다고 그거. 응.

박: 그때 제가 할아버님께 한, 한 2년 전에 배웠을 적에, 그 '내리고지'라는 것이 있다는 것을 배웠습니다. 그 '내리고지'라는 것이 무엇입니까?

― 어디에다 쓰는 '내리고지'인가?

박: 이게 그 문뎌귀 해놓으문 둘 다 구, 궁가만 있구 무시게 쇄때 없대님두?

— 야ˇ.

박: 예. 그 요기 이롷게 쇄, 요기 그 있구 이 그거 이게 문골에 다는 게 머 문에 다는게 아임둥?

— 야ˇ.

박: 걔 탁 물기와 노문 궁, 궁기만 있지 무스거 아무것두 없대임둥?

— 야ˇ, 야ˇ, 야ˇ.

박: 요걸르 딱 하쟈문 중간에 쇄때를 탁 꽂아서 ** 하대님둥?

— 야ˇ, 야ˇ, 야ˇ. 그거느 야ˇ 저 칸으 야라개르 맨드오. 이런거 이거 야 쇄때르 어여서[482]. 그래서 이, 이짝에서 들어가는것가 이짝에서 들어가는 게 이 뚱:그란게 이게 어기까라 물게서 야라개 이래 들어간단 말이오. 서 너개씨 이래. 그래서 박는거 거게다 꽂아놓는 쇄때. 야ˇ. 그건 힘드디. 큰 문우 할때, 창고 문이랑 할때 쇄때르 떡떡떡 어예서 휘운단 말이오. 그 칸에 딱딱 맞차서. 기애 이짝에 문에다 다는것두 이롷기 궁개[483] 난게 이롷기 궁개 난게 이게 세개나 네개 딱 오고 이젠 문골에다 다는것두 고게다 쯤을 다 들어가게끔 이롷기.

박: 옳소꾸마.

— 야ˇ. 기애 그 꼬재애르….

박: 음, 꼬쟤르.

— 야ˇ. 내리, 내리곳이라 하디무. 큰 창꼬문이 같은거느 무, 널문이 무겁소.

박: 옳소꾸마.

— 개서 고거 요런거 하나 해가지고서느 아니 견딘다구. 개서 이리 넙 기 해애서 몰우 탁탁탁탁 티구 그 채우는건 연결으느 이게 이런데다서 이 롷게 하압데.

박: 이게 그 돌쩌귀를 해 놓으면 둘 다 구멍, 구멍만 있고 무언가 쇠가 없지 않습니까?

— 응.

박: 예. 그 요기 이렇게 쇠가, 요기 그게 있고 이 그거 이게 문설주에 다는 것이 (있고) 뭐 (또) 문짝에 다는 게 아닙니까?

— 응.

박: 그래 탁 물려 놓으면, 구멍만 있지 무엇이 아무것도 없지 않습니까?

— 응, 응, 응.

박: 요걸로 딱 하자면 중간에 쇠를 탁 꽂아서 **하지 않습니까?

— 응, 응, 응. 그거는 응 저 칸을 여러 개를 만드오. 이런 거 이거 응 쇠를 도려내서. 그래서 이, 이쪽에서 들어가는 것과 이쪽에서 들어가는 게 이 뚱그런 게 이게 서로 물려서 여러 개가 이렇게 들어간단 말이오. 서너 개씩 이렇게. 그래서 박는 거, 거기에다 꽂아 놓는 쇠. 응. 그건 힘이 들지. 큰 문을 만들 때, 창고 문이랑 만들 때 쇠를 떡떡떡 도려내서 휘게 한단 말이오. 그 칸에 딱딱 맞춰서. 그래 이쪽의 문에다 다는 것도 이렇게 구멍이 난 게, 이렇게 구멍이 난 게, 이게 세 개나 네 개가 딱 오고 이제 그 문설주에다 다는 것도 고기에다 틈으로 다 들어가게끔 이렇게.

박: 맞습니다.

— 응. 그래 그 꼬챙이를….

박: 음, 꼬챙이를.

— 응. 내리, '내리곶이'라 하지 뭐. 큰 창고 문 같은 것은 무, 널문이 무겁소

박: 맞습니다.

— 그래서 고거 요런 거 하나 해 가지고서는 오래 가지 못한다고. 그래서 이리 넓게 해서 못을 탁탁탁탁 치고 그 채우는 건(=암톨쩌귀에다 수톨쩌귀를 물리는 건), 연결은(=암톨쩌귀와 수톨쩌귀의 결합) 이게 이런 데다가 이렇게 하데.

박: 예. 옳소꾸마.

– 응.

소: 아바니, 그러면 여기 함경북도 집들은 머, 무스거 쯤 딴 점이 머, 무스거 있습두?

– 이 가까운 겨흥, 경원, 온성, 종성, 이 뉴웁우느 야~ 팔간집 구조 초집으느 다 한가지우.

박: 아, 그렇습둥?

– 야. 다 한가지오. 딴게 하나두 없소.

박: 예.

– 어, 기와집으느 어, 툇마루 뺀 집두 잇구 툇마루 아니뺀 집두 잇구. 거 우리집께 잇는 기와집은 툇마루 잇댏구 어떻소.

박: 아, 그렇습둥?

– 야. 그거는 잘하는 집은 툇마루 다하구 그담에 그 덧, 덧창문으 밀자~이라는거 다 달구. 걔 죠선에두 그 기와집덜으 짛는데 야~ 이거 까치형 하는게 그리 많대니우. 그건 다 잘하는게구. 그저, 그저 이릏기 초개집터러 그 모야~아 해얫는데 기애 초가집은 미연:이 둥글솋:기 하디마느 그건 기앨 네다나니까 그 선명하기 각이 꼭대기 이게 줄이 알긴단 말이오.

소: 그 왜 강냐~이니 뭐 바당이니 이런것들도 쯤….

– 야~.

소: 다른 데랑 따재임두?

– 강냐~484) 터이 높운데느 야~ 두층 놓구 앞이 편편한데느 한츠~으 놓구. 기애구 사름이 드나들기 헐하구 댕기기 헐하게 하쟈네느 두추~으 놓는데 야~ 앞추~으느 좀 너르게 하고 낙숫물이 떨어디는데느 벽에 그 낙숫물이 맞히디 말라고서 요거 줍기 한단 말이오. 낙숫물이 이

박: 예. 맞습니다.

　- 응.

소: 할아버지, 그러면 여기 함경북도의 집들은 뭐, 무엇이 좀 다른 점이 뭐, 무엇이 있습니까?

　- 이 가까운 경흥(慶興), 경원(慶源), 온성(穩城), 종성(鐘城), 이 육읍(六邑)은 응 팔칸집 구조와 초집은 다 한가지오.

박: 아, 그렇습니까?

　- 응. 다 한가지오. 다른 게 하나도 없소.

박: 예.

　- 어, 기와집은 어, 툇마루를 낸 집도 있고 툇마루를 안 낸 집도 있고. 거 우리 집게 있는 기와집은 툇마루가 있잖고 어떻소.

박: 아, 그렇습니까?

　- 응. 그거는 잘하는 집은 툇마루까지 다 하고 그다음에 그 덧, 덧창문을 미닫이라는 걸 다 달고. 그래 북한에서도 그 기와집들을 짓는데 응 이 까치형을 하는 게 그리 많지 않소. 그건 다 잘하는 것이고. 그저, 그저 이렇게 초가집처럼 그 모양을 했는데 그래 초가집은 밋밋하게 둥그스름하게 하지마는 그건 기와를 이다 보니까 그 선명하게 각이, 꼭대기 이게 줄(=지붕 꼭대기의 선)이 각이 진 것을 알 수 있단 말이오.

소: 그 왜 '강낭'(집 본체 주위를 마당보다 높게 빙 둘러서 두둑하게 쌓은 뜰)이니 뭐 '바당'이니 이런 것들도 좀….

　- 응.

소: 다른 데와 다르지 않습니까?

　- '강낭' 터가 높은 데는 응 두 층을 놓고 앞이 편평한 데는 한 층을 놓고. 그리고 사람이 드나들기 쉽고 다니기 쉽게 하려면 두 층을 놓는데 응 앞 층은 좀 너르게 하고 낙숫물이 떨어지는 데는 벽에 그 낙숫물이 맞지 말라고 요거 좁게 한단 말이오. 낙숫물이 이

채석485) 밖에 뚝 떨어뎌서 이 강냥 첫층대 강냥에 맞아서 벽에 물이 올라와 젓대앯디. 벌드~에 우리집이랑 기애 앞강냐~ 차암엣거 좁기 놓구 두번채꺼 이롷게 넙게 하대앤습데?

박: 옳소꾸마.

– 야~. 그게 어때서 고랫는가 하니까 야~ 이 니영깃엣물이 야~ 낭간수가 떨어디는게 편편:한데 와서 탕탕탕탕 떨어디문, 그 떨어뎻다 맞추어서 벽에 가서 다 붙는단 말이오, 물이.

박: 옳소꾸마.

– 기앰 게 도리 밑이[미티] 젖어서 그저 만날 그저 벽이 젖어 잇구 도리 썩구 습기 케우구486). 겐데 그게 강냥 밑에 뚝 떨어디문 게 솟아서 이롷기 퍼디디 야~ 꾿꾿이 쭉 올라가서느 안대딤. 못 밎는단 말이오. 그애 탁 맞음 녀파레 붙디. 그 강냐~에 붙는단 말이오. 기애 벽이 안젖딤. 그래서 고 두추~으 놓는게라구. 기앤데 한, 그래 두층만 놓오무, 한층만 놓오무 일반집으 야~ 한층만 놓오무 공궬르서 배잡아 댕기디 못한단 말이오 사름이.

박: 옳소꾸마.

– 기애서 밑에츠~ 좀 넙기해서. 그라 우리집이랑 그롷기 해 *난, 두츠~으 놓앗는데 밑에츠~이 좀 이롷기 넙어서 사름이 왔다갓다 사이란 누구두 댕기구. 고 우추~우느 낭간수물이 바깥에 떨어디게 하다나니까나 요롷기 좁단 말이오. 그래 그롷기 한게오, 기게. 그애 그거 내 **두꿉 노올때애 건네마을에 그 아매덜이, 우리 늙은이가487) 삐뜨름:한488) 아매덜이 "어때 요거, 아니! 요러기 좁기 놓소? 요거 요러요러 요롷기 해갖구 어티기 사름이 댕기오? 두추~우 놓오량사489) 삐뜨름::이 놓아서 흔흔::하게 해애서 댕기래르 할께디!" "거 아무 세상두 모르구 걸티디490) 마압소!" (웃음). "아, 글쎄 새완이491) 알갯딤." 그래 담배르 피우메서 말하디무.

'채석'(=집채 주위를 마당보다 좀 높게 돌을 쌓아 둘러 친 곳) 밖으로 뚝 떨어져서 이 '강냥', 첫 층대의 '강냥'에 맞아서 벽에 물이 올라와 젖지 않지. 벌등의 우리집이랑 그래 앞 '강냥' 처음 것을 좁게 놓고 두 번째 것을 이렇게 넓게 하지 않았데?

박: 맞습니다.

－ 응. 그게 어떻게 해서 고랬는가 하니까 응 처맛기슭의 물이 응 낙숫물이 떨어지는 게 편평한 데 와서 탕탕탕탕 떨어지면, 그 떨어졌다 튀면서 맞추어서 벽에 가서 다 붙는단 말이오, 물이.

박: 맞습니다.

－ 그러면 그게 도리 밑이 젖어서 그저 만날 그저 벽이 젖어 있고 도리가 썩고 습기를 먹고. 그런데 그게 '강냥' 밑에 뚝 떨어지면 그게 솟아서 이렇게 퍼지지 응. 꼿꼿이 쭉 올라가서는 안 되지. 그래서 (벽에) 못 미친단 말이오. 그래 탁 맞으면 옆에 붙지. 그 '강냥'에 붙는단 말이오. 그래서 벽이 안 젖지. 그래서 고 두 층을 놓는 것이라고. 그런데 한, 그래 두 층만 놓으면, 한 층만 놓으면 일반 집은 응 한 층만 놓으면 고기로 비좁아서 다니지 못한단 말이오, 사람이.

박: 맞습니다.

－ 그래서 밑층을 좀 넓게 해서. 그래 우리 집이랑 그렇게 해 놓았는, 두 층을 놓았는데 밑층이 좀 이렇게 넓어서 사람이 왔다갔다 (할 수 있어) 사이는 누구도 다니고. 고 윗층은 낙숫물이 바깥에 떨어지게 하나 보니 요렇게 좁단 말이오. 그래 그렇게 한 것이오, 그게. 그래 그거 내가 두 층을 놓을 때 건넛마을에 그 할머니들이, 우리 늙은이와 비슷한 할머니들이 "어째 요거, 아니! 요렇게 좁게 놓소? 요거 요러요러 요렇게 해 가지고 어떻게 사람이 다니오? 두 층을 놓을 요량이면야 (각 층을) 비슷하게 놓아서 넉넉하게 해서 다니도록 할 것이지!" "거 아무 세상도 모르면서 관계하지 마십시오!" (웃음). "아, 글쎄 아저씨가 알겠지." 그래 담배를 피우면서 말하지 뭐.

"이거 어때서 이거 좁기 논는두 아암두?" 때재르 모르는 안깐덜이 그저 셰샤 모르구서 걸틴다구서. "이게 낭간수 뚝뚝 떨어디네느 이게 넙기 하녠 물이 와르르르 떨어디는게 그게 많이 떨어디는데 그게 탁 헤에디메서 벽에 가 다 붙어서 벽이 젖디 돌이 썩디 구들돌에 습기 케우디. 긔래서 이거 좁기 놓아서 이 채석 바깥에 떨어디라구서 요거 좁기 놓는게엡구마!" "야, 정말 그렇스구레." (웃음) 이래서 안단 말이오.

박: 옳소꾸마.

— 음.

박:, 소: (조사자들간의 대화).

— 어저느 토담집까지 다 져엇소.

소: 예.

박: 옳소꾸마. (웃음) 야! 할럴에 집으 몇 챼르 지었습구마. 할럴에 집으 몇 챼르 지었슴둥?

"이거 어째서 좁게 놓는지 압니까?" 때인지 재인지를 모르는(=아무것도 모르는) 아낙네들이 그저 세상 모르고서 관계한다고서. "이게 낙숫물이 뚝뚝 떨어지면 이게 넓게 하면 물이 와르르 떨어지는 것이 그게 많이 떨어지는데 그게 탁 흩어지면서 벽에 가 다 붙어서 벽이 젖지, 돌이 썩지, 구들돌에 습기가 들지. 그래서 이걸 좁게 놓아서 이 채석 바깥으로 낙숫물이 떨어지라고 요걸 좁게 놓는 것입니다!" "야, 정말 그렇구려!" (웃음) 이래서 안단 말이오.

　박: 맞습니다.

　― 음.

　박:, 소: (조사자들간의 대화).

　― 이제는 토담집까지 다 지었소.

　소: 예.

　박: 맞습니다. (웃음). 야! 하루에 집을 몇 채를 지었습니다. 하루에 집을 몇 채를 지었습니까?

■ 주석

1) 냥[nyā]>양[yā]>야. 제보자는 '냥=냐'과 그 변화형 '양=야'을 동시에 썼다. '야'는 ①대등한 사람 또는 손아래라도 '해라'할 처지가 아닌 사람의 부름에 대답하거나 묻는 말에 긍정하여 대답할 때 또는 의문을 나타낼 때 쓰이며, ②대등한 사람과 또는 손아래라도 '해라'할 처지가 아닌 사람과 말을 나눌 때, 말을 이어가면서 중간 중간에 상대방의 주의를 환기하거나 강조할 때 쓰인다. 육진방언의 상대 경어법은 '하압소', '하오', '해라'의 세 등급이다. 이때 '하오'할 자리에 쓰이는 말이 '냐'과 '야'이다. 표준어에는 마땅히 옮길 만한 대응어가 없다. 표준어역을 위해 일단 이 책에서는 '응'을 사용하겠지만, 이것이 적절한 처리가 아님은 물론이다. 한편, '하압소'할 자리에는 '예[ye:]'를 쓰고 '해라'할 자리에서는 '옹' 또는 '응'을 쓴다.

2) 전통적인 육진방언형은 '셔방재' 또는 '신랑재'이나 제보자는 표준어를 쓰고 있다. 이 제보자는 표준어 사용이 많은 편이다. '쟝물[醬]'을 '국'이라 하고 '부수깨'를 '뷕'이라 한 것도 그런 예이다.

3) '모르다'는 '모르'다, 모르'고, 몰:'라서'에서 보는 바와 같이 자음으로 시작하는 어미 앞에서는 LHL로 실현되지만 '-아X' 앞에서는 위 예문처럼 RLL로 실현된다. 그러나 RLL은 곧잘 HLL로 실현된다. 즉 발화 환경에 따라 상승조가 고조로 실현되기도 한다.

4) '아[aá]'는 '아이'의 방언. 또는, '사람'을 낮추어 이르는 말. 예컨대, 일본 아덜이(일본 사람들이), 중국 아덜이(중국 사람들이). '아'는 어두 위치에서는 보통 상승조의 성조를 갖는다. 그리고 지시어 '이, 그, 뎌' 뒤에 놓일 때에는 각각 '야'[yáa], '가'[ká], '댜'[tyáa]로 줄어든다.

5) '셜다'는 '아이를 배다', '임신하다'의 뜻을 지닌 동사. 명사는 '아셜이'(=임신)이다.

6) '-네네느'는 조건이나 가정을 나타내는 연결어미. 활음 y가 탈락하여 '-네네느'로도 실현된다. '-녜녠' 등의 변이형이 쓰인다.

7) 동북, 육진방언의 '바뿌다'는 표준어 '바쁘다'와 어원이 같은 말이지만 그 뜻이 매우 다르다. 즉, '일이 많거나 또는 서둘러서 해야 할 일로 인하여 딴 겨를이 없다', '몹시 급하다'의 뜻보다는 주로 '힘들다(=힘이 들다. 일하기가 어렵다)', '어렵다(=하기가 까다로워 힘에 겹다)', '병 따위가 깊어 고치기 힘들다' 등의 뜻으로 쓰인다.

8) ((''르'을 제외한 받침을 가진 용언 어간, 선어말어미 '-엇-, -갯-' 뒤에 붙어)) '하오'할 자리에 쓰여, 과거 어느 때에 직접 경험하여 알게 된 사실을 현재의 말하는 장면에 그대로 옮겨 와서 말함을 나타내는 종결어미.

9) '고티'는 물방울, 빗방울, 알사탕 따위와 같이 작고 동그란 모양의 덩이를 이르는 말.

누에고치를 '느베고티'라 하는데 이때의 '고티'도 그와 같은 것으로 생각된다.

10) '피낟'은 표준어의 피[稗]를 말한다. 일제 시기만 해도 조사 지역에서 '피'는 주식의 하나였으나 대략 1950년 후부터 점차 벼농사로 바뀌어 지금은 심지 않는다. 두만강 유역에서 일찍부터 재배된 곡식으로, 주식으로뿐만 아니라 가축의 사료, 땔감으로 유용하게 사용되었다. '피낟'은 벼와 섞이어 자라는 피와는 다르다. 벼 사이에서 자생하는 피는 '돌피'라 한다.

11) '집'의 속격형은 '짓', '지' 두 형태가 있다. 'ㅎ'을 제외한 자음으로 시작하는 명사 앞에서는 '짓', 모음으로 시작하는 명사 앞에서는 '지'로 교체된다. 'ㅎ'으로 시작하는 명사 앞에서는 '짓'과 '지'가 수의적으로 교체된다.

12) '노아매'는 본디 '증조할머니'를 뜻하는 말이나 남편의 할머니 즉, '시할머니'를 지칭하는 경우도 있다. 이 경우는, 자기 자식들의 호칭어를 빌려 쓰는 경우가 된다. '아매'는 '할머니'의 방언이다.

13) '재비'는 재귀대명사 '자기(自己)'의 방언. 여기에 '-르르', '-르르서(<-르르셔)'가 결합되면 '자기 스스로, 손수'의 뜻을 지닌 부사가 된다.

14) '-딤'은 '-디 무(-지 뭐)'가 줄어든 말. 문장의 맨 뒤에 놓이는 '무'(표준어의 '뭐')는 '어떤 사실을 약간 강조하거나 일깨워 주면서 얼버무리고 넘어갈 때 쓰이는 말'이다. 따라서 종결어미 '-딤'은 '-디'와 약간의 의미차를 보이나 표준어 대역에서는 대부분 '-지'로 옮겼다.

15) =비닐. 한어(漢語) '塑料[sùliào]'를 차용한 말.

16) 늑부엌. 그 바닥은 부수깨바당이라 한다. '부수깨'는 중부방언의 부엌과 구조, 용도 면에서 다르다. 함경도 지방의 전통적인 가옥은, '정지' 안에 정지구들(정지방, 안방에 해당), 부수깨, 바당, 외양간, 방앗간이 벽이 없이 한 공간 안에 배치되어 있다. 부수깨는 정지구들과 벽이 없이 이어진 움푹 파인 공간이다. 부뚜막과 정지구들이 이어진 공간을 '가맷목'이라 하는데 이는 솥을 걸어 놓은 주변 공간(부뚜막에 해당)과 아랫목을 아울러 이르는 말이다. 불을 땔 때의 따스한 기운이 오래도록 남아 있기 때문에 겨울에는 사람들이 이 '가맷목'에 옹기종기 모여 앉아 이야기를 나눈다. 부수깨 안에서는 불을 때거나 밥을 짓는다. 반찬을 만들고 밥을 퍼 담고 상을 차리는 일은 정지구들에서 한다. 부수깨는 대략 어른의 무릎에서 허리에 이를 정도의 깊이를 가진 장방형의 공간이다. 그 면적은 대략 1m~1.5m×2.5m~3m 정도가 된다. 부수깨 안의 전면에는 두 개의 부수깨아구리(아궁이)가 있다. 어떤 집에서는 이 부수깨 위를 마루처럼 널판을 잇대어 덮기도 하는데 이를 '부수깨널'이라 한다. 밥을 짓거나 할 때에는 이 부수깨널의 한 부분을 열고 부수깨 안으로 들어간다.

17) 'ㆍ>ㅓ'의 예. '둘[月]', '-듧(복수접미사)>-덜' 따위가 있다.

18) '잠못<잘못'. 육진방언에는 'ㄹㅁ>ㅁㅁ'의 변화가 있다. 이 변화는 어간말자음군 'ㄹㅁ'에서 현저하게 나타난다. 삶->삼-, 젊->점- 등. 엄매나(얼마나)도 그러한 변화 예다.

19) 조사 지역에서는 '국'이란 말 대신 '쟝물'이란 말을 쓴다. 이 제보자는 '국'이란 말도 이따금 썼다.

20) '찰밥'은 바로 뒤에 나오는 '조이찰밥'을 말한다. 이전에 두만강 유역에서는 '조'가 주식이었으므로 '차조'로 지은 밥을 흔히 '찰밥'이라 불렀다. '찹쌀'은 '차닙쌀'(또는 '차입쌀')이라 하고 '찹쌀'로 지은 밥은 '차니팝'이라 하였다.

21) '-으랴르(<-으랴르)'는 '-도록', '-게끔' 등의 의미를 지닌 연결어미.

22) '-터리'는 '-처럼'의 방언. 제보자의 발화에서는 '-텨르'도 쓰인다. 육진방언권에서는 '-텨름', '-텨러', '-터러' 등 여러 변이형들이 쓰인다.

23) '무[菁]'는 자음으로 시작하는 조사 앞에서는 '무수', 모음 조사 앞에서는 '뭀'으로 교체된다. 위 '무꾸'는 대격형이다. '뭀+-으(대격조사)'. 조사 지역에서는 '무'를 흔히 '노배', '토종무끼'(또는 '조선무끼'), '일본무끼'로 구분하여 부른다. '토종무끼'는 재래종 무, '일본무끼'는 '왜무'를 이르는 말이다.

24) 한어(漢語) '蘿卜[luóbo]'를 차용한 말. '노배'는 윗부분이 파랗고 땅 위로 많이 나와 있으며 한족이 이전부터 심어 오는 품종이다. '노배'는 오래 보관할 수 있다는 장점이 있기는 하나 뻣뻣하고 질기다.

25) 육진방언의 친족명칭에서, 조부(祖父)는 '아바니', '클아바니', '큰아바니', '한아바니'라 하였으나 현재 중국의 조선족 교포 사회에서는 '아바니'라 한다(연길 시 등 비육진 방언권에서는 '아바이'). 함북 지방에서 쓰이던 여러 친족호칭어들이 '아바니'로 통일된 것이다.

26) '훌'은 동북방언에서 흔히 쓰이는 부사로서, 문맥에 따라 다음과 같은 다양한 의미로 해석된다. ①쥐었거나 잡았던 것이 갑자기 그 상태를 벗어나는 모양. ②동작이나 행동을 단번에 가볍게 하거나 쉽고 능란하게 하는 모양. ③힘이 없이 축 늘어진 모양. ④아무 생각 없이 그냥. ⑤일정한 부분이 쑥 드러난 모양. ⑥주저하거나 아까워하지 않고 결단성 있게 행동하는 모양. 본문에서는 ②에 가까운 의미로 쓰였다.

27) '-인데'는 보조사 '-한테'의 방언. 본디 '잇는 데'가 문법화한 것이다.

28) 님시(臨時)+-네녜느.

29) 육진방언에서 사용 빈도가 높은 부사 가운데 하나가 '불쎄르'이다. 이는 '불시(不時)+-에+-르'가 어휘화한 것이다. 위 '불씨루'는 '불시(不時)+-르'로 분석된다.

30) 걷-[步]>겛-. 조사 지역의 'ㄷ' 불규칙 용언 어간의 'ㄷ'은 대부분 'ㅀ'로 변화하였다(소신애: 2004, 2006a).

31) '자귀'는 '발자국'의 방언. '제자귀'는 '이미 밟아 놓은 그 발자국'이란 뜻. '제자귀에

'떨어디다'는 한 걸음도 옮기지 못하고 제자리에서 발만 동동 구르는 모양을 나타내고 있다.

32) 권하(圈河)와 구사평(九沙坪)은 모두 두만강 하류의 북한, 중국, 러시아의 국경이 인접해 있는 곳이다. 현지 교포들의 전언에 의하면 권하에는 목조(穆祖) 이안사(李安社)와 그 배위가 묻혔었다는 무덤 자리가 전해 오고 있으며 인근에는 1938년 장고봉사건(張鼓峯事件)이 있었던 '댱고봉'이라는 산이 있고 북한의 경흥으로 통하는 다리가 있다.

33) '큰아매'는 '할머니'의 방언. 제보자가 어린 시절에 쓰던 친족호칭어이다. 지금 조사 지역에서는 '아매'라 한다.

34) '소온'은 '소원(所願)'의 방언. 육진방언권에서는 그 사용 빈도가 높은데 그 뜻이 표준어와 좀 다르다. 즉, '간절한 소망'이라는 뜻으로보다는 '원하는 것', '바라는 것', '좋아하는 것' 정도의 뜻으로 쓰인다.

35) '기래니꺼더나'를 잘못 발음한 것.

36) 진찰(診察)을 받다'를 '이사르 배운다'(의사에게 보인다)라고 말한다. 이 방언에서는 대격중출문이 널리 쓰인다. 따라서 '(뉘기-르) 이사-르 배운다'라고 하는데 이를 표준어로 바꾸어 말하면, '누구-를 의사-에게 보인다'가 된다.

37) '교두(橋頭)'는 다리가 시작되는 첫 어귀를 말한다.

38) 화제가 아이에서 갑자기 다리 건너 어머니가 사는 마을과 집으로 바뀜.

39) '노친'은 나이 많은 여자 노인을 대접하여 이르는 말.

40) 곽충구(2019b)의 '생산대' 항목을 인용하여 소개한다. "중국에서, 공동으로 생산하고 분배하던 단위. 집체(集體) 시절에 있었던 농촌의 생산 단위의 하나이다. 줄여서 '대'라 불렀다. 제보자가 속했던 경신진 회룡봉 마을에서는 약 35호에서 40호 정도가 한 생산대에 편입되었다. 이는 마오쩌둥(毛澤東) 집권 시기 중국의 농업 집단화 과정에서 체계화된 조직의 하나이다. 1958년부터 중국 정부는 향(鄉)이나 진(鎭) 급의 행정 단위를 한 개의 인민공사(人民公社)로 편성하고, 그 아래에 생산대대(生産大隊, 줄여서 '대대'라고도 함)를 두었다. '생산대대'는 중국 행정 조직의 가장 말단 단위인 촌(村)을 편성 단위로 하였으며, 다시 그 아래에 여러 개의 '생산대'를 조직하였다. 덩샤오핑(鄧小平) 집권 이후 개혁개방이 본격화되면서 중국의 농업은 종래의 집단 농업(집체(集體))에서 자영 농업(개체(個體))으로 점차 전환되었는데, 그에 따라 인민공사를 비롯한 이들 조직도 단계적으로 해체되었다."

41) '땐디'는 한어(漢語) '點滴[diǎndī]'를 차용한 말.

42) 닭을 푹 삶아서 고아 놓은 곰. 닭곰, 닭백숙.

43) '시격'은 '때에 맞추어 먹는 밥' 즉, '끼니'를 뜻하는 말. 합성어로 '시격간', '시격거두매', '시격때' 등이 있다.

44) '대수'는 '중요한 일'의 뜻을 지닌 명사.

45) 댱>당. '늘 또는 언제나'의 뜻을 지닌 부사.

46) 지체 없이 빨리.

47) ((주로 전설 모음(ㅣ, ㅐ, ㅟ)를 끝소리로 가진 체언, 또는 조사 '-에서' 뒤에 붙어)) 어떤 대상을 드러내어 강조할 때 쓰는 보조사.

48) '싸다'는 '말이나 일을 하는 것이 되거나 맵짜다'의 뜻을 지닌 형용사. 북한의 문화어로 올라 있다.

49) '두부'의 육진 및 동북방언형은 '드비(드비<두뷔<두부+-이)'이나 제보자는 '뒤비', '두비', '드비'의 세 변이형을 썼다. '두부'의 첫 음절 모음 'ㅜ'가 역행적인 비원순모음화에 의하여 'ㅡ'로 변화하여 '드비'가 된 것이다. 육진방언에서는, 순자음 앞의 원순모음 'ㅜ'는 비원순화하여 'ㅡ'가 된다. 예: 두베>드베(뚜껑), 두부+-이>드비(두부) 등.

50) '띠우다'는 '어떤 일, 사건, 장면 따위가 나타나다. 일이 생기다. 일이 일어나다.'의 뜻. 동북방언에서 흔히 쓰이는 동사이다. 예: 문화혁명 띠우'대내시무 많이 발전해실게'오.(문화혁명이 나타나지 않았으면 많이 발전했을 것이오.)

51) '퉁재'는 물을 담아 두는 통. 한어 '桶子'를 차용한 말. 퉁자(桶子)+-이>퉁재.

52) 주격조사가 아니고 공동격조사 '-가(<-과)'이다.

53) '일+-르는 그게-는' 정도의 말을 하려다 실수한 것.

54) '-랴르'는 '-도록', '-게끔', '-려고' 따위의 뜻을 갖는 연결어미. 종결어미로도 쓰인다. 이 어미는 노년층에서만 쓰이는데 이 제보자보다 나이가 어린 화자들은 '-래르>-래르', '-라르' 등의 변이형을 쓴다.

55) '-대닣구<-대넣구'는 '-디 아니하구'가 줄어든 말이나 문장의 끝에 놓이면 앞에서 말한 내용을 긍정하면서 강조하는 뜻을 나타낸다. 이보다 줄어든 말은 '-댏구<-댏구'이다. 표준어의 '-잖고!' 또는 '-고말고!'에 대응되는 말이다.

56) 부사 '잘못'은 뒤에 모음으로 시작하는 용언이 오면 '잘모'로 교체된다. 'ㅎ'으로 시작하는 용언 앞에서도 '잘모'로 교체되는 경우가 있다.

57) 육진방언에는 어간 말음 'ㅇ>ㄴ'의 변화가 있다. 이에 대해서는 소신애(2010)을 참고할 것.

58) '앉-+-은+ 양(樣)+-으르>앉은야아르>앉으냐아르>앉으나르'.

59) '데디다'는 '더디다[投]'에서 나온 말이나 '던지다'라는 뜻보다는 '버리다[棄]'의 뜻을 가지며 보조 용언으로 많이 쓰인다.

60) '따다'는 표준어의 '다르다'에 대응되는 방언형이다. 17세기(1670)에 간행된 ≪老乞大

諺解, 下:56≫에 '므서시 쓴리오(爭甚麽)'가 보이는데, 이는 '무엇이 다르리오' 정도로
풀이된다.

61) '제가'는 이인칭 대명사 '제'에 조사 '-가(<-과)'가 결합한 것이다. '제'는 본디 '저'의
주격형이나 주격 외의 환경에서도 쓰인다. '저'(또는 '제')는 '하오'할 자리에서, 말하
는 이가 듣는 이를 가리키는 이인칭 대명사이다. '해라'할 자리에서는 '너'를 쓴다.
'저'는 '당신'보다 더 친근한 표현에 쓰인다. 화자와 청자의 나이가 서로 엇비슷하거
나 또는 화자에 비해 청자의 나이가 어리지만 청자가 장성하여 '해라'하기 어려운
상대에 쓰인다. 중부방언으로 말하면, '하오'할 대상이나 '하게'할 대상에게 쓰인다.
여기서는 노인인 제보자가 젊은 조사자들에게 썼다. '저어네'는 '저'의 복수형.

62) 형(兄)+-이>형이>혀이>효이.

63) '됴 **허'는 '됴거 허투루'를 급히 발음한 것으로 보인다.

64) 찬찬+골(=머리). 찬찬한 머리. 찬찬히 머리를 써서.

65) 닙히-+-읍니>닙힙니. 자음 뒤에서는 '-습니', 모음 뒤에서는 '-읍니'.

66) '약산단(藥山緞)'은 북한의 문화어. 북한에서 생산하는 비단의 하나. 능직 바탕에 반대
효과의 짜임을 이용하여 진달래나 단풍잎과 같은 잔무늬를 놓아 짜며, 여성들의 치마
저고릿감으로 널리 쓴다.

67) 여자들이 추위를 막거나 꾸밀 목적으로 어깨에 걸쳐 덮는 네모진 천. 흔히 아이들을
업고 그 위를 덮는 데 썼다. 러시아어 'шаль'를 차용한 말. ≒숄(shawl).

68) 승마복처럼 가랑이 위쪽은 품이 넓고 헐렁하지만 발목 부분의 밑단이 좁은 바지.
본디 일본의 탄광노동자들이 입던 바지를 말한다. '당꼬'는 일본어로 '탄광(炭鑛)'을
뜻하는 말.

69) '~ 게 어띠오(또는 어띠우) 또는 '-고 어띠오'의 어구성은 청자의 동의를 유도하면서
어떤 사실을 청자에게 강조할 때 자주 쓰인다.

70) '대장함'은 신랑 집에서 신부 집으로 보내는 납폐(納幣)의 물품을 담은 함.

71) 양털 또는 거기에 무명, 명주, 인조 견사 따위를 섞어서 짠 모직물. 보온성이 풍부하여
겨울용 양복감, 코트 감으로 쓰인다. 한어(漢語) '呢子[nízi]'를 차용한 말.

72) 여자들이 일할 때 입는 바지의 하나. 일본에서 들어온 옷으로 통이 넓고 발목을 묶게
되어 있다. 일본어 もんぺ를 차용해서 쓰는 말.

73) (('마련하무'의 꼴로 쓰여)) '~으로 말할 것 같으면', '그런 것에 비하여서는'의 뜻.

74) 시아버지 형의 며느리이므로 화자와는 사촌 동서가 된다. 제보자는 이 사촌 동서를
'아재'라 한 것이다.

75) 새애기는 다의어로 대체로 다음과 같은 뜻을 지닌다. ①처녀. 여자 중학생 정도의

연령으로부터 혼기가 찬 여자를 이르는 말. ②갓 시집온 새댁. ③손아래의 시누이를 부르는 말.

76) '도단하다'는 '억울한 일을 당하여 몹시 화가 나다'의 뜻을 지닌 동사.

77) '종할미 잇는 데 가서'의 '잇는 데'는 '-인데'(=-한테)로 문법화하기 직전의 단계.

78) '오-+-앗-+-다고 아니-+하-아'가 줄어든 말로 보인다. '하-아'는 '하-오'의 변음으로 여성들의 발화에서 자주 나타난다.

79) 이전에, 매매할 목적으로 시장에 내놓은 헌옷을 이르던 말.

80) '긔러기르 민다'는 혼사 때 행하는 전안례(奠雁禮)를 말한 것. 즉, 혼례 때 신랑이 기러기를 가지고 신부 집에 가서 상 위에 놓고 세 번 민 뒤에 절을 하는 의식을 말한 것이다.

81) '저'는 이인칭 대명사로 '하오'할 자리에서 쓰인다. '저어네'는 '저'의 복수형. 여기서는 노인인 제보자가 젊은 조사자들에게 썼다.

82) '촨'은 한어 '船[chuán]'을 차용한 말. 오래 전에 함경도에 차용되어 함북 지방에서 널리 쓰인다.

83) '소+-술기+-ㄹ(대격조사)'의 어구성이다. '술기'는 수레의 방언. 조사 지역에서는 보통 '쉐술기'라 한다.

84) '마중+-으(대격조사)>마주우>마주'. 모음 사이에서 비음 'ㅇ'이 약화 탈락하였다.

85) '역'은 '가장자리'의 방언. '물가[水邊]'는 '물역'이라 하고 '입가[口邊]'는 '입역이라 한다.

86) 함경도의 8칸 집 전(田) 자형 가옥 구조에서 맨 뒤편에 있는 남쪽 방. 이전에 노인이 거처하거나 또는 신방으로 쓰기도 하였다.

87) '까리'는 '어떤 시기나 때 또는 기회'를 뜻하는 명사. 북한의 문화어이다.

88) '여가리'는 '가장자리'의 뜻을 지닌 명사. '역[邊]+-아리'. '여가리'에 처격조사 '-에'가 결합하면 활음화가 이루어져 '여가레'가 된다.

89) '고댱고댱'은 '금방금방' 또는 '바로바로'의 뜻을 지닌 부사. 고댱>고당.

90) 그+-이(주격조사)→긔>기.

91) '츠림 하쟈네느'(차림을 하자면)가 줄어든 말.

92) '츠리다'는 '옷을 잘 가리어 갖추다'의 뜻을 지닌 동사. 그 파생명사는 '츠림'(=차림)이다.

93) 육진방언에는 'ㄹㅁ>ㅁㅁ'의 변화가 있다. 이 변화는 어간말자음군 'ㄺ'에서 현저하게 나타난다. 삶->삼-, 젊->점- 등. 위 예 '잠못'은 '잘못'의 변화이다.

94) '한심하다'는 '위태로워 마음이 조마조마하다'는 뜻을 지닌 형용사.

95) '뒷방+-으르>뒷바아르>뒷바르>뒷발'.

96) 안쥬[肴]+-이>안쥐>안지.

97) '바르-[剃]'는 어미 '-아X' 앞에서는 '발ㄱ-'으로 교체되고 그 밖의 어미와 결합될 때에는 '바르-'로 교체된다.

98) '달갈+-으(대격조사)'의 유음 '르'과 '-으'가 강한 설전음 [r]로 실현되었다. 동북 및 육진방언에서는 대격조사가 강한 설전음으로 실현되는 경우가 흔하다.

99) '숟가락'의 조사 지역 방언은 '술'이고 '젓가락'의 방언은 '절'이나 제보자는 표준어 '숟가락'을 쓰고 있다.

100) '우시'는 혼사를 지낼 때 신랑 또는 신부의 후견인으로 가는 사람을 말한다. 대응 표준어로는 후행(後行), 위요(圍繞), 상객(上客) 따위가 있다. 그런데 제보자는 이 '우 시'를 '우구씨'(=웃기떡)와 혼동하고 있다. 즉, 흰떡에 물을 들여 여러 모양으로 만 들어서, 접시에 담은 떡 위에 얹는 것을 조사 지역에서는 '우구씨'라 하는데 이 '우구 씨'를 '우시'라 잘못 말하고 있다.

101) '윤관'은 혼사 때 신랑 곁에서 시중을 드는 사람을 이르는 말. 신랑이 '잔상'을 받을 때까지 시중을 들다가 점심상이 들어오면 나간다. 반대로 신부의 시중을 드는 사람 은 '윤식' 또는 '인숙'이라 한다.

102) =합작사(合作社). 중국의 지역 협동조합. 신용, 구매, 판매, 소비, 생산 부분으로 나누 어 운영하였는데 1958년에 인민공사에 흡수되었다. 노년층에서는 보통 '상점(商店)' 의 뜻으로 쓴다.

103) '배'는 '베[布](뵈)'의 방언. 조사 지역에서는 '늬'가 대부분 '내'로 변화하였다.

104) '속볼(<속+불)'은 '속벌'의 방언. 속벌은 두루마기 속에 입는 옷(저고리, 바지, 조끼, 마고자 따위)의 각 벌을 말한다.

105) '수이'는 '스늬'(시누이)를 잘못 발음한 것.

106) '견지'는 벌을 이루지 않은 낱개의 옷이나 옷감을 이르는 말.

107) 갓 시집온 새댁은 시가의 친인척과 낯설어 좀 서먹서먹하기도 하려니와 또 집안의 분위기나 가풍에 아직 익숙하지 않아 무엇이든 생소하고 그래서 조금은 긴장하게 마련이다. 때문에 새댁이 얼른 시가에 적응할 수 있도록 해 주는 것이 필요할 터인데 그러한 목적으로 생긴 관습 중의 하나가 '집보기'이다. 황해도에서는 이를 '반살이' 라 하고 평안도에서는 '반살기'라 한다. 새댁이 시댁의 일가붙이들과 상견례를 갖고 그 집의 구성원들과 낯을 익히며 항렬을 따져 서열을 확인하고 또 그들의 생업이나 성격 또는 가풍을 속속들이 알 수 있는 기회가 바로 '집보기'인 것이다. 우애를 돈독 히 하고 친족 간의 유대를 강화하기에는 안성맞춤이라 할 것이다. 전에는 아버지의 형제자매며 신랑의 형제자매 또는 가까운 일가붙이, 심지어는 가까운 이웃들도 이

의식에 참여하였지만 지금은 주로 형제자매 사이에서만 행해진다. 신랑도 처갓집에 가서 신부의 일가붙이들로부터 같은 대접을 받는다.

108) '거두매질'은 '가지런히 정리하거나 치우거나 다듬는 일'의 뜻을 지닌 명사.

109) '샤랑'은 '광'과 비슷한 기능을 하는 공간으로서 곡식, 음식을 보관하거나 뒤주, 농기구, 수레 또는 땔나무 따위를 넣어 둔다. 안채의 주변에 별채로 짓는데 보통 그 내부는 '두지칸', '어간칸', '허덕간'으로 구획되어 있다. 제보자는 '샤랑'과 '사랑'을 수의적으로 쓴다.

110) 사랑+-으르(-으로)→사라으르→사라아르→사라르.

111) 데>데. '데'는 동안을 나타내는 의존명사 '지'의 육진방언형.

112) '항미원조(抗美援助)'는 1950년에 발발한 한국전쟁을 중국에서 이르는 말. 미국을 반대하고 조선 인민을 지원한다는 뜻이 담겨 있다.

113) 디-+-어시-+-ㄹ 적+-에>뎌실적에>뎨시적에. '-어시-'는 과거시제의 선어말어미 '-었-'의 방언형.

114) '집톄'가 원말이다. 여기서 변화한 '집테', '집체' 등이 쓰인다. 집톄는 1980년대 이전 중국에서 시행되었던 사회주의식 집단 경제 체제를 말한다. 생산 수단에 대한 집단 소유제와 공동 노동을 기초로 한 경제 형태이다. 이에 따라 모든 농촌 마을은 대대, 소대 등의 조직이 생겼고 그에 소속된 구성원들은 공동으로 소유하고 공동으로 노동을 했다. 심지어 식사도 공동으로 했다. 지금은 개인이 생산 수단을 소유하고 개인이 영농을 하는 형태가 되었는데 이를 '개톄(個體)'(또는 '개테', '개체')라고 부른다(곽충구:2019b).

115) 통나무 따위를 엮어 매서 막을 짓는다는 말.

116) 초벽(初壁)은 벽에 종이나 흙을 애벌로 바르는 일을 말한다. 제보자가 초벽을 '붙이다'라고 한 것으로 보아 종이를 바른 것으로 생각되나 흙을 붙였다는 뜻으로 말한 것일 수도 있다. 1950년대이므로 후자일 가능성이 높다.

117) '띠개'는 솥에 넣어 찔 물건을 말한다. 이전에 피와 조가 주식이던 시절에는 '피'를 솥에 넣어서 찐 다음에 연자방아에 찧었다. 이렇게 하면 밥맛은 덜하지만 방아 찧기가 수월하고 밥을 하면 쌀이 불어난다(곽충구:2019b).

118) 물이 차올랐다가 빠진 후 벽면에 남은, 띠처럼 생긴 자국.

119) '슴새다'(또는 '숨새다')는 '눈에 보이지 않는 작은 틈 사이로 액체가 빠져 나가다'의 뜻을 지닌 동사.

120) '셤도'는 '섬'을 뜻하는 명사. 육진방언권 화자들은 흔히 두만강 안에 있는 작은 섬들을 '셤도'라 한다. '셤도'는 타이신(Taishin)이 1898년에 편찬한 『노한사전』에도 나온다.

121) '개자리'는 굴뚝을 세운 주변의 자리를 이르는 말. 밖으로 나간 구들고래와 굴뚝 사이로 따뜻한 불기운이 남아 있다.

122) 조사 지역에서는 반찬을 뜻하는 말로 '채', '채수', '햄:', '햄:새' 따위가 쓰인다. '햄' 은 이 지역의 전통적인 방언형이나 현재는 거의 쓰이지 않는다. 노인 세대 중 여성들 이 종종 쓴다. '채'란 말이 일반적으로 널리 쓰인다. '반찬'이란 말도 쓰이지만 뜻이 표준어와 다르다. 보통 '물고기로 요리한 음식'을 반찬이라 한다. 이는 평안도 지방 에서도 동일하다.

123) '안+배[腹]'로 분석된다. 조사 지역에서는 보통 '허벅지'의 방언으로 널리 쓰인다. 넓적다리 안쪽에 있는 볼록 나온 살덩이란 뜻이다. 위에서 '안배'라 한 곳은 손바닥 안쪽의 도톰하게 살이 내민 부분을 말한다.

124) 초벽과 재벽이 끝난 뒤에 벽 거죽에 매흙을 바르는 일.

125) '석매(<셕매)'는 '연자매'의 방언. 육진방언권에서는 흔히 '셕매'라 한다.

126) 연자방아의 윗돌.

127) 소금이나 벼 따위를 가마니에 담아 새끼로 묶어 놓은 것. 또는 그것을 세는 단위.

128) 손바닥 안쪽이 살덩이는 없고 얇은 살가죽만이 남아 있는 모양을 말한 것.

129) '후런'은 부뚜막에서, 솥을 걸 수 있도록 파 놓은 자리 및 그 아래의 공간을 이르는 말. 만주어 huren에서 유래한 말이다.

130) '헝겊'은 '헝겊'이 아니고 피륙의 '천'을 이르는 말. 함경도 지방에서 널리 쓰이는데 김동환의 장편 서사시 <국경의 밤>에도 나온다.

131) '바당'은 집 안채로 들어섰을 때 밟게 되는 흙바닥으로 된 작은 공간. 이곳에 신을 벗어 놓거나 잡살뱅이 따위를 놓기도 한다.

132) '견디다'는 '물건이 견고하거나 튼튼하여 오래 가다'의 뜻을 지닌 동사.

133) '마사디다'는 '부서지다. 또는 부서지거나 망가져서 못쓰게 되다'의 뜻을 지닌 동사. '마스-'에 '-아디-'가 결합된 합성동사이다.

134) '갈기'는 '가르'(粉)의 주격형. 이 명사는 자음으로 시작하는 조사 앞에서는 '가르', 모음으로 시작하는 조사 앞에서는 '갉'으로 교체된다. 대격형은 '갈그(갉-으)', 처격 형은 '갈게(갉-에)', 부사격형은 '갈글르(갉-을르)'이다.

135) 육진·동북 방언권에서는 '가지다'를 '개애다'라 한다. '가애다'라는 방언형도 쓰인 다.

136) '졀멕이'는 '막내'의 방언. '졀먹딸', '졀먹아들'이라 하며 이 밖에 '졏뚜기'라는 말도 쓰인다.

137) 이 부분은 뒤 문장과 이어져야 할 내용이다.

138) 지붕 밑에 반자를 대고 종이를 발라야 하는데 그렇게 하지 않아 방안에서 지붕의 서까래나 마룻대가 올려다 보이는 상태를 말한 것. 이전에는 보통 반자가 없었다.

139) '오리대'는 가늘고 긴 나무오리로 된 대를 말한 것으로 보인다.

140) '나무'는 본디 자음으로 시작하는 조사 앞에서는 '나무', 모음으로 시작하는 조사 앞에서는 '낭ㄱ'으로 교체된다. 주격형은 '낭기, 냉기(낭ㄱ-이)', 대격형은 '낭그(낭ㄱ-으)', 처격형은 '낭게(낭ㄱ-에)'.

141) 유광등(有光燈)을 말한 것으로 보인다. 겨릅등이나 등잔을 쓰다가 전구를 쓰게 되었는데 그 전구를 유광등이라 한 것으로 생각된다.

142) '쎠-'는 'ᅘᅧ-[點火]'의 ㅎ-구개음화형. 제보자는 바로 뒤에서는 '켜-'를 썼다. 100여 년 전의 이 지역 방언을 보여주는 문헌에서는 ㅎ-구개음화를 많이 볼 수 있다.

143) '촉(燭)'은 빛의 세기를 나타내는 단위. 달리 촉광(燭光)이라 하기도 한다. 이전에는 가정에서 흔히 15촉, 30촉, 45촉짜리 전구(電球)를 썼는데 숫자가 높을수록 밝은 빛을 내고 전기 소모량이 많다.

144) '장애인'이라는 뜻을 지닌 중국어 殘廢[cánfèi]를 말한 것이다. 남편은 한국전쟁에 참전하여 부상을 입어 장애인이 되었다. 이 때문에 연금을 받게 되었는데 그것을 殘廢라 한 것이다. 뒤에서는 '殘廢金'이라 하였다.

145) '오금'(또는 '오굼')은 '다리'를 높여 이르는 말.

146) '해롭다'는 '앓다'의 높임말. =편찮다.

147) 느슨하거나 헐거운 것이 단단하거나 팽팽하게 되다. 또는 그렇게 되게 하다. 조이->좨우->재우-.

148) 피륙의 날을 세는 단위를 '새' 또는 '승(升)'이라 하는데 한 새는 날실 여든 올이다. 7승이나 10승 베처럼 가는베는 제조하는 데 공력이 많이 들기 때문에 제보자가 "어이구!"라 표현한 것이다.

149) '사정은 아무러하든 어쨌든', '말은 그렇지만 어쨌든' 정도의 뜻을 가진 부사.

150) '딸기우다'는 '딸구다'(=쫓다, 쫓아내다)의 피동사. '똘기우다'라 하기도 한다.

151) '노친'은 나이 많은 여자 노인을 대접하여 이르는 말. 또 노인 부부 사이에서 남편이 그 아내를 이르는 말로 쓰이기도 한다. 사전적 풀이와는 다르다.

152) '명디'는 '명주(明紬)'의 방언. 명듀+-이>명뒤>명디.

153) 문맥으로 보아, 가는베는 짜기가 힘들고 귀해서 여느 사람에게 고루 돌아가지 않는다는 뜻으로 한 말로 생각된다.

154) 비-[捻]+-은단. 뷔->븨->비-. 실 따위를 비비꼬다.

155) '나디-'는 '이제까지 없던 물건이 세상에 나오다'의 뜻.

156) 사려서 테를 지은 실. =테실.

157) '인됴쳔(人造쳔)>인도천'의 변화일 것으로 보이지만 분명하지는 않다.

158) '죠션 죠구리-랑'을 빠른 속도로 발음한 것.

159) 러시아어 (швей ная) машина를 차용한 말. 재봉틀의 종류에 따라 '손마션', '발마션'이 있다. 본디 машина는 '기계'를 뜻하는 말이어서 탈곡기는 '벳마션'이라 하고 이발기는 '마션가새'라 한다.

160) 상승조로 실현된다. 그러나 뒤에서는 고조로 실현된다.

161) '업다'는 아랫자락을 접어서 위로 올려붙이는 것을 말하는 듯하다.

162) 이만이>이망이>이마이.

163) 기댱+-이오→기댕이오→기대~오.

164) 녀미-+-어다서→녀며다서→녀메다서

165) '단치'는 '단추'의 방언. 단쵸+-이>단취>단치.

166) 다히-[觸]>대이-. 제보자는 '때-[炊]'도 '때이-'라 하는데 이는 '다히-'로부터의 변화형이다.

167) '조곤하다'는 '누기가 있어 좀 녹녹하다'을 뜻을 지닌 동사. =노긋하다.

168) '피루다'는 '마른빨래 따위를 맞잡고 흔들어 가며 팽팽하게 잡아 당겨서 쪼그라든 것을 반듯하게 늘려 펴다'의 뜻을 지닌 동사.

169) 기본형은 '개이다'. 개이-+-어서→개여서→개에서.

170) '꼳꼳이'의 구개음화형을 발음대로 적은 것이다. 꼳꼳이>꼳꽂이.

171) 단독형은 흔히 '한나'라 하지만 접미사 '-씨(씩)'가 결합될 때에는 '한낙'이 된다.

172) 앞서 언급한 바와 같이 'ㄼ>ㅁㅁ'에 의해 '젊->졈ㅁ-'이 된 것이다.

173) 이전에 쓰던, 프라이팬처럼 생긴 다리미를 말한 것이다. '밥죽'은 '밥주걱'의 방언.

174) '자루[柄]'는 모음으로 시작하는 조사 앞에서는 '잙', 자음으로 시작하는 조사 앞에서는 '자르'로 교체된다. 본문의 '잘그'는 '잙+-으(대격조사)'로 분석된다.

175) '가겝-[kagée-]'는 '가볍-[輕]'의 방언.

176) 이 다리미는 앞쪽에 숯불을 담는 뚜껑이 있는데 그 뚜껑에는 수탉 모양의 장식물이 붙어 있어 '수탉'이라 부르기도 한다.

177) 어떤 장면을 기술한 것인지 내용을 알 수 없다.

178) 중국이 개혁 개방을 단행한 이후, 1990년대 후반에는 한국인 또는 한국인들의 위탁을 받은 골동품 상인들이 조선족 마을을 다니면서 교포들의 생활문화와 관련된 옛 물건들을 사들이기 시작하였다. 위 제보자는, 한국인 골동품 상인들이 뚜껑에 수탉

이 있는 다리미를 요구하였다고 말하고 있다.

179) 무스+일>무실>무실.

180) 육진방언권에서, '옻'은 모음으로 시작하는 조사 앞에서는 '뉴'으로 교체되고 자음으로 시작하는 조사 앞에서는 '뉴스'로 교체된다. 이 제보자는 활음이 탈락한 '누수(<누스)'로 교체된다. 젊은이들은 대체로 '유끼'라 한다.

181) '나무'는 본디 자음으로 시작하는 조사 앞에서는 '나무', 모음으로 시작하는 조사 앞에서는 '낭ㄱ'으로 교체된다. 주격형은 '낭기, 냉기(낭ㄱ-이)', 대격형은 '낭그(낭ㄱ-으)', 처격형은 '낭게(낭ㄱ-에)'.

182) 구멍이 난 다리미는 수증기를 뿜어내는 다리미를 말한 것이다. 전기다리미가 나오기 전에 썼던 비교적 최근의 다리미이기 때문에 골동품 상인들이 구매하지 않았다는 말.

183) 육진방언권에서는 '물감'을 흔히 '물석'이라 한다. 본문의 '물섹이'는 움라우트 규칙이 적용된 형태이다. '물석' 외에 '물색'이란 말도 쓰인다. 제보자가 뒤에서 '물색'이라 한 것은 조사자의 영향으로 보인다.

184) '으쓸하다'는 육진방언권에서 자주 쓰이는 다의어로 다음과 같은 의미를 갖는다. ①날씨가 춥거나 비가 오거나 하여 몸이 으스스하다. ②무섭거나 두려워 으스스하다. ③보기에 사나울 정도로 생긴 모습이 상큼하지 않다. ④보기가 혐오스러울 정도로 더럽거나 지저분하여 불쾌하다. 본문에서는 ④의 의미로 쓰였다.

185) 본문에서 '차닙쌀'이라 한 것은 '찹쌀'을 말하고, '찹쌀'이라 한 것은 '차좁쌀'을 말한다. 이 방언에서 '쌀'은 '벼의 껍질을 벗겨낸 알맹이'라는 뜻보다는 '볏과에 속한 곡식의 껍질을 벗겨낸 알맹이'라는 뜻으로 쓰인다. 따라서 우리가 흔히 '쌀'이라 하는 것은 '닙쌀'(또는 입쌀)이라 부른다. 한편, '차좁쌀'을 '찹쌀'이라 하는 것은 이전에 이 지역에서는 벼농사가 없어 주식(主食)은 '꿉쌀'이나 '좁쌀'이었다. 때문에 주식인 '좁쌀'을 그냥 '쌀'이라 부르고 '차좁쌀'을 '찹쌀'이라 부르게 된 것이다. 중부방언과 이 지역에서에서는 '쌀'의 의미가 다르다.

186) '찌우다'는 '액체를 따라서 버리다'의 뜻을 지닌 동사.

187) '불개'는 두 가지 뜻이 있다. 하나는, 밥을 지을 때, 주곡인 쌀 밑에 놓는 잡곡을 이른다. 콩, 강낭콩, 조, 옥수수, 수수 따위를 놓는다. 다른 하나는, 시루떡을 할 때 쌀가루의 켜 사이에 넣는 콩이나 팥 따위를 이른다. 위 본문에서는 후자의 의미로 쓰였다.

188) '얍솜하다'는 '좀 얇다'의 뜻을 지닌 형용사.

189) '알기다'는 '알다'의 피동사. 다른 방언권에서는 볼 수 없는 특이한 파생어이다. 표준어로는 '알아지다', '알 수 있다' 정도로 옮길 수 있을 것이다. 무엇을 보거나 무슨

말을 듣거나 했을 때, 그것이 무엇인지 저절로 머릿속에 떠오르거나 생각이 난다는 말이다. 함남 지방에서는 대체로 '알리다'가 쓰인다.

190) '-고 어띠다'는 어떤 사실을 청자에게 강조할 때, 청자의 동의를 유도하면서 반어적으로 표현하는 어법에 쓰인다.

191) '짧-(<젊-)+-어시-+-으녜느'의 어구성으로 분석된다. '-어시-'는 선어말어미 '-었-'의 방언.

192) '밴세'는 함경도 지방의 대표적인 음식. 한어(漢語) 匾食[biǎnshí]를 차용한 말. 멥쌀가루에 더운 물을 넣어서 반죽하고 이겨서 송편 모양으로 거죽을 만든 다음 돼지고기, 부추, 양배추, 샐러리 따위로 속을 만들어 넣어 익힌 음식이다. 종류도 다양해서 밀가르밴세, 물밴세, 감지밴세, 닙쌀밴세(입쌀밴세) 등 재료에 따라 여러 가지가 있다. 이 가운데 '물밴세'를 흔히 해 먹는다.

193) '신채'는 한어(漢語) '芹菜[qíncài]'를 차용한 말. 조선족 교포들은 '진채'라고도 한다. 연길에서는 '진미나리'라 부르기도 한다. 한국에서는 '셀러리(celery)'라 한다. 봄에 심어서 7월부터 서리가 내릴 때까지 오래도록 뜯어먹는다. 그 줄기는 얇게 썬 고기와 함께 기름에 볶아 먹기도 하고, 김치 또는 여러 요리에 향채(香菜)로서 혹은 맛을 내기 위하여 넣기도 한다. 또 '밴세'의 속에 넣기도 한다(곽충구:2019b에서 전재).

194) 중국 동북3성에서는 양배추를 뜻하는 말로 '疙瘩白, 大頭(白)菜'라는 방언이 쓰인다. '疙瘩白[gēdābái]'는 요녕성, '大頭菜' 또는 '大頭白菜'는 길림성에서 많이 쓰인다. 본문의 '거드배채'는 '疙瘩白'에서 유래한 것으로 보인다. 평안도방언의 '가두배, 까드배' 그리고 북한의 문화어 '가두배추'도 '疙瘩白'에서 유래한 것이다. '大頭白菜'에서 유래한 '다드배채'는 중국 조선족자치주에서 널리 쓰인다. 이에 대해서는 곽충구(2019a:125)를 참고할 것.

195) 티-+-언/-안→턴→텐.

196) 옥-[曲]+-쓯기(-쎠하-+-기). 안으로 옥은 듯하게.

197) 육진방언에서, '시루[甑]'는 '시루, 시르/싥(甑)'으로 교체된다. 모음으로 시작하는 어미 앞에서는 '싥'이 출현한다. '실그'(싥-+-으)는 그 대격형이다. 합성어의 선행 어기일 때에는 '시르'로 나타난다. 예: 시룻다리. 시르밑(시루밑), 시룻보(시루의 밑 바닥에 까는 보자기).

198) '즈처디다'는 '어지럽게 찢기고 해어지거나 마구 으깨지다'의 뜻을 지닌 동사.

199) 구유를 조사 지역에서는 '구시'라 한다. 이 '구시'에는 두 가지 종류가 있다. 하나는 돼지나 소와 같은 짐승에게 먹이를 넣어 주는 그릇이고, 다른 하나는 '떡을 치는 그릇'이다. '떡구시'라 부르기도 한다. 중부 지방에서는 안반에 떡을 치지만, 조사 지역에서는 '떡구시'에 떡을 친다. 이 '구시'는 짐승의 먹이 그릇 '구시'와 생김새가

같으나 좌우가 터져 있다는 점에서 다르다.

200) 마개+-을르(-으로). '마개'는 무늬를 내는 마개 모양의 떡살을 말한다.

201) '낲'은 납작하게 밀어서 작게 베어 놓은 떡 조각. 조사 지역에서 '낲'은 둥글납작하게 생긴 물건 또는 그것을 세는 단위로 쓰인다. 흔히 둥글고 납작하게 만든 부침개, 떡, 동전 따위 또는 함석판 같은 것을 셀 때 쓴다.

202) '기름굽이'는 함경도 지방의 대표적인 음식. 요즘에는 찹쌀로 많이 하지만, 쌀이 귀하던 시절에는 기장쌀이나 차좁쌀, 수수쌀로 만들었다. 이 떡을 제사상에 올리지 않으면 귀신이 돌아앉는다고 할 정도로 제사 때에는 반드시 갖추어 놓아야 하는 음식이다. 그러나 기장으로 만든 것은 제상에 올리지 않는다.

203) '초채고'는 주로 채소를 볶는데 쓰는 운두가 낮고 둥글넓적한 솥. 한어(漢語) '炒菜鍋 [chǎocàiguō]'를 차용한 말이다.

204) 번디다>번지다. 제보자는 '번디다'와 개신형 '번지다'를 함께 쓴다. '번디다'는 육진 방언과 서북방언에서 흔히 쓰이는 동사로 다의어이다. 흔히, '(흙을 파) 뒤집다', '(달력을) 넘기다', '(밥을) 거르다', '번역하여 옮기다' 등의 뜻으로 쓰인다. '번지다'는 북한의 문화어이다.

205) '둥기'는 '두멍'의 방언이다. 물을 많이 담아 두고 쓰는 배가 부른 독이다. 조사지의 가정 집 부수깨(부엌) 주변에는 이 둥기가 하나씩 놓여 있다. 이 명사는 본디 자음으로 시작하는 조사 앞에서는 '두무', 모음으로 시작하는 조사 앞에서는 '둥ㄱ'으로 교체되었으나 지금은 단독형이나 자음 조사 앞에서는 '둥기', 모음 조사 앞에서는 '둥ㄱ'으로 교체된다.

206) 함경도 지방의 떡의 하나. 곽충구(2019b)의 '만드미' 항에는 이 떡의 제조 방법과 그 쓰임에 대해서 상세히 설명해 놓았다. 인용하면 다음과 같다. 멥쌀가루를 익반죽해서 이기고 주물러 덩이를 지은 다음에 떼어내 손으로 매만져 타원형으로 곱게 빚는다. 속은 두지 않으며 물엿이나 꿀 따위에 찍어 먹는다. 모양은 타원형으로 얇고 납작하게 만들되 중앙은 손으로 눌러서 배가 좀 들어가게 하고 양 끝 부분이 내밀도록 한다. 소는 두지 않는다. 빚은 것을 솥에 넣고 찐다. 다 익으면 꺼내서 콩고물이나 물엿 또는 꿀 따위에 찍어서 먹는다. 쫄깃쫄깃한 것이 맛이 있다. 제사, 환갑, 초례상 (醮禮床)에 이 떡을 올린다. 잔치 때에는 자기 집에서 만든 것에다 이웃이 '던(奠)'이 라 하여 가져 온 것을 함께 얹어서 손님에게 대접한다.

207) 구냥+-으(대격조사)→구냐으→구냐아(구멍을).

208) 부정부사 '못'은 뒤에 모음으로 시작하는 용언이 오면 '모'로 교체된다. 'ㅎ'으로 시작하는 용언 앞에서도 '모'로 교체되는 경우가 있다.

209) '-는둥/-는두'는 막연한 의문을 가진 채로 뒤에 이어지는 절의 사실이나 판단과

관련시키는 데 쓰는 연결어미.

210) '괘다'는 '괴다'의 방언. '괴다'는 '술이나 식초 따위가 발효하여 거품이 부걱부걱 일다'의 뜻.

211) '쌩하다'는 '정신이 번쩍 들 정도로 자극이 심하다'의 뜻을 지닌 형용사. 예를 들면, 탄산음료를 마시거나 박하사탕이나 은단(銀丹) 따위를 먹을 때 입안이나 목과 코에서 느껴지는 강한 자극을 표현할 때 이 말을 쓴다. 이 밖에 좀 더 강한 자극을 받았을 때에는 '썽하다'라는 말을 쓴다. 바로 위에서는 이와 어감이 약간 다른 '땡하다', '쨍하다'를 썼다. '쨍하다'는 북한의 문화어이다.

212) 남한의 행정구역 명칭으로는 경흥군(慶興郡) 아오지면(阿吾地面) 아오지리(阿吾地里). 북한은 1977년 9월에 '경흥군'을 '은덕군(恩德郡)'으로 고쳤다가 2005년 3월에 다시 '경흥군'으로 환원하였다. 제보자의 고향 '학송리(鶴松里)'는 1981년에 아오지면 아오지리를 개명한 이름이다. 제보자는 '학송'을 '학성'으로 조음하였는데 이는 'ㅗ'의 저설화로 인해 'ㅗ'가 [ɔ]와 가까운 음으로 실현된 때문이다. 제보자는 '오니'를 [ɔ̌ni]로 조음하였다. 이러한 조음 현상은 이 지역의 노년층에서 두드러지게 나타난다. 한편, '은덕군'을 '언덕군'으로 발음하였는데 이처럼 'ㅡ'를 'ㅓ'로 조음한 것은 'ㅡ'의 불완전성에 기인한 것으로 보이나 이 지역어의 일반적인 현상은 아니다.

213) '깨끔하다'의 어근이 부사로 쓰였다. '깨끔하다'는 다음과 같은 뜻을 지닌 형용사. ①음식 따위가 깨끗하고 정갈하다. ②일이나 행동, 말 따위가 깨끗하고 단정하다.

214) '깨까지'는 '깨깢다[깨까자다]'(=깨끗하다)로부터 파생된 부사.

215) '괘흙'은 빛깔이 붉고 차진 진흙을 말한다.

216) '쏫다'는 '표면의 물기 또는 때나 더러운 것을 닦아내다'의 뜻. 중세국어 '슺다[拭]'의 후대형이다. 참고로, 표준어 '씻다[洗]'의 이 지역 방언형은 '쏯다'이다.

217) '병샐'은 '병새리'(<병샤리)가 줄어든 말로서 '병(瓶)'의 방언이다.

218) '받다'는 '뱉다'의 방언.

219) 동북방언과 육진방언은 부정부사가 놓이는 위치가 매우 특이하다. 본문에서 보는 바와 같이 부정부사 '안'은 '깨디다'의 선행 어기 '깨'와 후행 어기 '디다' 사이에 놓였다. '안 떠나다'는 '떠 안 나다'라 한다. 한편, '못 들어보다'는 '들어 못 보다'라 하여 본동사와 보조동사 사이에 '못'이 삽입되었다.

220) '-느'는 동사의 어간, 선어말어미 '-엇-, -갯-' 등의 뒤에 붙어 '하오'할 자리에서, 물음을 나타내는 종결어미.

221) '주뛰기'는 '줄+뛰-+-기'로 분석된다.

222) '어떻소'를 얼버무려 발음한 것. 설의법적인 표현 또는 부가 의문문에서 "~아니(하)구 어떻소?", "~디 않구 어떻소?" 또는 "~이 아니구 무스게오?"로 쓰여 "~이 아니

오?", "~지 않소?"의 뜻을 나타낸다.

223) '다래미'는 잇달아 이어서 길게 늘인 것을 말한다. <달-+-암-+-이. 고추나 가지를 실에 꿰어 집채의 벽면이나 처마에 달아매거나 덕에 걸어서 말리는데 그것을 '고치다래미', '까지다래미'라 한다.

224) '-스'는 'ㄹ'을 제외한 받침 있는 용언의 어간이나 선어말어미 '-엇-, -갯-' 뒤에 붙어, '하오'할 자리나 때로 '하압소'할 자리에서 동작이나 상태를 있는 그대로 나타내는 종결어미. 여성 화자들이 친근한 사람들과 대화할 때, 혼잣말처럼 말하면서 말끝을 흐릴 때 '-스끄', '-스끔' 또는 더 줄여서 '-스'라 한다. 본디 '-습구마[-스꾸마]'가 줄어든 말이다. 선어말어미 '-엇-'과 결합하여 쓰이는 경우가 많다(곽충구:2019b에서 전재).

225) '올리때리다'의 '-때리다'는 강세의 접미사. 즉, '-뜨리다'의 육진방언형이다. 표준어의 '치올리다'와 뜻이 비슷하다. 비슷한 뜻을 가진 북한의 문화어로 '올려뜨리다'가 있다.

226) '낲'은 둥글납작하게 생긴 물건을 세는 단위 명사. 흔히 둥글고 납작하게 만든 부침개, 떡, 동전 따위 또는 함석판 같은 것을 셀 때 쓴다. 위 본문에서는 둥글납작하게 생긴 공깃돌을 가리킨다.

227) '언넝'의 'ㅇ'이 약화 탈락한 것. 육진방언에서 어말의 'ㅇ'은 흔히 약화되거나 탈락된다. '언넝'은 '진작' 또는 '미리 얼른' 등의 뜻을 지닌 부사.

228) '오니'는 일본어 '鬼おに'를 차용한 말.

229) '오닌데르'는 '오니+-ㄴ데+-르'로 분석된다. '-ㄴ데'는 '-한테'의 뜻을 지닌 보조사.

230) '저'는 '하오'할 자리에서, 말하는 이가 듣는 이를 가리키는 이인칭 대명사. '해라'할 자리에서는 '너'를 쓴다. '저'는 '당신'보다 더 친근한 표현에 쓰인다. 화자와 청자의 나이가 서로 엇비슷하거나 또는 화자에 비해 청자의 나이가 어리지만 청자가 장성하여 '해라'하기 어려운 경우에 쓰인다. 중부방언으로 말하면, '하오'할 대상이나 '하게'할 대상에게 쓰인다(곽충구:2019b).

231) 제보자는 '사름'과 '사람'을 수의적으로 쓴다. 본디 육진방언형은 사름(<사룸)이나 표준어 '사람'이 차용되어 점차 세력을 확장하고 있다.

232) 걷->걿-. 동북 및 육진방언에서 'ㄷ' 불규칙 동사는 대부분 'ㄷ'이 'ㅀ'로 변화하였다. 예: 겻-(編)>곓-. 싣-(載)>싫-. 이에 대해서는 소신애(2004, 2006a)를 참고할 것.

233) 도깨비+-ㅅ+상(像)+-으(대격조사)>도깨빗사아[도깨비싸:].

234) 앞에서는 '배구'의 첫 음절을 상승조로 발음하였지만 여기서는 고조로 발음하였다. 이는 상승조가 고조에 합류하는 과정을 보여주는 것이다.

235) 조사자가 말한 '갈그재임두?'의 본디 동북 및 육진방언은 '가르재임두?'(또는 '가르대임두?')이다.

236) '비슷하다'를 조사 지역에서는 '비적하다' 또는 '비젓하다'라 한다. 제보자가 말한 '비즉하노'의 '-노'는 발화 실수로 보인다.

237) 공깃돌 5개를 바닥에 뿌린 다음, 그 가운데 하나를 잡아 위로 던진 뒤, 바닥에 남아 있는 '두 낲'(두 개의 공기알)을 잡고 위로 던진 것을 받는 공기놀이.

238) '왔다리갔다리'는 '왔-'과 '갔-'에 일본어의 접속조사 'たり'가 결합된 일종의 혼종어. 'たり'는 계기적으로 실현되는 두 동작을 열거할 때 쓰인다. 일본어 '行ったり來たりする(이따리기따리스루)'의 영향으로 형성된 혼종어이다.

239) 두 사람이 마주 보고 손을 잡고 흔든 뒤 손바닥을 치거나 몸짓을 하면서 노래를 부를 때, 앞머리에서 흥을 돋우기 위해 내는 소리. 일본어 "せっせっせ"에서 유래한 말.

240) 뎨>제. '뎨'는 어떤 일이 있었던 때로부터 지금까지의 동안을 나타내는 의존명사.

241) '망태기 캐다'는 관용구로서, '사리 분별이 없이 허튼 말이나 행동을 하다'의 뜻.

242) 중국 길림성 조선족자치주 훈춘시의 '훈춘'을 현지 교포들은 일상적으로는 '후춘'이라 부른다.

243) '호주머니'를 뜻하는 러시아어 'карман'을 차용한 말.

244) '따다'는 '다르다'의 방언이다. 17세기(1670)에 간행된 ≪老乞大諺解, 下:56≫에 '므서시 쁘리오(爭甚麼)'가 보이는데, 이는 '무엇이 다르리오' 정도로 풀이된다.

245) 발화의 맨 처음에 쓰일 때는 '대등한 사람 또는 손아래라도 '해라'할 처지가 아닌 사람의 부름에 대답하거나 묻는 말에 긍정하여 대답할 때 쓰는 말'로, 발화 도중에 쓰일 때는 '대등한 사람 또는 손아래라도 '해라'할 처지가 아닌 사람과 말을 나눌 때, 말을 이어가면서 중간 중간에 상대방의 주의를 환기하거나 강조할 때 삽입하는 요소. '하오'할 대상과 어울려 쓰이는 말'로, 발화의 맨 끝에 쓰일 때는 '상대편의 대답을 재촉하거나 다짐을 둘 때 쓰는 말'의 의미로 쓰인다. 함북방언의 상대경어법은 '합쇼', '하오', '해라'의 세 등급으로, '냐"는 '하오'할 자리에 쓰는 말이다. 대등한 사이 또는 부모가 장성한 아들에게 또는 동네의 노인이 젊은이에게 쓴다. '냐', 야" 또는 비음성이 없는 '냐, 야' 등의 형태로 나타난다. 발화에서는 비음성이 거의 나타나지 않는다. 표준어에는 마땅히 옮길 만한 대응어가 없다. 표준어역을 위해 일단 이 책에서는 '응'을 사용하겠지만, 이것이 적절한 처리가 아님은 물론이다.

246) 주로 전설 모음(ㅣ, ㅐ, ㅟ)를 끝소리로 가진 체언, 또는 조사 '-에서' 뒤에 붙어 어떤 대상을 드러내어 강조할 때 쓰는 보조사. '-란'으로 쓰이기도 한다.

247) '-다니'는 '하오'할 자리에서, 화자가 듣거나 보거나 경험하여 알고 있는 사실을

확인해서 일러줄 때 쓰이는 종결어미. 제보자들의 표현으로는 묻는 이에게 반복적으로 묻지 말라거나, 또는 단정적으로 말할 때 이 어미를 쓴다고 한다.

248) 육진방언의 친족명칭에서 조부(祖父)는 '아바니', '클아바니', '큰아바니', '한아바니'라 하였으나 현재 중국의 조선족 가운데 육진방언 화자는 '아바니'라 한다. 위 친족 명칭들이 '아바니'로 통일된 것이다. 비육진방언 화자는 '아바이'라 한다.

249) '걸기'는 '써레'의 방언. 제보자는 '써흐레', '써레'라는 말도 쓴다. '써레질하다'는 '걸기르 놓는다'고 한다.

250) '글거리'는 '그루' 또는 '그루터기'의 방언. 본디 '그루'는 자음 조사 앞에서는 '그루', 모음 조사 앞에서는 '글ㄱ'으로 교체된다. '글거리'는 이 '글ㄱ'에 접사 '-어리'가 결합한 파생어이다. '노루'를 '놀가지', '구멍'을 '궁강'이라 하는 것도 그와 같다. '놀ㄱ+-아지>놀가지'. '궁ㄱ+-앙'.

251) '비각-질'은 '낫으로 곡식을 베는 일'의 뜻, 표준어의 '낫질'과 비슷한 뜻을 가진 말이다. '비-각-질'의 '-각질'(또는 '-걱질')은 육진방언의 생산적인 접미사로, 동사 어간에 붙어 '-노릇', '-짓'의 뜻을 나타낸다. 예: 싣걱질, 달각질, 먹각질, 도투각질 ….

252) '비닐박막(vinyl薄膜)'은 폴리염화비닐로 만든, 종이처럼 얇은 막. 모판을 덮는 데 많이 쓴다. 중국 조선족이 차용해서 쓰는 북한어.

253) '자래우다'는 '기르다', '키우다'의 방언. '자라-+-이우-'.

254) '헐하다'는 표준어의 '쉽다'와 비슷한 뜻을 지닌 형용사. 준말로 '헗다'가 널리 쓰인다.

255) '낟'은 '낫'의 방언이자 고어.

256) '눕->늡-'. 이 같은 비원순모음화 현상은 육진방언의 한 특징이다(곽충구: 1991/1994).

257) 몸에 내재하고 있는, 병을 일으킬 수 있는 요인이나 근원.

258) '온[全]'의 방언. 표준어의 '온'은 '오ᄫᆞᆫ>오온>온'의 변화형이다.

259) '식구(食口)+-이>식귀'. 육진방언에서는 개음절 명사 또는 'ㅇ'으로 끝난 명사에는 '-이'가 결합하여 어간의 일부를 이룬다. 예: 녀녀+이>녀녜, 넘통+-이>넘튀.

260) 벼나 조 따위의 곡식을 15단씩 가리어 쌓아 놓은 무지.

261) '하디'는 벼를 30단씩 가리어 쌓아 놓은 무지.

262) '뜨락똘'은 러시아어 'трактор'를 차용한 말. '트랙터'를 뜻하는 말이나 '경운기'를 뜻하기도 한다. 경운기를 '손잡이뜨락또르'라 하는데 '손잡이'라는 말을 빼고 줄여서 그냥 '뜨락또르'라 한다.

263) 200 이상은 '이(二)'라는 말 대신 '냥(兩)'이라는 말을 쓴다. 냥백원(200원), 냥천원 (2,000), 냥만원(20,000).

264) '모두다'는 자동사와 타동사로 쓰인다. '모으다', '모이다'의 뜻을 가지고 있다.

265) '쫄다'는 표준어와 달리 '줄다'의 뜻도 가지고 있다.

266) '-딤'은 '-디 무'가 줄어든 말.

267) '닐야듧'은 '닐굽야듧'이 줄어든 말. '일곱이나 여덟쯤'의 뜻을 지닌다.

268) 노랑이>노랭이>노래:. 요리조리 핑계를 대거나 뺀질거리며 일을 아니하는 사람을 조롱하여 이르는 말.

269) 동북, 육진방언에서는 '사다[買]'를 '싸다'라 한다.

270) '음석'은 음식(飲食)의 방언. 19세기, 20세기 초에는 '임석'이 보인다. 제보자는 '임 석', '음석', '음식' 등 여러 변이형을 쓴다. 曾攝 職韻字인 '食'의 운이 '석'으로 반사 된 것이다(곽충구:2018). '곡석(穀食)'도 그와 같다. 19세기의 육진방언 자료엔 식기 (食器)를 '석기'라 한 기록도 있다.

271) '지낙'은 '저녁'의 방언. 제보자는 드물게 '지냑'으로 발음한다. 육진방언권에서는 '져냑', '져낙'이라는 말을 많이 쓴다.

272) '할릴'은 '하루'의 방언. '할랄'이라 하기도 한다. 홀룰>할랄~할릴.

273) '커우대'는 마대(麻袋) 자루. 한어 '口袋'(천, 종이, 가죽 등으로 만든 자루, 부대)를 차용한 말. 일찍부터 함경도에 차용되어 널리 쓰이던 말이나 현재는 노인층에서만 근근이 쓰인다. 대신 '마대'가 널리 쓰인다.

274) 조사지역에서는 '힘'이란 말 대신 흔히 '맥(脈)'이란 말을 쓴다.

275) '돓'은 '도랑'의 방언.

276) '사롬>사름'의 변화. 19세기~20세기 초 육진방언 문헌에는 '사름'만이 보이나 지금 은 '사람'의 사용 빈도가 높다. 점차 표준어로 대치되어 가고 있는 것이다.

277) '겜혜들다'는 '접혀지다'의 방언. '접->겹-'은 과도교정.

278) '논밭'은 '논'을 뜻하는 말. 달리 '베밭' 또는 '슈뎐(水田), 수뎐, 수전' 등으로 말하기 도 한다. 육진방언에서 '밭'은 주로 '어떤 식물이 들어 찬 곳'이라는 뜻으로 쓰인다. 예: 나무밭(숲).

279) '-래르'는 '-랴르'에서 변화한 말. '-도록', '-게끔' 등의 뜻을 갖는데 본디 연결어미 지만 종결어미로도 쓰인다.

280) '줸'은 '주인'의 방언. 쥬엔>줸. 'ㅅ'의 자음(字音)이 특이하게도 '엔'으로 반사되어 있다. '웬이(愚人)'도 그와 같다.

281) '푸둘다'는 '보기 좋게 살이 오르고 태가 잡히다'의 뜻.

282) '날기다'는 '날리다'의 방언. ㄹ 말음 용언 어간에 결합하는 피동 접미사는 '-기-'이다. 예: 알기다, 울기다, 물기다 ….

283) '부루다'는 '액체에 넣어 담그다'의 뜻을 지닌 동사. 모음으로 시작하는 어미가 연결되면 '불거서'처럼 '불ㄱ-'으로 교체된다.

284) '궁개'는 '궁강[孔]'의 주격형. 궁강+-이>궁가이>궁개. '궁강'은 '구멍'의 뜻. '궁ㄱ(<굼ㄱ)'에 접미사 '-앙'이 결합한 파생어.

285) 궁강+-에나>궁가에나. 모음 사이에서 비음 'ㅇ'이 탈락하였다.

286) 소 두 마리에 메워 밭을 갈아엎는 데 쓰는 농기구의 하나. 볏은 없고 보습만 있으며 주로 밭을 가는 데 사용한다.

287) '뚜디다'는 '쑤셔 파다'의 뜻을 지닌 동사.

288) '구불다'는 '구르다[轉]'의 방언.

289) '머리'라는 말 대신 보통 '골'이란 말을 쓴다. 전통적인 육진방언 화자들이 말하는 '머리' 또는 '마리'는 '머리카락'의 뜻.

290) '미츨하다'는 '미끈하다'의 방언. 북한의 문화어이다.

291) '갭히다'는 '고이다'의 방언.

292) 물이 잘 빠지는 토양의 성질. 또는 그 토양(土壤).

293) 물이 잘 빠지지 않고 괴는, 토양이 가진 성질. 또는 그 토양(土壤). '늡운질' 토양은 논에 좋고 '선질' 토양은 밭에 좋다 한다.

294) '이제 막', '방금', '바로 그'의 뜻을 가진 부사.

295) '길역'의 '역'은 '가장자리'의 뜻을 가진 명사. 예: 입역(입가), 물역(물가). 강역(강가) ….

296) '자루[袋]'를 뜻하는 중국어의 '袋子[dàizi]'를 차용한 말.

297) '츠다'는 다음 뜻이 있다. 불필요하게 쌓인 물건을 파내거나 옮기어 깨끗이 하다. 똥 따위나 외양간의 두엄을 내다. 물길 따위를 만들기 위하여 땅을 파내거나 고르다.

298) '용게'는 '요기'의 방언. 이와 같은 처소를 나타내는 대명사로는 '영게, 덩게, 궁게, 잉게' 따위가 있다.

299) '재빌르'는 '제 스스로'의 뜻.

300) '할메에'는 '한꺼번에'의 뜻.

301) '깊위기'는 '깊위-'에 어미 '-기'가 결합된 것.

302) '딟다'는 '뚫다'의 방언인데 '딟-'에 '디르-'가 영향을 주어 어간 모음이 변화한 것으로 생각된다.

303) 정황(情況)에 대격조사 '-으'가 결합한 다음, 명사의 말음 'ㅇ'이 선행 모음을 비음화하고 이어 '-으'가 그 선행모음에 동화된 것이다.

304) '산굽'은 '산의 밑자락'을 말한다. '굽'은 사물의 밑바닥 부분을 이르는 말이다.

305) '치룬'은 '톱니바퀴'를 뜻하는 한자어 '치륜(齒輪)'에서 온 말이다.

306) '구렁깨'는 '우물'의 방언. '-르'는 모음으로 끝난 명사에 결합하는 대격조사.

307) '서너짐씨'의 '짐'은 논이나 밭의 면적을 나타내는 단위. 1짐은 10푼으로서 1,000㎡이다. '-씨'는 '-씩'의 방언이다.

308) '번디다'는 다의어. 가대기나 호리로 땅을 갈아엎다. 뒤집다. 사람의 모습이나 됨됨이가 자라면서 달라지다. 번역하다, …. 위 본문에서는 '뒤집다'의 뜻으로 쓰였다. 즉, 함지로 만든 두레박을 기울이거나 뒤집거나 하여 담긴 물을 쏟는다는 뜻.

309) '가래'는 삽과 비슷한 전통적인 농기구를 말하고 '한가래'는 '가래' 즉, 줄을 매달아 두 사람이 잡아당겨 흙을 떠서 던지는 농기구를 말한다.

310) '몇 알'은 관용구로서, 금액이나 양 따위가 보잘것없다는 뜻이다.

311) '끄스다'는 '끌다'의 방언. 중세국어 'ᄭᅳᆺ-'와 어원이 같은 말이다.

312) '후치'는 밭갈이 농기구의 하나. 가대기보다는 작고 가볍다. 가대기는 고랑을 내고 두둑을 짓는 데 쓰지만 후치는 밭고랑을 째고 흙을 파내어 김을 덮거나 북을 주는 데 쓴다. 그렇게 후치를 사용하는 것을 '후치질'이라고 한다. 그리고 가대기는 소 두 마리에 메워 사용하지만 후치는 한 마리에 메워 사용한다.

313) '-인데르'는 '-한테로'의 방언.

314) '앉우내르'는 '앉-+-은 양+-이+-르'로 분석된다. '앉은 양으로', '앉은 채로'의 뜻.

315) '피낟'은 피[稷]를 말한다. 일제 강점기만 해도 '피'는 조사 지역에서 주식의 하나였으나 대략 1950년 후부터 점차 벼농사로 바뀌어 지금은 심지 않는다. 두만강 유역에서 일찍부터 재배된 곡식으로, 주식으로뿐만 아니라 가축의 사료, 땔감으로도 쓰였다. '피낟'은 벼와 섞이어 자라는 '피'와는 다르다. 벼 사이에서 자생하는 피는 '돌피'라 한다.

316) 씨를 두기 위해 밭이랑에 내는 발자국. 발자국을 내는 것을 '자귀르 틴다'고 한다.

317) 빠른 시간 안에 넓은 지역에 씨를 파종할 수 있는 기구. 조, 기장, 수수, 피, 깨 따위의 씨앗을 파종할 때 쓴다. 댓드베, 댓두베, 드베 등으로 불린다. '드베'는 중세국어의 '드뵈[瓠]'와 어원이 같은 말이다. 손잡이, 씨앗을 담는 박통, 씨가 흘러나가는 긴 대, 씨가 땅바닥에 고루 떨어지도록 쑥 따위로 엮어 붙인 다부지의 네 부분으로 되어 있다. 씨앗을 박통에 넣고 두드리면 씨가 대롱을 통해 통 밖으로 나가 땅바닥에

떨어진다.

318) '똘기우다'는 '쫓기다'의 방언.

319) 집체(集體). 1980년대 이전까지 중국에서 시행되었던 사회주의식 집단 경제 체제. 이른바 개혁 개방 이후 '개체(個體)'로 바뀌었다.

320) =공수(工數). 생산대에서 일을 한 총 일수(日數) 대 자신이 참여한 일수의 비율. 참여 한 비율에 따라 배당금을 받았다.

321) 씨를 파종하는 일은 밭갈이와 함께 이루어지는데 밭갈이와 씨의 파종이 보조를 맞추 어 잘 이루어지면 씨를 뿌리는 일꾼은 상일꾼이 되지만 밭갈이를 따라가지 못해 쫓기면 상일꾼이 못 된다는 말.

322) '다봊(<다봊)+이+-를'.

323) 'ㄷ' 불규칙 용언의 어간 말음 'ㄷ'은 대체로 'ㄹㆆ'로 변화하였다. 예: 걷다[步]>겷다. 싣다[載]>싫다, 겯다[編]>겷다 등.

324) '서거푸다'는 '어설프다'의 방언.

325) 녹상기(錄像機). =비디오카메라(video camera).

326) '해깝다'는 '가볍다'의 방언.

327) '다슬구다'는 '물건의 거친 표면을 사포로 밀거나 대패로 깎거나 하여 매끈하고 곱게 다듬다'의 뜻.

328) '나무'는 본디 자음으로 시작하는 조사 앞에서는 '나무', 모음으로 시작하는 조사 앞에서는 '낭ㄱ'으로 교체된다. 주격형은 낭기, 냉기(낭ㄱ-이), 대격형은 낭그(낭ㄱ- 으), 처격형은 낭게(낭ㄱ-에), 조격형은 낭글르(낭ㄱ-을르).

329) '벌[件]'의 방언. 불>볼(원순모음화)의 변화.

330) '붉'은 '북'의 방언. *부슥>부윽>북(중부방언). 부슥>부스C~붓ㄱV(육진방언)>붉.

331) 일이 잘못될까 염려하여 근심이 되다. 또는 일이 잘못될까 불안하여 마음이 초조하 고 조마조마하다.

332) '가쭌하다'는 '고르고 가지런하다'의 뜻을 지닌 형용사.

333) '-텨러'는 '-처럼'의 방언. '-텨르', '-쳐르', '-터러' 따위의 변이형이 있다.

334) '매츨하다'는 '매끈하다'의 방언.

335) '나무'는 본디 자음으로 시작하는 조사 앞에서는 '나무', 모음으로 시작하는 조사 앞에서는 '낭ㄱ'으로 교체된다. 주격형은 '낭기, 냉기(낭ㄱ-이)', 대격형은 '낭그(낭 ㄱ-으)', 처격형은 '낭게(낭ㄱ-에)', 조격은 '낭글르(낭ㄱ-을르)'.

336) '날창'은 '대검(帶劍)'을 뜻하는 말로 중국 조선어에 차용된 북한의 문화어.

337) '쥐-+-우-+-은 양+-이'. '쥐인 채로'의 뜻.

338) '짜르다[絶斷]'는 자음 어미 앞에서는 '짜르-', 모음 어미 앞에서는 '짤ㄱ-'으로 교체 된다.

339) 제 곡식으로 만든 매끼.

340) '써그레기'(곡식의 알이 채 털리지 않은 이삭의 부스러기)를 말하고자 한 것.

341) '살각재'는 '갈퀴'의 방언.

342) 중국어 '下[xià]'에서 유래한 말. '뒤로 물러나다'의 뜻. 윷놀이에서, 말을 뒤로 물릴 때에도 이 말을 쓴다.

343) '수쥭하다'는 '수줍다'의 방언.

344) 일이나 경기를 거듭해서 할 때, 하나의 일을 시작해서 끝날 때까지의 과정. 한 차례.

345) '도리깨아들'은 '도리깻열'의 방언. 곧고 가느다란 나뭇가지 두세 개를 도리깻장부에 매달아 위아래로 돌리어 곡식을 두드려 낟알을 떤다.

346) '안깐이'는 '아낙네'의 방언.

347) '나백이'는 '마지막으로 하는 일 또는 마지막 일'의 뜻.

348) '디각질'은 '디-[落]+-각-+-질'의 어구성으로 된 복합어. 곡식을 바람에 날려 곡식 에 섞여 있는 돌이나 검불 따위를 가리는 일을 말한다.

349) '수구'는 중국어 '收購[shōugòu]'를 차용해서 쓰는 말.

350) '싹'은 '엿기름'을 뜻한다. 이 지역 방언으로는 '싹누룩'이라 한다.

351) '쉬움떡'은 증편을 달리 이르는 말. '쉬움'은 다른 물질을 발효 시키는 효모(酵母)를 뜻하는 말이다.

352) '목자귀'는 씨를 둘 자리와 자리 사이가 뜰 때, 그 사이에 새로 씨 뿌릴 곳을 발로 밟아서 만든 발자국을 말한다.

353) 덧자귀는 씨를 뿌리고 흙으로 덮은 것을 발로 밟아 주는 일을 말한다. '덧자귀르 틴다'고 한다.

354) 조사자가 '밟다'라는 말을 썼기 때문에 제보자가 그 말을 쓰다가 자신의 방언인 '볿다'로 바꾼 것이다. 밟다>볿다(원순모음화).

355) 고개를 숙이지 않고 땅 위로 곧게 올라오는 싹. 달리 '송곳싹'이라 부르기도 한다.

356) '딱지싹'은 딱지를 대가리에 얹고 나오는 싹.

357) '군재'(碌子[gǔnzi])는 한족들이 쓰는 작은 연자매.

358) '야군재, 야군주'는 한어 '壓碌子[yāgǔnzi])를 말한 것. 아스팔트를 포장할 때 쓰는 롤러와 비슷하게 생겼다. 한족들은 넓은 보리밭을 발로 밟지 않고 이 기구를 쓰기도

한다.

359) 구불-+-래르. '구불-'은 '구르-'의 방언이고 '-래르'는 '-게끔', '-도록' 등의 뜻을 가진 종결어미.

360) '저'는 '하오'할 대상인 청자를 가리키는 이인칭 대명사.

361) '돌르-+-아다>돌라다'. '돌르-'는 '훔치-'의 뜻을 가진 남부방언이다.

362) '지냑'은 '저녁'의 방언. 제보자는 '지낙' 또는 '져낙'이란 말도 쓴다.

363) '때이다'는 '때다[炊]'의 방언.

364) '동삼'은 '겨울'의 방언. 함경도에서 널리 쓰이는 말이다.

365) 육진방언권에서는 동물의 수효를 나타낼 때 '마리'라는 말을 쓰지 않고 의존명사 '개'를 쓴다.

366) 세정(洗淨)-하다>세제-하다>세제-하다. 물로 깨끗이 씻고 다듬다.

367) '아매'는 '할머니'의 방언.

368) '혹재'는 '혹부리'의 방언.

369) '우시시하다'는 '함께 모여 있다가 잇따라 움직이며 흩어지다'의 뜻.

370) '맞히다'는 도둑으로부터 피해를 당하다의 뜻을 지닌 동사. '도둑을 맞다'라고 하지 않고 '도둑을 맞히다'라고 한다.

371) '채와시문'은 '채우-+-아시-+-문'으로 분석된다. '-아시-'는 선어말어미 '-았-'의 방언이고 '-문'은 어미 '-면'의 방언.

372) '이르르하다'는 '매우 왕성하다'의 뜻. 본문에서는 물기가 매우 많다는 뜻으로 쓰였다.

373) 수수덕, 수수허덕, 슈슈덕, 슈슈허덕 등으로 불리기도 한다. 옥수수의 이삭을 건조시키고 보관하기 위해 지은 시설물. 네 곳에 기둥을 세우고 기둥과 기둥 사이에 가는 나뭇가지나 수숫대 따위를 가로로 대어 새끼로 묶어서 만든다. 통풍이 되지 않으면 옥수수가 썩게 되므로 통풍이 잘 되도록 가로로 댄 나뭇가지의 사이를 성기게 한다. 또는 네 면을 그물 따위로 둘러치기도 한다.

374) '사척'은 '사방(四方)'의 뜻.

375) 모음조화 규칙에 따라 '다듬-'에 부사형어미 '-아서'가 결합되었다.

376) '고춧다래미'는 고추를 실에 꿰어 놓은 것을 말한다. 이것을 대개 추녀나 벽면에 걸어서 고추를 말린다.

377) '갈그내다'는 '가루를 내다'의 뜻. 이 방언에서 '가루[紛]'는 자음 조사 앞에서는 '가르', 모음 조사 앞에서는 '갈그'으로 교체된다.

378) '셕매'는 '연자방아'의 방언.

379) '나시'는 '나위'의 방언.

380) '메우다'는 '무치다'의 방언.

381) '온기다'는 '옮기다'의 방언.

382) 조사 지역에서는 '고추'나 '가지' 따위와 같은 식물의 줄기도 '나무'라고 한다.

383) '무들기'는 서너 포기의 초본이 한 자리에서 자라나 무리를 지은 것을 말한다.

384) 마당+-으르>마다으르>마다아르.

385) 사람이나 동물이 요란하게 소리를 질러대다. 작은 말은 '아부작으 티다'이다.

386) '디랄우라'는 '디랄'과 '우라'가 결합된 합성어. 어지럽고 소란스럽게 구는 행동. '우라(ypa)'는 '만세'라는 뜻의 러시아어.

387) '긑다'는 '남다'의 방언이자 옛말. 사동사 '긑이다'(남기다)도 쓰인다.

388) '바줄'은 '빨랫줄'의 방언.

389) '따바리'는 '똬리'의 방언. 합성어로 '따발총', '따발굴'이 있다. 이들은 북한의 문화어다.

390) '인차'는 '이내', '바로 곧'의 뜻을 지닌 부사. 북한의 문화어다.

391) '훙트지레하다'는 '맛깔스럽지 않게 단 기운이 조금 있다'의 뜻. '훙트지그레하다'라고도 한다.

392) 늦가을에 익는 저장용 배의 품종. 크고 당분과 수분이 많으며 오랜 동안 저장해 둘 수 있다. 연변 조선족자치주가 집산지이고 또 자치주의 특산물이다. 조선족 마을의 가정 집 주위에서 흔히 볼 수 있을 정도로 많이 심어 가꾼다.

393) '오얒[李]+-이>왜애지'. 자두의 한 종류.

394) '아치'는 '가지[枝]'의 방언. '아치' 외에 '아채기', '아지', '가지'라는 말도 쓴다.

395) '-읍궤/-습궤'는 '하오'할 대상에게 부드럽게 명령하는 뜻을 지닌 종결어미.

396) '일다'는 '어떤 상태나 결과가 되다'라는 뜻을 지닌 동사. 옛말 일다[成]와 같다.

397) '다다귀'는 '달구'(땅을 단단히 다지는 데 쓰는 기구)의 방언.

398) '난딧줄'은 지면의 기울기를 알아보기 위하여 치는 줄.

399) '끄니다'는 '끊다'의 방언.

400) '하나'는 '한나' 또는 '한내'라 하지만 '-씩'와 결합할 때에는 '한낙'이라 한다.

401) '진재리'는 주춧돌에 닿는 기둥의 밑 부분.

402) '짝'은 방향을 나타내는 '쪽'의 방언.

403) "대왜두 안 디우."는 '대왜-디다'(<대배디다, 넘어지다, 쓰러지다)에 부정 부사 '안'이 결합된 것. 동북 및 육진방언은 이렇게 '못'(또는 '모')이나 '아니'가 복합어나

파생어의 어기와 어기 사이 또는 어기와 접사, 본용언과 보조용언 사이에 놓인다. 예: 먹어 못 보다(못 먹어 보다), 떠나 아니 가오(안 떠나가오), 영게서 떠 못 나오(여기서 못 떠나오).

404) 듥두리(중도리)는 동자기둥에 얹어서 서까래나 지붕널을 받치는 가로재.

405) 꺼꾸망기둥은 기둥이 짧을 때, 그와 같은 나무를 잇대어 만든 기둥. 연결할 나무의 한쪽에는 장부를 다른 나무에는 구멍을 파서 결합한다.

406) "… 사, 엇, 더 샙"은 "… 사잇방, 저 샛방"을 말하려고 한 것. '사잇방=샛방'은 함경도의 8칸 집 전(田) 자형 가옥 구조에서 정지 바로 뒤쪽의 남쪽 방을 말한다. 방 중에서 상방(上房)으로 친다.

407) '굿방'은 함경도의 8칸 집 전(田) 자형 가옥 구조에서 맨 뒤편에 있는 남쪽 방. 이전에 노인이 거처하거나 또는 신방으로 쓰였다.

408) 문툭>문특. '문턱'을 말한다. '턱[頤]'은 '택'이라 한다.

409) '어여 내다'는 '에어 내다'. 에다<어이다<어히다.

410) '좀자귀'는 조그마한 작은 자귀를 이르는 말. 북한의 문화어다. 자귀는 좀자귀와 선자귀(서서 나무를 깎게 된 큰 자귀)가 있다.

411) '지내'는 '너무 지나치게', '아주'의 뜻을 지닌 부사. '기내'라고도 한다. 예: 오놀 기내 칩소(오늘 너무나 춥소).

412) 산자(撒子). 집을 지을 때 서까래, 고물 위에 흙을 바르기 위하여 쑥, 갈대, 싸리, 버들, 수수깡 등을 가로 펴고 엮은 것.

413) '홀다'는 '휘다'의 방언.

414) '모딜다'는 '손가락이나 밧줄, 줄기 따위가 굵거나 실하다' 또는 '어떤 일의 형편이나 정도가 심하다'라는 뜻을 가진 형용사.

415) '뒤[後]'는 '두' 또는 '뒤'라 한다.

416) '경게'는 '거기'의 방언.

417) '언매'는 '얼마'의 방언. 중세국어 '언마'의 후대형.

418) '기댜~이다'는 '기댱(길이)'에 '-이다'가 결합한 것.

419) 조사자가 '궁강'을 '공강'으로 잘못 발음하였다. '궁강'은 '굼ㄱ>궁ㄱ'에 접사 '-앙'이 결합된 파생어다.

420) 용마룻대. 용마루 밑에 서까래가 걸리게 된 도리. 지붕 꼭대기에 있는 가장 중요한 마룻대이다. 모음으로 시작하는 조사 앞에서는 '농말ㄱ'으로 교체된다.

421) '츠다'는 '힘을 주어 밀어 올리다'의 뜻을 지닌 동사.

422) '낙엽솔'은 '낙엽송'의 방언. 한자 '송(松)' 대신 고유어 '솔'이 쓰인다.

423) ‘구불이다’는 ‘구불다[구르다, 轉]’의 사동사. 구불이-+-어>구불여>구불에.

424) ‘세까달’은 ‘서까래’의 방언. ‘혀[椽]+-ㅅ+가달’에서 변화한 말. ‘가달’은 다의어인데 여기서는 ‘길게 토막이 난 물건’의 뜻.

425) ‘기즐구다’는 ‘지지르다’의 방언. ‘지즐구다’의 과도교정형이다. 중세국어는 ‘지즐우다’이다.

426) 좀 얇은 듯하다.

427) 도려내거나 파낸 작은 홈.

428) 오도바리는 ‘벽산자(壁橵子)’를 말한다. 흙벽을 만들기 위하여 가는 나무오리나 수숫대 따위로 엮은 산자이다.

429) ‘텬반제’는 반자(지붕 밑을 편평하게 하여 치장한 각 방의 윗면)를 말한다.

430) 벽산자(壁橵子)는 흙벽을 만들기 위하여 가는 나무오리나 수숫대 따위로 엮은 산자.

431) 비틀어 꼬이게 하다. 한 방향으로 꼬이게 하다.

432) 되는대로 구기거나 주물러서 뭉뚱그려 놓은 것.

433) ‘쫌’은 ‘틈’의 방언. 뜸>쫌.

434) 이긴 흙이나 시멘트를 떠서 바르고 그 겉 표면을 반반하게 고를 때 쓰는 흙손을 왜손이(또는 왜손)라 한다.

435) ‘맷맷하다[맴매자다]’는 흠이 나거나 거친 데가 없이 매끈하고 반듯하다는 뜻의 형용사.

436) 부뚜막에서, 솥을 걸 수 있도록 파 놓은 자리 및 그 아래의 공간. 만주어 huren에서 유래한 말이다.

437) 괘흙>개흙(진흙).

438) ‘나까노리’는 일본어 ‘中塗り(なかぬり)’를 차용한 말로서, 초벽을 바른 다음 그 표면을 반반하게 흙손으로 고르는 일을 말한다. =재벌칠.

439) ‘죠애(종이)’를 말한 듯하다.

440) 써료부(塑料鋪)=비닐장판. ‘써료’는 한어 ‘塑料[sùliào]’를 차용한 말.

441) 덤제(簟子)는 귀룽나무나 참나무의 가는 오리 또는 갈대로 결어 방바닥에 까는 자리. 비닐장판이 나오면서 없어졌다.

442) 겯다>겶다. 갈대나 싸리 따위로 씨와 날이 서로 어긋매끼게 엮어 짜는 것을 ‘겯다’라고 한다.

443) ‘보다’의 피동사. 보-+-이-+-우->보이우->뵈우->배우-.

444) ‘새’는 억새, 갈대 따위와 같은 볏과에 속하는 식물을 통틀어 이르는 말. 특이하게도

'새를 벤다'를 '새를 판다'고 한다. 왜 '파다'라는 동사가 붙는지는 알 수 없다. 조사 지역에서 '새'는 지붕을 해 이고 또 여러 가지 생활에 필요한 기물을 만드는 데 다양하게 쓰인다.

445) '새판'은 '새가 들어찬 자리'를 말한다. 북한의 문화어.

446) '맨들어'를 말하려다가 '맨들다나니'로 말을 바꾼 것.

447) 새-[漏]+-디, 아니-+-ㄴ>새대닌. '새대닌단 말입구마'라 할 것을 '새댄는단'('새 댏는단')으로 발음하였다.

448) '역세질', '역세'는 조사 지역의 고빈도 어휘로서 '육체적인 힘을 들여서 하는 일'이 란 뜻을 지닌 명사. '역ᄉ(役事)+-이>역시>역세'. 이 방언은 명사 말에, 특히 개음 절로 끝난 명사에 '-이'가 덧붙는 현상이 있다. '시>세'의 변화 역시 이 방언권에서 는 일반적이다. 예: '상ᄉ(喪事)+-이>상시>상세', '제ᄉ(祭祀)+-이>제세'.

449) '서너덜'의 '덜'은 '둘>덜'의 변화. '섣달'을 '섣덜'이라 한다.

450) 굄돌을 나란히 놓지 않고 여기저기 흩어 놓아 만든 고래. 일반적으로 고래는 굄돌을 반듯하게 놓아서 불길이나 연기의 통로가 되도록 하지만 '서그렁고래'는 그런 통로 가 없다. =허튼고래.

451) 정짓간(또는 정지)은, 함경도 가옥 구조에서 흙바닥으로 된 '바당'과 불을 때고 밥을 짓는 '부수깨'(부엌) 및 이 부수깨와 벽이 없이 이어진 '구둘'(방바닥), 방앗간, 외양 간을 모두 아우른 공간을 말한다. '구둘'에는 그 집의 주장이 되는 젊은 부부가 거처 한다. 이곳에서 가족이 모여 식사를 하고 이야기를 나누며 또 손님을 맞기도 한다.

452) 부뚜막과 정지의 방바닥이 맞닿은 그 주변의 언저리.

453) 정지방에서, 창이 나 있는 남쪽 벽면 아래의 공간. 불길이 잘 닿지 않는다.

454) '썩구들'은 불길이 닿지 않아 화기가 미치지 않는 구들.

455) '바당'은 함경도의 가옥 구조에서, 바깥에서 집 안채로 들어오는 '한문'을 열고 안으 로 들어섰을 때 밟게 되는 흙바닥으로 된 작은 공간. 이곳에서 신발을 벗고 정지구들 (정지방)로 오른다.

456) '구둘호깨'는 '구둘'과 '훑-개'가 결합한 복합어로 보인다. 고래에 쌓인 재 따위를 훑어 낸다.

457) 거침새 없이 번쩍번쩍 자꾸 돌을 들어 올리는 모양.

458) '번디다'는 '뒤집어엎다'의 뜻.

459) '군일'은 회갑, 혼사, 생일, 상사 또는 제사 따위와 같은 경조사(慶弔事). 또는 그때 하는 일.

460) '쌍닫이문'은 쌍으로 된 문짝을 여닫게 만든 문.

461) 짖-+-은>지은>지인(모음동화).

462) 긑[끝]+-어기>그터기>그테기. =끄트머리.

463) '새암'은 벽돌이나 흙벽을 만들 때, 흙 속에 섞어 넣는 쑥, 나무, 짚 따위를 말한다.

464) 제보자는 '해서'를 종종 '하야서'로 발음한다. 후자가 고어적이다.

465) '-습니'는 (자음으로 끝난 용언 다음에 쓰여) '하오'할 자리에서 쓰이는 서술형 종결
어미. 동무 사이 등 대등한 관계 또는 성년으로서 손아랫사람에게 단정적인 진술을
할 때 쓰인다.

466) '꿰디다'(꿰지다)는 '내미는 힘을 받아 약한 부분이 미어지거나 틀어막았던 데가 터
지거나 하다'의 뜻.

467) '집'의 속격형은 '짓', '지'이다. '짓'은 자음으로 시작하는 명사 앞에, '지'는 모음으
로 시작하는 명사 앞에 놓인다.

468) '쥬간'은 '기본으로 되거나 주되게'의 뜻.

469) 다부지비는 '다부지+비'의 합성어. '다부지'는 '다봊+-이'로 분석되는데 '다봊'은
'다북쑥'이다.

470) 방바닥을 쓰는 비. 조사 지역에서는 '방바닥'을 '방구둘'이라 한다.

471) '붕매'는 끝이 둥글고 뭉툭하게 생긴 물체를 이르는 말. 원래는 부들의 열매를 이르
는 말이다.

472) '판나-'라는 동사에 부정부사 '안'이 삽입되고 또 어미 '-읍니'가 결합된 것.

473) '물매'는 물에 탄 매흙을 벽이나 방바닥에 바른 것을 말한다. '물매르 티다' 또는
'물매르 놓다'라 한다.

474) '끗-[劃]' 또는 '끄스-'의 피동사.

475) '덩개'는 정강이가 아닌, '무릎'을 뜻하는 말.

476) '꿀다'는 '꿇다'의 방언이자 옛말.

477) '지내다'의 방언. 과도교정형이다.

478) '클아바니'는 '할아버지'의 방언. 제보자가 어릴 때 쓰던 호칭어다. 지금은 쓰이지
않고 '아바니'라 한다.

479) '새-[漏]+-우-'. '새다'의 사동사.

480) '텹쇄[-鐵]>텹새'. '경첩'을 이르는 말이다.

481) '나디다'는 '새로운 것이 세상에 나오거나 나타나다'의 뜻.

482) '어여 내다'는 '에어 내다'. 에다<어이다<어히다.

483) '궁강(<궁ㄱ+-앙, 구멍)'의 주격형.

484) '강냥'은 처마 밑의 공간, 또는 처마 아래의 뜰.

485) 집채 주변의 마당보다 높은 공간. 돌로 쌓은 곳.

486) '케다[飮水]' 또는 '켜다'의 피동사.

487) '-가'는 조사 '-과'의 방언. 선행하는 명사의 말음과 관계없이 언제나 '-가'가 결합된다.

488) '삐뜨름하다'는 '비슷하다'의 방언.

489) '놓오량사'는 '놓-+-을 양+-사'로 분석된다. '-사'는 강세의 첨사. '놓을 양이면야' 정도의 뜻.

490) '걸티다'는 '어떤 일에 끼어들거나 나서서 관여하다'의 뜻을 지닌 동사.

491) '새와니', '새워니'는 '생원(生員)'이 친족호칭어로 쓰인 것. 시동생에 대한 호칭어로 쓰이나 제부(弟夫)의 호칭어로 쓰이기도 한다. 위 본문에서는 후자와 비슷한 관계 하에서 쓰인 것이다. 즉, 제보자의 아내와 비슷한 연배의 할머니들이 제보자를 가리켜 한 말이다.

■ 참고문헌

곽충구(1986), 「노한회화와 함북 경흥방언」, 『진단학보』 62, 진단학회, 79-125.

_____(1991), 「함경북도 육진방언의 음운론」, 박사학위 논문(서울대)[『함북 육진방언의 음운론』, 國語學叢書 21(國語學會), 태학사, 1994].

_____(1993), 「함경도 방언의 친족명칭과 그 지리적 분화」, 『진단학보』 76, 진단학회, 209-239.

_____(1998a), 「육진방언의 어휘」, 『국어 어휘의 기반과 역사』, 태학사, 617-669.

_____(1998b), 「동북·서북방언」, 『문법 연구와 자료』(이익섭 선생 회갑기념논총), 태학사, 985-1028.

_____(2000a), 「재외동포의 언어 연구」, 『어문학』 69, 한국어문학회, 1-41.

_____(2000b), 「함북방언의 비자동적 교체 어간과 그 단일화 방향」, 『21세기 국어학의 과제』, 월인, 1123-1166.

_____(2001), 「구개음화 규칙의 발생과 그 확산」, 『진단학보』 92, 진단학회, 237-268.

_____(2005), 「육진방언의 음운변화—20세기 초로부터 1세기 동안의 변화」, 『진단학보』 100, 진단학회, 183-220.

_____(2007b), 「동북방언의 어휘—함북방언을 중심으로」, 『방언학』 5. 한국방언학회, 23-70.

곽충구·박진혁·소신애(2008b), 『중국 이주 한민족의 언어와 생활—중국 길림성 회룡봉촌』, 국립국어원 해외 지역어 총서 1-1, 태학사.

곽충구(2008c), 「국어사전의 편찬과 방언」, 『방언학』 7, 한국방언학회, 75-96.

곽충구(2012), 「육진방언의 음성과 음운사」, 『방언학』 16, 한국방언학회, 121-154.

_____(2013), 「동북방언 'X자/사/다-'류 형용사의 음운론과 형태론」, 『국어학』 67, 국어학회, 3-34.

_____(2018), 「漢字語(方言) 속의 特異 漢字音」, 『國語學』 88, 국어학회, 3-32.

_____(2019a), 「북부방언의 漢語 차용어」, 『방언학』 29, 한국방언학회, 119-147.

_____(2019b), 『두만강 유역의 조선어 방언 사전』, 태학사.

_____(2019c), 「북부 방언의 어제와 오늘」, 『방언학』 30, 한국방언학회, 295-340.

김태균(1986), 『함북방언사전』, 경기대출판부.

소신애(2004), 어간 재구조화의 진행 과정 (1), 『어문연구』 124, 한국어문교육연구회,

_____(2006a), 「공시적 음운변이와 통시적 음운변화의 상관성-함북 육진방언을 중심으로」, 박사학위 논문(서강대)[國語學叢書 64(國語學會), 태학사, 2009].

_____(2006b), 「수의적 교체를 통한 점진적 음운 변화」, 『국어학』 48, 국어학회, 101-124.

_____(2008), 「중세국어 음절말 유음의 음가와 그 변화」, 『국어학』 53, 국어학회, 35-64.

_____(2010), 「중자음에 의한 위치 동화에 대하여」, 『어문연구』 148, 한국어문교육연구회, 151-173.

_____(2012), 「국어의 △>ㅈ 변화에 대하여」, 『진단학보』 114, 진단학회, 51-84.

이기갑(2003), 『국어방언문법』, 태학사.

이기문 외(1993), 『한국 언어 지도집, *Language Atlas of Korea*』, 대한민국 학술원.

중국조선어실태조사보고 집필조(1985), 『중국조선어실태조사보고』, 민족출판사.

최명옥·곽충구·배주채·전학석(2002), 『함북 북부지역어 연구』, 태학사.

한두복(1962), 「륙진 방언 연구」, 『조선어학』 2, 평양: 과학원출판사, 62-65.

宣德五·趙習·金淳培(1991), 『朝鮮語方言調査報告』, 延邊人民出版社.

〈++〉(대응 표준어가 없는 어휘)

저자 소개

곽충구

서강대 명예교수
제3·4대 한국방언학회 회장
제16회 일석국어학상 및 제1회 학범 박승빈 국어학상(저술상) 수상

주요 논저

『함북 육진방언의 음운론』(1994)
『한국언어지도집, *Language Atlas of Korea*』(공편, 1993)
『방언학사전』(편집 책임 및 집필, 2001)
『중앙아시아 이주 한민족의 언어와 생활』(태학사, 2008, 2009)
『두만강 유역의 조선어 방언 사전』(2019)
「구개음화 규칙의 발생과 그 확산」(2001)
「현대국어의 모음체계와 그 변화의 방향」(2003)
「중앙아시아 고려말의 역사와 그 언어적 성격」(2004)
「동북방언의 만주퉁구스어와 몽골어 차용어」(2017) 외

소신애

서강대학교 문학부 인문계 졸업
서강대학교 대학원 국어국문학과 석사 및 박사
숭실대학교 국어국문학과 교수

주요 논저

『중국 이주 한민족의 언어와 생활』(공저, 태학사, 2008)
『음운론적 변이와 변화의 상관성』(태학사, 2009)
「중세 국어 음절말 유음의 음가와 그 변화」(2008)
「국어의 'p/k 교체'에 대하여」(2011)
「점진적 음변화로서의 ㅅ>ㅿ」(2012)
「체언 어간말 'ㅇ>오' 변화에 대하여」(2015) 외

중국 길림성 이주 한인의 언어와 구전 설화

– 도문시·훈춘시의 육진방언

초판 인쇄 2022년 6월 21일
초판 발행 2022년 6월 28일

지 은 이 곽충구·소신애
펴 낸 이 이대현
펴 낸 곳 도서출판 역락

주　　소 서울시 서초구 동광로 46길 6-6 문창빌딩 2층
등　　록 1999년 4월 19일 제303-2002-000014호
전　　화 02-3409-2058, 2060
팩　　스 02-3409-2059
홈페이지 www.youkrackbooks.com
이 메 일 youkrack@hanmail.net

ISBN 979-11-6742-321-4 94710
　　　979-11-5686-694-7 (세트)